KB126640

위대한 대한민국 시리즈 02

신화의 시간

항공 독립운동과 대한민국 공군 창군사

이윤식 저

비씨스쿨

'항공 독립운동사'와 '대한민국 공군 창군사'라는 낯설지만 실존하는 우리들의 역사

이 책은 해방 전 항공을 통한 독립운동과 해방 후 대한민국 공군 창군 과정, 6·25전쟁 발발에서 1953년 7월 27일 휴전까지 공군의 역사를 다루고 있다. 이를 다루면서 저자의 단상을 함께 엮어, 큰 틀에서 보면 항공 독립운동사와 대한민국 공군 창설 전후사에 대한 복원작업이라 할 수 있다. 이 책이 '잡록(雜錄)'이 되더라도 군의 울타리를 넘어 우리 공군의 역사를 국민과 함께 공유하려는 시도로서 읽히고자 한다.

대한민국 공군에는, '공군사'라는 집약적인 정사(正史)가 있다. 1954년 8월 15일에 발행한 『공군 발전 약사』를 시작으로, 각 부대별로의 정사도 있고, 병과별, 가령 '작전사'와 '행정사(후방사)', '정훈사', '군악사' 등등의 역사가 정립되어 있다. 공군 창군 과정과 초기 공군 전체의 역사를 알 수 있는 역사서로서, 『공군사』 제1집은 1949년 10월 1일 공군 창군일부터 1953년 7월 27일 휴전이 성립될 때까지, 『공군사』 제2집은 휴전 일부터 1957년 12월 31일까지를 다루고, 『공군사』 제3집은 1958년 1월 1일부터 1962년 12월 31일까지의 공군의 역사를 정리하고 있다. 『공군사』 제1집 초판은 당시 공군본부 정훈감실 군사과(軍史科)에서 자료를 수집하고 집필하였다.

많은 세월이 흘러, 1991년 공군역사기록단에서 『공군사』 제1집 증보판을 내고, 2010년 이 책의 개정판을 냈다. 개정판에는 공군 창군과 전쟁에 참전했던, 김두만, 이강화 장군 등 공군 원로들로 구성된 공군사 발굴위원회와 자문위원회의 고증으로 더욱 세밀하고 오류를 줄인 공군사로 거듭나게 되었다. 아직도 참전 조종사들인 원로들 중심으로 공군역사기록단에서는 6·25전쟁 전후의 공군사 연구를 지속하고 있다.

군 역사가 단편적으로, 사건별로, 혹은 이슈가 되는 경우 언론에 보도되거나 단행본으로 소개된 경우가 더러 있었다. 하지만 공군이 어떻게 탄생되었는지, 어떻게 발전하였는지 전체적으로 조망할 수 있는 일반 책은 없었다. 군사보안을 요하거나 지극히 전문성을 가진 경우를 제외하면 군 역사가 군의 테두리 안에서만 읽혀지는 시대는 지났다고 본다. '국민의 군대'로서 우리 군의 역사, 공군의 역사를 국민과 공군이 공유해야 한다는 생각을 했다.

오늘날 현대전의 양상은 군사학적 개념을 전제하지 않더라도 전후방의 개념이 무너졌다는 걸 모르는 사람은 없을 것이다. 군과 국민의 총화적 전쟁 수행의 시대라고 볼 수 있다. 국민이 공군의 중요성에 대한 이해가 높고, 공군이 국민의 지지를 받으면 받을수록 공군의 사기는 높아지고 나라가 위태로울 때 그 결속력에 힘입어 공군은 유감없이 역할을 다할 것이다. 이 책을 통해 우리 공군의 초기, 눈물겨운 창군 과정과 그 역사를 알고 오늘날 우리 공군의 모습, 미래에 대해 좀 더 깊은 관심을 갖는 계기가 되었으면 한다.

그간 저자는 부족한 글과 내용이나마 우리나라 항공 독립운동 역사와 공군 역사 관련 책 6권을 내고, 2006년부터 7년간 공군 각 부대를 다니며 80여 회에 걸쳐, '항공 독립운동사'를 강의해왔다. 이러한 체험을 바탕으로 저자 개인의 소감들을 담아냈지만 전체적으로는 우리 공군 역사의 이해를 돕기 위한 쪽으로 집필했다. 다만 저자의 이 책 중 일부 내용이나 역사를 바라보는 관점이 공군의 공식 입장과 다를 수도 있다는 점을 감안해주기 바란다.

우리나라 항공 독립운동의 기원(起源)은 동시다발적이며 다원적이다

항공 독립운동사의 경우에는 일반의 관심이 적은 관계로 그 시발(始發)

부터 해방이 될 때까지의 전체 흐름을 아는 이들은 별로 없다. 대략으로 언급하자면, 여러 망명지에서 항공을 통한 독립운동은 동시다발적으로 발생했다고 말할 수 있다. 나라를 잃은 상태이기 때문에 항공 발전이 이루어질 수 있는 고정되고 안정된 물리적 기반이 없었다. 이것은 해방 전 우리나라 항공 독립운동 기원이 다원성을 가지는 요인이 되었다.

그럼 여기서 항공 독립운동의 기원을 잠시 살펴보자.

첫째는 미국 윌로우스 지역에서, 대한민국 임시정부의 초대 군무총장 노백린과 교포들을 중심으로 이루어진 비행학교 설립 운동이다. 이것은 독립군 무장비행대와 비행학교를 추구했다는 점에서 의미가 있지만, 1921년 불가피한 사유로 중단되었다는 점이 아쉬움을 갖게 한다.

둘째는 무장 독립운동가 출신들로 이루어진 흐름이다. 중국이 언젠가 독립을 위해 일본과 싸울 것을 기대하고 독자적으로 중국에서 비행술을 배워 항공 활동을 한 무장 독립운동가 출신계열이 그것이다. 서왈보, 최용덕 등이 대표적인 인물이며, 이 중 서왈보는 비행사고로 그 뜻을 펴지 못했지만 최용덕은 중국항공대 창설 멤버로, 중일전쟁 기간 남창기지 사령관으로, 전쟁을 수행하고 1940년대 임시정부 공군설계위원회와 광복군 비행대 편성을 추진했다가 해방이 되어 대한민국 공군을 창군하는 주역으로서 중요한 항공 독립운동의 기원이 된다.

셋째, 일본에서 비행술을 배워 최초로 우리나라 상공을 비행하고 과학화운동을 전개했다가 중국으로 망명하여 공명당을 중심으로 독립군 비행학교를 설립하려 했던 안창남의 항공 활동이 또 하나의 흐름이다. 이는 항공기술력을 함축하는 과학화운동을 비행기로써 촉발했다는 점에서 중요한 기원을 이루고 있다.

마지막으로 상해 임시정부를 중심으로 추천을 받아 중국, 러시아 등지에서 비행술을 배운 권기옥, 김공집, 김진일, 장성철 등의 항공 활동이 또 하나의 흐름이다. 이들도 중국을 무대로 지속적으로 항공 활동을 하다가 1940년대 임시정부가 추진하는 비행대 편성의 인적 구성이 되는 동시에 해방 후 대한민국 공군 창군의 인적 자원이 된다.

이상의 각기 저마다 다른 특징과 의미를 지닌 항공 독립운동 흐름들이 오늘날 대한민국 공군의 기원(起源)이 된다고 볼 수 있다.

따라서 1920년 전후로 동시다발적으로 발생한 항공 독립운동의 촉발과 흐름 전체가 대한민국 공군의 기원이라고 보는 것이 타당하며, 이것이 우리나라 항공 독립운동 기원의 다원성을 말해주고 있다.

우리들의 이야기를 우리가 소중히 생각해야

이 책은 초기 공군의 역사의 세세한 모든 것까지 다 담지는 못하였다. 때론 필자의 지식의 부족으로 놓친 것들도 더러 있을 것이다. 하지만, 공군 역사에서 우리가 반드시 생각해야 할 가치들을 언급하고 있다. 또한 단순히 과거의 잘못된 역사를 비판을 위한 비판으로, 부정을 위한 부정으로 머물지 않았으며 치유와 화해를 통해 미래지향적 글쓰기를 했음도 고백해둔다.

애국심은 강요로 생기지 않는다. 역사에 대한 충실한 전달과 이해를 바탕으로, 가슴 속에서 저절로 우러나오는 개인 개인의 애국심이 한 국가를 지탱시키고 발전시킨다고 본다.

공군은 6·25전쟁과 이후에도 여러 가지로 힘든 시절을 보내면서, '국민의 군대'로 거듭나고 발전하였다. 그 역사를 통해서 얻을 수 있는 경험과 가치들을, 국민과 공군이 함께 오늘날, 우리가 지향해야 할 가치들로 환산해보는 것도 의미 있는 일이라고 본다.

해방 전 우리나라 항공 역사와 공군의 초기 역사가 여타 선진국에 비해 보잘것없다고 무시하기보다는 보잘것없는 이야기라도 우리가 먼저 소중하게 생각했으면 하는 것이다. 보잘것없는 우리의 항공 역사라도 거기에 담긴 의미까지 보잘것없다고 말할 수 없다.

항공 독립운동사는 실패와 좌절의 연속이었지만 뒤집어 말하면 끊임없는 도전의 연속이자, 항공을 매개로 하여 민족적 자각, 개인 주체의 자각을 했으며, '자아(민족) 존재'를 드러내고 만들어온 역사이다. 그것이 토대가 되고 공군 창군의 정신적 밑거름이 되었다.

앞으로 항공우주 과학기술은 우리가 더욱 개척하고 발전시킬 분야이다. 민간의 우주개발도 그렇고 국방을 위한 항공과학기술도 더욱 발전시켜야 한다.

2012년 7월, 영국의 판보로 에어쇼(Farnborough international air show 2012)에서 우리 공군 조종사들이 목숨을 내놓고 연마한 비행 실력을 유감없이 보여주었는데, 이들이 탄 비행기가 바로 우리 손으로 제작한 초음속 비행기 T-50기라는 점에서 더욱 감격적이다.

과거 우리나라 항공과 공군의 고투(苦鬪)의 역사를 살펴봄으로써 공군력 발전을 위해 앞으로 무엇을 해야 하는지를 생각하고, 아울러 우리 젊은 세대가 이 분야에 더 많은 관심을 갖게 되는 계기가 되었으면 한다.

두 번 다시 어두운 과거의 역사가 반복되지 않도록 우리는 준비를 해야 한다. 김정렬 장군은 1949년 4월, 『항공의 경종』이라는 책에서 공군의 독립을 전제로 육해공 3군이 정립(鼎立)하여 균형·발전해야 한다며 공군 창군을 주장했다. 더불어 그는 북한의 전쟁 준비를 우려하며 공군을 통한 유비무환을 주장했었다. 최용덕 장군은 전쟁 직후 1954년 제6회 항공의 날 기념사에서 "하늘은 국방의 생명선"이라고 외쳤다. 빈손이나 마찬가지였던 공군 초기, 20년 나이 차이를 뛰어넘은 걸출한 두 공군 지도자의 협력과 공군력 강화 노력 및 선경지명은 여전히 빛을 발하고 있다. 이러한 각성은 오늘날에도 필요한데, 과연 현실 여건은 어떤가 생각할 때 저자의 마음은 우울해진다.

우리가 그동안 잊고 있던, 비행사고로 혹은 병환으로 이국 외딴곳에서 외롭게 숨을 거둔 비행 선각자들과 조국의 독립전쟁으로 여기고 중일전쟁 기간 일본과 싸우다 순직한 우리 항공인들, 그리고, 해방 후 대한민국 공군의 이름으로, 전쟁 중 순직한 38명의 조종사와 첩보작전 중 전사한 다수의 공군 장병들, 그 이후 산화한 300여 명 조종사들과, 공군 장병들의 희생이 헛되지 않기를 바라면서 이 책을 이들의 영전에 바친다.

끝으로, 공군과 국민을 하나로 묶는 표지를 고심했던 송인숙디자이너, 아울러 금전적 타산을 버리고 이 책을 출간해준 손상렬 시인께 감사의 마음을 남긴다.

2012년 12월 1일

이 윤 식

차례

제2부

제3부

'예지(叡智)의 사냥꾼과 전사(戰士)', 대한민국 공군인과 조종사들

『사냥꾼들 *The Hunters*』이라는 소설이 있다. 이 책은 제임스 설터(James Salter)가 6 · 25전쟁 당시 한반도 상공에서 벌어진 최초의 제트기 공중전을 소재로 한 항공 소설이다. 1956년에 처음으로 출간되고 1997년에 출판사를 바꾸어 다시 펴낸 바 있다. 이 소설의 한 장면을 보자. F-86과 미그15기가 조우하는 긴박한 장면이 나온다.

> "그들이 약 10분가량 전방을 주시하며 비행하고 있을 때 그 강의 북쪽 방향에서 한 비행기가 비행운을 내뿜고 있었다. 클레브(Cleve)는 전방을 보고 있었으나 눈치 채지 못했다. 그때 그는 들었다.
> "미그기들이야!"
> 데스몬드(Desmond)였다.
> "알았다. 탱크(tank)를 분리해라."
> 클레브는 탱크를 떨어트렸다. 그들은 기체를 기울여 굴리듯(rolling) 방향을 틀었다. 그는 북쪽을 주시했다. 그는 아직까지 아무것도 보지 못했다. 그는 긴장한 채로 몸을 뒤로 젖혔다. 그는 집중을 해서 전방을 면밀히 응시했다.
> "미그기가 몇 대나 되는 거야?"
> 누군가 소리쳤다.
> "틀림없는 미그기였어."
> "얼마나?"

"많아, 아주 많아."

그는 두 눈을 부릅뜨고 전방을 훑었다. 그는 그때서야 미그기들이 까맣게 점점이 나타났다는 것을 깨달았다. 그는 믿겨지지 않는 현실감에 순간 충격을 받았다. 하늘에 나 있는 까만 구멍이라도 응시하는 것처럼 느껴졌다.

"미그기들이 어디에서 날아오는 거지?"

누군가 소리쳤다.

"정확하게 안동 동쪽에서."

그때 마침내 클레브는 그것들을 명확하게 보았고 그가 세기도 힘들 정도로 많아 보였다. 믿겨지지 않는 광경이었다. (…) 미그기들은 압록강을 넘어오고 있었다. 그것들은 호전적인 기세로 날아오고 있는 것이다. (…) 점차 그들은 명확하게 윤곽을 드러냈다. 4대 혹은 6대씩 편대를 짜고 줄줄이 이어진 채로 4만 5,000피트 고도, 상공에서 무더기로 날아오고 있었다. 편대와 편대 간의 간격은 매우 좁아 줄줄이 이어져 있었다. 그 광경을 목도하고 나서야 저들이 왜 '트레인(trains)'이라고 불리는지 깨달았다. 그는 이제 자신의 생애 통틀어서 가장 극적인 공중전이 벌어지리라는 것을 예감한다.[1)]

이 소설을 쓴 저자는 머리말에서 이렇게 말한다. "가장 주요한 방어기동은 급회전이다. 가능한 최대한으로. 그것을 '브레이크(break)'라고 한다. 적을 뒤쪽에서 공격하기 가장 좋은 위치를 차지하기 위한 기동전술이다. '브레이크 라이트(break right)!', '브레이크 레프트(break left)!'는 적기들이 근접해오는 긴박한 상황에서 하는 말들이다. 생텍쥐페리가 말했듯이 공중전이란 싸우는(fight) 것이 아니다. 살해하는(murder) 것이다. 격추시키기 위해서는 적기의 후미를 잡아 가능한 한 근접해서, 적기가 속수무책인 상태를 만들어놓고 기관총탄을 뿌리는 것이다."

저자의 말대로 그래서 조종사는 '사냥꾼'인지도 모른다. 그 실제 상황을 겪은 주인공들이 5년 전 한국에 왔었다.

2007년 <월간 공군> 10월호에서 제18전투비행단 당시 박상수 중위는 "그들이 돌아왔다–미 한국전쟁 참전 조종사 9명 방한"이라는 제목으로

---

1) 필자 번역(James Salter의 『*The Hunters*』, Publishers Groups West, Washington, D. C., 1997, 38~39쪽).

미 공군 참전 조종사들의 만남을 기록하였다.

클리블랜드(Chuck Cleveland) 예비역 중장, 칼 슈나이더(Carl Schneider) 예비역 소장, 깁슨(Hoot Gibson) 예비역 대령, 쉴리(Ken Shealy) 예비역 대령, 페트 카펜터(Pete Carpenter) 예비역 대령, 헤럴드 피셔(Harold Fischer) 예비역 대령, 목슬리(Robert Moxley) 예비역 중위 등이 휴전 50여 년 만에 한국을, 박세직 재향군인회 회장 초청으로 찾았다. 한국전 때 100회 이상 출격자는 이 중 칼 슈나이더, 켄 쉴리 대령, 페트 카펜터 대령, 로버트 목슬리 중위다. 클리블랜드 예비역 중장은 미그15기를 4대 격추하여 한국 정부로부터 충무무공훈장을 받았고, 브룩스 대위는 압록강 지역에서 처음으로 전투 임무를 수행했다. 올드린 예비역 대령은 한국전쟁 당시 F-86 세이버(Sabre) 전투기 조종사로 66회 출격하여 미그15기를 두 대 격추하고 1963년 닐 암스트롱과 함께 달 탐사선에 탑승하여 두 번째로 달 표면에 발을 밟은 우주인이다. 한국전쟁때 우리 공군은 극히 일부분의 작전만 맡았지만 지금은 미 공군과 연합작전을 수행할 능력을 보유한 공군으로 발전했다고 전하고 있다.

2008년 <월간 공군> 2월호에는 미 공군 잡지 <*Airman*>에 실린 "잊혀지지 않은 전쟁" 원문 중 미 공군 조종사의 공중전 실전 상황을 기록한 글을 박준오 씨가 번역하여 실었다.

이 글에서는 1950년 6월 25일, 13만 5,000명의 북한군이 38선을 넘어 전면전을 벌였다고 소개하며 이 3년간의 전쟁으로 미군은 5만 4,000여 명이 전사하고 8,000명이 아직도 실종 상태라고 했다. 미 공군은 전쟁 발발 한 달 만에 200여 대에 달한 북한 공군을 완전히 궤멸시켰다고 했다. 그러나 그것은 앞으로 다가올 새로운 공중전의 서막에 불과했다. 그러면 한국전쟁 당시 긴박했던 제트기들의 공중전 실제 증언을 들어보자.

이들은 미 공군의 F-80을 제압하면서 미그 회랑(Mig Alley)[2)]으로 알려진

---

2) 당시 북한 공군 항공기는 소련의 지원을 받아 압록강 너머 만주지역 비행기지에 배치되어 있었다. 이에 따라 미 공군기는 압록강 상공 이남지역에서 대기하다가 압록

압록강 이남 지역에 대한 공중 우세를 일시적으로 장악하였다. F-86이 12월 한반도에 도착하면서 전세가 다시 역전, 미 공군은 전쟁 말기에 가서 북한 공군에 대해 10대 1의 격추율을 기록했다.

피셔(Fischer) 대령은 1952년 11월 26일 첫 번째 격추를 기록했고 1953년 1월 24일 자신의 다섯 번째 적기를 격추시킴으로써 공군 에이스 반열에 올랐다. 불과 47번의 출격으로 이루어낸 기록이며, 그는 70번째 임무를 수행하며 더블에이스가 되었다. 하지만 이처럼 10대를 격추시키는 것이 쉽지는 않았다. 그는 1953년 4월 7일 자신이 조종했던 전투기가 기총 정렬 불량으로 인해 6.5구경 기관총의 탄착군이 200피트씩 우측으로 빗나갔었다고 기억해 낸다.

"당시에 그 전투기밖에 없었기 때문에 어쩔 수 없었지만, 결국은 제 자신을 탓할 수밖에 없었죠. 그 전투기를 조종하기로 결정한 건 저였으니까요."

피셔 대령이 이런 오차를 교정하기 위해 노력하던 중 4대의 미그기가 후방에 달라붙었다. 그는 이들을 뿌리치는 데 성공했고, 오히려 그들의 뒤에 붙어 중국 상공으로 몰아냈다. 그는 연료가 떨어진 요기에게 기지로 귀환할 것을 지시했고, 자신은 공격을 계속했다.

이제는 전방에 두 대와 옆으로 뒤처진 스트레글러(straggler)[3] 한 대만 남아 있었다. 처음엔 스트레글러를 노렸지만 곧 전방에 있는 두 번째 미그기로 시선을 돌렸다. 그가 미그기의 후미에 붙어 발사한 기총은 적기의 엔진에 명중했다. 피셔 대령은 떨어지는 미그기를 뒤로하고 첫 번째 미그를 추격했다. 그는 한 손에는 스로틀을 다른 한 손에는 조종간을 쥐고 적기를 향해 6대의 기관총을 모두 쏘아댔다. 미그기는 산산조각으로 찢겨졌고, 기체가 관통되며 파편이 떨어져 나가는 것이 보였다. 적기의 파편은 피셔 대령의 F-86을 향해 날아왔고 그는 반사적으로 머리를 수그렸다.

긴박한 상황에서 그는 선택을 해야 했다. 찢겨진 미그기의 위로 피할 것인가, 밑으로 피할 것인가? 그는 위를 선택했다. 피셔 대령은 그즈음 스로틀이 떨리는 것이 느꼈다. 엔진이 죽어가면서 속도가 급격히 떨어졌고 그의 어깨

강 건너편 비행기지에서 출격하는 적기와 조우하여 공중전을 수행했다. 당시 유엔 공군 전투기가 적과 조우하는 지역은 청천강과 압록강 사이로 서쪽으로는 서해안 연안, 동쪽으로는 수풍댐과 희천을 연결하는 이 지역을 '미그 회랑'이라 하였다.

3) 저자 주: 편대에서 낙오된 항공기.

끈이 조여들었다. 압록강 하구까지 도달할 수는 있을 것 같았지만 F-86의 수면 불시착 능력은 검증되지 않은 부분이었다. 그는 자신의 저서『에이스의 꿈 *dreams of Aces*』에서 이 상황을 묘사하며 전쟁포로가 된 과정을 설명한다. 그는 전쟁포로가 되어 중공군에게 인도되고 1955년 석방되었다.[4)]

공중전은 이토록 비정한 삶과 죽음의 체스게임이다. 그러나 조국 하늘을 지키기 위해서는 누군가는 해야 할 일이다. 그리고 이 게임에서 승자가 되어야 한다. 제임스 설터(James Salter)의『사냥꾼들 *The Hunters*』에서 필자는 두 가지 의미를 뽑아내고 싶다.

하나는 평화와 우리 영공을 수호하는 공군인들과 조종사들이, 이에 도전하고 파괴하려는 적을 물리치는 진정한 '전사'가 되어야 한다는 것이고, 이것은 영원히 남의 이야기가 아니며, 6 · 25전쟁 때처럼 더 이상 누군가 대신해줄 일이 아니라, 앞으로 우리 조국을 지키기 위해 반드시 할 수밖에 없는 우리 공군, 우리 조종사들의 역할이라는 점이다.

또 하나는 미래 통일국가를 이룩할 때까지 새로운 도전과 험난한 난관들이 예상된다. 우리의 운명을 우리 스스로 개척할 과정에서, 지혜의 탐구자처럼, 우리의 공군인들은 예지의 '사냥꾼'이 되어야 한다는 점이다. 또한 이 사실을 그들은 잘 알고 있다.

항공 독립운동사를 공부하면서, 나는 생텍쥐페리의 유작인『성채 *citadelle*』의 글들을 자주 떠올리곤 했다. 이상적인 공동체를 세우기 위해 한 무리를 이끌고 사막을 유랑하는 과정에서 공동체와 인간, 생명에 대한 깊은 사색이 담겨 있다.

우리의 항공 역사는 침략을 당한 어두운 근현대사와 맞물려 있다. 우리의 항공 역사를 반추하는 것은 역사적 사실을 통해 시대가 요구하는 역할이 무엇인지를 생각하고자 함이다. 아울러 통찰과 실천, 항공과 함께하는 삶이 우러나오는 항공문학의 부흥으로도 이어졌으면 하는 게 바람이다.

이제 우리 항공 역사와 공군 창군 전후 역사에 족적을 남긴 우리들의

---

4) 박준오, 「잊혀지지 않은 전쟁」, <월간 공군> , 공군본부, 2008년 2월호.

미그기 피격 장면(출처 : www.ebay.com)

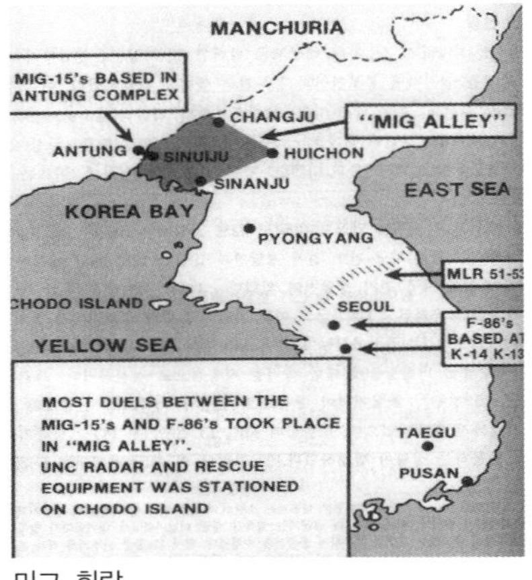

미그 회랑

'사냥꾼'과 '전사'들의 이야기를 시작해보자. 이 책의 제목 '신화의 시간'은 출판사 사장인 손상렬 시인이 조국 독립 쟁취를 위해 역경 속에서 투쟁을 벌인 항공 독립운동가들, 그리고 피땀 흘려 공군 창군과 발전에 기여한 초창기 공군인들에 대한 경의의 뜻을 담아 지었다. 제1부 제목은 안창남 비행사가 1922년 모국 방문비행을 하고 발표한 「경성(京城)의 하늘」에서 차용했으며, 해방 전 항공 독립운동사를 정리했다. 제2부는 해방 후 공군이 창군되기까지와 제3부는 6·25전쟁 기간의 공군 활약상을 다루었고, 제4부는 1953년 조지훈 시인이 지은 시, 「마음의 태양」의 구절에서 차용한 제목하에 50년대 공군의 풍경을 대략으로 담았다.

제3부의 내용 중 공군의 주요 작전 등의 내용은 공군역사기록단에서 2010년에 발행한 『공군사』 제1집 개정판의 내용 중에서 발췌, 약술, 인용하여 실었음을 미리 밝힌다.

1

하늘에 내 몸을 날릴 때 내 몸은 그저 심한 감격에 떨릴 뿐이었습니다

남경 항일항공열사공묘 방문기

남경(南京)으로 가는 비행기에 오르다

남경공항에 내리자 택시들이 늘어서 있다. 기사들이 삼삼오오 모여 대화를 나누다 낯선 이방인을 한눈에 알아보고는 나에게 한 사람이 다가온다. 중국말로 어디로 갈 거냐고 묻는 거 같다.

"호텔"

내가 간단하게 말하자 남자가 고개를 끄덕인다. 중산릉에서 가까운 호텔로 가자고 설명해주었다. 택시를 타고 남경 시내로 향했다. 그는 일본인이냐고 묻는다. 내가 "한국, 코리아"라고 말하자, 웃으면서 고개를 끄덕인다. 나중에 알은 것이지만 남경 사람들은 대놓고 표현하지는 않지만 일본인들을 경멸하거나 거부감을 가지고 있었다. 여전히 중일전쟁 비극의 역사가 남경에 남아 있는 것이다. 나는 '남경(南京) 인터내셔널호텔'에 여장을 풀었다.

창문을 열자 숲은 어둠을 머금은 채, 을씨년스런 모습으로 낯선 사람의 방문을 맞이한다. 냉기가 얇은 와이셔츠 안으로 파고든다. 1시간 45분의 비행으로 중국의 내륙에 와 있다는 게 실감이 가지 않았으나 자금산 숲의 냄새가 온몸으로 전해지며 여기가 이국임을 말해준다. 자금산(紫金山). 명나라 시조 주원장의 묘와 손문(孫文)이 묻혀 있는

남경 항일항공열사공묘

중산릉이 있는 곳이다. '무방공무국방(無防空無國防)'이라며 항공의 중요성을 간파하고 '항공구국(航空救國)'을 외쳤던 손문이었다. 손문뿐이랴. 우리에게도 일찍부터 공군 창설을 주창하고 비행대를 창설, 독립운동을 했던 곽임대, 노백린, 안창호, 김구, 최용덕 등이 있다.

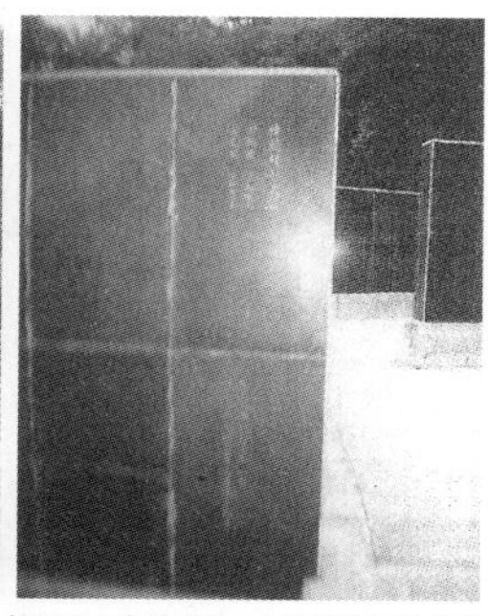
중국 남경시 남경 항일항공열사공묘 내에 있는 기념비(2006년 10월 필자가 촬영)

독립에 대한 우리 항공인들과 비행사들의 열망은 1920년대와 1930년대를 지나 중일전쟁을 거쳐 해방이 되는 날까지 이어져 대한민국 공군 창설의 정신적 원동력이 된다. 신생 국가에서 독립된 공군이 이처럼 짧은 기간에 오늘날의 강한 공군이 된 경우가 그리 흔치 않아 보인다.

대한민국 공군의 탄생은 그리 순탄치 않았다. 비참하리만치 많은 우여곡절을 겪었다. 시절이 시절인 만큼 민중들의 삶은 더욱 그러했다. 그런 와중에도 국민들은 한 푼 두 푼 모아 공군을 위해 비행기 구입 모금운동을 벌여 전쟁 직전 T-6 비행기 10대를 공군에 헌납했다. 한국전쟁 기간을 거치면서 유엔군의 단위 공군으로서 인정받고 독립된 체제를 갖추고 대한민국 공군의 독자적 작전 수행이 가능하게 된 것도 해방 전 수많은 비행사들의 활동이 있었기에 가능했다. 그들 중에 전상국(田相國), 김원용(金元用), 김은제와 같은 중일전쟁 기간 순직한 독립군 비행사들이 있는 것이다.

다음날 오전 8시, 호텔 카운터에서 부탁했던 조선족 가이드가 문을 두드렸다. 작은 몸매의 젊은 여자였다. 그녀와는 한국말로 대화가 되기에 나의 일정을 설명하고 행선지로 나서기로 했다. 우리는 호텔 앞에서 택시를 타고 안개비가 내리는 가운데 자금산 북쪽 기슭으로 향했다. 중간에 시내에 들러 꽃집에서 묘비에 헌화할 꽃을 샀다. 꽃다발을 주문한 것은 조선족 가이드였다. 가이드가 잠시 후에 꽃다발을 들고 나왔다. 그녀는 웃으면서 내게 말한다.

"꽃집 주인이 선생님이 일본인이냐고 묻네요."

"그래서요?"

"한국에서 오신 분이라고 했죠."

"공항에 도착했을 때 택시기사도 묻던데."

"여기 남경 사람들은 아직도 일본인들에 대한 거부감이 커요. 그래서 물어보는 거예요. 한국인이라고 하니까 꽃다발을 더 정성으로 만들더라구요. 예쁘죠?"

나는 고개를 끄덕였다. 우리는 다시 택시를 잡아탔다. 십여 분이 지나서 항일항공열사공묘(抗日航空烈士公墓)의 입구에 도착했다. 남경박물관이나 중산릉처럼 사람들이 즐겨 찾는 곳이 아니라는 것을 한눈에 알 수 있었다. 생각한 것보다 규모도 작았다. 전체 면적은 426평방미터지만 규모가 문제될 게 있는가. 계단을 따라 올라가니 제사를 지내는 작은 사당이 있고 그 기와집을 끼고 돌자 '항일항공열사 기념비'가 우뚝 서서 방문객을 맞이하고 있다.

중국에 독립운동 한인 비행사 묘비가 있다는 사실은 지난 2006년 7월, 공군본부 문화홍보과장 이형걸 대령[5]이 백범기념관장으로 있는 김신 장군을 인터뷰하면서 밝혀졌다.[6]

김신 장군은 남경 항목친목회가 건립한 남경 항일항공열사공묘와 항일전쟁 항공열사 기념비 건립에 후원금을 낸 바 있고 묘지 내에 독립운동 한국 비행사 전사자의 묘비 조성에 큰 역할을 하였다.

현재까지 알려진 바로는, 중일전쟁 기간 중 한국 비행사 전사자(순직자)는 전상국, 김원용, 김은제 등이며 직접 자료로 확인된 사람은 전상국, 김원용 등이다. 김은제는 1987년에 발행된 『한국항공우주과학사』에 전상국과 함께 1938년 6월에서 8월경 전사한 것으로 기록되어 있지만 김원용은 빠져 있다. 또한 최용덕의 1951년 글 「중국에서 활약하던 우리의 조인들」에서 "그 외에도 김은제, 김영재, 최양성, 손기종, 염온동 등의 한국인 비행사가

---

5) 현 공군본부 정훈공보실 정훈과장.

6) 편집부, 「백범기념관을 찾아서」, <월간 공군> 2006년 8월호.

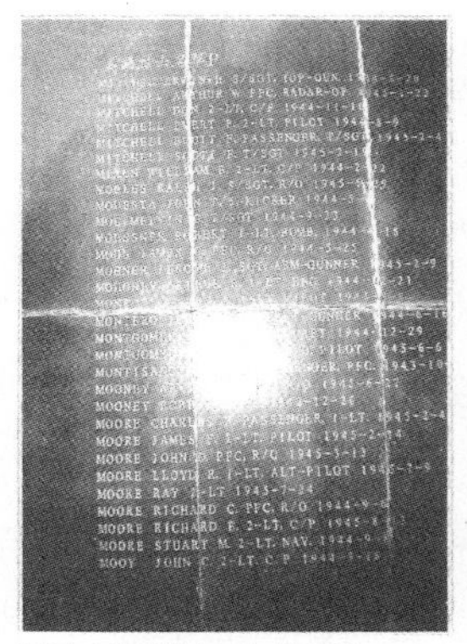

중국 남경시 남경 항일항공열사공묘 내 조성된 한국인 조종사 비(碑). 이 비에는 중화민국 공군에서 활약하다 전사한 전상국과 김원용 조종사 이름이 새겨져 있다. 전상국은 중일전쟁 중 폭격대대 중대장으로서 32회 출격하여 폭격, 수송임무를 수행하다가 1938년 6월 전사, 김원용은 중화민국 항공대 제5대대(중미연합항공대) 제29중대 소위(3급) 전투기 조종사로서 활약하다 1945년 3월 24일 순직하였다.(2006년 10월 필자가 촬영).

있었으나 그들의 약사는 지면 관계로 차기에 미루기로 한다"라고 하면서 중국항공대에서 활약한 '김은제' 비행사를 언급하고 있다.

김신 장군은 국내에서 확인되지 않았던 김원용 비행사를 대만과 중국 자료에서 찾아냈고, 전상국 등과 함께 이 공원 내의 묘비에 이름을 새겨넣을 수 있었다. 김신 장군은 다 알다시피 백범 김구 선생의 차남이다. 그는 중일전쟁 기간 중앙항공학교에 들어가 생도로 있었다. 그의 노력으로 부분적이나마 항공 독립운동사의 실체를 규명한 일에 역할을 했다고 본다.

중국공군에서 발행한 『공군충열록(空軍忠烈錄)』 204쪽과 508쪽에는 각각 전상국과 김원영에 대한 기록이 있다. 전상국은 일본비행학교[7] 출신이며 후에 중국으로 망명하였다. 공군사관학교 격인 중국 중앙항공학교 고급반에서 비행술을 연마하고 중일전쟁이 일어나자 상위대장 폭격기 조종사로 활동했다. 그는 1938년 8월 21일 순직하기 전까지 15회의 폭격 임무를 수행하였고, 수송 임무는 17회를 완수하였다.

순직 당일 그는 비행기로 이동 중 기계 고장으로 비행기가 양자강으로

---

7) 일본 다치가와(立川)비행학교. 이 비행학교에서 박경원, 임도현, 전상국 비행사 등이 다녔다.

추락, 38세 나이로 순직하고 말았다. 전상국의 혈육인 딸은 일본에 거주하고 있으면서 백범기념관장으로 있는 김신 장군과도 연락이 되고 있는 모양이다.

김원영은 앞서 언급한 것처럼 김신 장군이 밝혀낸 비행사로, 중국 이름은 '구양명(歐陽明)'이다. 그는 중국공군 군관학교(구 중앙항공학교) 16기 전투조 제3급 비행사로 졸업하여 중국공군 중미연합 항공대인 제5대대 제29중대 소위로 추격기 조종사로 참전하였다.

2006년 8월 31일 필자가 백범기념관에서 김신 장군과 인터뷰할 때 김신 장군의 진술에 의하면 그는 전쟁 초기 수차례 공중전에 참전하였다가 피격, 낙하산으로 탈출하였단다. 양자강으로 떨어진 그는 수영을 해서 적의 포위망을 뚫고 본대로 귀환하였다. 그는 탕양으로의 출격 명령을 받고 이륙하던 중 1945년 3월, 비행기의 기계 고장으로 기체가 전복, 순직하고 말았다.

공묘 영렬비(英烈碑) 비석들에는 중일전쟁 기간 중 전사한 중국인 비행사 880명, 소련인 비행사 236명, 미국인 비행사 2,186명, 그리고 한국인 비행사 2명 등 모두 3,304명의 이름이 새겨져 있다.

그 다음 날, 한국으로 돌아오기 전, 남경 시내에 있는 남경항공친목회(남경항공연의회) 사무실을 방문하여 진립성(陳立誠) 상무이사를 만나보았다. 그의 말에 의하면 현재 이 공묘 옆에 항일항공열사 기념관 건립할 계획이며 항일항공열사 기념관 건설위원회가 발족되어 준비 중에 있다고 하였다. 김신 장군도 이 기념관 건립을 위해 건설위원회 명예주임위원으로 활동하고 있다는 것을 알게 되었다.

남경에 항공열사공묘의 존재는 여러 가지로 의미가 깊다. 일본군은 전쟁을 일으키면서 단숨에 중국군을 격파, 항복을 받아내겠다는 목표를 가지고 있었다. 3일 만에 중국항공대를 궤멸시키고 3달 안에 중국군의 항복을 받아내겠다고 호언장담했지만 중국항공대의 몸을 사리지 않은 투혼을 발휘하였으며 중국군의 격렬한 저항에 일본의 의도는 꺾이고 가장 원하지 않는 형태의 장기전으로 돌입한 것이다.

여기에는 열악한 환경에서도 중국 공군의 격정적인 저항도 큰 역할을 한 것이고 이 치열한 공방전에 중국항공대에서 활약한 수십 명의 한인 비행사들의 활약과 한인 비행사들의 희생이 존재했던 것이다. 중국, 소련, 미국, 한국 출신의 비행사들의 중일전쟁 기간 일본군을 상대로 싸웠던 것은 일본의 무자비하고 잔혹무도한 무력 패권주의라는 공동의 적이 있었기에 가능한 것이다.

남경 항일항공열사공묘는 이러한 저항정신을 담고 있는 것이다. 지금까지 직간접 자료에 의해 중국에서 활약한 한인 비행사들과 항공인들이 30명 내외로 추정해본다. 2007년에 준공을 목적으로 남경항공친목회가 추진하고 있는 기념관이 설립되면 이곳에 중국에서 활약한 한국 비행사들의 자료가 전시되도록 관심을 가질 필요가 있다고 본다.

장강(양자강)의 길이는 무려 6,300킬로미터라고 한다. 김신 장군은 "장강과 함께 성장하였다"는 말을 한 적이 있다.

다른 지역보다 일본인들에게는 여전히 반감을, 한국인들에게는 호감을 갖고 있는 남경의 거리 풍경은 마치 중국대륙을 가로지르는 장강과도 같았다. 중국인들뿐인가. 중국으로 망명한 우리 비행사들과 항공인들 역시 이 장강처럼 도도히 흐르면서 독립운동을 한 것이다. 무모하고 비극적인 전쟁이 다시 일어나서는 안 된다는 남경 시민들의 열망을 담고, '남경학살박물관'은 현재 증·개축을 위하여 문을 닫고 재개관을 기약하고 있다.

귀국 전날 밤, 서울의 명동거리에 준하는 남경 시내 부자묘(夫子廟)를 구경하였다. 한때는 공창이었던 거리에 안개등으로 꾸며놓은 화려한 용처럼 남경 시민들은 수십 년 전의 전쟁의 아픔에서 벗어난 듯 보인다. 하지만 그것은 겉모습이다. 그들은 결코 일본군에 의해 약 20만의 목숨을 잃은 남경학살의 잔혹사를 잊지 않고 있다.

남경 시민들의 역동성 뒤에 그림자처럼 담겨 있는 슬픈 눈빛을 나는 얼핏 보았다. 나만의 느낌이었을까. 청바지를 입고 활달하게 떠들며 거리를 활보하는 젊은이들 사이로 60도 고량주에 취한 객지의 몸은 발걸음을 숙소로 향하고 있었다. 장강에 몸이 둥실 떠서 정처 없이 흘러간다.

항공 독립운동 기원(起源)의 다원성

머리말에서 잠시 언급한 바 있는 항공 독립운동의 기원 문제는 다소 복잡한 양상을 보이고 있다. 이것은 나라를 잃어버린 상태에서 항공 활동을 할 수 있는 안정된 물리적 기반이 없는 것이 가장 큰 요인으로, 항공에 뜻을 둔 사람들이 여러 망명지에서 1920년을 전후해 동시다발적으로 항공 활동을 시작했기 때문이다. 또 한 가지 다원성의 근거로 나는 임시정부 역할의 한계성에 두고자 한다. 이 점은 중일전쟁을 수행하던 임시정부 요원들도 스스로 인정하는 부분으로서 임정 직계, 비직계를 망라하여 조국 독립전쟁의 기원(source)으로 받아들이고 있다는 사실이다. 따라서 '임시정부의 법통'만을 근거로 하여 임정 비직계의 여타의 항공 독립운동을 기원에서 제외하려는 것은 임시정부 '광복운동가'들의 역사인식에도 반하는 것이며 항공 독립운동의 독자적인 활동들을 부정하여 그 외연을 축소시키는 반역사적인 모순에 빠지게 된다.

1940년 대한민국임시정부 국무위원들[8]이 서명한 선포문 말미에서는 다음과 같이 말하고 있다.

> ……따라서 장래의 최후 승리도 모든 방면의 동포 동지들의 피와 땀을 집중하는 데서만 성공할 수 있다. 피와 땀을 집중하는 가장 첩경의 하나는 무엇보다도 국내외 운동단체 상호 간의 통일적 협동전선의 조직적 행동이 있어야 할 것이며, 또 다른 하나는 임시정부의 3년 계획을 모조리 실시함에 필요한 행동을 각계 동포가 진심, 갈력(竭力)하여 본 정부의 소신을 실제로 드러내게 함에 있을 뿐이다.[9]

---

8) 이동녕, 이시영, 조성환, 김구, 송병조, 홍진, 유동열, 조완구, 차리석, 조소앙, 이청천.

미국, 한인비행가양성소

임시정부 초대 군무총장 노백린과 미국 교포들을 중심으로 윌로우스 지역에서 한인비행가양성소를 설립 추진하였다. 비행술 교관을 만들기 위해 이초 등 6인을 레드우드 비행학교에 위탁 교육시킨 것, 김종림이 비행학교 터를 제공하고 재원을 지원하는 것, 비행학교 학생들과 비행학교 행정요원들을 배치하는 등 비교적 체계적이고 조직적인 활동을 보여주고 있다. 비행기 구입도 했거니와, 불행히도 홍수 피해로 재정 지원이 막힘으로써 중단되었지만 임시정부와 연계한 독립군 비행대(혹은 비행학교)를 추구했다는 점에서 커다란 의미를 가지고 있다. 하지만 이 미국에서의 항공 독립운동은 1921년에 중단되어 실제적인 한계성을 드러내고 있다.

다시 말하면 '한인비행가양성소'를 중심으로 한 미국에서의 항공활동은 상기 근거로 평가받을 일이지만 또한 여타 항공 독립운동을 촉발시켰거나 연계성이나 지속성이 없어 실질적인 한계도 분명히 가지고 있다. 이 점을 간과하여 한인비행가양성소의 활동을 절대화시키면서, 가령 '임시정부의 법통 유무'라는 기준만으로 해석할 경우 여타 항공 독립운동과 비교평가도 생략된 채, 동시다발적으로 다른 망명지에서 촉발되었던 다른 항공 독립운동들을 무시하거나 의미축소를 하게 될 뿐만 아니라 전체 항공 독립운동사의 흐름을 왜곡시킬 위험성도 매우 크다는 점을 반드시 지적하지 않을 수 없다.

다시 1940년 임시정부 선포문을 보자.

> 경술년 8월 29일부터 정미년 3월 1일 독립을 선포하던 날까지 무릇 10년간을 우리 독립전쟁의 제3기라 하겠다. 그때에는 벌써 국내 각지 진지를 할 수 없이 포기하고 독립의 근본 방침을 실현하기 위하여 각국 각지로 망명하여 혹은 중국 동삼성, 혹은 노령 연해주, 혹은 미주 각지 등지를 근거지로 삼고 열혈과 열루를 뿌리면서 독립군의 기본 부대를 양성하며 독립운동의 기본 인재를 교련함에 각당 각파가 매두몰신하여 분투노력하였다.[10]

9) 대한민국임시정부 공보 제65호, 선포문 중에서.

상해 임시정부의 독립군 비행사 위탁교육 파견

1919년 4월 상해 통합임시정부 시정방침 안에 들어 있는 내정(內政) 편 제2항 대적(對敵) 편에는 "개전의 준비 완성까지는 우선 현재로서는 일본 통치를 절대 거절하고 완전 독립의 의사를 표시하기 위하여 다음과 같은 방법을 실시함"이라고 언급하면서 열두 번째에 "비행기로서 국내 각지에 윤회하여 정부의 명령을 널리 보급하고 인민의 사상을 격발시킴"이라는 목적으로 '비행기 사용'을 언급하고 있다.

임시정부 교통국장이며 국무총리를 겸하고 있던 안창호는 국내 비밀조직망 연통제의 붕괴로 새로운 연락 수단으로 비행기로 눈을 돌린 것으로 보인다. 하지만 비행기 구입이 어렵게 되자 독립군 비행사 양성에도 노력한다. 우리나라 최초의 여성 비행사 권기옥, 무장 독립운동가 김공집, 김진일, 장성철 등은 임시정부의 비행대 창설 추진 프로젝트의 일환으로 이들을 중국, 러시아 비행학교에 파견 비행술을 배우도록 한다. 비록 임시정부의 비행대 창설, 비행학교 창설로 이어지지 않았지만 이렇게 양성된 비행사들은 중국항공대에서 중일전쟁을 수행하고 1940년대 임시정부의 비행대 편성 추진의 인적 구성원이 되었으며, 해방 후에는 대한민국 공군 창군의 인적 자산이 되었다.

무장 독립운동가 계열의 독자적인 항공 활동

북경을 중심으로 활약하던 무장 독립운동가 서왈보와 최용덕은 각각 비행술을 배워 중국 군벌에서 활약한다. 이들이 비행술을 배운 목적은 최용덕의 1951년 글 '중국에서 활약한 우리의 조인들'에 잘 나타나 있다.

> 중국의 통일문제는 우리나라의 독립 전취와는 밀접한 관계가 있음을 알게 된 우리는 중국 통일을 위하야 이역 창공에서 맹렬히 활약하였고 그 후 중일전쟁이 발발하자 우리 항공인들은 동아의 침략자 일본 제국주의를 타

---

10) 같은 자료.

도하는 데 큰 공을 세웠던 것이다.[11]

서왈보의 경우, 앞서 소개한 바처럼 비행사고로 그 뜻을 다 펴지 못하고 죽고 말았지만, 최용덕은 중화민국 국민정부 항공대 창설 멤버로, 중일전쟁 중에는 남창기지 사령관으로 전쟁을 수행하고, 임시정부 공군설계위원회 주임으로도 있으면서 1940년대 임시정부 비행대 편성을 주도하였다. 최용덕 외, 1944년 임시정부의 "한국 현 단계 공군 건설 개시공작을 미군과 합작하는 방침" 중에서 공군 건설의 제반 인재를 미국 협조로 양성하고 공군 건설의 기초 확립할 것이라는 항목이 있는바, 조성 인원의 내원(확충 요원들)으로서, 중국항공대에서 활약하고 있는 최용덕, 이영무, 정재섭, 최철성, 권기옥, 김진일, 장성철, 손기종, 이사영, 염온동, 왕영재 등 비행사와 기관사들이 망라되어 있다.

일본의 무조건 항복으로 국내 진공작전과 비행대 편성 계획은 중단되었지만 이들 중 최용덕, 권기옥, 이영무, 김진일, 왕영재 등은 해방 후 대한민국 공군의 인적 자산으로서, 최용덕은 공군 창군의 주역으로서 활약하면서 대한민국 공군의 중요한 기원(起源)이 되고 있다.

안창남의 모국 방문비행과 과학화운동

1922년 12월 안창남[12]이 일본에서 비행술을 배우고 여의도에서 모국 방문비행 시범을 보인다. 한국인 최초로 우리나라 상공을 비행하는 기록을 세우게 된다. 그런데 단지 모국 방문으로 그치는 것이 아니라 이를 계기로 안창남과 함께 언론, 평론가 등이 과학기술의 생활화를 주창하고 과학운동을 촉발하자는 과학화운동을 펼친다. 이것은 비록 무장 독립운동으로서의 항공 활동이 아니지만 우리나라가 서구 기술문명을 받아들이지 못하고 발

11) 최용덕, 「중국에서 활약한 우리 조인들」, 『하늘의 개척자, 최용덕』, 공군본부 정훈감실, 1956.

12) 일본 오쿠리비행학교(小栗 飛行專門學校) 졸업. 1922년 금강호를 타고 한국인 최초로 한국 상공을 비행하였다.

전시키지 못했기 때문에 일본에 뒤처지고 급기야 일본의 식민지로 전락했음을 반성하는 것으로, 장기적으로는 독립을 쟁취하자는 취지의 운동으로 풀이할 수 있다. 여기에는 당연히 항공기술력의 확보라는 원대한 목표도 함축되어 있다고 볼 수 있다. 이러한 항공 활동은 위의 기원들과는 또 다른 특징이 되고 있다.

안창남은 후에 중국으로 망명하여 상해 임시정부와는 별개로 공명단을 만들어 정치노선을 통합하고 독립군 비행학교를 만들고자 노력했지만 불행히도 비행기 사고로 그 뜻을 펴지 못하고 말았다. 하지만 안창남의 행보는 국민들에게 한국인도 하면 된다는 자부심과 희망을 불어넣는 등 커다란 역할을 했다고 본다.

이상의 네 가지 기원(起源)을 가진 각 지류들 중, 미국의 한인비행가양성소 운동은 1921년에 중단되었고, 안창남 역시 중국으로 망명하여 임시정부와 별도로 독립군비행학교를 설립추진했지만 1930년 비행사고로 운명하여 단절되었고 일본에서 비행술을 배운 전상국, 임도현[13], 김치간(金治玕)[14], 김연기[15], 김영호[16] 등은 중국으로 망명하여 항일전을 전개하였다. 그리고 1920년부터 상해임시정부가 파견 양성한 독립군 비행사들, 중국에서 비행술을 배워 중일전쟁을 수행했던 비행사들이 1940년대 임시정부 비행대 창설의 인적 구성원들이었으며 이들 중 일부 해방 후 대한민국 공군 창군의 인적 자산이 되었다. 마지막으로 무장 독립운동 계열의 서왈보, 김공집, 최용덕이 독자적인 항공 독립운동을 하였는바, 그중 서왈보, 김공집 등 비행사고로 숨졌지만, 최용덕은 중일전쟁 중 중국항공대 지도자로, 1940년대 비행대 창설 주도자로 활약하다가 해방 후 대한민국 공군의 창군 주역이 되었으니 중요한 기원(起源)이 되고 있다.

---

13) 이윤식, 『항공독립운동과 임도현 비행사』, 한국학술정보(주), 2012.

14) 송석우, 노고지리의 증언, 한국항공대학교출판부, 1999,

15) 「남경서 전투기 탄 비행 중좌 김연기 씨」, 〈삼천리〉, 1932년 12월호.

16) 1935년 조선총독부의 사상정세 시찰보고집에 실린 '김영호 비행사'(思想情勢視察報告集, 中華民國在留不逞鮮人의 動靜, 소화 10년, 1935년)

시기별 항공 독립운동

항공 독립운동의 제1기는 1920년 전후 임시정부를 중심으로 한 비행대 구상의 실현을 위한 노력과 임정과 별개의 독자적인 항공 독립운동들이 동시다발적으로 촉발되어 각자의 특징과 의미와 한계를 지닌 채 전개되었다. 이러한 동시다발적 활동들은 독립운동 출신들의 한인비행사들이 1926년 중국 국민정부 항공대에 합류하기 전까지로 보고자 한다.

미국 지역의 한인비행가양성소 중심의 활동, 중국에서는 서왈보, 최용덕 등 무장 독립운동 계열의 독립운동 차원의 항공활동, 상해 임시정부에서의 '신속한 연락과 독립운동사상 고취'를 위한 항공활동, 국내에서는 안창남의 모국방문 비행으로 과학화운동의 전개 등이다. 모국방문 비행과 과학화운동을 항공 독립운동의 성격으로 파악할 수 있느냐는 것은 관점에 따라 다르게 평가할 수 있지만 필자는 이 범주에 넣고자 한다.

제2기는 최용덕, 권기옥, 이영무 등이 독립운동의 지렛대로 삼았던 중국 항공대에 창설 멤버로 활동하기 시작한 1926년부터 1937년 중일전쟁이 일어나기 전까지로 보고자 한다. 독립운동가들이 중국이 일본과의 전쟁을 벌이는 것을 조국 독립의 기회로 보았는데 중일전쟁이 일어난 그 기점이 1937년이기 때문이다. 그전까지는 중국에서 비행술을 배우거나 일본에서 비행술을 배운 한인 비행사들이 속속 중국항공대에 합류하며 때를 기다리던 시기로 볼 수 있다.

제3기는 1937년부터 1943년까지로 본다. 이 시기는 중일전쟁 기간으로 남창기지사령관 최용덕과 그 외 전상국, 김은제, 권기옥, 염온동, 손기종, 김진일, 장성철 등이 활약하던 시기이다.

제4기는 1943년 임시정부가 독자적으로 광복군 비행대를 구상하던 시기부터 1945년 전쟁이 끝날 때까지이다. 이 시기는 1943년 임시정부 군무부가 공군설계위원회를 만들고 1944년 광복군 비행대의 구상을 구체적으로 하였으며 1945년 초, 미국 등 연합국과의 연합작전의 일환으로 국내 진공작전을 위한 훈련을 진행하던 시기였다. 이 시기는 1920년 전후로 여러 망명지에서 촉발된 항공 독립운동의 흐름들이 1940년대 중경 임시정부의 비행대 창설 추진 운동으로 결집되는 시기이기도 하다.

전쟁이 끝나면서 최용덕 등 광복군 비행대 구성요원들이 귀국하여 대한민국 공군 창군의 주역으로 활약하였다.

1919년 대한민국 임시정부 시정 방침, 군사 편의 '비행기대'

삼일운동이 전국적으로 일어나던 해, 1919년 상해에서 대한민국 임시정부가 출범한다. 상해 임시정부는 1918년부터 상해에 있던 인사들, 여운형, 장덕수 등이 수립을 준비했다. 그 이듬해인 1919년 4월 11일 제1회 임시의정원 회의를 열고 이동녕을 의장으로 선출한다. 국호는 '대한민국', 정치체제는 '민주공화제'를 실시한다고 선포했다. 임시정부 국무총리는 이승만, 내무총장은 안창호, 외무총장은 김규식, 법무총장은 이시영, 재무총장은 최재형, 군무총장은 이동휘, 교통총장은 문창범을 선출했다.

국내에서는 독립운동 지사들과 기독교, 불교, 천도교 교단 대표들이 참여하고, 인천에서 한성 임시정부 출범을 선언한다. 한성 임시정부 각료는 집정관 총재 이승만, 국무총리 총재 이동휘, 외무총장 박용만, 내무총장 이동녕, 군무총장 노백린, 재무총장 이시영, 법무총장 신규식, 학무총장 김규식, 교통총장 문창범, 노동국총판 안창호, 참모부총장 유동열 등이다.

산발적으로 생겼던 여러 임시정부들은 우여곡절 끝에 1919년 9월 11일 '대한민국 임시정부'로 통합되고 민주공화국을 이념으로 상해에 본부를 두고 출범하게 된다.

통합된 임시정부의 새 각료는 대통령 이승만, 국무총리 이동휘, 내무총장 이동녕, 외무총장 박용만, 군무총장 노백린, 재무총장 이시영, 범무총장 신규식, 학무총장 김규식, 교통총장 문창범, 노동국총판 안창호 등이다.

여기서 우리가 눈여겨볼 것은 노백린이 한성 임시정부 군무총장이었고 이동휘가 상해 임시정부 군무총장이었다가 통합 임시정부에서는 이동휘는 국무총리, 노백린은 군무총장으로 임명된 점이다.

이제 통합 임시정부의 출범의 배경을 두고 항공을 독립운동에 어떻게 연계시키고 있는지 보자. 상해에서 통합 임시정부가 출범했지만 초대 군무총장 노백린은 이미 미국에 있었다.

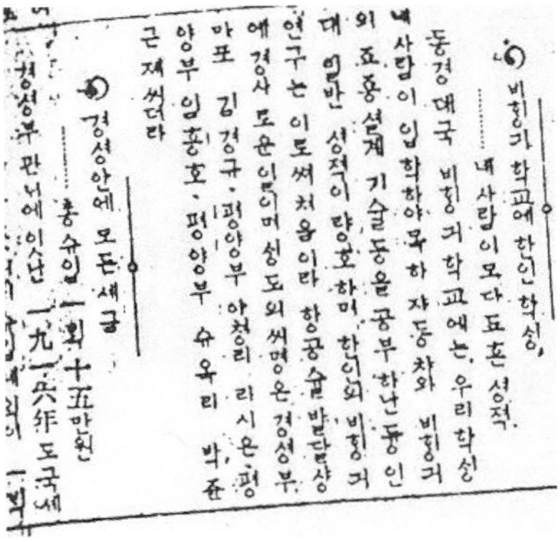
◎ 비힝긔학교에 한인 학싱,
……내 사람이 모다 됴흔 셩적.
동경대국 비힝긔학교에는, 우리 학싱
네 사람이 입학하야 목하 자동차와 비힝긔
의 됴종 설계 기술 등을 공부하난 중인
대 일반 셩적이 량호하며, 한인의 비힝긔
연구는 이로써 처음이라 항공술 발달상
에 경사 됴운 일이며 셩도의 씨명은 경셩부
마포 김경규, 평양부 아청리 리시은, 평
양부 임흥호, 평양부 슈옥리 박죤
근재 씨더라
◎ 경셩안에 모든 세금
……총수입 一회 十五만원
경셩부 관내에 잇난 一九一六年도 국세

1918년 8월 15일 <신한민보> 김경규 보도기사. 김경규는 1917년 항공에 입문, 일본에서 비행기 시험비행 등 활동을 했으나 이렇다 할 그 이후의 항공활동은 보이지 않는다. 현재까지 확인된바 한국인 최초의 비행사로 추정하고 있다.

노백린은 신민회에서 활동하다 105인 사건으로 투옥, 형을 살다가 미국으로 망명하였다. 그는 미국에서 무장 독립운동가 박용만과 함께 하와이 대조선 국민군단에서 활동했다. 국민군단이 해체되면서 노백린은 미국 본토로 이동하였다. 그는 이곳에서 독립운동을 모색하는 중, 항공에 눈을 돌렸다. 그는 곽임대, 김종림 등과 함께 비행학교 설립 추진을 하고 이초, 한장호 등 한인 청년 6인을 레드우드 비행학교에 위탁교육시킨다. 미국에서 비행학교 설립추진은 앞서 소개한 바 있다.

상해에서는 1919년 대한민국 임시정부 시정 방침을 발표한다. 내정, 군사, 외교, 재정, 사법 등에 대한 시정 조항들이 망라되어 있다. 그중 군사편에서는, '제5항 개전 준비'에서 "독립운동의 최후 수단인 전쟁을 대대적으로 개시하여 규율적으로 진행하고 최후 승리를 얻을 때까지 지구하기 위하여 다음과 같은 준비의 방법을 실행함"이라고 언급하면서 군사사단 조사, 국민 의용병, 사관학교 설립, 작탄대 편성, 외국 사관학교 유학, 전시 긴요 기술학습, 군물 수입교섭, 군사 선전원 파견 등의 항목과 함께 비행대 편성에 대한 항목을 포함시켰다.

비행대와 관련해서는, '7. 비행기대 편성'에서 "미국에 가감(可堪)할 청년을 선발하여 비행대를 조직하고 비행기 제조와 비행전술을 학습케 함"이라고 되어 있다.

이상에서 중요한 것은 첫째로 노백린이 미국에서 1919년 이전부터 이미 비행기로 독립운동을 하려는 계획을 추진했으며, 둘째는 1919년 9월 상해 임시정부 차원에서 비행대 창설을 시도하려는 내용이 '임시정부 시정 방침'에서 나타났다는 점이다. 일본이 독립운동을 탄압하려는 목적으로 조작한 '105인 사건'으로 와해되기 전까지만 해도 국내의 대규모 독립운동 단체인 신민회는 해외에 무장 독립운동 기지를 마련하려는 구상과 노력이 있었다. 그중 독립군 비행대의 현실화로 나타난 것이, 비록 단명으로 끝나기는 했어도, 미국 윌로우스 지역의 '한인비행가양성소'였다.

셋째는 상해 임시정부가 비행기를 구입하여 이를 독립운동 선전과 연락용으로 사용하려는 계획이 수포로 돌아가면서 독립군 비행사 양성을 위해 중국 내 비행학교를 이용했다는 점이다.

비록 이 일련의 비행학교 혹은 비행대 창설 시도들이 실패로 끝나기는 했지만 항공을 독립운동에 활용하려는 의지는 여러 망명지에서 동시다발적으로 비행사가 되려는 한인 청년들에게 이어졌다. 이들이 중국으로 속속 망명해 오면서 항공을 통한 독립운동이 지속적으로 전개되기 시작한다.

신민회는 일종의 비밀결사 모임의 성격을 갖는다. 김상웅은 『단재 신채호 평전』[17]에서 신채호와 함께, "1906년 안창호(安昌浩), 양기탁(梁起鐸), 이동녕(李東寧), 이갑(李甲), 전덕기(全德基), 이동휘(李東輝), 노백린(盧伯麟), 조성환(曺成煥) 등과 함께 만든 항일운동 조직"이라고 언급하였다.

이것을 보면 신민회의 조직이 이미 1906년에 시작되었음을 주장하고 있다. 그러나 1907년을 신민회 창립으로 주장하는 설에는 발기인이 양기탁, 이갑, 유동열, 이동휘, 이동녕, 전덕기 등으로 되어 있다[18]. 이 모임에는 신채호, 유동열, 안창호, 노백린, 이승훈, 양기택, 이동녕, 김구 등 당시 영향력 있는 사상가들이 대거 합류하고 있다. 이들은 신민회를 통해 백성들의 사상과 교육의 함양, 실사구시 기술의 터득과 발전을 이루자고 하였다.

신민회에서 설립한 대성학교에 재학 중이던 서왈보는 훗날 독립운동을

17) 김상웅, 『단재 신채호 평전』, 시대의 창, 2005, 40쪽, 123쪽.
18) 주요한, 『안도산 전서』, 삼중당, 1963, 73~75쪽.

위해 만주로 가서 활약하다가 1920년[19]에 비행사가 된다.

최용덕은 '중국에서 활약하던 우리 조인들'[20]이라는 글에서 서왈보가 1919년 10월에 중국의 항공학교를 졸업했다고 언급하고 있다. 최근에 관계자가 남원항공학교 졸업자 명단에서 서왈보의 이름을 확인할 수 없었다고 했지만, 명단에 없다고 해서 서왈보가 남원항공학교를 다니지 않았다고 단정할 수도 없다. 따라서 모든 가능성을 열고 확인 작업을 지속해야 할 것이다. 당시에 이미 일본의 감시가 서왈보의 행적에도 미쳐 있어 가명으로 중국의 항공학교를 다녔을 것으로 보인다.

최용덕은 그의 글에서 서왈보가 "1919년 10월에 서왈보 장군이 중국 공군사관학교를 졸업하야"라고 언급한다. 여기서 '중국 공군사관학교'는 '남원항공학교'를 지칭하는 것으로 추정된다. 왜냐하면 손문이 1913년 이전에 세운 비행학교가 바로 북경의 남원항공학교이며 이것이 중국이 세운 최초의 비행학교이기 때문이다. 이 항공학교 수리소에서 비행기 제작도 하는데, 1913년에는 기관총을 장착한 80마력의 비행기를 제작하였다.

따라서 북경을 무대로 무장 독립운동을 펼치던 1920년대 최용덕은 중국의 '공군사관학교'란 군벌들이 세운 항공학교가 아닌 손문이 세운 '중화민국의 남원항공학교'로 인식하고 있었을 가능성이 크다. 중화민국 비행기 회사를 세운 것도 역시 손문이다.

서왈보전[21]을 썼던 이영신 선생도 남원항공학교를 다녔으며 1920년 5월에 졸업했다고 했으며 1926년 7월, <신한민보>도 삼일운동 이듬해에 북경 남원항공학교에서 비행술을 배웠다"고 기술하고 있다.

그런데 신민회가 항공 독립운동 역사와 무슨 상관이 있을까. 신민회에서 직접적으로 항공에 대해 거론한 것은 아니다. 그러나 훗날 이들 중 안창호, 노백린, 김구, 서왈보 등이 태동기 공군 역사의 주춧돌 역할을 한 것이다. 신민회는 1910년의 모임에서는 초기 모임의 방향과 목적을 이루기 위하여

19) 1919년이라는 설도 있으나 정확하게 직접자료로 확인되지 않고 있다.

20) 1951년 공군참모부장 시, 정훈공보실 자료 제공.

21) 이영신, 「한국 최초의 전투비행사 서왈보 소전」, <월간 신동아> 통권 544호. 2005년.

해외 군사기지 건설과 군관 즉 독립투사 양성을 결의한다.[22]

한편 곽임대는 미국에 건너가서 일본은 공군이 없다는 것을 간파하고 다음과 같이 역설한다.

"우리가 만일 다소간 공군을 양성한다면 장래에 독립운동에서 공중전을 할 수 있다."

이는 노백린의 생각과 일치하였다. 노백린은 공중전을 염두에 두고 효과적인 독립운동을 위해 비행사를 양성하는 비행학교를 창설하자고 주장하였다.

안창호는 잘 알려진 대로 대한민국 임시정부에서 비행대 창설과 비행기 구입을 위한 노력을 벌인다. 이러한 계획은 순탄치만은 않았지만 임시정부의 김구에게로 계승되어 광복군 항공대 창설로 이어진다.

노백린 장군은 대한제국 무관으로 있다가 나라가 일본에 빼앗기자 신민회 등지에서 독립운동을 하였다. 노백린은, "앞으로의 전쟁 승리는 하늘을 지배하는 자에게 있다"고 확신하고 있어 이미 비행기의 중요성을 간파한 선견을 갖고 비행대 창설에 주도적 역할을 한 사람 중의 하나로 볼 수 있다.

우리는 여기서 잠시 중국의 항공 사정을 살펴볼 필요가 있다. 우리의 선배 항공인들은 중국으로 건너가 중국 항공의 역사는 많은 족적을 남겼다. 서로 영향을 미친 것이다. 따라서 중국이 항공을 어떻게 발전시켜왔는지를 알고 넘어가는 것은 우리의 항공 역사를 이해하는 데 도움이 될 듯하다.

중국이 처음으로 항공에 관심을 갖기 시작한 것은 손문 선생이 1903년 미국에 방문했다가 라이트 형제의 비행 성공 소식을 접하면서다. 손문은 서구의 비행기 발명에 커다란 충격을 받았을 것이다. 그와 미국 거주 중국인들의 노력으로 1909년 중국인 풍여(馮如)가 비행기를 제작하여 시험비행에 성공한다. 1910년에는 손문이 비행기 제조회사를 건립하여 화교 청년들에게 비행 기술을 학습시켰다. 1911년 풍여 2호가 제작되었는데, 이 비행기는 시속 78킬로미터로, 고도 200여 미터를 유지하며 총 35킬로미터를 비행

---

22) 김상웅, 『단재 신채호 평전』, 시대의 창, 2005, 41쪽.

했다.

그러나 1912년 풍여는 자신이 제작한 비행기를 타고 가다가 사고로 사망하고 만다. 1913년에는 손문의 발의하에 중화민국 비행기 회사가 설립되고 중국이 설립한 최초의 비행학교가 북경 남원항공학교 수리소에서 비행기 제작에 성공한다. 이 비행기는 80마력으로 기관총을 장착할 수 있었다.

국민정부 항공대는 1913년 3월, 6대의 80마력 코드롱과 6대의 50마력 비행기가 제작되고, 1914년 손문이 군벌을 토벌하기 위해 펼친 '하얀여우작전'에서 4대의 코드롱기가 동원되면서 시작되었다. 손문과 국민정부가 항공구국과 무방공(無防空) · 무국방(無國防)의 구호를 외친 이후로, 또한 비행기 헌납운동을 거행할 정도로 중국민의 소망을 담은 노력의 결실로 항공대의 전투기는 조금씩 증강되었다.

1917년에는 뉴욕 버펄로 시에 있는 커티스 비행학교를 졸업한 중국인들이 중국인으로서는 최초로 국제 비행증서를 획득한다. 1919년에는 각 군벌들이 항공학교를 만들었는데, 앞에서 언급한 바 있듯이 곤명에 운남비행학교, 북경에 남원비행학교와 북경 근교 보정비행학교, 광주의 광동비행학교가 있었다.

1924년 5월 손문은 광주에 황포군사학교 설립하면서 이렇게 말한다.

> 비행기가 전투 서열에 등장한 이후 국제 주권이 어떻게 구분되는지 말해보자면 예전에는 영토와 영해가 전쟁의 대상이었다면 이제는 영공의 구분이 생겨 영공을 위해 싸우게 되었다. (…) 비행기의 효력에 대해 말하자면 우선 군함, 잠수함 탱크의 압도적인 성능을 제압할 수 있다. 따라서 현재 국방의 수요에 부응하려면 공군의 역량을 확충하지 않고서는 소기의 성과를 얻을 수 없다.[23]

이러한 중국의 항공 상황 속에서 우리 선각자들은 중국으로 망명하여

23) 북경항공연의회, 『中蘇美空軍抗日空戰記實』, 북경, 2005.

중국 항공 발전에 기여하면서 대일항전을 펼치게 된다.

상해 대한민국 임시정부가 비행대를 편성하려고 했던 것이나 안창호가 비행기를 이용하려는 계획도 중국의 이러한 상황 속에서 전개할 수 있었던 것이다.

안창호와 '비행기'

1920년 안창호 선생이 상해에서 비행기를 구입하는 노력이 일기에서 확인된다. 앞서 언급한 것처럼, 1919년 임시정부 시정방침, 내정 편 제1항 통일집중 항에 '연통제 실시'가 언급되어 있고 제2항 대적(對敵) 편 열두 번째 항목에는, "12) 비행기 사용: 비행기로서 국내 각지에 윤회하여 정부의 명령을 널리 보급하고 인민의 사상을 격발시킴"이라고 규정하였다. 그리고 군사편 "제5항 개전 준비"에서는 비행기대 편성을 계획하였다.

> 군사 적재 소집, 국외의용병 모집 훈련(대오편성, 병사의 직무급 야학, 군인의학과), 사법부 분치, 군사사단 조사, 국민의용병, 사관학교 설립, 비행기대 편성, 작탄대 편성, 외국 사관학교 유학, 전시 긴요 기술학습, 군물 수입교섭, 준비 양곡, 군사 선전원 파견 등
>
> 7) 비행기대 편성
>
> 미국에 可堪할 청년을 선발하여 비행대를 조직하고 비행기 제조와 비행전술을 학습케 함.

그리고 1919년 11월 5일 임시정부 국무원에서 발행한 '대한민국임시정부 공보 호외'에서는 육군비행대를 이미 구상하고 있었다.

> 법률 제2호 대한민국 임시관제 제1장 임시대통령의 관할기관 제1절 대본영, 제2절 참모부, 제4절 군무부 제4조 육군국은 좌개(左開) 사무를 장리(掌理)함.
>
> 1. 육군건제 급 평시전시 편제와 계엄 연습 검열에 관한 사항
> 2. 단대배치에 관한 사항

3. 전시 법규와 군기급 의식 복제에 관한 사항
4. 육군비행대에 관한 사항
5. 각과 병에 관한 사항
6. 육군 위생 의정과 기타 사항

도산 안창호 선생은 민족의식 고취, 교육·사상운동 등을 통해 조국의 독립을 지향했다. 독립운동의 지도자이며 민족의 교육자, 사상가였던 그가 비행기에 직접적인 관심을 가진 것은 삼일운동 이후 국내와 임시정부 간의 연락체계였던 연통제의 붕괴가 발단이 된 것으로 보인다.

1920년 초 임시정부 내무부 소관 연통제의 연락망이 일본 경찰에 발각되어 조직이 와해되었다. 연통제는 국내외 연결망으로 임시정부 군자금을 모으고 통신업무를 관장했었다. 조직의 와해로 교통국장과 국무총리를 겸임하던 안창호는 연락용 장거리 비행기를 구입하려고 노력했지만 이마저도 뜻대로 되지 않았다.

그러나 중국대륙을 횡단할 만큼의 장거리용 비행기 구입에 실패하자, 이와는 별도로 중국 비행학교에 우리 젊은이들을 보내어 비행술을 배우게 한다. 장차 미래에 일본과 싸울 수 있는 독립군 비행사를 양성하고자 노력한 것이다.

1920년 2월 17일 그는 일기에서 20만 원을 사용하라는 비밀 내용을 언급하면서 "이는 비행기를 사용하여 국내 인심을 격발하고 장래 국내의 대폭발을 일으키기 위함"이라고 적고 있다. 도산에게 '비행기'는 단지 쇳덩어리가 아니라 민족의 혼불을 불러일으키는 그 무엇이었던 것이다.

1920년 초 미국에서는 노백린이 추진하던 비행학교가 가시화되어 그나마 위안이 되었다. 도산 안창호는 장기적 안목으로 독립군 비행사를 양성하기 위해 중국 군벌 산하 비행학교에 젊은 청년들이 들어가 비행술을 배우도록 했다.

중국의 손문 역시 앞에서 언급했듯이 항공에 일찍 눈을 뜬 지도자이다.[24] 세계 제1차대전이 끝나면서 유럽 각국의 구식 비행기들이 들어와 중국은 비행기 박물관이라는 말을 들을 정도가 된다. 1921년 세계대전에서 항공의 역할을 알게 된 손문은 국방계획 중 공군건설 관련 9개 항을 정한다. 광주에 신정부 설립과 동시에 항공국을 건립하면서 만든 내용으로 다음과 같다.

1. 각 지역의 군항, 요새, 포대, 공항 건설 계획
2. 항공업 건설의 발전 계획
3. 전국적인 군사 동원 훈련 실시 계획과 육해공 3군의 전면적인 공수 훈련 실시 계획
4. 서방 열강 각국에 잠수함, 비행기, 탱크, 군용 비행선 기구 등 육해공 신식 무기를 주문 제작하여 중국이 제작한 우수한 장비와 외국 제품을 모방한 병기를 확충한다.
5. 열강의 군사 전문가를 초빙하여 자국의 육해공 3군 생도를 교육시키고 국방물자 제작기술에 대한 의견서와 계획서를 학습시킨다.
6 육해공 3군의 조직 기준 확립
7. 자국의 해군, 공군 건설 계획과 육군의 신형 탱크 및 과학적인 병기·기계 제작 계획
8. 육해공 3군의 기초가 튼튼한 훈련 계획
9. 서방 열강의 극동 정벌을 목표로 한 육해공 3군과 중국의 국방 비교

국가의 지도자가 항공에 대한 이해와 중요성의 인식 정도가 얼마나 되느냐 하는 것은 매우 중요한 사안이다. 임시정부는 미래 독립군 비행사 배출을 위해 중국 각 비행학교에 우리 젊은이들을 보낸다. 개별적으로 비행학교에 들어가기도 했다.

광동비행학교에는 박태하, 김진일, 김공집 등이, 남원항공학교에는 서왈보가, 보정비행학교에는 최용덕, 운남 곤명에 있는 운남비행학교에는 권기옥, 이영무 등이 들어가 비행술을 배우게 된다. 김공집 등은 러시아 모스크바 비행학교로 유학하여 비행술을 배우게 된다. 많은 희생도 있지만 살아남은 우리 비행사들이 전운이 도는 1930년대의 대륙 하늘로, 조국 독립의

24) 북경항공연의회, 『中蘇美空軍抗日空戰記實』, 북경, 2005. 3쪽.

믿음을 지닌 채, 하나둘씩 날아오른다.

국내 행정 비밀조직 연락망, 연통제의 붕괴와 비행기

대한민국 임시정부 수립은 1919년 4월 11일에 이루어졌다. 당시 여러 개의 임시정부가 이합집산을 반복했으나 해방이 될 때까지 지속된 것은 '대한민국 임시정부'가 유일하다.

여기서는 난립한 임시정부들의 부침과 생성 · 소멸 과정은 생략하기로 하고 대한민국 임시정부를 중심으로 항일투쟁을 위한 제도 등 선무 작업들이 어떻게 이루어졌는가를 살펴보자.

의병활동이 꺾이고 무장 독립운동 세력이 만주로 옮겨진 가운데 국내와 만주 등지에서는 비폭력 평화적 시위로써 전국에서 수개월 동안 일어난 삼일운동이 일본의 무력진압으로 좌절되어가는 과정에서 안창호는 좀 더 치밀한 계획하에 항일투쟁을 지속하기 위하여 1919년 5월 국무원령으로 연통제 실지를 고지한다. 이는 임시정부의 법령과 공문을 전달하기 위한 전국 단위의 연락망을 구축하기 위한 것이었다. 궁극적으로 이 조직을 통하여 군의 모집, 성금, 군수품 조달, 정보수집, 항전 의지 등을 진작시키려 하였다.

총칼이 피와 살이 튀는 전쟁터의 무기라면 글은 사상전의 무기이다. 상해 임시정부에서는 임시정부 기관지인 <독립>을 발간하여 "대한인아 속히 군적에 착명하라"는 등의 내용으로 항일투쟁을 더욱 고취하였다. 창간호는 1919년 8월 21일에 나왔다. 이 신문들은 연통제의 조직망을 통하여 국내로 전달되었다.

이 신문은 창간사에도 나와 있듯이 독립사상 고취와 국민의식 향상 등에 목적을 둔 것을 알 수 있다. 임시정부 기관지 <독립>은 후에 일본의 방해공작으로 어려움을 겪으면서도 제호를 <독립신문>으로 바꾸어 1926년까지 부침을 계속하며 발행했다가 중단되었다. 그러다 중일전쟁 이후 임시정부가 중경으로 옮기면서 다시 발행을 시작하여 1943년까지 지속되었다.

1919년 12월에는 본격적인 군무 활동에 대한 계획을 수립하는데, 대한민국육군 임시군제, 대한민국육군 임시군구제, 임시 육군무관학교 조례 등을 발표한다. 그리고 1920년 초에 무관학교 1기생을 모집하여 교육시킨 후 6월 8일에 무관학교 제1기 졸업식을 거행한다.

그 이후는 무관학교 내에 변절자가 생겨 파행을 겪다가 지속되지 못한다. 연통제 또한 1919년 말에 일본에 탄로가 나, 타격을 받고 중단되고 말았다. 국내의 조직은 와해 되고 압록강 근처 안동에서 중간다리 역할을 해주었던 아일랜드인도 일경에 체포된다. 안동은 상해로 가는 교통 요충지였다.

안동에는 한국 독립운동에 매우 협조적이던 아일랜드인 쇼(George L. show)가 있었다. 그는 무역회사 겸 중국의 선박회사 대리점인 이륭양행을 경영하면서 안동과 상해를 왕래하는 배를 운영하고 있었다. 독립운동의 연락책들은 이곳을 중간 기점으로 하여 국내로 들어가고 중국으로 돌아갔었다.

그러나 1920년 7월 9일 안동에서 일경들이 습격으로 연락책들이 체포되었고 쇼는 그해 7월 11일 신의주행 열차에서 일경에게 붙잡혀 국내로 압송된다.

내란죄로 피소된 그는 감옥에 투옥되어 있다가 11월 19일 보석으로 풀려났다. 쇼는 1921년 1월 12일 상해를 방문하여 임시정부 요인들을 만나 재회한다. 이렇게 연통제가 붕괴했지만 안창호와 임시정부 요인들은 독립운동을 위한 선전·선무 활동을 포기하지 않았다.

1920년 1월 19일 안창호가 선전위원장으로 선임되면서 선전기관 조직 업무를 다시 착수하였다. 집요한 그의 노력은 그가 쓴 일기에서 잘 나타나고 있다. 독립운동 단체 간의 연락, 국민들의 독립운동, 항일투쟁의 고취 등 더욱 효과적인 선전 활동을 위해 비행기로 눈을 돌렸던 것이다.

1920년 1월 14일 일기[25]에서 그는 "……5. 비행기 수입할 방법인바, 씨의 담이 구미에 도한 후 신문·잡지의 모집 등사 실행하고 구미에서 한국

---

25) 편의를 위하여 국한문 혼용 일기 글을 한글로 풀어썼다.

에 대한 정형 탐사도 가급적 시행하겠다 하고, 또 한국 외교원이 찬조는 진력하겠고 자기를 대하야 선전할 인은 미인 혹과 똘트와 페퍼 삼인을 소개하고 비행기 수입은 아국을 교섭하라고 답한다. 작별하니 세 시 반이러라……"라고 적고 있다. 우리는 여기서 비행기를 조종할 외국인 비행사를 구하는 일과 비행기 구입 건을 동시에 진행하고 있음을 알 수 있다.

결국 비행기 구입은 좌절되지만 안창호는 국내와 연락을 지속하기 위하여 상해 임시정부 내에는 지방 선전부를, 국내에는 선전대를 설치하였다. 이 조직들로 연통제를 대신하는 역할을 지속시킨다. 그러나 안창호가 1921년 임시정부를 한동안 떠나면서 이 조직의 활동은 원활하게 이루어지지 못하고 결국 중단되었다.

2월 17일자 일기에서 "비행기로 이용하야 국내 인심을 격발케 하고, 우는 장래 국내의 대폭발을 촉발하려 함이라"고 적고 있는 도산 선생의 마음이 심금을 울린다. 제2의 삼일운동을 바라는 듯한 이 격문의 일기에서 '비행기'로 민족의 혼불이라도 불러내려는 그의 절절한 심정이 가슴에 와 닿는다.

비행술과 독립운동, 노백린과 곽임대

미국 한인비행가양성소에서 사용한 JN-4 커티스기

우리 민족이 '비행기'를 알게 된 시기는 우리 동포들이 1903년부터 하와이 어저귀 농사 노동자로 이민을 간 이후인 1900년대 말쯤일 것이다. 그리고 노백린, 곽임대 선생 등이 '비행기'를 독립운동과 연계해서 언급한 기록으로 보건대 1910년대 전후부터 독립운동에 항공을 접목시키는 인식이 있었다고 판단된다.

노백린은 대한제국군 장교로 근무하다 군대 해산이라는 비운을 맞이한다. 안창호 등과 독립단체 신민회에서 활동하다가 '105인 사건'으로 옥살이를 하고 김구 등과 교육운동을 펼치다가 미국으로 망명한다. 노백린은 무장독립운동가 박용만과 함께 하와이 국민군단에서 활동하다가 1919년 4월 임시정부 군무부 초대 총장이 된다.

그리고 1919년부터 가시화된 독립군 비행학교 교장이 된다. 1920년 2월경부터 실질적으로 운영된 한인 비행학교는 다수의 졸업생을 배출했다. 1920년 7월에 정식으로 비행학교 개소식을 갖게 되어 비행학교가 정상궤도에 오르자, 그는 동년 8월에 상해로 떠난다. 그리고 곽임대가 차기 비행학교 교장이 된다.

같은 황해도 출신인 곽임대는 노백린과 마찬가지로 '105인 사건'으로 감옥에서 형을 살다가 나온다. 1914년 미국으로 건너간 곽임대는 비행학교

1920年 6月 4日 (第 692 號) [1]

新韓民報

The New Korea

1920年 6月 22日 (第 696 號) [3]

우리비행긔학교가이제야

비행긔두척과빅인교사

한인비행가양성소 활약상을 소개한 <신한민보>

설립 추진을 위해 자금조달 역할을 맡는다.

노백린과 곽임대는 비행 기술을 확보하여 이를 독립운동에 적극 활용하려는 장대한 포부를 가졌던 것으로 보인다. 이러한 항공에 대한 인식은 1900년대 하와이에서 발족했던 국민군단의 연장선에서 봐야 할 것이다.

1920년 6월 22일자의 <신한민보>에서는 "백인 교사 한 분을 초빙하야 지금 윌로우스군단에서 비행술을 우리 애국 청년에게 교육시키기로 하였다"라고 언급한다. '윌로우스군단'이라는 용어가 사용된 것을 보면 비행학교에 국한하지 않고 보병과 항공대 등 조직화된 군대를 지향했던 것으로 보인다.

1920년 6월 4일자, <신한민보>에 '한국 독립과 비행술'이라는 사설에서는 미주에서 윌로우스 비행학교 설립과 중국에서 활약하는 비행사들에 대해 언급한 뒤, 설비 증강, 비행술과 폭격기술을 익혀야 한다고 주장한다. 또한 "비행술을 근세 군사학에서 제일 필요한 한 가지"라고 지적하며 비행술과 응용 전술을 시급히 또한 비밀스럽게 익혀놓아야 한다고 주장한다.

이렇듯 동포들을 한마음으로 뭉치도록 합심의 끈 역할을 해주고, 자부심과 희망의 불씨가 된 것은, 망국의 한을 승화시켜 혼을 불어넣었던 '비행기'였다.

‘Japs’들과 싸우기 위해 비행사들을 훈련시키는 ‘Koreans’

미국 언론에 소개된 윌로우스 독립군 비행학교

노백린 등 미국 교포들이 캘리포니아 윌로우스 지역에서 비행학교를 설립하려는 것이 1919년 전후로 보이는데 그것이 가시화된 것은 1920년 초이다. 그리고 이러한 한국인들의 비행학교 설립 운동에 대해 미국 언론에 소개되기 시작했다. 미국 <*Willows Daily Journal*> 지 1920년 2월 19일자에 “Koreans to have Aviation Field(비행장을 갖게 된 한국인들)”이라는 제하에 다음과 같은 내용이 소개되었다.

Willows Daily Jour

VOLUME 33. WILLOWS, GLENN COUNTY, CAL., MONDAY, MARCH 1, 1920.

KOREANS TO TRAIN AVIATORS HERE TO FIGHT THE JAPS

That the aviation school to be established here by Koreans is a development in the Korean independence movement launched a year ago and will be conducted for the purpose of training fliers who may be used eventually in a war with Japan, was frankly admitted in Sacramento by Colonel Palin K. Law, Korean soldier and patriot.

A number of young Koreans, Lad declared in an interview, are now learning to fly in a class at Redwood City. Some of these students are expected to finish their course in March and then plan to offer their services as instructors at the school in Glenn county.

“It is true,” stated Law, “that the school is to be established as soon as the necessary teachers and machines can be acquired. Its purpose is to teach flying to young Koreans who may be needed some time to help Korea regain her independence from Japan.”

He added that all students who entered the school would be volunteers from the Koreans now in California. The development of the school will largely depend upon the amount of financial support contributed by Koreans now in this state and the interest taken by his countrymen in the project.

Law ridiculed the idea that the Koreans plan to make a flying field out of forty acres. He said they have been promised the use of 3,000 acres in the Glenn county rice belt by a wealthy Korean farmer and his American companion who are in control of the land.

Colonel Law expressed the belief that the American people would register no serious objection because Koreans already in California desired to become aviators.

On this point he expressed his opinion as follows:

“If the same young men later see fit to take part in a campaign to secure the independence of Korea, the trouble would not come in America, but in Asia, and I don't see why the people of America should object to the school.”

The establishment of aviation schools in China, Law stated, also is planned by the Koreans at an early

한인들의 비행학교 설립을 자세히 소개한 미국 언론

쌀농사 부호 한국인 김씨는 오늘 말하기를, 비행을 위해 한국 청년들을 훈련시키기 위해 윌로우스 지역에 비행장을 곧 설립한다고 했다. 그들은 또한 ‘physical culture’ 교사와 영어 교사도 구할 것이다. 최근에 문을 닫은 ‘The Quint school’을 임대하고 근처에 40에이커를 확보할 것이라고 했다. 그 땅은 이미 구입되

윌로우스 한인비행가양성소 풍경

었다. 비행술을 한국인에게 가르칠 비행사도 준비를 마쳤고 훈련 교사의 참모진들도 구성하였다. 최신 모델의 비행기도 3대 구입하여 곧 도착할 것이라고 했다. 비행장은 곧 구색을 갖추게 될 것이고 격납고(hangers for the airplanes erected)도 세운다고 한다. 두 명의 기술자가 완벽하게 비행기(flying machines: 초기 항공기를 일컬음)를 조립할 것이다.

"우리는 좋은 미국인이 되도록 젊은이들을 훈련시킬 것이다"라고 김씨(김종림)는 말했다. "이것이 비행학교를 설립시키는 궁극의 목표이다. 우리는 그들이 영어를 읽고, 쓰고 말하도록 가르칠 것이며, 이것이 그들로 하여금 좋은 미국 시민이 되게 만들 것이다. 우리는 만약 미국이 전쟁을 하게 되면 싸울 준비를 갖출 수 있도록 그들에게 비행술을 가르치는 것이다."

채니(S. M. Chaney) 교장을 초청한 김씨 부인은 높은 교육을 받고 미국인처럼 영어를 구사할 줄 안다. 그녀는 채니 씨에게 컨트스쿨 교정을 임대할 수 있는지 물었는데, 이것은 한국인들이 학교를 세우기를 원하기 때문이다. 그녀가 말하기를 여기에 100여 명 정도의 학생들을 받을 것이라고 했다. 김씨는 후에 채니 씨를 방문하고 학생은 15명 정도일 것이라고 말했다. 그 문제는 학교 위탁자들과 논의될 것으로, 그들은 컨트 지역에 위치할 한국인 학교를 갖는 것에 대해 기꺼이 승낙하였고 그 문제는 일단락되었으며 학교는 곧 문을 열 것이라고 했다. 김씨는 또한 채니 씨에게 설립될 비행장에 대해서도 언급했다.

김씨는 지도자로서 비행술을 가르칠 젊은 한국인들의 미국 시민화를 위해 최근 윌로우스 지역에 집을 구입해 가족과 함께 거주하고 있다. (…) 여기에서 몇 년 동안 그는 쌀농사를 지었고 부자가 되었다. 윌로우스 지역

왼쪽. 한인비행가양성소 격납고 오른쪽. 한인비행가양성소 한인 교관 이초, 한장호, 이용근, 이용선, 오림하, 장병훈

에는 한국인 세대가 다수 있다. 그들은 기독교 신자들로 대부분 교육을 받은 자들이다. 여기서 교육을 받고 비행사가 될 한국인들은 자신들의 나라에 보내져서 적절한 시기에 일본으로부터 자신들의 나라를 구할 것이라고 본다.[26]

한인비행가양성소 설립에 재정 지원 등 결정적 역할을 한 김종림

그리고 동년 3월 1일에는 본격적으로 비행학교가 운영되는 상황을 같은 신문이 보도하고 있다. "Koreans to Train Aviators Here to Fight the Japs(왜놈들과 싸우기 위해 비행사 훈련을 받는 한국인들)"이라는 제하에 다음과 같이 내용을 소개하고 있다.

한국인들에 의해 설립되는 이 항공학교는 1년 전에 착수된, 한국 독립운동에서 하나의 새 국면이며 일본과의 전쟁에서 궁극적으로 투입될 수 있는 조인들을 훈련시킬 목적으로 실행될 것이다. 이들은 한국군 출신이자 애국자 Palin K. Law(노백린) 대령에 의해 새크러먼트에서 실질적으로 승인되었다. 다수의 젊은 한국인들과 소년들은 인터뷰에서 선언하였는바, 지금 레드우드 시에서 비행훈련을 받고 있다. 그들 중 일부는 금년 3월경에 비행훈련 과정을 마치게 될 것이고, 이 글렌 카운티(Glenn county) 지역에 있는 한국인 비행학교에서 비행 교관으로서 활동할 계획이다.
"이것은 사실이다." 노씨(노백린)는 "이 학교는 설립되고 곧 필요한 교사들과 항공기들이 확보될 것이다. 젊은 한국 청년들에게 비행술을 가르치게 될 것이고, 이들 젊은이들은 언젠가 일본으로부터 조국의 독립을 쟁취하는 데 필요하게 될 것이다."
그는 덧붙여서 이 비행학교에 들어오는 모든 학생들은 지금 캘리포니아 주에 사는 한국인들에 의해 충원될 것이다. 이 학교의 발전은 이 주에 현재 거주하는 한국인들에 의해 기부된 재정적 자산에 절대적으로 의존되며 그 수혜는 이 프로젝트에 참여하는 동포들에 의해 받는다.

26) 필자번역, 「Koreans to have Aviation Field」, <*Willows Daily Journal*>, 1920. 2. 19.

노씨는 한국인들이 40에이커 규모에서 비행장을 건설하고 있다는 것을 부정했다. 그는 말하기를 자신들이 한국인 쌀농사 부호 한국인과 그의 친구이자 이 땅을 관리하고 있는 미국인에 의해 글렌 카운티 농장지대에서 3,000에이커를 사용할 수 있도록 약속을 받았다고 말했다.

노 대령은 캘리포니아 주에 있는 한국인들이 이미 비행사가 되겠다는 바람을 가지고 있기 때문에 미국 주민들이 심각하게 반대하지 않을 것이라는 신념을 드러냈다. 그 점에 대해 노 대령은 그의 신념을 이렇게 말로 표현했다.

"만약 후에 같은 젊은이들이 한국의 독립을 확보하기 위한 캠페인에 참여하게 되면, 이로 인한 문제는 미국이 아니라 바로 아시아에서 생길 것이며, 그러한 까닭에 나는 미국인들이 이 비행학교를 반대하지 않을 것이라고 본다."[27]

중국에서 비행학교 설립은 또한 이미 한국인들에 의해 계획, 추진되고 있다고 말했다.

그리고 같은 신문은 6월 22자 기사에서 "2nd Airplane for Korean School Arrives Today(두 번째 비행기가 한국인 비행학교에 도착)" 제목하에 "비행사이자 비행 교사인 브라이언트는 오늘 레드우드 시로부터 퀸트(Quint) 지역 한국인 비행학교로 오늘 다른 비행기가 도착할 것"이라고 기사를 내보내고 있다. 그리고 "다른 하나의 비행기는 이미 여기에 있고 학생들이 학교에서 비행술 교육을 받고 있다. 브라이언트는 레드우드 시에 있는 한 비행학교에서 비행술을 가르쳤다. 그 학교에서 30명의 비행학교 학생들이 교육을 받았다"며 소상하게 소개하고 있다.

동년 9월 4일자 신문에는 "Korean Aviation School to be seen in the movies(영화에서 소개될 한국인 비행학교)" 제목하에 한인들의 비행학교 설립을 추진한 과정을 영화로 만들겠다는 보도가 나가고 있다.

---

27) 필자번역, 「Koreans to Train Aviators Here to Fight the Japs」, <*Willows Daily Journal*>, 1920. 3. 1.

글렌 카운티의 한 지역이 미국의 전역에 걸쳐 스크린으로 조명받게 될 것이다. 이 주의 어떤 지역이나 다른 주가 이렇게 폭넓게 알려진 적은 없다. 심지어 영국의 유력지이자 대영제국 모든 지역에 배포되는 <런던 타임스 *London Times*>는 최근 글렌 지역의 거대한 쌀농사 산업에 대해 기사화한 적이 있다.

이 지역에 부여될 그다음 광고는 광범위하게 퍼질 것이다. 그것은 샌프란시스코에 있는 'the Associated Screen News Co.'에 의해 받게 될 다수의 영화관들을 구성할 것이며, 이 나라 모든 지역에서 영상을 볼 수 있게 될 것이다. 그 영화관들에서 컨트 지역에 있는 한국인 비행학교를 보여줄 것이며, 국민적 관심을 끌게 될 것이다. 유능한 교육과 훈련을 받고 있는 여기 한국인들은 비행술을 배우고 있으며 항공 부문 모든 기술들을 배우게 될 것이다. 미국영상뉴스회사(the American Screen News Co.)의 대표인 모리스 블라쉬(Maurice Blache) 씨는 윌로우스에 도착했고 한국인 훈련 지역으로 갔다. 그는 지체없이 영화관에서 상영되도록 영상 구상을 하고 있는데, 이 계획에는 한국인 비행장 주변 풍경도 담는 것이 포함될 것이다. 이 영화를 통하여 매우 아찔할 정도의 높은 고도에서 담은 글렌 카운티 지역이 미국 전역에 소개될 것이다.[28]

그러나 영화를 만드는 것은 아마도 비행학교가 폐교되면서 취소되었을 것으로 추정된다.

〈신한민보〉를 통해서 본 한인 비행학교 설립에서 폐교까지

상해에서 안창호가 임시정부 조직과 선전 조직, 독립신문 발행으로 국내의 국민들과 연계하려는 노력을 하는 동안, 1919년 말부터 1921년까지 당시 미국 한인 신문인 <신한민보>는 한인 비행학교 설립에서 폐교까지의 과정을 자세하게 소개하였다. 이로써 미주에 있던 한인들과 독립운동가들에게는 커다란 희망을 갖게 하고 국민들의 단결심을 북돋워 주었다.

---

28) 필자번역, Korean Aviation School to be seen in the movies, <*Willows Daily Journal*>, 1920. 9. 4.

또한 1920년 3월 16일자에 실린 노백린 장군의 '군무부 포고 제1호'에 보면 '광복군'이란 명칭이 사용된 것을 알 수 있다. 비록 1940년대에 가서야 이 용어가 임시정부에서 사용되었으나 노백린은 독립군을 망라한 모든 독립운동 조직의 구성원들이 하나로 통일되어 일사분란하게 '광복군' 이름으로 항일투쟁을 하고자 하는 뜻을 갖고 있었음을 알 수 있다. 하지만 1926년, 노백린 장군은 명을 다하지 못하고 죽음을 맞이하니 그로서는 참으로 안타까운 일이다. <신한민보>에 실린 다음 기사를 보면 비행학교 설립 추진 과정과 폐교에 이른 경위를 알 수 있다.

> 노백린은 한인 비행학교의 교육의 질을 높이기 위한 일환으로 미국 비행학교의 실상을 파악하기 위하여 레드우드 비행학교를 방문, 견학한다. 그리고 미국인 비행 교관을 초빙하기로 한다(<신한민보> 1920. 2. 5.)

> 전보를 받은 내용에 의하면 마침내 한인 비행학교가 설립되었다. 비행학교 이름은 대한인비행가양성소이다. 캘리포니아 주 윌로우스 지방에서 수천 에이커에 벼농사하는 한인 재산가들은 윌로우스 근처 한인 비행학교를 설립하기로 결정하였으며 그들은 샌프란시스코 서양 비행가를 고용하여 비행술과 영어, 조련과 체육, 공민교육을 교수할 것이고 이미 근처에 있는 플란트 학교를 임시로 쓰기 위해 그 지방 학무 감독에 청원하였다. 노백린 장군은 그 교육을 할 것이고 중앙총회 전무 김종림 씨가 그 숙사와 설비에 진력하는 중 비행 실습은 그 설비가 다 맞추는 대로 시작하겠다더라(<신한민보> 1920. 2. 24.)

> 북가주 구역 경축 회례식 거행에 대한 공포를 하다. 대한 독립선언 제2년 경축회(삼일절 기념행사) 거리 행렬 등 거대하게 열었다. 비행기는 하루 전에 와서 행렬에 특색을 더하려 했지만 비가 와서 못 하였다. 거리 행렬의 진행 순서는 다음과 같았다. 마상 지도자, 군악대, 태극기와 미국기, 독립문과 자유종, 군무총장과 중앙총회장이 탄 자동차(군무총장은 도보를 원해 차를 타지 않음), 군무총장과 무장한 사관학생대, 중앙총회 임원이 탄 자동차, 북미총회 임원이 탄 자동차, 한복 입은 네 부인이 태극기를 어거한 부인국기대, 하와이 대표 자동차, 멕시코 대표, 적십자단, 뉴욕 대표 차, 시카고

대표 차, 군악대, 유년대 차, 대한 혼을 대표한 자유여신, 각 지방 대표차, 도보 행렬 등이 이어졌다.(<신한민보> 1920. 3. 6.)

비행기 학생의 섭섭한 것이라. (…) 비행술을 연습하는 우리 학생 제씨는 이날 따뉴바 대행렬에 참여하기를 얼마 전부터 준비하였다가 푸리스노까지 와서 비에 막혀 필경 참여치 못하였는데 (…) 비행사 체노리 뿌라얀트에게 국민회 명의로 은잔을 주어 그 섭섭한 정을 임하였더라(<신한민보> 1920. 3. 12.)

임시정부 군무부 포고 제1호

- 충용한 대한의 남녀여 혈전의 시와 광복의 추가 왔도다. 너도 나아가고 나도 나아갈지라 정의를 위하야 자유를 위하야 민족을 위하야 소와 피로써 조국을 살릴 때가 아닌가.
- 혼이 있고 피 있는 대한의 남녀여 선조를 위하야 후손을 위하여 무도한 왜적에게 학살을 당하는 너의 부모 형제자매를 위하여 최후의 희생을 할 때가 아닌가.
- 신성한 민족인 대한의 남녀여 사천여 년의 조국을 일조에 섬 오랑캐의 야심에 과거 십 년 동안에 가장 가혹한 압박을 받았서도 가장 치욕된 고통을 당하여도 오직 피의 눈물을 머금고 구차히 잔명을 살았음을 피차 오늘을 기다렸음이 아닌가.
- 반만년 역사의 2천만 민족의 의용을 합하여 이십 세기 오늘의 시대적 요구를 응하여 인도를 부르며 나아갈 때에 무엇이 두려우며 무엇을 근심할까. 너 앞에 독립이요 네 앞에 자유뿐이로다.
- 그런데 우리의 충용과 우리의 피와 우리의 신성과 우리의 외권으로써 나아가 싸워 이길라면 무기를 말하니보다 금전을 의논하니보다 제일의 급무는 싸움을 할 기초인 군인의 양성과 군대의 편성이라.
- 이것이 과연 우리의 정당한 요구요 필요한 사실이오, 완전한 자각이라 하면 주저 말고 염려 말고 하로 하루바삐 나와 대한민국의 군인이 되어 이천만 남녀는 일인까지 조직적으로 통일적으로 광복군 되기를 맹세코 단행할지어라. 1920년 1월 군무총장 노백린(<신한민보> 1920. 3. 16.)

윌로우스 비행학교 학생들 30여 명이 자비로 훈련을 받고 있다(<신한민보> 1920. 5.)

비행학교에 이제야 비행기 두 척이 오기로 결정되었고 백인 교관도 오기로 하였다. 먼저 첫 비행기가 도입되었다.(<신한민보> 1920. 6. 22.)

비행가 졸업생 또 세분이 계속하여 또 온다. 레드우드 비행학교를 졸업한 한장호, 이용근, 장병훈 세 명이 6월 17일에 비행학교를 졸업하여 윌로우스 비행학교에 합류한다.(<신한민보> 1920. 6. 22.)

두 번째 비행기 도착하였다.(<신한민보> 1920. 6. 24.)

한인 비행가 학교의 확장, 한국 비행기 4척, 이미 비행술을 배운 몇 분과 다수의 학생들이 합동하여 오랫동안 경영하던 비행술 연습할 일을 실행하는데 미국인 교관 한 명을 초대하고 비행기 4대를 구비하며 일체의 학교 설비는 김종림이 재정과 성의로 준비 중에 있다.(<신한민보> 1920. 7. 2.)

비행학교가 조직과 비행기, 장비 등 구색을 갖추고 정식 개소하다.(<신한민보> 1920. 7. 15.)

비행가 구락부 창설, 비행기 추가로 한 대 더 구비하다.(<신한민보> 1920. 7. 28.)

비로소 비행가양성소의 성립을 보다.(<신한민보> 1920. 8. 5.)
노백린 상해로 떠나고 곽임대가 그 자리를 맡음.(<신한민보> 1920. 8. 12.)

대홍수가 나다.(<신한민보> 1920년 11월 초)

대홍수가 나면서 비행학교가 있던 김종림 농장에 심각한 타격을 준 것으로 보인다. 그 이후 비행학교 관련 소식은 한동안 광고 형식으로 나타난다.

비행사 양성소에 관한 일절 통신은 아래와 같은 번으로 하시오. 대한인비행가양성소(총재 김종림, 재무 이재수, 신광호)(<신한민보> 1920. 11. 4.)

이 안내 광고는 1920년 10월 28일, 11월 4일, 11월 11일, 11월 18일, 11월 25일, 12월 2일, 12월 9일, 12월 16일 등 두 달간 여러 차례에 걸쳐 실렸다. 이것은 학교 측이 위기를 맞은 내부 사정을 외부에 알리지 않으려는 의도에서 비롯된 것임을 알 수 있다.

윌로우스 비행학교에서 대홍수로 사실상 비행훈련이 불가능한 상태에서 박희성 등 비행학교 학생들이 미국 비행학교로 전학하여 비행 수업 계속하다(<신한민보> 1921. 1.)

비행학교 폐교(<신한민보> 1921. 4.)

비행학생 도웁시다(<신한민보> 1921. 5. 5.)

대한인비행가양성소의 폐교가 기정사실이 되자 '비행 학생 도웁시다'라는 제목으로 기사를 내며 그동안 재정 지원을 해왔던 김종림은 대한인 국민회의 국민총회에 탄원을 하였다. 직접 재정 지원을 했던 그로서는 결실을 맺지 못하고 중단된 것을 그 누구보다도 안타까워했을 것이다.

신문의 기사 내용은 박희성이 졸업 비행 중[29] 추락하여 파괴된 백인 비행기 값을 삼 분의 일이라도 돈을 모아 갚아주자는 것과, 둘째 폐교된 비행학교를 재건하는 데 도움을 청하는 것이지만 뜻대로 되지는 않은 것 같다.

박희성은 비행사고로 중상을 입었지만 치료가 끝난 후 다시 도전하여 1921년 7월 미국항공클럽 비행사 면허를 취득하였다. 비행학교는 단명으로 끝나고 말았지만 미주 한인들의 독립정신은 한껏 고무되었고 독립운동은 더욱 활발해졌다.

29) 새크러먼트 사립비행학교.

한인들의 항공에 대한 관심도 높아지면서 다수의 비행사들, 항공인들이 배출되기도 하였다. 앞서 소개했듯이, 제1차 세계대전 때인 1918년 미 공군 조종사로 유럽 서부전선에 참전한 조지 리(George Lee)[30], 비행기 복역병[31]으로 종군했다는 리성창, 필라델피아 비행학교에서 해군 조종 훈련을 받고 1920년 5월에 해군 장교 조종사로 군무했던 로정민, 디트로이트 비행학교에서 비행기 수선학과를 졸업한 우병옥, 리버사이드 미군용 비행대에서 수학하여 조종사가 된 박락선 등이 있었다. 대한인 비행학교 출신 중에서는 김자중이 비행학교 폐교 후에 중국으로 건너가 중국항공대에서 근무하다 비행사고로 사망한다.

제2차 세계대전에 항공인으로 참전했던 한인들을 소개하면 다음과 같다.

장일만은 제2차 세계대전이 한창이던 1943년 미 육군비행대 폭격기 포수로 종군하였지만 유럽 상공에서 실종되었다. 이원규는 이민 2세로 캘리포니아 출신이며 버클리대와 남가주 의대를 졸업하여 3년간 항공대 교관으로 지내다가 전투조종사로 종군하였다. 그는 독일 상공에서 공중전을 벌이다 격추되어 전사하였다.

송 알프레드(Alfred)는 남가주대 법대를 졸업하여 제2차 세계대전 중 미 공군에서 복무하였다. 김을은 버클리대에서 음악을 전공하였는데 제2차 세계대전 당시 미 공군 장교로 종군하였다. 이 밖에도 알려지지 않은 많은 이들이 전시에 미 육군 항공대에서 복무한 것으로 보인다. 광복군 출신이자, 김구 선생의 비서 중의 한 사람이었던 김우전의 자서전에 실린 일기에 보면 OSS[32] 훈련차 연락 장교로 곤명에 있는 플라잉 타이거스(Flying Tigers) 부대의 후신이자 세놀트 장군이 지휘하는 미 제14항공대에 파견 나가 있을 때 정운수라는 한국계 미 항공대 소위가 있었고 역시 한국계 항공대 하사관 이순용 등이 있었으며 이들과 함께 OSS 한국 담당 부서에서

30) 본명 이응호.

31) 이 '복역병'이라는 것이 조종사인지 항공병인지는 정확하지 않다.

32) Office of Strategic Services, 전략 사무국, CIA의 전신.

일했다는 기록이 있다.

<신한민보>는 미주 내의 독립운동뿐만 아니라 중국, 러시아, 국내에서 활동하는 독립운동의 활약상을 동포들에게 전해주어 이들에게 희망과 한국인의 자부심을 심어주었다. 이러한 역할은 미주 내의 동포들이 중국 내에서 활동하는 독립운동 단체 특히 임시정부에 군자금을 지속적으로 지원하는 형식으로 답례하게 된다.

비록 단명으로 끝나고 말았지만 미주 언론과 교포들의 신문인 <신한민보>가 보도한 한인 비행학교에 대한 기사는 미주의 한인들에게 '한국인'이라는 자부심을 심어주기에 부족함이 없었고 수많은 사람들이 조국 독립을 위해 물적으로 정신적으로 헌신하였음도 두말할 것도 없다.

미국인들의 한인 비행학교에 대한 관심은 대단히 높았다. 윌로우스 한인군단을 격려 찬조하기 위해서 한 미국인 회사 사람은 윌로우스 군단[33]을 위해 100달러를, 한 중국인은 20달러를 기부하고 몇몇 미국인 비행사들이 비행기를 타고 군단을 방문하여 격려를 했다[34]는 기사도 보인다.

대한인 국민회에서 만들었던 보잘것없는 규모의 신문이었지만 그 영향력은 실로 다대하였음은 임시정부에서 발행한 <독립신문>이 국내와 중국에 있던 우리 국민들에게 정신적으로 힘을 주었던 것과 견주어볼 수 있는 대목이다. 그러면 미국에서 항공 활동을 했던 한인 항공인들을 살펴보자.

한장호

한장호는 1913년 독립운동을 위해 중국으로 건너갔다가 여의치 않자 1916년 3월 미국 샌프란시스코 엔젤아일랜드에 도착하였다. 김종림의 지원으로 미국 레드우드 비행학교에서 몇몇 교포들과 함께 위탁교육을 받은 뒤 역시 김종림의 재정 지원으로 발족한 윌로우스 비행학교의 창설 멤버가 된다.

1994년 2월 9일자 <중앙일보> 북가주판에서 이연택 기자는 한장호의

33) 윌로우스 비행학교를 지칭하는 것으로 보임.

34) <신한민보> 1920. 4. 20.

아들 한 박사를 만나 취재하는 과정에서 밝혀졌다. 이 기사에서, "1919년 북가주에 독립군 공군이 있었다"라는 제하로 당시 한인 비행사 양성을 위해 김종림과 레드우드 비행학교 교장 사이에 이루어진 위탁교육 계약서를 입수하였는데, 그 계약서는 1919년 1월 8일에 작성된 것이라고 하였다.

기사 내용에는 "한국 독립군 공군. 1919년 조국의 독립을 위해 일본의 일왕 관저를 폭격한다는 목표를 세우고 레드우드 시 비행학교에서 훈련을 받던 한인들. 오른쪽 끝이 공군의 창설자이며 대장 격인 한장호"라고 기술되어 있다.

하지만 윌로우스 비행학교가 재정 악화로 폐쇄되자 한장호는 네브래스카, 신시내티, 시카고 등지로 떠돌며 어렵게 살면서도 돈을 아껴 독립운동 자금을 지원했다고 한다. 노년에는 로스앤젤레스에 정착하여 살다가 지난 1994년 2월 6일 사망하였다.[35] 한장호 비행 관련 유품과 자료는 그의 아들이 미국 지역 박물관에 기증하였다.

이용선

1919년 1월 레드우드 비행학교 입교하고 1920년 2월 졸업하여 비행사가 된다. 1920년 2월 말경 로스앤젤레스 기념행사를 위한 축하 비행을 위해 이륙하여 3시간 20분 비행했지만 행사장에 도착하지 못하고 돌아갔다.

이초

1919년 1월 레드우드 비행학교 입교하여 1920년 6월 4일 졸업하여 비행사가 된다. 1920년 3월 초 로스앤젤레스 기념행사를 위한 축하 비행을 위해 이륙하여 2시간 비행했지만 비로 행사장 상공은 날지 못하고 돌아갔다. 이초는 1944년부터 1945년까지 OSS와 함께 NAPCO[36] 작전에 참가했다.

---

35) <중앙일보> 북가주판, 1994. 2. 9.

36) 한반도 침투작전.

오림하

1919년 8월 20일 레드우드 비행학교 입교하여 1920년 5월 25일[37] 졸업하여 비행사가 된다. <신한민보> 1919년 9월 2일자에서 오림하가 이초, 이용선에 이어 레드우드 비행학교에 입학하였다고 소개하고 있다. 비행사가 되는 동기는 군사상, 학술 수련이 필요성이라고 언급하였다. 교육 기간은 6개월인 것으로 보인다.

장병훈

1919년 1월 레드우드 비행학교 입교하여 1920년 2월 졸업하여 비행사가 된다.

이용근

1919년 1월 레드우드 비행학교에 입교하여 1920년 졸업하여 비행사가 된다. 상해 임시정부의 비행장교로 임명되지만 그 이후 항공 활동 행적을 보이고 있지 않다.

윌로우스 비행학교 학생들

박희성, 정몽용, 한용남, 박대일, 김태선, 홍종만 등 40여 명으로 알려져 있지만 정확하지는 않다. 윌로우스 비행학교가 재정난으로 폐쇄되고 나서 모두 뿔뿔이 흩어지고 마는데 1기 졸업생이었던 김자중은 중국으로 망명하여 장작림 산하 군벌 항공대에 입대하여 활약하다가 1922년 비행 추락사고로 사망한 것으로 보인다.[38]

역시 훈련생이었던 박희성은 비행학교가 해산되자 1921년 1월 미국인

37) 홍선표, 「노백린과 한인비행사양성소」, 『한인 미주사회와 독립운동 1』, 미주한인 백주년 기념사업회, 2003.

38) 혹설에는 만주지역 일본군 전투기에 피격되어 전사했다고도 하지만 정확한 사실은 확인이 필요하다.

이 운영하는 새크러먼트 사설 비행학교로 옮겨 비행훈련을 받는데 비행기가 추락하여 중상을 입는다. <신한민보> 1921년 4월 14일자 신문에 박희성의 중상을 보도하고 있다. 1920년 4월 10일, 300척 상공에서 추락하여 비행기는 전부 박살 나고 박희성은 30분 동안 기절하였다가 요행히 생명을 보전하였다. 이날 비행을 끝으로 비행사 면허증을 받게 되었는데 불행히 면허를 받지 못하고 병원 신세를 진다.

1921년 5월 5일 <신한민보>에는 박희성의 병세 회복에 대한 기사를 싣고 있으며 회복되고 있음을 알리고 있다. 1922년 5월 국제 비행사 면허증을 획득하였다. 그 후의 행적에 대해서는 이용근과 마찬가지로 상해 임시정부 비행장교로 임명되었지만 그 이후 자세한 활약상은 알려져 있지 않다. 개중에는 미국 군대에 입대하여 태평양 전쟁 중 일본군 포로 신문 등 정보 계통에서 활약했다는 정도만 알려져 있다.

조종익[39]은 시카고 지방회 창립회원 1920년 북가주 윌로우스 지방 한인 유학생회 발기인, 윌로우스 비행학교 학생이다. 그는 1937년 거북선 선박을 제조 태평양을 항해하기도 하였다. OSS 요원으로 활동하였다.[40]

최능익은 비행학교 학생으로 들어가 비행술을 배웠다. 그는 대한민국 임시정부의 요청으로 미주에 있는 한인 단체들을 통합시켜 나가는 데 많은 역할을 하였다.

이응호(Lee George)

이응호[41]는 현재 간접 자료를 통해서 볼 때[42] 미국 교포 중 최초의 비행사로 추정된다. 이 사실은 현재 독립기념관 독립운동사연구소 선임연구원 홍선표 박사가 『미주 한인사회와 독립운동사 1』[43]에 실은 그의 논문

---

39) Harry Chongik, 1897~1960.

40) 윤종혁, 『미주 한인사회와 독립운동사 1』, 애국선열 명단 599쪽, 미주한인 이민백주년 기념사업회, LA, 2003.

41) <신한민보>에서는 이윤호로 소개했다가 '이응호'로 정정했다.

42) <신한민보> 1918. 12. 26.

「노백린과 윌로우스 한인 조종사 양성소」에 처음으로 소개되었다. 이 논문에서 홍선표 박사는 이윤호를 'Lee Geoge'로 소개하며 "미 공군 조종사로 6개월간 유럽 전투에 참전하였다"고 기술하였다.

자료를 더 찾아본 결과 'Lee George'의 본명(한국명)은 이윤호이고 1918년 3월경 미 육군항공대에 입대하여[44] 비행훈련을 받고 조종사가 되어 세계 제1차대전 중 유럽 전선에 6개월 동안 참전하고 그해 12월에 미국으로 돌아온다. 이윤호는 이두형의 아들로서, 처음에는 공기선(비행선) 조종사로 활동하였다.

이러한 사실을 보도한 것이 <신한민보>1919년 1월 2일자이므로 이것이 사실이라면 이윤호는 윌로우스 비행학교 설립을 위해 레드우드 비행학교에 위탁교육을 받았던 한장호 등 6인보다 1년 이상 앞섰으며 중국에서 1920년 5월 비행학교를 나온[45] 서왈보보다도 빠르다.

이응호가 1918년 3월 11일 미국 육군부에 종군하여 군인청년회관에서 비행연습을 한다고 했지만 이것이 비행기인지 공기선(즉 비행선)인지에 대한 자세한 언급이 없다. 그런데 1918년 12월 26일자 <신한민보>의 보도에 의하면 12월 15일 그가 미국으로 귀국했다 하였고 "공기선을 타고 공중비행을" 했다는 내용이 실려 있는 것으로 볼 때 비행기 조종사가 아니라 비행선 조종사라고 보는 것이 정확할 것 같다.

또한 1919년 1월 2일자에서는 이윤호가 평민으로 시작한다 하여 제대했음을 보여주고 있으며 작년 6개월간 종군해서 "공기선을 타고 156일간 쉴 새 없이 비행"하였다고 보도하는 것으로 보아 비행기 조종사는 아닌 것으로 추정된다.

이성창

<신한민보> 1918년 6월 13일자에는 '리성창 씨의 종군'이라는 제하에

---

43) 미주한인 이민백주년 기념사업회 발행, 2003.

44) <신한민보> 1918. 5. 24.

45) 1919년 가을에 졸업했다는 주장도 있다.

그의 종군을 소개하고 있다. 이 기사에 의하면 그는 하기방학 중 해당 지역 징병사무소에 종군을 청원하여 비행기 복역병으로 뽑혔으며 신체검사를 마치고 1918년 5월 29일 비행기 견습소로 떠났다고 했다.

로(노)정민

로정민은 필라델피아 비행학교에서 해군 조종사 훈련을 받고 1920년 5월(혹은 6월)에 해군 장교 조종사로 근무한다.[46]

우병옥(禹丙玉)

우병옥은 디트로이트 비행학교에서 수선학과(정비학과)를 졸업한다.[47]

박락선(朴樂善)

리버사이드 미 군용 비행대에서 수학, 조종사가 된다.[48]

장일만

장일만은 1920년에 태어나 1943년 실종된다. 미국명은 'William I. Chang'이다. 그는 제2차 세계대전 미 육군비행대 폭격기 포수로 종군하였지만 유럽 상공에서 행방불명된다. 피격되어 전사한 것으로 추정된다.[49] 제1회 및 제2회 애국선열 합동추모제 행사를 준비하며 공원묘지에서 발굴

---

46) <신한민보> 1920. 6. 15, 1920. 9. 2.; <신한민보> 1920. 8. 5.; 홍선표, 「노백린과 한인비행사양성소」, 『미주 한인사회와 독립운동사 1』, 미주한인 이민백주년 기념사업회, 2003

47) 홍선표, 『미주 한인사회와 독립운동 1』, 노백린과 한인비행사양성소, 미주한인 이민백주년 기념사업회, LA, 2003; <신한민보> 1920. 6. 15, 1920. 9. 2; <신한민보> 1920. 8. 5.

48) 홍선표, 「노백린과 한인비행사양성소」, 『미주 한인사회와 독립운동 1』, 미주한인 이민백주년 기념사업회, LA, 2003; <신한민보> 1920. 9. 2.

49) 윤종혁, 『미주 한인사회와 독립운동 1』, 미주한인 이민백주년 기념사업회, LA, 2003.

한 애국선열 명단에 들어 있었다.

이원규(George Lee)

1916년 출생이고 1944년 8월에 전사하였다. 그는 이민 2세 캘리포니아 출신으로 버클리대(1933년)와 남가주의대(USC)를 졸업하였고 3년간 항공대 교관으로 있다가 전투기 조종사로 종군했다가 독일에서 추락사하였다.[50]

송 알프레드

1919년 출생하고 2005년에 사망하였다. 남가주대(USC) 법대를 졸업하였고 세계 제2차대전 시 미 공군에서 복무하였다. 5선 의원, 변호사, 캘리포니아 상원 법사위원장으로 활동하였고 동양인 최초의 상하의원을 역임하였다.[51]

김을(Earl Kim)

1920년생으로 로스앤젤레스에서 이민 2세로 태어났다. UCLA와 UC 버클리에서 음악을 전공하였고(1943~1952), 2차대전 당시 미 공군 장교로 종군하였다. 프린스턴대, 하버드대 교수를 역임하였다.[52]

신광희

신광희는 멕시코로 이민을 갔던 사람이다. 4년간 어저귀 농장에서 힘든 노동생활을 하다가 해방이 된 후 노예와도 같은 한인들을 구조하는 활동을 하다가 미국으로 간다. 그는 1920년 2월 비행학교 설립 운동에 가담하여

50) 윤종혁, 『미주 한인사회와 독립운동 1』, 501, 502쪽, 미주한인 이민백주년 기념사업회, LA, 2003.

51) 같은 책.

52) 같은 책.

재무파트에서 일했다.

대한인비행가양성소를 탄생시킨 사람들

대한인비행가양성소의 탄생은 앞에서 살펴본 것처럼 대한인 국민회를 중심으로 한 교포들의 단결과 박용만 등의 노력으로 활동한 하와이 한인 군사기관과 군사훈련 등의 정신과 실체에 뿌리를 두고 있다. 곽임대와 노백린 등의 공군 창설 주창은 교포들 사이에서 커다란 호응을 얻었다. 이들 군사기관 설립 시기와 시간적 갭이 있긴 하지만 대한인비행가양성소는 하와이 군사훈련 기관과 간호원 양성소 설립 의지와 동일하다는 것을 알 수 있다. <신한민보> 1920년 6월 22일자의 신문에서 다음의 기사가 있다.

> ……백인 교사 한 분을 초빙하야 지금 '윌로우스 군단'에서 비행술을 우리 애국 청년에게 교육시키기로 착수하였다.

이렇게 언급을 한 것으로 미루어, 비행학교를 발전시키고 더 나아가 이곳을 대규모 독립군군단으로 발전시키려는 장대한 포부가 있던 것으로 보인다.

뉴욕대학을 다니며 안창호가 이끌던 대한인 국민회 중앙총무인 황해도 해주 출신 곽임대는 학업을 중단하고 시카고로 가 당시 임시정부 군무총장을 만난다. 노백린은 상해 임시정부 초대 군무총장에 선임되어 상해로 갈 준비를 하고 있었다.

대한제국 무관학교 출신인 노백린은 곽임대의 권유를 받아들여 사관 양성의 책임을 노백린이 지고 자금 확보는 곽임대가 맡기로 하였다. 이미 그 당시 미주 교포는 3만 명에 달하였으나 군단에 지원한 자는 40여 명에 불과하였다.

김종림은 임시정부 요인은 아니었지만 미국에서 한인으로는 드물게 대농장주로 있으면서 한인 비행사 양성 프로젝트에 물질적 후원자 역할을 하였다. 김종림은 윌로우스 지역 한인들이 벼농사 등으로 크게 성공한 사람

중의 하나였고 교민들을 위해 기계를 기증하고 동포 고아원의 아이들을 위해 후원금을 대주기도 하였다.[53]

대한인비행가양성소는 곽임대, 노백린의 공군 창설 주창과 대농장주 김종림의 호응과 비행사가 되기 위해 모여든 한장호, 이용근, 이초, 이용선, 오림하, 장병훈 등이 주축이 된 것으로 보인다.

이들 6인은 1919년 김종림의 후원을 받아 미국 레드우드 비행학교에서 1년간 비행교육을 받고 1920년 2월에서 6월 사이에 비행사 면허를 취득한다.

이 한인 비행사 6인에 관해 보도한 보도는 1920년 4월 27일자 <독립신문>에 실린 것이며, "여기에 실린 사진 한가운데는 노백린 임시정부 군무총장이 있었고 왼쪽에서부터 한장호, 이용근, 이초, 이용선, 오림하, 장병훈……" 등의 기록이 있다.

이초 등 6인이 레드우드 비행학교를 졸업하기 한 달 전인 1920년 1월 3,000에이커에 쌀 15만 석을 생산하는 규모의 농사를 하고 있는 김종림이 3만 달러를 희사해 6,000달러에 비행기 3대를 구입하고 미국인 교관 프라얀, 한국인 비행사 6인 등 교포 청년을 포함하여 16명으로 교포 청년을 모집 비행훈련을 시작한다.

김종림의 농장 한쪽에 비행장과 활주로를 만들고 연습기로 구입한 3대의 비행기에 태극마크를 달았으며 'KAC'[54]을 그려 넣는다.

당시 훈련을 받던 한인 비행훈련생들은 "도쿄로 날아가 쑥대밭을 만들자"라고 외치며 강한 의욕을 갖고 교육에 임하였다고 한다. 훈련생들 중에는 삼일운동 선언문 낭독 대표인 박희도의 사촌동생 박희성을 비롯하여 한용만, 김태선, 홍종만, 정몽용, 장병훈, 박대일, 김자중 등이 있었다.

대한인비행가양성소의 인적 사항을 보면 교장은 노백린, 총재는 김종림, 부총재로 송덕용, 서기 강영문, 재무 이재수와 신광희, 연습생 감독은 곽임대, 간사로는 진영구, 양순진, 윤응호, 이운경, 송승균, 이암, 임치호,

---

53) <신한민보> 1919. 1. 30.

54) 대한인비행가양성소 한국항공클럽, 즉 윌로우스 비행학교 명칭.

마춘봉, 한성준, 이진섭, 비행술 교관은 한장호, 이용근, 이초, 이용선, 오림하, 장병훈 등으로 이루어져 있다. 여기에 대한인비행가양성소 교내에 한인비행가 구락부를 구성한다.[55] 구성 인원은 16명으로 하고 법인 자격을 갖추어 경영을 한다는 내용과 장차 한인들의 비행 사회와 비행 문화의 발전을 위해 별도로 운영한다는 내용이 소개되어 있다.

그러나 앞에서 살펴본 것처럼 대한인비행가양성소는 오래가지 못했다. 이 비행학교의 재정악화 요인으로는 폭우에 의한 수해로 김종림 농장의 파산이 결정적인 것으로 보인다. 거기에 전쟁이 끝나고 쌀에 대한 수요가 줄어든 것도 한 요인이 작용했을 것으로 보인다. 당시 절박한 상황을 간접적으로 알 수 있는 기사가 <신한민보>에 실려 있다.

파산이 될 때까지 연습기는 총 5대로 늘어났었으며 1922년에 41명 졸업, 1923년에는 11명이 졸업했다고 하지만 이 내용은 불확실하다. 어떤 자료는 설립 7개월 만에 비행학교가 문을 닫았다고 하는데 그 많은 학생들이 해를 거듭하며 어떻게 졸업했는지 알 수 없다.

비록 단명으로 끝나긴 했지만 대한인비행가양성소의 설립 과정이나 그 존재 자체의 의미는 크다. 미국에서의 중국 상해에 있던 임시정부와의 연계도 그렇거니와 미국 한인 교포들의 결속을 보여주는 역사적 사건이기 때문이다.

대한인비행가양성소 행정요원들

미주 한인회가 제1회, 제2회 애국선열 합동추모제 행사를 준비하며 발굴한 애국선열 명단에는 윌로우스 비행학교 관련자들이 다수 있다. 이 사실은 미주한인 이민백주년 남가주 기념사업회가 발간한 『미주 한인사회와 독립운동사 1』[56]에 열거되어 있다. 강영문(姜泳文)은 중산군 창신중학교를 졸업한 한학자이다. 그는 윌로우스 한인비행사양성소 간사 및 서기 역임,

55) <신한민보> 1920. 8. 5.

56) 윤종혁, 「애국선열명단」, 『미주 한인사회와 독립운동 1』, 미주한인 이민백주년 기념사업회, LA, 2003, 591~599쪽.

홍사단 주석을 맡았다. 그 외 윌로우스 비행학교 간사인 마춘봉(馬春逢), 이진섭, 임치호(林致昊) 등이 있다.

이들은 당시 이 지역의 농민들로 주로 비행학교를 위해 성금을 냈던 이들이고 직책을 간사로 얻었지만 실질적인 행정업무를 적극적으로 하지는 않은 것으로 보인다.

이렇게 하여 사실상 1920년대 미국에서의 항공 독립운동의 활동은 여기서 중단되고 그 이후 이렇다 할 만한 활동은 없어 보인다. 오히려 일본과 중국, 러시아 등지에서 비행술을 배운 우리 비행사들이 종전까지 비행 활동의 주 무대가 되는 중국으로 망명하며 항공 독립운동을 지속시킨다.

중국 항공계에 한국 남아의 기염을 토한, 서왈보

서왈보가 처음 비행기를 본 것은 1913년, 경성에서다. 유동열과 함께 독립군 기지 설립 군자금을 위해, 단신으로 국내에 들어온다. 우연히 비행기 비행 시범이 있다는 것을 알고 경성으로 간다. 1913년 8월 29일, 3년 전 한일합방 치욕의 날을 잡아[57] 용산 일본군 사령부에서 나라하라 산지(奈良原三次)의 과시용 비행 시범이 있었던 것이다.

이를 목격한 서왈보는 비행사가 되겠다는 결심을 하게 된다. 군자금을 확보한 서왈보는 북경으로 돌아간다. 유동열과 함께 활동하다가 그는 풍옥상(馮玉祥) 군벌의 중국군 장교가 된다. 비행사의 꿈이 실현된 것은 1919년 봄에 남원항공학교에 입학하여 1920년 5월에 졸업하고 나서이다.[58] 그는 풍옥상 군벌 휘하의 항공대를 만들어 활동하게 된다. 1920년부터 1924년까지 중국 군벌 간의 전쟁에 참가하여 전투비행을 했다. 이때 전투기가 피격되어 적에게 체포된다. 적 수장에게 끌려가,

"항복하라."

는 권고를 받았지만 그는,

"나는 장교다. 조롱하지 말고 군인으로서 명예롭게 죽을 수 있도록 목을 쳐라."

하며 호통을 쳤다. 장작림(張作霖)은

---

57) 이영신, <신동아> 2005년 1월호.

58) 최용덕은 1951년에 쓴, 「중국에서 활약한 우리 조인들」에서 서왈보가 1919년 10월에 졸업했다고 기술하고 있다.

"알았다. 내일 처형하겠다."

하고 그를 가둔다. 그러나 그에게 풍성한 식사로 대접한다. 죽음을 각오했던 그에게 적은 예우를 갖추어 그를 풀어준다. 풍옥상은 손문의 국민정부에 협조하여 국민군으로 개편했으나 장작림에게 패한다.

풍옥상 휘하 국민군이 몽골 접경지역인 장가구(張家口)로 후퇴하자 항공대도 장가구 근처로 이동한다. 서왈보가 최용덕을 만난 것은 1920년이고 권기옥을 만난 것은 1925년이다. 서왈보 일행은 장가구에서 지내던 중, 풍옥상이 이탈리아에 주문했던 신형 단엽 비행기 10대가 도입되자[59] 이들 비행기의 조립을 마치고 시험비행을 한다. 이탈리아 시험비행사의 비행을 마치고, 서왈보가 직접 시험비행에 나서게 된다. 그러나 세 번째 비행기의 시험비행에서 비행기가 균형을 잃고 추락하였다.

서왈보는 1886년 평안도 출신으로 민족의식이 대단히 강했다. 1909년에 중국으로 건너가 독립운동을 지속하며 풍운아처럼 살았다. 충격적인 추락 장면을 목격했던 권기옥은 그의 시신을 수습했다.[60]

최용덕은 그를,

"중국 항공계에서도 경이적 존재였으며 조국의 광복과 중국 항공 발전을 위하야 한국 남아의 기염을 토하였다."

라고 평가하였다.[61]

1926년 <동아일보> 7월 6일자에,

"오호 서왈보공 혈루로 그의 고혼을 곡하노라."

라는 제하의 추도문이 실렸다.

1926년 <신한민보> 7월 22일자, 서왈보의 부고를 알리는 기사에서 제목을 "한인 비행가 서왈보 씨 참사"로 하고 서왈보의 죽음과 그의 활약상을 소개한다.

---

59) 이영신, <신동아> 2005년 1월호.

60) <한국경제신문> 1979. 8. 29.

61) 최용덕, 「중국에서 활약한 우리 조인들」, 공군본부, 정훈공보실, 1956.

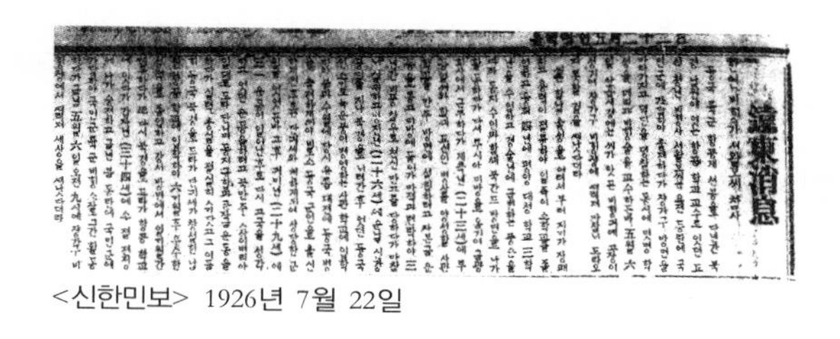

遼東消息

<신한민보> 1926년 7월 22일

중국 육군 항공계 선봉으로 다년간 북경 남원에 있는 항공학교 교수로 있던 고국 청년 비행사 서왈보 씨는 요전 등반에 국민군에 가담하야 출전하다가 장가구 방면을 (…) 정찰하는 동시에 몇 명 학생을 데리고 비행술을 교수하든바 5월 6일 아흡 시경에는 씨가 탓든 비행긔에 고장이 생기어 장가구비행장에 떨러져 마침내 도라오지 못할 길을 떠낫다더라. 생존 함남 출신으로 어려서부터 지기가 장쾌하고 용력이 절륜하야 일즉이 소학교를 졸업하고 융희 4년에 평양 대성학교 3학년을 수업하고 경술년에 급변하는 풍운을 따라 동지 수인과 함께 북간도 방면으로 나가 활동하다가 다시 러시아 지방으로 옮기여 금광회사에서 근무하다가 계축년(23세)에 (…) 조선인 병사를 양성할 사관학교를 만주 방면에 설립하려고 자본금 운동으로 몽고지방에 들어가 마적과 연락하야 삼 년간 비풍 참으로 천신만고를 당하다가 마참내 (…) 병진년(26세)에 (…) 북경으로 내려간 후 어떤 중국인 소개로 (…) 사관학교에 입학하여 불과 수월에 당시 유롭 대전에 중국병을 출전하게 되야 비로소 중국 군인으로 출신하게 한 후로는 당기세와 친하게 되어 (…) 그 후 기미년(29세)에 삼일운동이 일어난 후로 다시 고국을 생각하고 있던 운동을 하려고 북만주 시베리아 일대로 돌아다니며 동지 규합과 군자금 운동을 하다가 심력 충심을 절실히 깨닫고 그 이듬해 항공학교에 입학하야 6개월 후 우수한 성적으로 졸업하고 강서 방면에서 일 개월간 근무하다가 또다시 북경으로 돌아가 항공학교에 있다가 갑자년(34세)에 소절 전쟁에 나가 승전하고 금년 봄 동란에 국민군에 가담하여 국민군 육군 비행소좌로 그간 활동하다가 금년 5월 6일 오전 9시에 장가구비행장에서 떨어져 세상을 떠낫다더라.[62]

중국에서, 한국인으로는 처음으로 비행사가 되어 중국인들에게, 더군다나 적 군벌에게도 영웅적인 대접을 받으며 한국 청년의 기개를 유감없이

62) <신한민보> 1926. 7. 22.

펼쳤다. 그는 고군분투(孤軍奮鬪)하다 아깝게 삶을 마감했지만 그 뒤를 이어 제2, 제3의 '서왈보'들이 중국대륙의 하늘을 날았던 것이다.

서왈보는 신민회가 만든 평양 대성학교에서 학업을 하다가 만주로 망명, 독립군으로 활동한다. 그는 북경에 있는 남원비행학교에서 입교 조종사가 되어 군벌 간의 전투에 20여 회 출격하여 큰 전과를 올렸다. 그는 북경에 있는 항공학교 교관으로 활동하다가 1925년 상해사변이 일어나자 그해 6월 북경에서 조남승, 한홍 등과 함께 항일운동을 촉진하자는 전단을 작성, 살포한다.

이영신 선생은 「한국 최초의 전투비행사 서왈보 소전」[63]에서 권기옥 비행사로부터 들은 증언을 이렇게 기록하고 있다.

"권 여사가 서왈보와 2개월가량 국민군 항공대에서 함께 생활해 서왈보에 대해 상당히 자세히 알고 있었다는 사실이다. 권 여사는 특히 서왈보가 비행기 추락사했을 때 갈기갈기 찢긴 시신을 수습해서 장사를 치러준 사람 중 하나라고 했다."

이영신 선생은 이 책에서 서왈보가 북경에 있는 남원항공학교를 입교한 것이 1919년 3월 중순이라고 했다. 그의 나의 34살이었다고 한다. 남원항공학교로 개칭하기 전 남원항공훈련소는 교육 기간이 6개월이었지만 서왈보가 들어갔을 때는 교육 기간이 1년으로 연장되어 있었다. 6개월은 이론 교육이고 나머지 6개월은 실습이었다. 서왈보는 1920년 5월 30일 졸업하고 비행사가 된다고 기술하였다.

항공 독립운동 역사가 아직 정확하게 정립이 되지 않은 탓으로 용어의 통일이 되지 않고 있다. 모 백과사전에는 서왈보가 한국 최초의 비행사라고 소개하기도 한다. 미국 레드우드 비행학교를 나온 한장호 등 6인은 1920년 2월에 졸업한다. 이들 역시 임시정부의 비행대 창설 계획에 따라 이루어진 점으로 보아 이들 역시 전투비행사들이나 다름없다. 실제로 폭탄 투하 훈련을 하기도 하였다. 따라서 서왈보가 '한국 최초의 전투비행사'라는 수식도 혼란을 일으킬 여지가 있다.

---

63) <월간 신동아> 2005. 1. 1. 통권 544호, 598~632쪽.

서왈보가 나중에 군벌 간의 전쟁, 국민군의 북벌전쟁에서 한인 비행사 중 가장 전투비행사다운 활약을 한 것은 사실이다. 그러나 그전에 비행사가 되었던 이들 모두 비행기로 독립운동을 하려는 목적으로 비행사가 되었기 때문에 '최초의 전투비행사'라는 식의 용어는 쓰지 않는 것이 바람직하다고 본다.

공군은 대한인비행가양성소를 '독립군 공군'으로 보고 있는데, 통일된 표현이 이루어졌으면 하는 바람이다. 그렇다고 서왈보의 활약상을 깎아내리려는 것은 절대 아니며 서왈보는 그 어느 비행사들보다도 비행사다운 면모와 활약상을 보인 것은 부정할 수 없다.

최용덕이 1951년에 친필로 기록한 「중국에서 활약하던 우리 조인들」에서 서왈보와의 관련한 언급이 있다. 최용덕의 글을 보자.

> ……이미 고인이 된 서왈보, 안창남은 만주 중국본토 등지에서 항공인으로서의 그 탁월한 기능을 발휘함으로써 중국 항공계에서도 경이적 존재였으며 조국의 광복과 중국 항공 발전을 위하야 한국 남아의 기염을 토하였던 것이다. (…) 유동열 선생의 의촉을 받고 한국임시정부 요인들 협조하에 한국군인 양성 및 군대 편성에 착수하였으나 당시 혼란한 중국 정세하에 뜻을 이루지 못하고 몽고 사막지대까지 더러 가서 한국독립군 간부 양성에 주력하였으나 여의치 못하여 북경으로 돌아온 그는 군사학을 연구하고자 중국육군 군관학교에 입학하여 과업을 마친 후 다시 그는 항공에 대한 선각이 있어서 본인과 같이 공군사관학교에 입학하였다.[64]

여기서 최용덕은 서왈보와 함께 공군사관학교에 입학하였다 하여 이영신 선생의 글과는 매우 다르다. 그의 글을 더 보자.

> ……본인은 수업 도중 중국인 성명을 가용한 것이 발각되어 일단 퇴교 되었으나 다시 복교되고 1919년 10월에 서왈보 장군이 공군사관학교를 졸업하

64) 최용덕, 「중국에서 활약하던 우리 조인들」, 『하늘의 개척자, 최용덕』, 공군본부 정훈감실, 1956.

여 한국인으로서의 공군 최초의 자리를 점유하게 되었다.[65]

敵陣偵察中

徐曰甫氏慘死

中國動亂에最初로犧牲된

元山出生의朝鮮飛行士

◇氏의略歷◇

百折不屈

七十老父와

〈동아일보〉 1926년 5월 30일. 서왈보 비행사의 부고를 알리는 기사.

이 부분도 이영신 선생의 글과 다르다. 이영신 선생은 서왈보가 입교한 것이 1919년 봄이고 이 당시에는 교육 기간이 1년으로 연장되어 있는 상태이기 때문에 1919년 10월이면 이론교육이 마무리되는 시점이었다. 이영신 선생은 자신의 글에서 서왈보는 다음 해인 1920년 5월에 졸업하였다고 기술하고 있기 때문에 둘 중의 누군가 잘못 알고 있는 것으로 보인다.

이 부분은 아무래도 중국 해당 비행학교의 졸업면장이나 졸업생 명부를 확보해야 정확하게 정리될 것으로 보인다.

분명한 것은 최용덕은 서왈보와 밀접한 친분이 있었던 것만은 사실인 듯하다. 최용덕은 1954년 삼일절 기념 훈시에서 "서왈보 장군을 비롯, 중국 인사들로부터 많은 동정과 격려를 받았고 직접 초대받아 위로와 지도를 베풀어……"라고 언급하였다. 서왈보가 선배로서 최용덕에게 정신적 힘이 된 것만은 확실하다.

……그 후 장군은 만주에서 독립군 양성, 중국 국토 통일을 위하야 실전에 참가하는 등 공군의 한 사람으로서 크게 활약하던 도중 불행히도 1926년

65) 같은 책.

비행기 사고로 말미암아 장가구 부근에 추락하야 한 많은 일생을 이역 땅에서 끝마치고 말았다.[66]

서왈보는 비록 타국에서 숨을 거두었지만 그나마 한국인들의 손에 의해 장례를 치를 수 있었다. 항공 독립운동 역사의 한 자리를 차지했던 비행(飛行) 영웅은 그렇게 숨지고 말았지만 서왈보의 후배들이 그 뒤를 잇고 있었다.

---

66) 같은 책.

인간 사랑, 하늘 사랑, 최용덕

중국항공대 남창기지사령관 최용덕

세상에는 '피가 되고 살이 되는' 언행(言行)이 있고 그렇지 않은 언행이 있다. 수십 년 인생을 살고도 인생이 무엇이냐 묻는 경우가 많다. 깨달음은 잡힐 듯 잡히지 않는 것 같다. 뜻을 세우고 실천하다 보면 깨달음을 얻을 수 있지 않을까? 적어도 깨달음을 얻고자 노력하거나, 깨달은 사람의 말[言]은 샘물처럼 사람들의 목마름을 해갈시켜 준다.

요즘처럼 세 치 혀로 세상을 어지럽히는 식자연하는 자들, 지도자들이 너무도 많다. 이들이 누리는 사회적 지위와 권위와 권세가 참으로 공허하게 보인다.

여기, 70평생 자신의 모든 걸 바치고 떠난 사람을 소개한다. 최용덕. 그는 중국항공대 창설 멤버로, 중일전쟁 중에는 남창기지 사령관으로, 중국공군지휘부 참모장으로 전쟁을 수행하고, 승리로 이끌었다. 그는 무장독립군 간부이기도 했다. 1930년대 초, 지청천 장군과 함께 일본군과 만주군을 상대로 쌍성보, 경박호, 동경성, 대전자령(大甸子嶺) 전투를 승리로 이끌었다. 1940년대 중국항공대의 지도자로 있으면서, 최용덕은 임시정부 군무부 공군설계위원회에서도 활약하며 광복군 비행대 편성을 위해 노력했다.

그는 망명 시절,

"한국 청년도 군복을 입도록 해야겠다. 우리 손으로 설계 제작한 항공기가 우리 공역에서 날아야겠다."

며 항공에 대한 꿈을 꾸었다.

생전에 최용덕은 나라는 잃었지만 모두가 각자가 할 수 있는 일을 해야 한다고 생각했다. 교육자는 교육으로, 정신은 정신으로, 행동은 행동으로 독립을 위해 실천해야 한다고 판단했다. 최용덕은 무인의 길을 선택했지만 단순한 투쟁정신만 있는 것은 아니었다. 그는 나라를 잃은 것에 대한 나름대로 원인을 파악하고 있었다. 조선의 문치주의 병폐와 동시에 무력에 대한 경시풍조를 들었다.

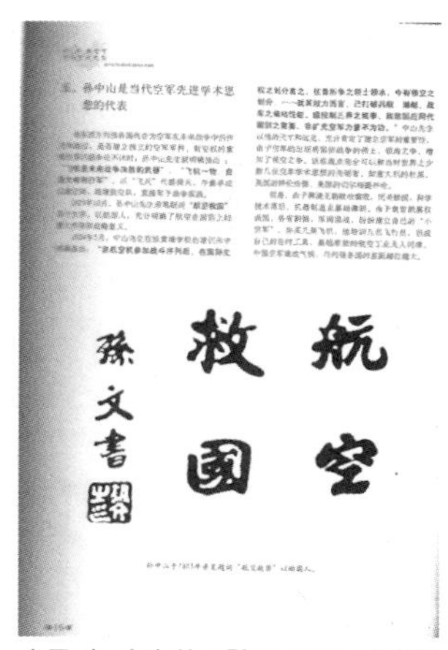

손문이 직접 쓴 "항공구국" 서체(북경항공연의회, 『중소미 공군항일공전실기』, 북경, 중국, 2005, 16쪽)

……망하게 된 원인은 무엇인가 하는 것입니다. 망하게 된 원인은 여러 가지로 많이 볼 수 있으니 당쟁 혹은 문치주의 혹은 무력경시 등 여러 가지를 들 수 있겠지만……67)

또한 자주를 위해 외세에 의존하려는 어리석은 지도자들의 오판과 의존심을 들었다. 그는 자신을 희생해서라도 나라를 찾겠다는 실천을 의열단 활동에서도 보여주고 있는 것이다. 자신을 먼저 세우는 것, 자신을 믿는 것, 그리고 수신(修身)이 먼저 되어야 조국은 다시 일어선다는 것을 확신하고 있다.

한국 청년도 군복을 입도록 해야겠다

최용덕은 1916년 북경에 있는 중국군관학교 졸업하고 1920년 '중국공군 군관학교 졸업(보정비행학교를 일컫는 것으로 보임)'이라고 그의 자필 약력에 기록되어 있다. 하지만 군관학교 졸업 후 이 비행학교를 입교하기 전까지의 행적은 알려지지 않았다.

67) 1953년 3월 1일 「공군본부 기념식 석상에서 훈시」, 『하늘의 개척자 최용덕 장군』, 공군본부 정훈감실, 1956.

다만 이 시기에 중국군인 신분으로 있다가 무장 독립운동을 한 것으로 파악되고 있다. 1916년 중국군관학교를 졸업한 해에 중국육군 소대장, 중대장으로 근무하였다가 1919년 삼일운동이 일어나자 적극적인 독립운동을 위해서 중국 군대에서 사직을 한 것으로 보인다. 그는 상해, 북경, 봉천, 안동 등지에서 선전문과 무기 등을 운반하는 임무를 수행하였다. 그러다가 안동에서 황옥 동지를 찾아 권총과 선전문을 송달하다가 중국 관헌에 체포되어 봉천 헌병사령부로 이송되었다. 그러나 중국군 사령관 진흥(陣興) 장군의 도움으로 석방되었다.

그의 독립운동은 거기서 멈추지 않았다. 그는 다시 안동으로 잠입하여 영상 태릉양행에 맡겼던 무기와 선전문을 찾아 국내 연락 동지에게 전달, 기어코 자신의 임무를 마무리한다. 그리고 얼마간의 시간을 보내다가 보정비행학교에 입교하게 되고 중국 공군과 인연을 맺기 시작한다. 그때가 1920년이지만 정확한 날짜는 확인하기가 어렵다.

훗날 최용덕이 비행사로서 몸을 담았던 중화민국 공군은 1913년 3월, 80마력짜리 6대와 50마력짜리 6대의 코드롱기를 외국인 기술자의 지도 아래 가내수공업식으로 만들면서부터 시작되었다.

중국의 군벌들은 전력의 우위를 점하기 위하여 비행대를 창설하려 했고 이에 필요한 비행사들을 충족시키기 위하여 비행학교를 설립하였다. 1920년대 중국에 있는 비행학교는, 사천성 곤명에 있는 운남비행학교, 북경에 있는 보정비행학교와 남원비행학교, 광동성 광주에 있는 광동비행학교가 전부였다. 비행학교가 없는 군벌들은 소규모나마 항공대를 두고 이들 비행학교를 나온 비행사들을 스카우트해가는 정도의 수준이었다. 손문은 이러한 군벌들 때문에 중국의 항공 발전이 집약적으로 이룰 수가 없다고 개탄을 한다.

손문의 '항공기술과 공군'에 대한 염원을 익히 알고 있던 장개석의 국민정부가 군벌들을 통합해 나가면서 육군에 항공대를 두고 육군군관학교에 별도로 항공학교를 두어 조종사를 양성하기 시작하였다. 최용덕의 자필 약력에 '1920년 중국공군 군관학교 졸업'이라 하였는데 이 명칭은 1920년대의 명칭이 아니고 1930년대 중앙항공학교가 중일전쟁 이후 운남성 곤명으로 이전하여 중앙공군 군관학교로 개칭된 명칭이다. 따라서 그가 말한 1920년 '중국공군 군관학교'란 당시 북경 근교에 있던 '보정항공학교'로 보인다.

최용덕은 이후에도 상해, 북경, 봉천, 안동 등지에서 독립운동을 한 것으로 보면 이 당시에는 중국 군관으로 있으면서 별도로 의열단과 함께 무기 제조, 무기 운반, 비밀연락, 회의 참석 등의 활약을 했을 것으로 보인다. 서왈보도 의열단에 가입하나 국민대표회의의 내분이 지속되자 송호, 이한용, 김사집 등과 함께 신의단을 조직하여 별개의 독립운동을 벌이는데 여기에 최용덕도 참여한다.

최용덕이 1920년 중국 비행학교를 졸업한 후에는 중국 공군사관학교 교관으로 근무했다가 1922년 중국 수상대비행대 대장직을 맡아 근무하였다. 1923년 중국 공군 지휘부 참모장직과 공군기지 사령관을 겸임했다고 하나 정확하게 어느 지역의 공군기지인지는 불확실하다. 다만 여기서 최용덕이 말하는 '중국'은 '손정방 군벌'을 의미하는 것으로 본다.

자필 이력에 별도로 중국내란 등의 군벌 간의 전쟁에 대한 언급을 하려다 삭제한 부분(1923년 중국공군 지휘부참모장 겸 공군기지 사령관 써놓고 '중국 내란'이라는 단어 위에 두 줄로 삭제 표시를 하였다)이 있어 최용덕이 군벌에서 활동에 것에 대해 스스로 약술했다는 것을 알 수 있다.

1924년에는 최용덕은 김원봉과 독립운동에 대해 논의도 하고, 천진에서는 조선무산자동맹 회장 김한과 함께 폭탄 확보, 투척 계획도 세우는 등 일관되게 무장 독립운동에 참여한 것이 그의 행적 상의 특징이다.

1925년에는 '중국 공군기지 교장'으로 근무하였다고 기술하였는데 이것이 정확하게 무엇을 뜻하는지 어떤 임무를 하는 것인지는 알 수 없으나 비행학교 예비 비행사들에 대한 훈련을 맡은 것이 아닌가 추측해본다. 최용덕은 이렇게 손정방 군벌 비행대의 비행사로 활동하고 있다가 국민정부의 북벌에 의해 손정방 군벌 항공대가 국민정부의 항공대로 흡수되면서 중화민국 항공대 창설 멤버가 된다.

1915년 망명에서 1926년 국민정부 항공대 입대까지의 행적을 다시 정리해보면 먼저 중국군관학교에 들어가 중국 군인 신분을 취득하여 중국군으로서 일본과의 일전을 준비한 것으로 보이며 다른 한편으로는 중국 내의 독립운동가들과 교류를 하며 직접적인 무장투쟁 등의 독립운동에 참여한 것을 알 수 있다. 어린 나이에도 중국군에 들어가 군복을 입은 그의 생각, 장차 비행사로 독립운동을 해야겠다는 생각은 이미 확고하게 신념으로 자리 잡은 것으로 보인다.

최용덕은 이렇게 독립운동을 위해 망명을 하였고 구체적인 행동 지침과 목표도 세웠던 것이다. 공군본부 정훈감실에 발행한 '하늘의 개척자 최용덕 편'에 이것을 확인할 수 있는 어록이 기록되어 있다.

> 한국 청년도 군복을 입도록 해야겠다……[68]

이 시기까지 최용덕의 행적의 특징은 중국의 신해혁명 이후 그가 봉명중학교 졸업 후 망명하여 북경 숭실중학교 다니며 진로를 모색하다가 중국군관학교에 입교하여, 군인신분을 갖게 되었다는 점이다. 그는 북경을 중심으로 의열단과 연결해서 독립운동을 병행하던 시기이기도 하다. 이 시기는 임시정부와의 직접적인 연계를 갖지 않고 북경을 중심으로 한 무장독립론에 입각한 의열단 아나키스트(무정부주의자)와 연계하여 무장투쟁을 한 것이 두드러진 특징이다.

비행사를 꿈꾸다

최용덕에게서 비행기는 헤르만 헤세가 생각하는 나비와 흡사하다. 무너져내린 조국을 위해 그는 나비와 같은 영혼의 재생, 조국의 재생을 꿈꾸었는데 그 단초는 바로 '비행기'였다. 비행기를 타고 하늘로 올라가는 행위는 마치 '알'이 유충이 되고 번데기를 거쳐 날개 달린 비행사가 되어 독립을 위해 노력했던 험난한 삶과도 비유된다. 그의 독립운동을 단순히 투쟁적인 장면을 뽑아 말하는 것은 '인간 최용덕'의 삶을 조명하기에는 어딘가 부족

---

68) 최용덕, 「지난날 중국 망명시대에서」, 『하늘의 개척자 최용덕』, 공군본부 정훈감실, 1956.

하다.

알이나 유충이나 번데기는 모두가 어둠 속에서 갇혀 지내는 삶이다. 마치 수도승이 도를 깨닫기 위해 고행을 하는 과정과 같다. 그 어둠 속에서 동지들의 죽음을 보았고 일본군에 의해 학살당한 동족들도 목도하였을 것이다. 그것뿐이랴 독립운동을 위해 최선의 길을 모색하며 어둔 밤을 외롭게 지새우던 날들이 얼마나 많았을까.

중일전쟁이 일어나 비행사 출신으로서 중국 공군의 지도자로서 활약하는 최용덕 자신이 독수리요, 나비였던 것이다.

나비의 움직임은 참으로 아름답다. 날갯짓의 단순 반복 속에서 느림과 빠름이 있고 그 강약은 나비의 자유자재, 아름다운 흐름을 허공에 만들어놓는다. 이미 조국의 땅이 일본군의 군홧발 아래 있지만 조국이 없어진 것은 아니었음을 최용덕은 깨닫는다. 조국은 그의 마음속에 있었고 그가 대륙의 흙을 밟는 걸음걸음 속에 있었다.

신채호의 「용과 용의 대격전」이라는 소설은 혼란 속에 있는 중국대륙과 아시아를 보여주고 있다. 이 소설에서의 '미르'는 동양의 민중의 착취자를 상징하고 '드래곤'은 공산주의 사상을 상징하고 있는 듯하다. 혼돈의 시절, 대륙과 조선에서 오직 이들만의 대결이 있었을까.

초기 북경에서의 독립운동은 북경을 중심으로 한 무력항쟁론이 우세한 세력들과 무장 독립운동을 적극 참여하였다. 그러나 이념적으로 혼란스러운 가운데 여러 계파의 난무 속에서 최용덕은 정신적으로 혼란을 겪었을 것이다.

중국지역 독립운동가들은 이념과 노선에 따라 분산된 민족해방 운동 세력들이 하나로 결집되어야 한다는 민족유일당 운동의 필요성에 대해서는 공감하고 있었지만 그 동기나 목적은 지역적 이념적 기반에 따라 달랐다. 북경지역의 창조파계 인사 및 임시정부 불참 세력은 국민대표회 결렬 이후 독자적인 활동 방안을 모색했지만 민족해방운동의 구체적 현실적 방안을 갖고 이를 수행할 수 있는 형편이 못 되었다. 따라서 그들은 자신들의 활동 기반을 마련하기 위한 새로운 민족해방운동 방안으로서 민족유일당 운동을 적

극적으로 추진했다.[69)]

하지만 최용덕이 이러한 혼란을 극복할 수 있었던 것은 두 가지가 있기 때문에 가능했을 것이다. 하나는 오로지 조국 독립을 위해 일한다는 초이념적 태도가 이념이 다른 독립운동가들과 연계하여 협력할 수 있게 했고, 둘째는 비행사라는 신분이 주는 어떤 초월적인 삶의 태도가 그러한 혼란을 극복하고 흔들릴 때마다 중심을 잡아주었을 것이다. 다시 말하면 비행기, 하늘, 대종교 정신의 한배[70)] 등 그가 자신의 어록에서 자주 언급하는 말들에 담겨 있는 민족정신 따위가 자신이 망명지에서 버틸 수 있도록 한 정신적 지주가 되었을 것이다. 이러한 극복이 나중에 한국독립군, 김구의 임시정부에 합류하고 광복군으로 활동하는 등 간단없이 이어지는 것이다.

장개석의 국민정부가 군벌을 토벌하여 어느 정도 정리가 되었지만 국공합작의 와해와 1927년 하반기부터의 공산당과의 대립은 날로 격화되고 이러한 중국 내부의 실정은 관내 지역에서 일어났던 유일당 운동이 결렬된 주요한 현실적인 배경이 되었다. 최용덕 역시 이념상의 혼란을 개인적인 처신으로 극복할 수밖에 없고 그것을 버티게 해준 것은 중화민국 공군에 적을 두고 비행사로 활동하는 것이었다.

최용덕이 이렇게 대륙의 독수리가 되어 비상할 때 동시 다발로 같은 하늘에서, 이역만리 미국에서, 러시아에서, 일본에서 최용덕과 같은 독립의 염원으로 독수리가 된 한인 비행사들이 하나 둘 하늘로 오르고 있었다.

최용덕, 중화민국 항공대 창설 멤버로 활약하다

1925년 3월 12일 손문은 "혁명이 아직 성공하지 못했으니 끝까지 노력하라"는 유언을 남기고 숨진다.

손문이 죽은 후 광동군 정부는 대원사부를 국민정부로 개편한 뒤 즉시 황포군관학교와 국민당군을 중심으로 광주에 혁명 근거지를 두었다. 국민

---

69) 노경채, 『한국독립당 연구』, 신서원, 1996, 35쪽.

70) 최용덕의 어록과 공군가, 공군사관학교 교가 등에서 이 말을 볼 수 있다.

당 중앙집행위원회는 1926년 6월 5일 북벌 계획안을 통과시키고 장개석을 국민혁명군 총사령관으로 임명하였다. 당시의 국민군 규모는 광동, 광서 2성의 7개 군, 호남성의 1개 군 등 8개 군이 있었으며 그 병력은 20만 정도였다. 이에 대항하는 반혁명 군벌은 호남, 호북, 하남성을 지배하고 있는 오패부 군벌과 강서, 복건, 안휘, 절강, 강소성 등을 지배하고 있는 손정방 군벌, 그리고 동삼성의 장작림 군벌 등이 있었다. 장개석은 우선 오패부의 한구와 무창부터 토벌하기 시작하였고 12월에는 손정방의 복건성을 점령하고 1926년에는 절강의 항주를 점령하였다.

국민혁명군 참모부에는 독립군 출신 김홍일[71]이 있었다. 그는 하응흠(何應欽) 장군의 요청으로 당시 손정방 육군항공대의 전투조종사로 있는 '최창석(최용덕)'이 있으므로 그를 회유하여 국민군에 투항하도록 계획하였다.

그는 황포군관학교의 분교를 졸업한 후 견습 군관으로 근무 중인 한인 장교 한 모 씨와 최 모 씨를 상해에 보냈다. 일주일 후 그들이 돌아와 보고하기를 해군과 공군은 혁명군에 가담할 우려가 있어 비행을 금지시킨 상황이고 이에 화가 난 조종사들이 정비병들과 짜고 몰래 비행기의 주요 부품들을 모조리 뽑아 상해 모 호텔에 묵으면서 국민군이 들어오기를 기다리고 있었다는 것이다.

당시 국민군의 공군이란 보잘것없었다. 전투기는 한 대도 없었고 정찰기 몇 대만이 광주에 있었다. 국민혁명군이 상해와 남경을 점령하면서 국민군에도 공군이 창설되고 이때에 최용덕은 국민군 항공대의 창설 멤버가 된다. 이외에도 한인으로서 중국 공군의 창설 멤버로는 운남비행학교 출신 권기옥, 이영무, 소련 비행학교를 나온 장성철, 김진일 등이 있었다.

1926년 최용덕이 국민정부 항공대에 들어간 후 1928년 중국공군 군관학교 교관으로 있으면서 결혼하였지만 남들처럼 평범하고 단란한 결혼 생

71) 해방 후 대한민국 육군에서 활약하다 전쟁 전에 은퇴하였다. 전쟁 직후 현역들과 함께 전쟁 수행에 대해 조언자 역할을 하였다. 중국군에서 중장을 대한민국 육군에서 소장을 달아, 흔히 '오성장군'으로 불리는 독립운동가이다.

활은 하지 못하였다. 호용국 여사의 형부 역시 비행사이며 호용국의 집안은 전통적인 중국 무인 가문이다. 호용국은 늘 노심초사 비행기 사고가 나지 않을까 걱정했다고 한다.

중국 정부가 남경과 사천으로 중일전쟁의 피난길을 갔다. 최용덕은 해방 전까지 중국에서 비행하다가 비행사고가 두 번 있었고, 1943년(추정) 헬리콥터 훈련을 받기 위해 소련으로 파견되었다가 추락사고가 있었던 것으로 추정하고 있다. 그리고 평생 절뚝거리며 걸어야 했던 이유도 이러한 세 번의 비행사고 때문이었다. 1920년대의 최용덕은 군벌 간의 전쟁, 국민정부군과 군벌 간 전쟁의 소용돌이 속에서 군 생활을 했다면 1930년대는 본격적인 일본군과의 전쟁을 치르기 시작한 것이다.

1937년 중일전쟁이 일어나자 최용덕은 남경에서 중경으로 옮긴 후 1938년 남창기지사령관으로 근무한다. 남경이 함락되고 일본군의 남창기지에 대한 집요한 공격을 힘겹게 방어하다가 후퇴를 하게 된다. 그 이후 행적을 자세하게 알 수 없다. 다만 중국 공군에 있으면서 임시정부의 광복군에서도 활동하며 임시정부의 비행대 창설 계획에 참여하고 토교대(土橋隊)[72] 대장 임무를 수행한다.

최용덕은 1926년 이후 국민군 항공대 비행사로 있으면서 해방이 될 때까지 별도로 대한민국 임시정부에서의 활동도 병행하였다. 최용덕 그의 나이 30세가 되던 해 1928년에 호용국 여사와 결혼을 한다. 당시 부인의 나이는 18세로 공군의 동료 비행사이자 호용국 여사의 형부의 소개로 결혼이 성사되었다. 호용국 여사는 남편에게 호사한 삶 따위의 큰 것을 바라지 않았다. 다만 공부를 하고 싶기에 결혼을 하면 공부를 시켜달라고 했다고 한다. 최용덕은 물론 그 약속을 지켰으며 어린 처남들의 뒷바라지도 기꺼이 했다고 한다.

이 시기에 최용덕은 결혼을 했다는 것과 중화민국 공군에서 활동했다는 사실 외에는 그 밖의 행적을 자세하게 확인할 자료는 거의 없다. 장군의 외손녀 반춘래 씨[73]의 증언에 의하면 한국전쟁 당시 1 · 4후퇴 때 그의

72) 중경 소재 광복군 제1지대의 명칭.

부인 호용국 여사가 피난 가면서 중국에서 활동했던 자료를 모두 남겨두고 떠났다고 한다. 다급한 나머지 짐을 줄이기 위해 어쩔 수 없이 그리했다는 것이다.

최용덕은 권기옥 등과 함께 중국항공대에서 입대하여 활동했다. 비행학교 교관, 기지사령관 등의 활동은 했지만 좀 더 자세한 내용은 알 길이 없다. 무장 독립운동에 대해서도 1926년 이전에는 의열단과 활동한 것이 확실하나 1926년 이후의 무장 독립운동의 행적은 자세히 알 길이 없다. 다만 몇몇 자료를 통하여 최용덕의 행적을 추정해볼 수밖에 없다. 최용덕의 부인 호용국 여사는 1930년 4월에 북경 보정여자사범학교(保定女子師範學校)를 졸업하였다.

이 시기는 남편 최용덕과 함께 있었던 것으로 보인다. 하지만 1931년, 그는 호용국 여사가 상해동남체육전문대학(上海東南體育專門大學)에 들어가자 부인을 기숙사에 보내고 "어디론가 임무를 위해 떠난다"[74]고 했다.

"할머니는 1920년대 후반부터 1930년 4월까지 북경 보정여자사범학교를 다니고 있었으며 곧이어 상해로 건너가 상해동남체육전문대학 기숙사에 있으면서 이 학교를 졸업했어요. 할머니는 기숙사에서 공부를 했으며 할아버지는 어떤 일 때문에 어디로 갔다고 저에게 생전에 말씀하신 적이 있어요. 할머니는 이 대학을 1932년 4월에 졸업했습니다."

라고 반춘래 씨가 증언하였다.

반춘래 씨의 증언과 몇몇 자료를 보고 최용덕의 행적을 조심스럽게 추정해볼 수밖에 없다.

1931년 9월 제1차 상해사변이 발생하였다. 일본 해군육전대가 전쟁을 일으키자 이에 맞서 중국군 제19로군이 치열한 전투를 벌인 것이다. 상해를 중심으로 한 이 전투는 확대되었다가 1932년 5월 5일에 휴전되었다. 호용국 여사는 1932년 4월에 이 학교를 졸업하지만 그 이후 한동안 최용덕과 합류하지 못한 것으로 보인다.

---

73) 현재 스페인 거주.

74) 최용덕의 손녀, 반춘래 씨의 2007년 3월 26일 서면 증언.

한국독립군은 1931년 11월에 창설되어 한국독립당의 당군으로 활동하기 시작하였고[75] 이들 한중연합군과 일본군 간의 2년여의 크고 작은 전투가 끝나고 관내로 철수할 때가 1933년 10월 이후이다. 1931년 이후 한국독립군들은 중국군과 연합군을 편성하여 일본군과 만주군에 맞서 전투를 벌였다. 대표적인 전과를 올린 전투는 1932년 11월의 쌍성보 및 경박호 전투, 1933년 4월 사도하자(四道河子) 전투, 1933년 6월의 동경성(東京城) 전투, 1933년 7월 대전자령(大甸子嶺) 전투가 있었다[76]

이상준이 지은 『광복군전사』[77]를 보면, 쌍성보 전투는 한국독립군 3,000명, 중국군 2만 5,000명이 연합군을 결성하여 쌍성보를 탈환하는 과정에서 만주군 다수와 일본군 1개 중대를 전멸시키고, 피아간 사상자를 많이 낸 치열한 전투였다. 경박호 전투는 만주군 2,000명을 섬멸한 전투이다. 사도하자 전투는 만주군과 일본군 1개 사단과 맞서 승리한 전투였으며 동경성 전투는 발해의 고도인 동경 시에 주둔하고 있는 만주군을 공격하여 항복을 받아내고 일시 점령한 전투였다. 그리고 대전자령 전투는 독립군 2,500명과 중국군 6,000명이 일본군을 기습, 공격하여 전멸시킨 전투였다. 이 전투에서 한중연합군은 "군복 3,000벌, 군량, 군수품 실은 마차 200여대, 박격포 10문, 소총 1,500정, 대포 3문"[78]을 전리품으로 획득하였다.

이상의 한국 독립군들의 전투와 더불어 눈여겨볼 것은 조선혁명당 계열의 조선의용군 1만 명도 총사령관 양세봉의 지휘 아래 1932년 3월부터 7월까지 일본군들과 치열한 공방전을 벌여 많은 전과를 올렸다는 사실이다.[79] 이들 조선혁명군은 주로 남만주에서, 한국독립군은 북만주에서 일본군과 만주군을 상대로 전투를 벌여왔다. 안타까운 것은 이들이 지속적인 독립전쟁을 수행할 만한 인적, 물적 기반이 약하다는 점이었지만 그래도

---

75) 한시준, 『대한제국군에서 한국광복군까지, 황학수의 독립운동』 157쪽, 역사공간, 2006,

76) 이상준, 『광복군전사(光復軍戰史)』, 기문당, 1993, 165~183쪽.

77) 같은 책.

78) 같은 책, 182쪽.

79) 같은 책, 1993, 168쪽.

이들의 2년간의 전투는 1920년대 봉오동, 청산리 전투 이상의 전과를 올렸다는 점과, 꺾이지 않은 투쟁정신을 보였다는 점에서 그 의미가 상당히 크다고 본다.

1933년 10월의 대전자령 전투를 끝으로 한국독립군들의 간부는 임시정부의 김구가 요청을 하면서 만주에서 철수한다. 그리고 이들 한국독립군의 관내로 철수하는 기록에 '최용덕'의 이름을 확인할 수 있다.

> 김구의 제의를 받은 한국독립군과 한국독립당은 중국 관내로 이동하기로 결정했다. 총사령관 이청천은 김창환, 오광선, 최용덕, 김관오, 공진원 등의 간부와 낙양군관학교 입학 지원자를 포함하여 39명을 데리고 남경으로 향했다. 한국독립군에 이어 한국독립당도 떠났다. 역시 중동선 철도 연변에 잠복해 있던 한국독립당 간부들도 집행위원장 홍진과 함께 관내로 이동했다.[80]

이들 한국독립군의 활동은 한국독립당의 당군(黨軍)으로 편성된 1931년 11월부터 시작한다. 그러다 1933년 6월 총사령관 이청천의 한국독립군이 대전자령 계곡에서 일본군을 매복, 공격한 이후 1933년 10월 중국군과의 불화로 인하여 한국독립군은 해체의 길을 걷는다.

위의 자료를 토대로 보면 최용덕이 부인 호용국 여사와 헤어진 것이 1931년 초이고 한국독립군의 결성이 1931년 11월인 것으로 보아 그는 그 이후에나 한국독립군에 합류했을 것으로 보이나 정확한 합류 시점을 확인할 수 없다. 그리고 초기(1931년 전후) 한국독립군 간부의 명단에는 '최용덕' 이름은 보이지 않는다.

> 총사령관 이청천(李靑天), 부사령관 남대관(南大寬), 참모장 신숙(新肅), 재무 겸 외교관 안야산(安也山), 의용군 훈련대장 이광운(李光雲), 의용군 중대장 오광선(吳光鮮), 암살 대대장 이출정(李出正), 별동 대대장 한광빈(韓光彬), 헌병 대대장 배성운(裵成雲), 통신부대 겸 검사 역 신원균(申元均), 구국후원

---

80) 한시준, 『대한제국군에서 한국광복군까지, 황학수의 독립운동』, 역사공간, 2006, 156쪽.

회 회장 권수정(權秀貞), 서기장 홍진(洪震), 선전대 겸 결사대장 심중근(沈重根), 고문 겸 대일구국회 회장 서일봉(徐日鳳)[81)]

또한 최용덕이 이 기간(1931년 11월부터 1933년 10월, 한국독립군의 전투 활동 기간) 동안 이청천(지청천) 장군과 함께 모든 전투에 참가했다는 것이라고 단정 지을 수도 없다.

하지만 현재로서는 첫째, 최용덕은 이청천 계열의 무장 독립운동가라는 사실, 두 번째 최용덕은 어떤 일을 위하여 떠난다고 하면서 부인 호용국 여사와 헤어진 시기(1931년 이후)가 한국독립군의 활동 시기(1931년부터 1933년 말까지)와 거의 일치한다는 점, 셋째로 최용덕이 한국독립당의 당원으로 활동하였다는 점, 넷째, 최용덕은 전통적으로 북경을 무대로 무장 독립운동을 펼쳤던 인적 계열의 출신이라는 점, 다섯째로 1933년 말 앞서 언급한 것처럼 한국독립군의 간부가 철수한다는 기록에 최용덕의 이름이 보인다는 점 등을 전제로 중간에 한국독립군에 합류하여 만주에서 벌어졌던 독립군전투에 일부 참여하지 않았을까 하고, 추정만 할 뿐이다.

1954년 최용덕은 삼일절 기념행사에서 그의 만주에서 활동에 대한 언급이 나오는데 이것이 1920년대 무장 독립운동과, 1930년대 초 한국독립군에 합류하여 활동한 시기의 기억을 감안하고 쓴 것이 아닌가 추정해본다.

……동지들 간에 눈물을 흘리면서 독립투쟁을 맹서하던 기억이 어제같이 생각됩니다. 이때 본관은 20대의 약관으로서 만주로 중국으로 젊은 혈기에 침식을 잊고 동분서주하던 광경이 또한 회상됩니다. 그러나 이 간에 무참히도 적 흉탄에 쓰러진 동지가 한두 사람이 아니었으니……[82)]

조국의 강토를 짓밟는 일본군들을 분쇄하기 위한 국내 진공작전의 일환으로 또한 승전국의 지위를 얻어 일본에게 전쟁 책임과 식민지 수탈의 책임을 묻고자 했던 것이 임시정부 광복군의 목표였다. 이를 위해 중국항공대에

81) 이상준, 『광복군전사』, 기문당, 1993, 174쪽.

82) 1954. 3. 1. 공군본부 삼일절 기념식 석상 훈시.

南軍에加擔하야 北伐에貢獻

中國서活動하는崔飛行士

石谷普校小火

〈동아일보〉 1927년 10월 2일. 국민군 제3군항공대 제2대대장으로, 혁명군 항공처 일등비행사로 북벌에 참여하고 있다는 소식과 함께 250마력짜리 전투비행기를 조종하는 자는 최용덕 비행사밖에 없다는 기사 내용이 있다.

서 받는 월급의 3분의 2를 임시정부에 헌납했고 3분의 1만 아내에게 주었던 이가 최용덕이다.

그가 귀국 전 1946년 북경, 한국건국 간부훈련반 결성 축사에서, “여러분의 배우겠다는 결심”에 “공경”보다는 그 열성이 더 “무섭다”라고 했다. 그렇게 말하는 그가 더 무섭다고 느껴진다.

풍요를 누리다 보면 사람답게 사는, 소중한 가치들을 우리는 망각할 경우가 있다. 나라가 무너져 내리는 것을 목격했던 그였다. 잃어버린 조국을 되찾기 위해 분기(憤氣)를 품고 15살 어린 나이에 대륙을 배회했던 그였다. 비행사고로 세 번의 다리 골절상을 입고도 하늘과 전쟁터를 마다 않은 무인이었다. 어쩌면 부귀영화 보상을 바랄 법도 하지 않았을까.

6·25전쟁이 끝나고 제2대 참모총장직에서 물러나서도 그는 독립운동가 유족을 돌보며 살았다. 가난한 독립운동가 지인을 만나자 그 자리에서 자신의 새 양복을 벗어주던 사람이었다. 남을 위해 재물을 아깝지 않게 내주고 정작 본인은 월세방을 전전했다. 오죽하면 김정렬, 장지량 장군 등 생사고락의 후배들이 집을 마련해주었을까?

최용덕에게 ‘조국’은 인간 사랑의 시작이고 끝이자, 그 자체임을 알게 된다. 망국 시절, 목마름, 그리움, 간절함이 차라리 돌이 된 심장, 그 사랑으로 단단했던 사람, 그래서 하늘을 사랑했는지도 모른다.

‘금강검(金剛檢)’의 지혜, 안창남

세상에는 생명을 ‘죽이는’ 칼이 있고 생명을 ‘살리는’ 칼이 있다. 세상에는 파괴와 파멸의 칼이 있고 평화를 지키는 칼이 있다. 누구나 품속에 칼 한 자루씩은 품고 산다. 보검일수록 함부로 칼을 빼서 휘두르지 않게 된다.

안창남 비행사는 최용덕 비행사보다 두 살 아래이다. 1900년에 태어나 1930년 비행기 사고로 죽을 때까지 30년이 채 안 되는 짧은 생을 살았다. 그는 동포들에게 희망과 용기를 주었던 젊은 영웅이었다. 1922년 12월 10일 단발 복엽기 ‘금강호(金剛號)’의 프로펠러가 힘차게 돌면서 두 바퀴가 여의도의 붉은 흙을 박차고 오르면서, 조국의 하늘을 최초로 비행한 한국인 비행사가 되었다.

일본 오쿠리비행학교를 졸업한 그는 독립운동의 뜻을 품고 중국으로 망명길에 오른다. 1926년 여운형의 소개로 중국 만주의 군벌 염석산 휘하의 항공대에서 활약하게 된다. 그는 ‘대한독립 공명단’이라는 단체를 만들어 최양옥(崔養玉), 신덕영(申德永), 김정련(金正連) 등과 함께 독립군 비행학교를 만들고자 했으나 1930년 4월, 불운의 비행사고로 뜻을 미처 펴지도 못하고 말았다.

최용덕은 안창남 비행사의 죽음을,

“우리 한민족의 크나큰 손실이다.”

라고 회고했으며 만주 군벌 염석산은 그를 위해 국장(國葬)에 버금가는 장례식을 거행해주었다.

안창남은 단순한 비행사가 아니라 선구자였다. 그는 생전, 모국 방문비행을 계기로 과학화운동을 설파하기도 했다. 모국에서 비행 중에,

“과학에 힘쓰자.”

<동아일보> 1922년 11월 15일. 비행사 지망생이었던 김익상이 사형선고를 받고 감옥에 갇힌 시기에, 안창남은 오쿠리비행학교를 졸업하고 비행사가 되어 모국방문 길에 오른다.

라는 전단 1만 장을 뿌리기도 했다. '공명단(共鳴團)'을 만든 것도 독립운동 지도자들의 파벌 다툼, 분열과 갈등을 극복하기 위함이었다. 그는 우리가 좀 더 지혜로운 민족이 되기를 바랐다.

그는 자부심 강한 한국인이었다. 모국 방문비행의 감상을 이렇게 토로했다.

> 경성의 하늘! 경성의 하늘!
> 내가 어떻게 몹시 그리워했는지 모르는 경성의 하늘!
> 이 하늘에 내 몸을 날릴 때 내 몸은 그저 심한 감격에 떨릴 뿐이었습니다.
> 경성이 아무리 작은 시가라 합시다.
> 아무리 보잘것없는 도시라 합시다.
>
> 그러나 내 고국의 서울이 아닙니까. 우리의 도시가 아닙니까.
> 장차 크게 넓게 할 수 있는 우리의 도시, 또 그리할 사람이 움직이고
> 자라고 있는 이 경성 그 하늘에 비행기가 나르기는 결코 1, 2차가
> 아니었을 것이나 그 비행은 우리에게 대한 어떤 의미로의 모욕,
> 아니면 어떤 자는 일종 위협의 의미까지를 띤 것이었습니다.
>
> 그랬더니 이번에 잘하나 못하나 우리끼리가 기뻐하고 우리끼리가
> 반가워하는 중에 우리끼리의 한 몸으로 내가 날을 수 있게 된 것을
> 나는 더할 수 없이 유쾌히 생각하였습니다.[83)]

그의 단발 복엽기 금강호가 하늘을 가르고 오르며 햇살에 번쩍이는

83) 안창남, 「공중에서 본 경성과 인천」, <개벽> 1923년 1월호.

순간, 이를 목도하던 수만 명, 동포 가슴, 가슴, 품었던 '보검'의 존재를 깨닫게 해주고, 모욕감과 좌절감을 일순, 베어버린, 비장(悲壯)의 금강검(金剛檢)의 일획, 비행(飛行)이었던 것이다.

'안창남 사망'이라는 〈신한민보〉의 오보에서 나타난 한인들의 열망

<신한민보> 1923년 10월 11일자에는 특이한 기사가 하나 실려 있다. 1923년 관동대지진으로 안창남 비행사가 사망했다는 소식을 2단 기사로 싣고 있다. "비행가 안창남 불행"이라는 제하에 동경지진 통에 불행하게 '서거'하였다고 쓰고 있다. 이러한 기사가 어떻게 실렸는지 모르지만 시신을 확인하지 않은 채, 잘못 알려진 소문에 의해 기사가 나간 것으로 판단한다.

하지만 이 오보 기사를 읽으면서 오히려 필자는 미주 한인들의 나라 사랑을 더 강렬하게 느낄 수 있었다. 당시 안창남은 국내에 있는 사람들뿐만 아니라 해외에 나가 있는 한인들에게도 커다란 자랑이고 자부심 자체였다. 그런데 안창남 사망 소문은 그들을 충격 속에 빠뜨린 듯하다. 이 기사에서 1922년 여의도에서의 안창남 비행을 묘사하고 있다.

> ……작년 12월 10일에 한강가 여의도 벌판에서 수십만 동포의 열렬한 환호 중에 고국 방문의 대(大) 비행을 하던 광경이 지금도 오히려 우리의 눈앞에 현저히 보이는 듯한데 이러한 소식은 정말 야속도 심하다……[84)]

기자는 안창남이 태어나서부터 비행가가 된 경위를 소개하고 일본에서 민간 비행대회에서 2등한 사실, 야간비행에서 월등한 능력을 가진 거며 6월 30일 1등비행사 면허증을 취득한 것, 장차 국내 과학발전에 일익을 담당할 인재라는 점 등을 일일이 열거하며 그의 사망 소식(?)을 접한 슬픔을 대신하고 있다. 그러나 안창남이 사망했다는 사실이 어떻게 확인되고 알려

---

84) <신한민보> 1923. 10. 11.

東亞日報社主催

安昌男君大飛行

機體 技師出發

1922년 12월 안창남 모국 방문비행을 소개한 <동아일보> 기사. 여의도기지에 있는 '금강호'.

졌는지에 대한 언급이 없어 안창남 사망 기사 오보의 과정을 알 수는 없다.

여하간 미주 한인들에게도 안창남은 망명자들의 한을 씻어주고 희망을 주는 등불이었음을 확인하는 특별한 기사가 되어버렸다.

안창남과 관련하여 하나 언급할 것은 『미주 한인사회와 독립운동사 1』에 홍선표 박사가 쓴 「노백린과 한인비행사양성소」의 글에서 1919년 일본 구마지역에 있는 오지마비행학교를 다니고 있는 김병상이 미주 한인사회에 회자되고 있음을 언급하고 확인이 필요하다는 단서를 붙였다.

하지만 당시 한인이 비행사 자격증을 취득했다면 국내 언론에 크게 보도가 되거나 후에 조선비행가협회 결성에서 보듯 비행사들의 소재를 파악할 수 있는데 김병상에 대한 이름은 그 이후 항공 관련 자료에서 확인되지 않고 있다. 안창남보다 1년 정도 일찍 비행학교에 들어갔으나 중도 탈락했을 가능성이 높다고 추정된다. 하지만 홍선표 박사의 언급대로 언젠가는 확인하고 넘어가야 할 사항이라고 본다.

안창남과 과학화운동

안창남은 1900년생으로 1920년 일본 동경에 있는 오쿠리비행학교를 졸업, 1921년 일본 항공국에서 실시한 비행 면허시험에서 수석 합격을 하였다. 이어서 1921년 일본 지바에서 열린 민간 항공대회에서 2등으로 입선하여 무시험으로 1등비행사 자격증을 취득하였다.

그는 휘문고보를 다니다 중퇴하고 18세의 나이로 일본으로 건너가 자동차학교를 다녀 운전면허를 딴 후 일시 귀국한다. 택시기사로 1년간 일을 하고 다시 일본으로 되돌아가 오쿠리비행학교에 입학한 것이다.

그는 1922년 12월 10일 서울에서 복엽기 금강호로 비행 시범대회에

科學的生活의要素

신동아의 과학 특집호에 실린 '과학적 생활화 요소' 라는 제하의 기사. 지식인들은 과학운동으로 장차 독립할 힘을 키우려고 하였다. (1933년 5월호 신동아)

五十年後의世界

衣食住는 어떠케 될가?

'50년 후의 세계' 라는 특집 기사에서 인류의 생활상들을 예견하는 내용을 싣고 있는데 그 대부분이 현실화되었다. (1933년 5월호 신동아)

참가하였다. 그는 서울 상공을 1회 돈 다음 15분에 걸쳐 고등 비행을 선보였다. 한국인에 의해 한국 상공을 최초로 나는 비행사로 기록된다. 그는 비행 중에 상공에서 과학에 힘쓰자는 선전문 1만 장을 뿌리기도 하였다.

당시 언론에서 안창남 비행사의 방문비행이 과학운동을 촉진함을 기대한다고 역설하였다.[85]

……오히려 서학 연구의 범위에도 (…) 경국제세의 학문이라 하면 필히 정치, 법률의 학과만 한한 것 같이 오인하여 전 세계 이상 양개 정법과에만 일시 풍조를 하였던 것이니, 물질과학 방면은 비경에 처하였던 것이 아니었던가……[86]

사설 말미에는 과학운동을 하자는 주장을 한다.

……요컨대 우리가 금자의 안군 비행을 기대하였던 점이 (…) 다만 혁신한 비행술에만 심취한다면 일시의 쾌는 쾌라 하겠으나 그 실질의 이익이 과연 무엇이오. 그러므로 본사의 주최한 소지가 결코 일시적인 인심수습의 정략이 아니요, 적어도 조선문화사에 일기록을 치할 의미가 있다 하면, 이상 오인의 제언한 일례의 과학운동 같은 일신 기운이 실현되기를 간절히 기망하는 동시에 이와 같은 실질적인 효과가 안군의 평소 완곡한 애정에 부하는……[87]

---

85) <동아일보> 사설, 1922. 12. 10.

86) 같은 신문.

安昌男氏의 訃電

萬里異域中國太原에서

記憶에 更新한 故國訪問飛行

最近엔 閻軍서 活動

遺骸라도 故土에

親族은 親戚着望北行

悲歎에 싸인 同氏의 親族

黃金製造를 口實로 數十万圓을 詐欺

被害는 全朝鮮的으로

學校評議員 最初의 會合

鍾紡罷業의 解決은 杳然

十一日에 大會開催

牧丹峯附近에서 髑髏九個發見

犯人을 目下嚴探中

三月一日機會로 潛入한 國民府員

八日附로 豫審終結

〈동아일보〉 1930년 4월 12일. 안창남 비행사의 부고 소식과 함께, 중국으로 망명한 그의 활약상을 소개하고 있다.

안창남의 모국 방문비행으로 한국인들의 위상이 세계 속에서 얼마나 비참한가를 역설적으로 확인시켜주었다. 안창남은 일본으로 돌아가 비행학교 교관으로 지내면서 비행기로 몇 차례 만주를 다녀오기도 하였다. 그는 나라를 일본에 빼앗긴 현실을 괴로워하다가 상해로 망명, 임시정부의 소개로 중국 국민혁명군 염석산 장군 막료가 되어 산서성 태원에 신설한 비행학교 교관으로 약 2년간 활동하였다.

그러나 1930년 4월 10일 태원 상공에서 비행하던 중 홍진이 심하여 시계가 불량해지자 비행장으로 귀환하다 산 중턱에 충돌하여 사망한다.

최용덕은 '중국에서 활약하던 한국의 조인들'에서 안창남에 대한 기억을 이렇게 더듬었다.

……1926년 안창남 비행사가 웅지를 품고 일본에서 중국으로 건너왔다. 그의 이름은 삼척동자라도 잘 알 만큼 한국이 낳은 우수한 비행사였었다. 그가 일본에서 수업 중에 받은 모든 고난은 한민족이면 누구나 다 잘 알고 있는 것이므로 (…) 중국 산서성 염석산의 초빙을 받고 공군사관학교를 설립하야

87) 같은 신문.

중국 항공 발전에 큰 공적을 세우는 한편 조국 독립 사업에 눈부신 활약을 하다가 1930년 4월 비행기 사고로 중국 태원에서 31세를 일기로 불귀의 객이 되어버렸다. 안창남 비행사의 상실은 우리 한민족의 크나큰 손실이었을 뿐만 아니라 중국 항공계에서도 큰 충격을 주었었다. 염석산은 그의 순직의 비보를 듣고 극히 애석했으며 그의 장례식은 국장에 미치지 않을 만큼 장대하였다는 것이다……[88]

50대 이상의 국민들은 뭐니 뭐니 해도 해방 전 '영웅적 비행사'는 '안창남'으로 기억하고 있다. 그만큼 나라 잃은 시절 비행사 '안창남'은 조국과 민족에게 희망의 '횃불' 같은 존재였다. 기성세대에게 안창남은 영원히 '전설'인 것이다.

88) 최용덕, 「중국에서 활약하던 한국의 조인들」, 『하늘의 개척자, 최용덕』, 공군본부 정훈감실, 1956.

한국 여성의 기상을 대륙 하늘에 펼친, 권기옥

중국항공대 소속 비행장교 복장을 한, 권기옥 비행사(1920년대 사진으로 추정)

진리를 추구하는 데 남녀의 구별이 없다고 본다. 뜻을 세우고 실천하는 데 또한 남녀의 구분이 없다. 임시정부 의정원 의장이었던 손정도 선생은 이렇게 말했다.

> 가정이 잘되고 못 되는 것의 책임은 남녀가 같지만 여자가 더 큰 책임이 있습니다.[89]

1920년대 초 손정도 선생은, 일경의 추격을 피해 상해로 망명한 권기옥을 적극 지원했다. 권기옥은 비행사가 되겠다는 의지를 보였고 임시정부 요원들은 이를 지지했다. 이시영 선생은 비행학교 입교를 위해 권기옥에게 추천장을 써주었다.

권기옥은 상해에서 출발, 해남도와 월남을 거쳐 대륙 서쪽 끝 곤명에 있는 운남비행학교로 향했다. 여자의 몸으로 험하고도 긴 여정이었지만 국내에서 독립운동을 하다 여러 차례 체포와, 거꾸로 매달려 물고문도 당해보고 옥살이를 한 경험이 있어 두려울 게 없었다.

1917년 평양 능라도에 있었던 미국인 비행사 아트 스미스(Art Smith)의 곡예비행을 보고 권기옥은 충격을 받았다. 그때 비행사가 되려는 마음을 굳혔던 것이다. 인생의 길을 찾고 있다가 이렇게 충격적인 '만남'은 삶에서

89) 김창수, 김승일, 『해석 손정도의 생애와 사상 연구』, 넥서스, 1999, 220쪽, 221쪽.

결정적인 동기와 방향을 제시해주는 것 같다. 요즘은 그것을 '멘토(mentor)'로 표현하는 듯하다. 개인적인 대면은 한 번도 없었지만 푸른 눈의 비행사 '아트 스미스'는 이미 권기옥의 삶의 방향을 운명 지운 남자였다.

권기옥은 1923년부터 비행훈련 과정을 마치고 1925년 2월에 졸업한다. 1926년엔 풍옥상 군벌 휘하의 서북군, 항공처의 부조종사로 활약하다가 1927년 봄에는 국민군 항공대가 발족하자 소령으로 임관하여 최용덕 비행사와 함께 항공대 창설 멤버가 되었다. 최용덕은 중국항공대를 조국 독립전쟁이 지렛대로 삼았다.

권기옥 역시 중국항공대에서의 활약의 목적은 이와 다를 바 없었다. 그는 중일전쟁이 일어난 후에는 중국군 참모학교 교관으로 있으면서 중국군 장교들에게 일본어 등을 교육시켰다. 1947년 귀국하여 국회 국방위원회에서 의정활동을 하며 공군 창군에 간접적으로 조력했다. 한국 최초의 여성 비행사인, 권기옥은 1988년 4월 19일 87세의 나이로 세상을 떠났지만 그 뒤를 이은 후배들이 공군 각 분야에서 영공수호를 위해 맹렬히 활약하고 있다.

권기옥은 운남비행학교를 졸업하고 상해로 돌아온 직후, "총독부와 '천황궁'을 폭격하고야 말겠다"던 그의 목소리가 하늘을 찌를 듯 쩌렁쩌렁 울리는 듯하다.

한국 최초의 여성 비행사, 권기옥

권기옥은 생전에 중국대륙에서 지내온 세월을 한마디로 '일장춘몽'이라고 말한 바 있다. 한 개인사로 볼 때는 일장춘몽이되 항공 독립운동 역사에서는 빼놓을 수 없는 비행사이다. 권기옥 비행사는 여러 관점에서 보아도 21세기 여성상으로 손색이 없다.

권기옥은 어린 나이에도 대범하게 임시정부가 발행한 공채 일만 원을 현금화시킨 데 성공한다. 이 사건으로 6개월의 감옥생활을 한다. 유관순 열사처럼 지독한 물고문을 받아 학질을 앓는다. 그러고도 살아남았다. 다나카(田中)라는 일본 형사는 권기옥을 '악독한 계집'이라며 혀를 내둘렀다고 한다.

권기옥은 출옥 후에도 비밀연락 업무와 임시정부 공채판매를 하였다. 권기옥 여사의 아버지 권독옥의 스승이 고당 조만식의 부친이었다. 이러한 인연으로 임시정부의 연락원들과 독립투사들 간의 연락을 맡았다. 그러나 공채판매 혐의로 일경에 쫓기게 되자 다른 망명객들과 함께 진남포를 거쳐 밀선을 타고 중국으로 탈출한다. 권기옥은 상해에 도착하여 비행학교를 알아보다 여의치 않자 기독교계인 홍도여학교를 다니며 중국어와 영어 공부를 한다.

2년 반 만에 이 학교를 마친 후 곤명에 있는 운남비행학교에 들어간다. 운남성은 군벌 당계요가 지배하고 있었는데 임시정부 요인 이시영이 권기옥을 위해 당계요 앞으로 써준 추천서의 힘을 얻어 운남비행학교장의 강력한 반대를 극복하고 입교하게 된다.

권기옥이 멀리 운남비행학교까지 가야 했던 데는 이유가 있었다. 당시 중국에는 북경 근교에, 남원항공학교, 보정항공학교가 있었고, 광주에 광주비행학교, 곤명에 운남비행학교가 있었다. 1922년 당시 광동비행학교와 보정비행학교에는 비행기가 없었기 때문에 권기옥의 눈에 들어올 리 없었다. 국립이었던 남원항공학교는 외국인인 데다 여성이라는 점 때문에 입교가 어려웠던 것 같다. 그러나 남원항공학교를 가지 않은 이유를 권기옥이 언급한 부분이 없어 확실한 이유는 알 수 없다.

상해에서 해남으로 멀리 베트남으로 돌아 곤명에 있는 운남비행학교에 간 권기옥은 이곳에서 2년 넘게 비행술을 배우고 1925년 2월 28일 졸업하였다. 당시 졸업자 중 한국인은 장지일, 이용무가 있었고 이춘은 중도 탈락하였다. 운남비행학교에는 20여 대의 비행기가 있었는데, 연습기는 프랑스제 80마력인 코드롱 복엽기와 150마력짜리 브리케이트 단발기, 이탈리아제 언살도가 있었다. 권기옥은 이 비행학교에서 총 1,500시간의 비행시간을 가졌다고 한다.

일본 경찰은 중국의 서쪽 끝에 위치한 곤명까지 살인청부업자를 보내어 권기옥을 살해하려고 했으나 권기옥은 동료들의 도움으로 오히려 살인청부업자를 권총으로 사살하여 위기를 넘긴다. 일본이 항일투쟁을 벌이는 한인들에 대하여 치밀한 감시와 집요한 추격을 하였다는 것을 권기옥의 예를 봐서도 알 수 있다.

중국에서 발행된 『중소미 공군 항일공전기실』[90] 9쪽에는 중국 여비행사 이옥영(李玉英)이 소개되어 있다. 이옥영은 중국 여성으로 1927년 광동 비행학교 제2기생으로 7명의 비행사 중의 한 명으로 설명하고 있다. 그렇다면 당시 중국에는 한국에서 온 권기옥 비행사가 유일한 여성 비행사라고 하는 그간의 국내에서 주장하는 내용과 상반된다. 권기옥이 이옥영보다 먼저 비행사가 된 것은 확실하나 중국 내 유일한 여성 비행사가 권기옥이냐, 이옥영이냐 하는 문제는 중국 쪽에 권기옥 비행사 자료를 제시하여 그들과 함께 검토해봐야 할 것 같다. 현재 중국 쪽에서 가진 자료의 부족으로 권기옥의 존재를 누락시키고 중국 항공계가 잘못 주장하고 있을 가능성도 크다. 만약 그들이 권기옥 여사의 존재를 언급하지 않는 것이 의도적인지, 혹은 몰라서인지 알 수 없지만 당시 이옥영이 유일한 '중국 내 비행사'라는 기술은 수정되어야 할 것이다.

어쩌면 애써 권기옥을 외면할 가능성도 있다. 대만 쪽에서는 해방 후 권기옥 비행사와 함께 활동한 동료들과 그 제자들이 권기옥 비행사를 대만에 초대하는 등 권기옥을 잊지 않고 있었다.

상해로 돌아온 권기옥은 한동안 진로를 고심하고 있다가 1926년 4월 20일 풍옥상(馮玉祥)군벌 휘하의 서북군, 장지강(張之江) 장군이 사령관으로 있는 항공처의 부조종사(당시 중국에서는 '조종사'나 '비행사'를 '비행원'으로 칭했다)로 들어간다. 1926년 국민군의 항공대가 발족되자 최용덕과 함께 항공대 소령으로 임관하여 항공대 창설 멤버로 활약하였다. 1927년 3월엔 총사령 장중정(蔣中正) 장군의 동로군 항공사령부 조종사가 된다. 1930년에는 국민혁명군 중령으로 있다가 공군 재정비에 따라 2계급씩 낮추어지는 바람에 대위 계급을 달게 된다.

1979년 8월 29일자 <서울경제신문> 인터뷰에서 권기옥은, "중일전쟁 때[91] 상해 상공에서 폭격비행도 했지만 나의 소망이었던 조선총독부 폭격

90) 북경항공연의회, 『中蘇美空軍抗日空戰記實』, 북경, 2005.

헤스 중령과 우리나라 최초의 여성 비행사 권기옥 여사

은 끝내 못 해본 것이 한이라오"라고 했다.

1937년 중일전쟁 전에 권기옥은 중국 공군에서 예편했기 때문에 직접적인 전쟁 참여는 하지 않았고 다만 중국 군관들에게 일본어 교습 등 간접적으로 활동하였다. 해방 후 1947년 귀국한 권기옥은 국회 외무와 국방위 전문위원으로 활동하며 대한민국 공군 창설에 기여를 하여 '공군의 아주머니'라는 별명을 갖기도 하였다.

권기옥 여사의 모교인 숭의여자중학교가 서울 대방동에 위치하고 있으며 권기옥 여사의 유품을 전시하고 있다.

---

91) 1931~1932, 상해사변으로 보임.

러시아 하늘에 날개를 편 동방의 청년, 김공집

러시아에서 비행 활동을 한 사람들은 김공집 외에 박태하[92], 차정신, 장성철, 유철선 등[93]과 김진일[94]을 꼽을 수 있다. 박태하는 김공집이 숨졌을 때 장례를 거들었다. 차정신은 차지일, 김지일 등의 가명을 함께 쓴 것으로 보인다. 그는 소련의 원조로 1924년 9월 설립된 항공국 군사비행학교를 졸업하고 소련 모스크바 비행학교를 나온다. 차정신은 1943년, 협서성 남정 소재 항공대 소속 조종사로 근무했다.

> 광동공군사관학교를 졸업한 김진일(金震一), 장성철(張聖哲) 등의 항공사가 있었고 그 외에도 김은제(金恩濟), 김영재(金英哉), 최양성(崔壤城), 손기종(孫基宗), 염온동(廉溫東)……[95]

1951년 6·25전쟁으로 나라가 위기에 놓여 있을 때, 최용덕은 「중국에서 활약하던 우리 조인들」[96]에서 러시아, 중국에서 고독하게 싸웠던 우리 비행사들의 이름들을 혼을 불러내듯이 하나씩 적어나간다. 비행사로서 중국에서 활약하던 김공집과 최용덕이 생전에 만났다는 기록은 아직 보지

---

92) <독립신문> 1922. 11. 18.

93) <조선일보> 1927. 2. 25.

94) 북경항공연의회, 『중소미 공군 항일공전기실』, 북경, 2005. 8쪽.

95) 최용덕, 「중국에서 활약하던 우리 조인들」, 『하늘의 개척자, 최용덕』, 공군본부 정훈감실, 1956.

96) 공군본부 정훈공보실 제공.

못하였다.

김공집은 삼일운동 이후 중국으로 건너가 일본관리, 친일파 처단을 위해서 폭탄 제조 등 무장 독립운동을 펼쳤다. 그전에는 일본과 중국 등지를 돌며[97] 미래를 도모한 적이 있다. 장기적인 독립운동을 위해 그는 항해술을 배우고자 했다. 그는 안창호의 주선으로 광주에 있는 광동비행학교로 간다.[98] 광동비행학교에서는 비행기가 없어, 실습은 불가능했지만 항해술, 비행술, 군사학 등 이론교육은 받을 수 있었다.

그러나 혼란스러운 상황이라 그는 상해로 돌아와 안창호와 함께 독립운동을 한다. 황포군관학교 출신인 그는 1924년 광동정부군에 들어가 북벌전에 참전했다가, 임시정부가 1920년에 시도하다 실패했던 비행대 창설을 재추진하면서 1925년, 비행술을 배우기 위해 러시아로 향한다.

모스크바 비행학교를 졸업한 김공집은 안타깝게도 1927년 8월 31일 모스크바 근교 셀프홀프(Cepryxob) 지역 상공에서 비행 중, 비행기 기계 고장으로 추락하여 사망했다. 그가 사고로 죽지 않았다면 항일전에 커다란 역할을 했을 것이다. 그는 임시정부의 비행대 창설 프로젝트에 의해 러시아까지 가서 비행술을 배운 것이다. 그가 비행술을 모두 다 익혔다면 임시정부가 있는 중국으로 돌아왔을 테고 중국에서 활약하는 한인 비행사들과 합류했을 것이다.

그러나 사람의 운명이란 알 수 없다. 날개를 달고 하늘을 오른다는 것은 언제든 추락의 위험을 감수해야 한다. 그것이 두려우면 비행사가 될 수는 없다. 그 운명이 너무 일찍 왔을 뿐이다.

김공집은 평북 정주 출신으로 1895년 출생이므로 32살의 짧은 생애를 살았다. 해방 후에 그의 고향 정주에서는 김공집을 위한 추도식이 거행된다.

사랑하는 우리 청년 김공집 씨여

---

97) <동아일보> 1927. 11. 4.

98) 박태하, 김진일 등도 광동비행학교를 다녔다. 『중소미 공군 항일공전기실』, 북경항공연의회, 북경, 2005, 8쪽.

장래 큰 포부 가슴에 품고 고국을 떠나
나그네 된 지 아아 이미 10여 년
무심하다 하늘 별이 떠러짐이여
슬픈 소식을 멀리 드르니 긔막히누나
참말이더냐 아아 이 웬 말인가

모스코의 넓은 벌판 하늘 공중에
외롭은 靈은 헤매일지니 멀기는 하나
이 강산에 와 아아 깊이 잠들라[99)]

김공집 등이 러시아에서 비행술을 배운 것은 미주, 일본, 중국 등지에서 비행술을 배워 임시정부 등을 중심으로 독립군 비행대나 비행학교를 세우려던 목적과 연계되어 있다는 점에서 그 의미가 있다. 또한 이러한 노력과 희생은 1940년대 광복군 항공대 건설 노력까지 이어졌다. 그리고 그 결실을 맺는 것은 살아남은 비행사들의 몫이 되었다.

99) 국가보훈처 자료관리과 소장.

제주(濟州)의 단단한 돌멩이, 임도현

1931년 12월 초, 북제주 조천면 상공에서 주민들이 비행 중인 비행기들을 목격한다. 그중 한 대가 조천면 상공을 선회하다가 보따리 하나를 떨어트린다. 목격자 중 한 사람이었던 신정환 씨[100]는 지금 나이가 82세이다. 수십 년 전의 일이니 그가 십 대 소녀일 때일 것이다. 동네 사람들과 함께 그 보따리를 찾아 확인해보니 임도현 비행사 옷가지와 부모 앞으로 쓴 두루마리 서찰이 눈에 들어온다. 그녀는 동네 어른들과 함께 그것을 임도현 비행사 부모에게 전달했다. 날개가 두 개 달린 거라고 했으니 복엽기였던 거 같다. 비행기들은 모두 서쪽으로 점점이 사라졌다고 한다. 선회하다 서쪽으로 사라진 비행기의 비행사는 1907년에 태어나 1952년에, 45살이라는 나이로 숨을 거둔, 제주 출신 임도현이다.

임도현 비행사가 조천면 상공에서 비행기를 타고 선회하는 모습을 주민들은 이렇게 말한다.

> 느네 큰 아방은 생이 ᄀᆞᇀ이 ᄒᆞ늘을이지 ᄆᆞ슴양 ᄂᆞᆯ아댕긴 사름이여.[101]

이 말은 "자네 큰아버지는 참새처럼 하늘을 자기 마음대로 날아다닌 사람이여"라는 뜻이다.

또 이렇게도 말한다.

---

100) 제주, 생존 82세.

101) 이윤식, 『항공독립운동과 임도현 비행사』, 한국학술정보(주), 2012, 18쪽.

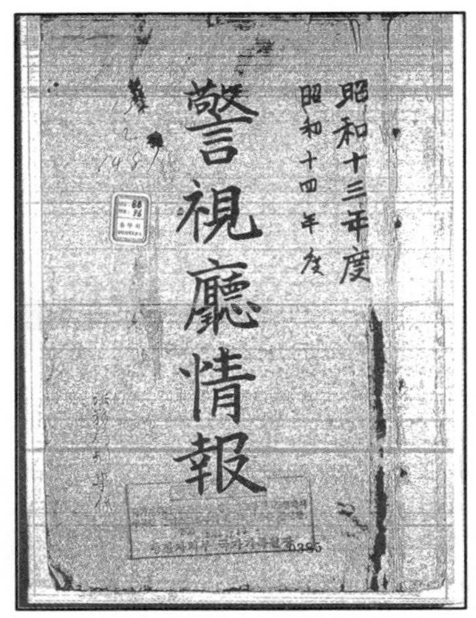

1938년 일본 경시청 정보 선고비 제1199호

느네 큰아방은 비행기 ᄐᆞᆯ앙 가단 느네집 ᄒᆞ늘 위에서 빙빙 돌며 ᄂᆞᆯ단 공화당 뒤에 폿따리 떨어뜨려 던 한라산 쪽으로 ᄂᆞᆯ아 갔져 우린 원필이네 집 담에 ᄃᆞᆯ아젼 느네 아방이랑 폿따리 주어단 느네 할으방한테 갖다주어 났져.[102]

이 말은 "자네 큰아버지는 비행기를 몰고 날아가다가 자네 집 상공에서 선회하며, 날다가 공회당 뒤에 보따리 떨어뜨려 두고 한라산 방향으로 날아갔다. 우리는 원필이네 집 울타리 돌담 위에 손을 얹어놓고 자네 아버지하고 떨어진 보따리를 주어다가 자네 할아버지께 갖다 드렸다"는 것이다.

미스터리와도 같은 이 사건은 아직도 제대로 규명되지 않고 사람들의 기억에서 멀어져 가고 있다. 사람들은 해방 전의 항공 역사에 대해 관심이 없다. 그리고 설사 있다 해도 그게 뭐 커다란 일이냐며 무시해 버린다. 나라를 잃은 상태이니 선진국에 비해 항공 활동이 미약하고 대수롭지 않을 수도 있다. 하지만 이들 비행 선각자들의 의기와 도전정신만이라도 우리가 높이 사줘야 하지 않을까.

임도현은 제주에서 어린 시절 한문 학교를 다니고 중국 봉천으로 가서 소만중학교를 마친다. 그 후 일본 유학길에 올라, 전상국, 박경원 비행사가 다녔던 다치가와(立川)비행학교에 들어간다. 그는 한 달 만에 정과(正科) 과정을 마치고 조종과(操縱科)에 들어간다. 조종과에 들어간 지 얼마 안 되어 그는 대만인 동료 6명과 함께 비행훈련 중 4대의 편대를 이루어 비행학교에서 사라진다.

102) 같은 책, 190쪽, 191쪽.

中央日報

英米의根本方針
日本따永炭相剋
風雨싣은軍縮前途

各國의軍縮對策

反英示威
電車等放火襲擊

人間爆彈으로
日本은世界攻略
米國飛行家의證言

領土割讓은
國民政府不承認

英國閣議

日英米의制覇戰

人間爆彈으로
日本은世界攻略
米國飛行家의證言

背後

1935년도 가미카제에 준하는 교육이 있었던 것으로 판단되는 소화 10년(1935년) 12월 10일자 <조선중앙일보>. 이 신문에 "인간 폭탄으로 일본은 세계공략 미국 비행가의 증언"이라는 제하의 기사가 있다.

1937년 중국 유주에 있는 광서비행학교 교관 사진. 중앙 흰 군복을 입고 있는 사람이 임도현 비행사다.

일본 동경에서 제주도를 거쳐 중국 상해까지 가려면 장거리 비행이 가능한 비행기이어야 할 것이다. 1932년 일본제국 비행협회에서 발행한 『일본 항공연감』에서 소개한 기종 중에 이렇게 장거리 비행이 가능한 기종은 대략 3가지 기종으로 압축된다. 하나는 87식 경폭기로 450마력에 3.3톤 2인승 복엽기이다. 또 다른 하나는 88식 2형 경폭격기가 있다. 이것 역시 450마력에 3톤으로 2인승 복엽기이다. 마지막으로 88식 2형 전투기가 있다. 450마력에 무게 3톤이며 역시 2인승 복엽기이다. 이러한 비행기들이 1,800킬로미터에 달하는 거리를 무착륙 비행할 수 있는지 감이 잘 오지 않을 수 있다. 이와 유사한 기종에 포커(Fokker) T-2기가 있다. 이 포커기를 일본이 구입하여 사용하고 있었다. 이 기종은 420마력에

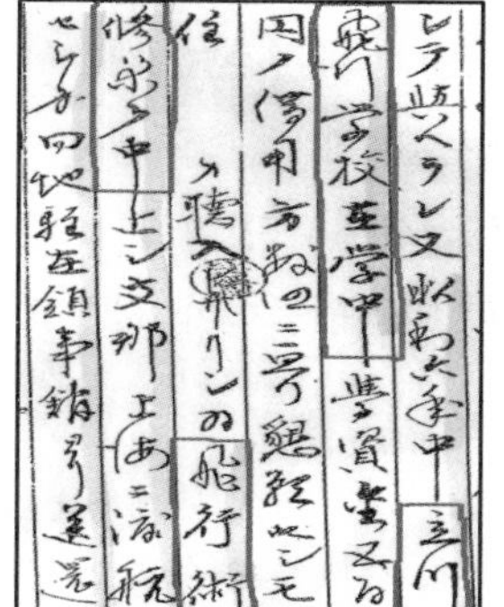

1936년, 임도현 비행사 관련 판결문 중, 비행술 수업 중 지나 상해로 도항했다는 내용과 입천비행학교 학생임을 알려주는 내용

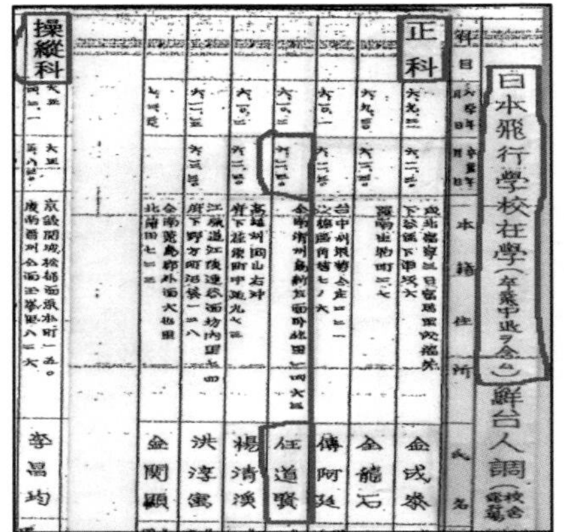

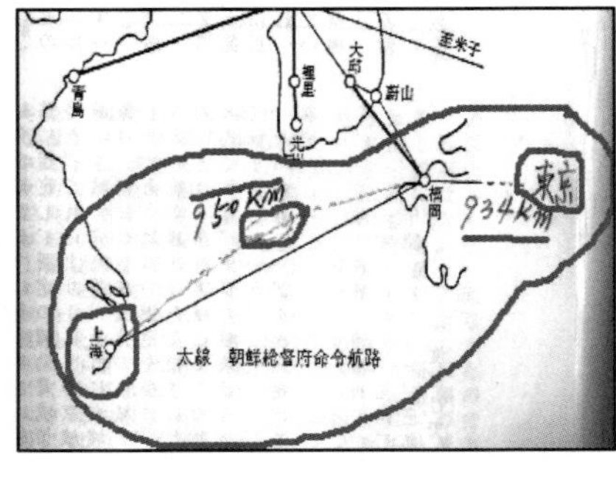

왼쪽. 8년 일본 경시청 정보 선고비 제1199호 실린 조선 · 대만 출신 일본비행학교 비행사 명단 중에 임도현 비행사 이름이 보인다.
오른쪽. 1931년 12월 일본 다치가와비행학교에서 비행술 훈련 중 그대로 제주도를 거쳐 중국 상해로 탈출한 임도현 비행사 일행의 비행경로.

4.9톤이다.

이 기종으로 일본인 비행사가 1931년 7월 26일에 폭우 속에서 동경에서 대만까지 약 16시간 23분 비행하였다. 동년 10월 4일에는 같은 거리를 9시간 20분 만에 돌파하였다. 같은 기종으로서 미국에서는 이미 1923년에 뉴욕에서 LA까지 4,634킬로미터를 27시간 동안 비행하였다.

일본은 1910년 전후로 비행기 제작에 성공하여, 1913년 나라하라가 경성 일본군 사령부가 있던 용산연병장에서 비행 시범을 보인 후 1930년대 초까지 이미 20년의 항공 역사를 가지고 있었다. 식민지 백성으로 전락한 한국 청년들은 비상의 꿈을 안고 이들 선진 비행술을 배우고자 했다.

증언[103]과 자료에 의하면[104][105][106] 임도현은 중국 상해로 망명했다. 대만인 비행사들은 불시착한 상해 근교 옥수수밭에서 마적단들에게 사살되

103) 신정환 여사의 증언. 생존.

104) 1936년 임도현 비행사 관련 판결문. "입천비행학교 재학 중", "비행술 수업 중 지나 상해로 도항"이라는 내용이 담겨 있다.

105) 『柳州20世紀圖錄』, 광서인민출판사, 유주, 중국, 2001.

106) 1938년, 일본 동경경시청 정보 선고비(鮮高秘) 제1199호 일본 비행학교 출신 조선 · 대만인 비행사 감시대상 명단.

고 그 와중에 몸을 숨긴 임도현은 다행히 탈출할 수 있었다. 그는 중국 유주(柳州)까지 간다. 그의 최종 목적지는 유주에 있는 유주육군항공학교였다. 그가 지체함이 없이 유주로 간 것으로 보면 일본에서 탈출, 대만인 동료들과 사전에 중국항공대로 가려는 계획을 세웠던 것으로 추정된다.

그는 그곳에서 비행술을 더 배우면서 일본의 비행술을 지도한다. 중국군 장교가 되어 소만 국경지역에서 견습 근무 중 일본군들과 조우하여 총격전을 벌였다.

머리에 총상[107]을 입은 임도현은 상해로 긴급 후송되어, 수술을 받고 생명을 건진다. 그러나 일본에서 비행기로 탈출한 장본인임을 알게 된 친일파가 밀고하여 임도현은 상해에서 일경에 체포된다. 일본으로 압송된 후 부모를 살해하겠다는 협박을 받고 가미카제 특공훈련을 받기 위해 비행학교에 강제로 재입교된다.

가미카제 특공대는 일본이 태평양 전쟁 말기에 운영하던 것이 아니냐고 반문하겠지만 이미 1935년에 한 언론을 통해 가미카제 특공대에 대한 발상을 일본인들이 하고 있음이 세상에 밝혀졌다. 1935년 12월 10일자 <중앙조선일보>는 한 미국인 비행사의 증언을 소개한다. 그 내용은, "인간 폭탄으로 일본은 세계를 공략한다"는 것이다. "일본에는 유사시에 생명을 버릴 각오의 비행가가 1,000명이 있을지 모른다"라는 내용도 있고 "일본에서는 폭탄 내부에 인간이 들어가고 또 자유로 폭탄의 방향을 조종하여 목적물을 폭파할 연구가 완성되었다"는 내용도 있다.

이러한 증언이 사실이 아닐 수도 있겠다. 하지만 2년 후 중일전쟁이 일어난 것을 보면 일본 군국주의자들은 이미 오래전부터 전쟁 준비를 했다는 것을 알 수 있고 그 시기만 조율하던 중인 것으로 보인다. 그 전쟁 준비 중에 "인간 폭탄" 즉 가미카제 특공대의 발상도 했다는 것을 우리는 알 수 있다. 아무리 제국의 침략 야욕이 있다 해도 자국의 비행사들조차 장기판의 졸처럼 소모품 정도로 여기는 일본인들이다. 그런 일본군들이 중일전

---

107) 제주 법의학팀이 임도현 비행사의 유골에서 왼쪽 머리에 총상 흔적을 확인함. 2009. 6. 14.

쟁과 태평양전쟁 기간 포로나 민간인들을 대수롭지 않게 여기고 살해했을 것이다. 그들이 자행한 잔인무도한 죄과들은 너무나 커서 아직도 일본이 제대로 된 사과조차 못 하는 것인지도 모른다. 각설하고 다시 임도현 이야기로 돌아가자.

부모 살해 협박에 못 이겨 비행학교에 강제 재입교된 임도현은 기회를 엿보다 다시 탈출하여 제주도로 돌아간다. 숨어 지내던 그는 일경에 체포되어 목포형무소에서 형을 살게 되었다. 1937년에 풀려난 그는 고향 제주도를 방문하지 않은 채 곧장 중국 유주로 돌아간다. 그는 유주육군항공학교의 후신인 광서항공학교에서 교관으로 활약하다가 중일전쟁을 맞이한다.

하지만 1941년 그는 재차 일본 군경에 체포되어 제주도로 압송된다. 해방 전까지 두 차례, 탈출을 시도했지만 모두 실패했다. 영화 <빠삐용>의 주인공, '샤리에르'처럼, 집요한 일본의 추격과 탈출, 체포와 고문이 반복되면서, 그의 심신은 만신창이가 된다.

많은 행적이 베일에 싸여 있지만, 그가 23살의 나이에 동경에서 상해까지 1,780여 킬로미터를 비행한[108] 대담한 모험심, 저항정신과 꺾이지 않는 의지를 보여주었다. 불운과 불행의 연속이었지만 역설적으로 그의 삶은 새장 속에 결코 갇혀 살 수 없는 야생의 새처럼 '자유인'의 정신, 그 자체다. 기개만큼은 일본인들 못지않다는 걸 보여준 임도현! 그를 아직 기억하는 이유다.

1932년 23살의 젊은 비행사의 무착륙 장거리 비행을 했던 때로부터 80년이란 세월이 흘렀다. 벽공의 하늘은 무심한 듯 그의 비행 항적에 침묵을 하고 있다. 제주 조천면 상공은 그저 푸르기만 하다.

"그렇게 유명허믄 뭐 험니까? 저세상 가버리난 아무것도 아닌걸."[109]

---

108) 비행 가능성에 대한 자료, 일본제국 비행협회가 1932년에 발행한 『항공연감』 15쪽에는, "1931년 7월 26일 일본항공수송회사 오가와(小川) 조종사가 후오카기(포커기)를 몰고 폭풍우 속에서 내지(일본 본토) 대만 간 비행하여 16시간 23분의 체공기록을 세웠다"는 내용이 있다.

109) 임도현 비행사 친척 증언. "그렇게 유명하면 뭐합니까? 저세상 가버리면 아무것도 아닌걸."

비행사가 되고 싶은 고국 청년들에게, 김연기

처음에 비행기를 발명할 때 하늘을 나는 꿈을 실현하는 그 자체가 목적이었을 것이다. 그리고 인류는 비행기를 발명했다. 비행기로 낭만을 구가했다. 하지만 전쟁 중에는 대량살상의 무기로 변하였다. 비행기는 그렇게 두 얼굴을 가지고 있다.

그런데 하늘을 난다는 것은 우리 인간에게 어떤 의미일까? 전쟁이 나자 공군 문인단인, 창공구락부에서 활동한 박목월 시인은 6 · 25전쟁 기간인 1952년, 수송기를 타고 서울에서 강릉으로 가는 중에 시 한 수 남긴다.

> 구두는
> 길다랗고
> 검으티티한 얼굴
> 無表情(무표정)의
> 깊은 表情(표정)을 하고,
> C · 46輸送機(수송기)에 앉아
> 구두는
> 무슨 念想(념상)에 잠겼을까.
> 실은 밑창이 두 군데
> 빵그가 난 구두,
> 그 구두를 신고
> 나는 地上(지상)을 굽어본다.
> 上空(상공) 3,000 피이트의
> 너무나
> 황홀한 位置(위치).

江(강)은 한자락 허리띠,
尊敬(존경)과 憧憬(동경)의 눈을 들어
朝夕(조석)으로 우러러본
峻嶺(준령)은 또한 다소곳이 엎드린 侍從(시종)
高度(고도)를 下降(하강)하면,
마을은 이미 잘 整頓(정돈)한
하나의 모쟈이크.
日常(일상)의 젖은 꿈을 가셔버린
淸潔(청결)한 彩色(채색)무늬.
이만한 位置(위치)에서
地上(지상)을 굽어보신 분들을 생각한다.
이웃을 사랑하라.
하신 그분을……
이미 愛隣(애린)의 雲層(운층)을
벗어나와, 機首(기수)는 여전한 上昇姿勢(상승자세).
그 안에 앉아
구두는 孤獨(고독)했다.
무뚝뚝한 얼굴에
눈물을 머금고,
江陵九百里(강릉구백리)를
四十五分(사십오분)에 천천히 왔다.
–「기상음(機上吟)」 전문[110)]

"빵그가 난 구두/그 구두를 신고/나는 지상을 굽어본다/상공 3,000피이트의/너무나 황홀한 위치"

고독한 시인은 이미 '비행'이 곧 '상상'이 되는 심정에 이른다. 마음의 눈으로 세상을 그려보듯이 비행기 안에서 전쟁의 산하를 내려다본다.

"존경과 동경의 눈을 들어/조석으로 우러러본/준령은 또한 다소곳이 엎드린 시종"

---

110) 박목월, 『박목월 시선집』, 민음사, 2004.

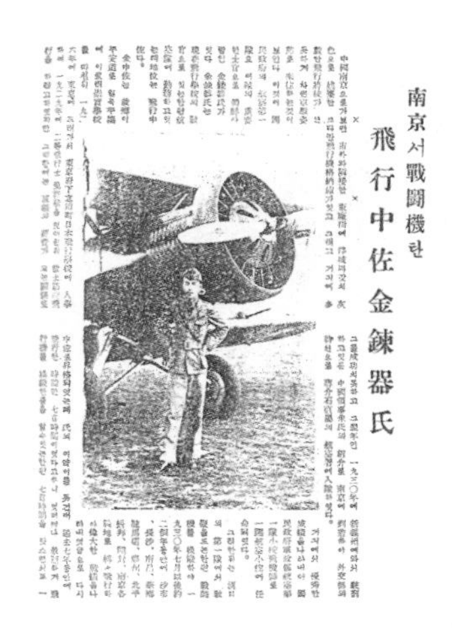

南京서戰鬪機탄
飛行中佐金鍊器氏

中國飛行學校志願하는
故國青年에게
南京 金鍊器

1932년 12월 월간 <삼천리>에 실린 김연기 비행사 관련 기사와 김연기 비행사

지상에서 보던 산하와 비행기에서 내려다보던 산하의 느낌이 이미 달라진다. 그리고 시인은 이미 신의 눈을 빌려온다.

"이만한 위치에서/지상을 굽어보신 분들을 생각한다."

그러나 인간은 신이 아니다. 그래서 아픈 현실을 어쩌지 못하는 인간적 비애를 토로한다. "이미 애린의 운층을/벗어나와, 기수는 여전한 상승자세/그 안에 앉아/구두는 고독했다."

잠시 세상을 내려다보지만 결국 인간은 땅에서 벗어날 수 없음을 어쩔 수 없이 고백한다. 마치 달이 이슬을 비추고, 이슬은 달을 품듯이 지상에 내려와 다시 인간들과 부대끼며 난세를 헤쳐나가며 살아야 한다.

1920년대에도 희망은 꿈꾸나 절망적인 시절이었다. 1926년 윤심덕은 이바노비치 곡에 가사를 지어 감상적이고 회의적인 노래를 발표하고는, 애인과 동반자살을 한다. 이 노래는 전염병처럼 번진다.

그런 암울한 분위기를 뚫고, 1930년대 초 중국에서 날아온 글[111) 하나가 고국 청년들의 심장을 때린다. 김연기(金鍊器)라는 비행사를 소개한, 「남경서 전투기 탄 비행 중좌 김연기 씨」라는 글에서 그가 장개석 원수의 직속부대인 항공 소좌로 입대하여 한구(漢口)의 제1대에서 비행 교관으로 있다가 1930년 7월 이후 중국 각지로 비행하고 있다고 소개한다. 김연기는 고국 청년들에게 중국으로 건너와 비행의 꿈을

111) 김연기, 「중국비행학교 지원하는 고국 청년에게」, <삼천리> 1932년 12월호.

중국항공대 소속 비행기들. 소련으로부터 지원받은 폴르카르포(I-15, I-16 등)

실현하라고 권하고 있다. 그의 완곡한 표현 뒤에는 '항공을 통한 독립운동'의 독려가 완연해 보인다.

> 이것을 쓰게 된 것은 항상 조선 청년으로서 항공계에 많은 취미를 두고 비행기를 배우고 싶다는 청년이 아주 많아, 가끔 나에게로 편지가 오는데 그래서 나는 비행기를 배우고 싶은데 어떻게 하였으면 좋을지 모르는 청년이 많기 때문에 여지껏 지금까지의 나의 경험과 일본서 이등비행사가 되어 가지고 중국 항공 중좌가 될 때까지의 이야기를 하겠습니다.[112]

이미 1920년 전후로 김경규, 안창남을 필두로 우리 청년들이 일본으로 건너가서 비행술을 배우고 있었다. 1930년대에는 비행 기초과정인 정과(正科) 졸업자만 80여 명에 육박하고 있었다.[113] 이 중에서 일부가 조종과나 기계과로 진학해서 비행술을 더 배웠고 또 그중에서 일부가 독립운동을 위해 중국으로 망명한다. 안창남, 전상국, 김연기, 김영호, 김치간 등 알려진 사람들 외에도 더 있을 것이다. 이들은 전운이 도는 대륙으로 건너가, 최용덕, 이영무, 장성철, 염온동, 권기옥 등이 활약하고 있는 중국항공대에 합류한다. 마침내 1937년 7월 북경과 상해에서 길고 긴 전쟁의 서막을 알리는 총성이 울리고, 적들과 대적할 하늘을 바라보던 우리 하늘의 전사들은 오랫동안 기다려 왔던 출격의 날을 맞이한다. 오로지 조국의 독립을 염원하며.

112) 같은 책.

113) 1938년, 일본 동경경시청 정보 선고비(鮮高秘) 제1199호에 첨부된 조선 · 대만인 일본비행학교 출신자 명단.

고국(故國)을 살린 비행(飛行), 전상국

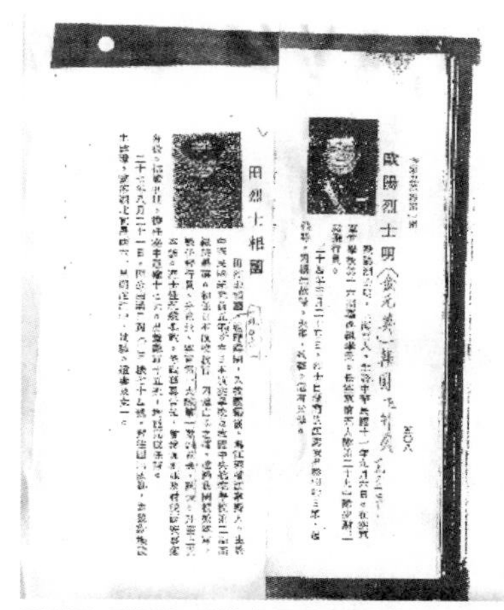
歐陽烈士明

田烈士相國

전상국, 김원용 비행사 중국 '공군충열록' 자료
(현 백범기념관장인 김신 장군이 발굴하였다)

1920년대 중반의 중국의 정세는 대변화를 예고하고 있었다. 장개석을 총사령관으로 하는 국민정부의 국민혁명군이 북벌을 시작하여 1928년 12월 외형상으로나마 통일, 완성하였다. 그러나 만주에서는 일본의 괴뢰국인 만주국을 세우는 일이 진행되고 있었다. 일본은 1931년 9월 18일 조선에 주둔하던 일본군들을 봉천과 길림으로 투입한다. 만주국을 세우기 위한 전초전인 셈이다. 장개석 국민군은 공산당 토벌 작전을 중단하고 철수한다.

중국과 세계의 이목을 다른 곳으로 돌려놓기 위하여 1932년 1월 일본은 상해사변을 일으킨다. 일본은 상해에 육전대를 투입하자 중국은 정예부대인 제19로군으로 맞불을 놓는다. 일본은 여기에 육군 3개 사단을 더 투입하였지만 제19로군의 결사항전으로 전투는 상해 외곽에서 크게 벗어나지 못한다.

또한 미국, 영국, 프랑스 등이 일본에 항의하는 등 국제 여론이 악화되자 일본은 3월에 전투를 중지하고 5월에 정전협정을 맺고 투입되었던 군대를 철수시킨다. 이미 계획대로 소기의 목적을 달성한 일본은 여유만만하였다. 전쟁은 끝났지만 1932년 3월 9일 일본은 만주국을 선포한다.

1920년대 말을 전후로 만주 독립군들은 이합집산을 거듭하며 해체되거

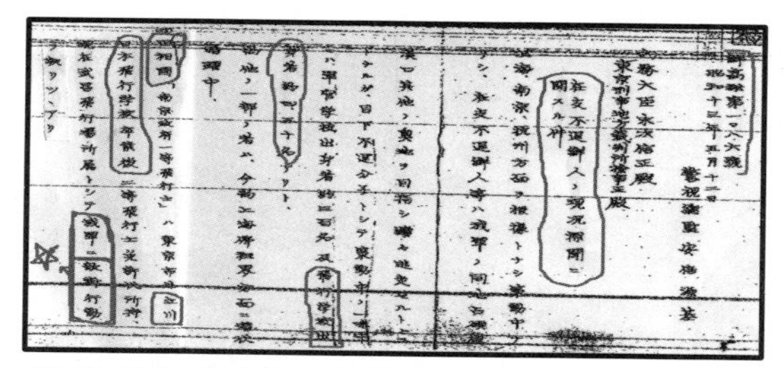

선고비 제1086호 소화 13년 5월 12일. 경시청 문건. 20, 30명의 젊은이를 홍콩(香港)방면으로 파견 보내고 있다, 손기주 씨는 장개석 자가용 비행기 기관사로 있다는 내용과 전상국 비행사가 적대행위를 하고 있음을 기재한 내용이 담겨 있다.

나 유명무실해졌지만 남만주의 참의부와 정의부, 북만주의 신민부는 세력을 유지하고 있었다. 이 세 세력은 어려운 과정을 거쳐 '국민부'로 통합하였다. 그러나 통합하는 과정에서 이탈된 다른 파들이 모여 또 다른 통합 세력인 임시혁신의회를 조직하여 결국 양분된 양상으로 진화되었다. 이것을 못마땅하게 여긴 김좌진 장군은 이들을 떠나 교포들의 자치기관인 한족 자치연합회에서 자숙하고 있던 중 1930년 1월 공산주의로 전향한 옛 부하의 총격에 이역만리 이국땅에서 숨을 거두고 만다.

이에 충격을 받은 김좌진 장군의 동료들은 1930년 한족 자치연합회를 모체로 한국독립당을 창설하고 한국독립당군을 편성한다. 이들이 바로 1930년대 초 일본군과 항전을 하던 주력이며 1940년대 광복군사령부를 이끌던 이청천(지청천)과 함께 광복군 간부들의 중추를 이루게 된다. 한국독립당의 당군은 이제 두 개의 적에 직면해 있었다. 하나는 일본군이며, 또 하나는 만주국의 만주군이었다. 한국독립당은 이들과 맞서기 위하여 중국 자위군 총사령관인 정초와 협정을 맺어 연합군을 결성하기로 하였다.

만주에서 한중연합군과 일본군과 만주군 간의 전운이 돌며 일진일퇴하는 동안 1932년 4월 29일 오전, 대륙을 깜짝 놀라게 하는 사건이 터진다. 홍커우 공원에서 일본이 상해사변을 일으킨 전승을 자축하고 '천장절'을 기념하는 행사장에 윤봉길 의사가 폭탄을 던졌다. 일본거류민단장 가와가타, 상해 주둔 일본군 사령관 사라카와 대장이 그 자리에서 즉사하였고 해군 제3함대 사령관 노무라, 제9사단장 우에다 중장, 주중 공사 시게미쓰 등이 중상을 입었다. 23살의 젊은 아버지였던 그가 의거하기 전에 아직도 핏덩어리 같은 두 아들에게 남겨놓은 유서를 남겼다.

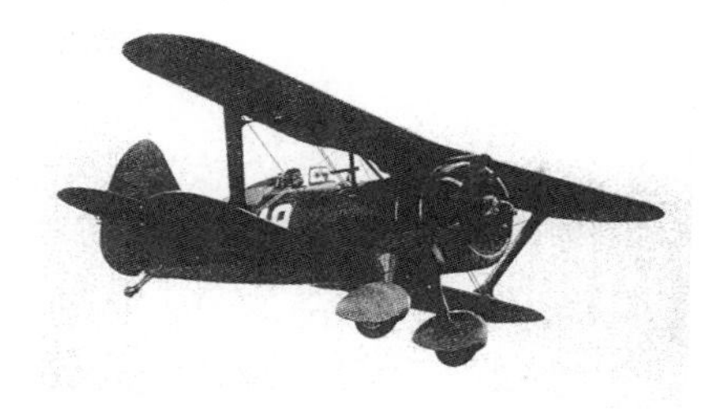

소련으로부터 지원받은 중국항공대 항공기들(I-15, I-16)

강보에 싸인 두 병정에게-두 아들 모순과 담에게. 너희도 만일 피가 있고 뼈가 있다면 반드시 조선을 위하여 용감한 투사가 되어라. 태극의 깃발을 높이 드날리고 나의 빈 무덤 앞에 찾아와 한 잔 술을 부어 놓으라. 그리고 너희들은 아비 없음을 슬퍼하지 말아라. 사랑하는 어머니가 있으니 어머니의 교양으로 성공자를 동서양 역사상 보건대 동양으로 문학가 맹가가 있고 서양으로 불란서 혁명가 나폴레옹이 있고 미국에 발명가 에디슨이 있다. 바라건대 너의 어머니는 그의 어머니가 되고 너희들은 그 사람이 되어라.114)

이 사건이 중국인에게 주었던 심리적 충격은 대단히 컸다. 이 사건을 계기로 중국은 한국인들을 다시 보았고 중국은 임시정부와 독립운동가들의 지원에 적극적이 되었다. 중국은 육군 중앙군관학교에 한인특별반을 설치하여 한인들의 군 지도자 양성에 적극 협조하였다. 만주에 있는 한중연합군의 독립군들은 이에 응답이라도 하듯 만주군과 일본군을 상대로 연승을 해나간다.

마침 임시정부의 김구 선생은 이청전 장군 앞으로 편지를 보내 관내로 철수하라는 명령이 하달된다. 당시 이 일련의 전투에 참전했던 최용덕은 이청천 사령관과 함께 김창환, 오광선, 김관오, 공진원 등 간부 일부와 낙양 군관학교 지원자를 포함하여 모두 수십 명이 만주를 떠나 임시정부에 합류함으로써 만주에서는 더 이상의 대규모 독립군 전투는 벌어지지 않았다. 전쟁의 중심지는 중국 내륙으로 바뀌어 가고 있었던 것이다.

---

114) 『도록 윤봉길 의사』, 매헌 윤봉길 의사 의거 제60주년 기념사업추진위원회, 1992, 89쪽.

소련으로부터 지원받은 중국항공대 추격기와 폭격기

일본은 중일전쟁 초기 1,500여 대, 연간 500에서 800대의 전투기를 생산할 능력을 갖고 있었다. 중국은 항공기가 400~500대, 그중, 전투 가용 항공기는 100여 대에, 조종사는 1,000여 명에 불과했으니 일본군 수뇌부가 호언장담할 만도 하다. 하지만 전쟁 초기부터 일본의 기대가 어긋나기 시작한다. 중국항공대를 너무 얕보았던 것이다. 전쟁은 무기의 양이나 질만으로 하는 것이 아님을 보여주고 있다.

양측 모두 '초토화작전'으로 맞서 민간인 희생은 매우 컸다. 일본군은 도시들을 점령해나갔으나 농촌은 게릴라전에 고전을 면치 못했다. 전선은 늘어지고 중국군 종심을 공략하지 못한 채 일본이 전쟁에 끌려 다니는 형국이 되었다. 중국항공대가 궤멸되긴 했어도 이미 일본의 의도는 빗나간 이후였다. 중국군 조종사들은 일본기 편대로 돌진하는 '자폭행' 비행술까지 동원하며 놀라운 정신력으로 버텨 나갔다.

전상국 비행사는 일본 다치가와비행학교를 나와 중국으로 망명하여 중앙항공학교 교관으로 근무했다. 1938년 6월 11일부터 동년 10월 25일까지 무한(武漢)지역에서의 공중전은 치열하게 전개되었다. 무한 서쪽에 위치한, 형문(荊門)과 강릉이 뚫리면 중경이 위협받게 되었다.

급박한 상황에서, 제2대대 상위대장이었던 전상국은 8월 21일, 형문으로 출격하기 위해 이륙했다가 비행기 기계 고장으로 장강(長江)에 추락하여 숨지고 만다. 30여 회의 출격으로 폭격과 공중 수송 임무를 수행하며 일본군의 예봉을 꺾는 데 혁혁한 공을 세운 전상국에 대해, 중국 자료[115]에서는

115) <금교(金橋)>, 중국, 2005년 10월호.

다음과 같이 칭송하고 있다.

> 전상국 열사는 애국심이 가득한 전형적인 군인이었다. 당시 한국은 이미 일본에게 나라를 빼앗긴 뒤였고 한국에서의 항일운동이 어려워지자, 그는 망국의 아픔을 가슴에 안은 채, 일본에서의 공군학교 교관 직을 포기하고 중국으로 왔다. 중국으로 온 그는 강소 강녕 출신의 중국 국적으로 바꾸고, 중앙항공학교 고급반 2학기 과정부터 공부를 시작하여, 해외에서 지속적으로 항일운동을 펼치며 조국에 대한 희망을 잃지 않았다. 그는 성격이 침착하고 강직했으며 과감하여 매 전투에 용감하게 앞장섰다. 항전 초기에는 17번의 공중 운송 임무와 15번의 폭격 투하 임무를 맡아 매번 성공적으로 완수하였고 승진에 승진을 거듭해 결국은 상위본급에 이르렀다. 그렇지만 불행하게도 32세의 전상국은 비행기의 기계 고장으로 인하여 임무를 수행하는 중 순직하고 말았다. 정말 안타까운 일이 아닐 수 없다.[116]

그는 '항공열사공묘(航空烈士公墓)'에 잠들어 있으며 '항일전쟁 항공열사 기념비'의 영렬비에는 '전상국, 상위대장, 1907년생, 1938년 8월 21일 순직'이라고 새겨져 있다.

"일본의 패망이 곧 조국의 독립"이라며, 폭약이 작렬하고 연무가 창공을 덮을수록 피가 끓던 그들의 심장은, 총탄과 적기들이 난무하는 하늘로, 하늘로, '고국(故國)을 살린 비행'이 되었던 것이다.

중국항공대에서 활약한 수십 명 중, 전상국 외에도 김은제, 김원용 등이 전사했으며, 김영호[117], 김연기[118], 김치간[119] 등의 행방은 알 수 없다.

그 밖에 중국 등지에서 활약하던 독립군 비행사들을 소개해본다.

---

116) 같은 월간지.

117) 1935년 조선총독부의 사상정세 시찰보고집에 실린 '김영호 비행사'(思想情勢視察報告集, 中華民國在留不逞鮮人의 動靜, 소화 10년, 1935년)

118) 김연기, 「중국비행학교 지원하는 고국 청년에게」 및 「남경서 전투기 탄 비행 중좌 김연기 씨」, <삼천리> 1932년 12월호.

119) 송석우, 『노고지리의 증언』, 한국항공대학교 출판부, 2000.

장성철

장성철은 소련비행학교를 졸업하고 중국으로 돌아와 국민정부 항공대 창설 멤버가 되지만 항공 기술자의 길을 걷는다. 전쟁 중에서는 소령 계급을 달고 곤명에 있는 중국군 항공대 정비 기술자로 활약한다. 유철선은 차정신, 장성철과 함께 광동비행학교에서 비행술을 배우고 다시 소련 비행학교로 가 비행술을 배운다. 자세한 행적은 알 수 없다. 김진일은 장성철과 함께 소련에서 비행학교를 졸업한 후 중국에 돌아와 국민정부 항공대 창설 멤버가 되었다. 김진일은 해방 후 귀국하였으나 한국전쟁 중 납북되었다. 장지일은 이영무, 권기옥과 함께 운남비행학교를 나왔으나 그 이후 행방은 알 수 없다.

이영무

이영무는 위에서 언급한 것처럼 권기옥과 함께 운남비행학교를 다녔으며 역시 국민정부 항공대 창설 멤버가 된다. 해방 후에는 최용덕 등과 함께 공군 창설 주역이 된다. 장지일은 권기옥, 이영무와 함께 운남비행학교를 나왔으나 자세한 행적은 알 수 없다. 이병운은 광동비행학교를 졸업하였으나 그 이후 해방은 알 수 없다. 유철선은 장성철과 함께 광동비행학교를 다니다 다시 소련 비행학교를 다녀 비행사가 되지만 그 이후 행적은 알 수 없다. 손기종은 1931년 상해항공학교를 졸업한 후 장개석 총통의 전용기 부기장으로 활동하다가 중일전쟁이 일어나자 1941년 DE-2 수송기의 부기장으로 인력과 군수물자 수송임무를 수행하고 광복군 비행대 편성 작전계획에 참여하였다. 손기종의 아버지 손두환은 김구 선생의 제자로 1919년 임시정부 청년 무장단체 소독단 단장, 1930년 한인애국단에도 관여한다.

이춘

이춘은 운남비행학교를 들어갔으나 중간에 중퇴한다. 박태하는 광동비행학교 출신이지만 자세한 활약상을 알 수 없다. 그 외에 1920년대 비행사로 염온동, 김영재, 최양성 등이 최용덕의 글, '중국에서 활약하던 한국의 조인들'에서 언급되는 비행사 인물들이지만 정확한 행적은 알 수 없다. 이 밖에도 중국 밖에서 비행사가 되어 중국으로 망명하여 활동한 비행사들이 있었다. 전상국은 일본 제1비행학교를 나왔으나 훗날 중국에 망명, 중국군 비행사가 된다. 제2항공대 부대장, 공군사관학교 교관으로 있다가 중일전쟁 이후, 폭격 중대장으로서 17회의 공중 수송 임무 15회의 폭격 투하 임무를 수행하다가 1938년 8월 전사하였다.

김자중

김자중은 앞서 소개한 바 있다. 그는 대한인비행가양성소 제1기 졸업생으로 중국으로 망명하여 만주의 장작림 군벌 항공대에서 활약하다가 비행사고로 사망하였다. 권태용은 일본 지바비행학교를 졸업하고 중국으로 망명하여 중국 국민군 항공대에서 활동하다가 병으로 사망하였다. 민성기도 권태용처럼 일본 지바비행학교 출신으로 역시 중국으로 망명, 국민군 항공대에 들어갔으나 자세한 행적은 알 수 없다. 정우섭도 일본 비행학교 출신으로 중국으로 망명, 국민정부 항공대에서 활약하였다. 이한설은 신용인 비행사가 여의도에 세운 조선비행학교 출신으로 후에 중국으로 망명했지만 자세한 행적은 알 수 없다.

김은제

김은제는 평북 출신으로 1930년 남경에 있는 중앙항공학교를 나왔다. 1937년 중일전쟁이 일어나자 전상국과 김은제 등이 전쟁에 참전하였다. 김은제는 이 공중전에서 전사한 것으로 보이나 그의 활약상이나 전사할 당시의 상황을 알 수 있는 정확한 자료를 확인하기 어려운 상황이다.

권태용

권태용은 일본 지바비행학교를 졸업하고 중국으로 망명하여 중국 국민군 항공대에서 활동하다가 병으로 사망하였다.

민성기

민성기(閔成基)는 일본 지바비행학교 출신으로 역시 중국으로 망명하여 국민군 항공대에 들어갔으나 자세한 활약상을 알려지지 않았다.

정우섭

정우섭(鄭宇燮) 역시 일본 지바비행학교 출신으로 중국으로 망명, 국민군 항공대에 들어가 활동하였다.

장성철

장성철(張聖哲)은 소련비행학교를 졸업하고 중국으로 돌아온다. 1926년 장개석의 국민혁명군이 손정방 군벌을 정벌하여 상해와 남경을 접수한 이후 국민군 항공대가 창설되었다. 이때 최용덕과 권기옥, 김진일, 장성철 등과 함께 중화민국 공군 창설의 멤버가 된다.

김진일

김진일(金震一)도 장성철과 함께 소련에서 비행학교를 졸업한 후 중국에 돌아와 중화민국 공군 창설의 멤버로 활약하였다. 김진일의 이름은 2005년 북경항공연의회(北京航空聯誼會)에서 발행한 『중소미 공군항일공전기실』(中蘇美空軍抗日空戰記實, 북경항공연의회, 2005)에서 확인할 수 있다. 이 책은 중국 공군의 창설에서부터 중일전쟁 기간 소련과 미군의 도움을 받으며 공중전을 펼친 과정, 일본 패망 후 국민군과의 내란 과정에서 공산당 소속 조종사들의 활약상들을 소상하게 밝혔다. 이 책의 8쪽에는 박태하(朴泰厦), 김진일(金震一) 등의 이름이 언급되고 있다. 박태하, 김진일은 두 명 모두 '조선적(朝鮮籍)'을 가지고 있다는 설명이 있고, 1926년 6월 국민군 항공대 창설에 김진일이 공헌했다는 언급을 하고 있다. 김진일에 대해서는 후에 '韓國空軍首任參謀長(郎司令員)'라는 설명이 있는데 대한민국 공군참모총장에 '김진일'이라는 인물은 없다. 김진일은 해방 후 귀국하였으나 한국전쟁 중 납북되었다.

현재까지 국내 자료를 토대로 본다면 중국 국민군 항공대 창설 멤버로 활약한 이들은 권기옥, 최용덕, 장성철, 김진일 등이다. 그런데 해방되고 중국에서 활약한 비행사 중 대한민국 공군 창설에 참여했던 이는 이영무, 최용덕인데 이름이 일치하는 것이 없다.

1920년 중국 남원항공학교를 졸업한 이후 군벌 항공대에 입대한 이후로 최용덕의 행적을 살필 자료를 찾지 못했다. 그런데 흥미로운 것은 임시정부가 1924년 비행대 창설을 재개했고 소련 비행학교로 김공집을 파견한 것처럼 그 외 한인들을 더 파견했을 수도 있다는 것이다. 최용덕의 경우도 조심스럽게 그 가능성을 생각해보지만 자료가 없는 상태에서 모스크바비행학교로의 파견을 단정할 수는 없는 노릇이다.

김홍일의 자서전, 『대륙의 분노』에도 '최용덕'을 '최창석'으로 표기하고 있다.

「중국에서 활약하던 우리 조인들」이라는 최용덕의 1951년 기록에 다음의 기술이 있다.

> ……이외 중국 운남공군사관학교를 졸업한 이영무, 권기옥(여), 그리고 광동공군사관학교를 졸업한 김진일(金震一), 장성철(張聖哲) 등의 항공사가 있었고 그 외에도 김은제(金恩濟), 김영재(金英哉), 최양성(崔壤城), 손기종(孫基宗), 염온동(廉溫東) 등의 한국인 비행사가 있었으나 그들의 약사는 지면 관계로 차기에 미루기로 한다.[120]

중국의 자료, <금교>(2005. 10)에는 이들에 대하여 이렇게 언급을 하고 있다.

---

120) 최용덕, 「중국에서 활약하던 우리 조인들」, 『하늘의 개척자, 최용덕』, 공군본부 정훈감실, 1956.

항일전쟁 기간 동안, 중국 공군에서 근무한 한국인은 이외에도 이하 6명이 있었다: 최용덕(중국에서는 최창석이라는 가명을 사용하였다), 장성철, 이영무, 최양성, 손기종, 김영재(중국에서는 왕영재라는 이름을 사용하였다). 위의 6명의 한국인 공군들은 모두 1945년 8월 15일 일본 정부의 무조건 투항 선언 후, 당시 중경에 자리 잡고 있던 백범 김구 선생님을 주석으로 했던 한국 임시정부와 함께 상해를 거쳐 한국 서울로 돌아갔다. 이들은 비록 전상국 열사, 김원영 열사처럼 중국 땅에 몸을 묻지는 않았지만 이들 역시 중국 인민을 위해 큰 공헌을 하였다는 사실을 중국 인민들은 잊어서는 안 될 것이다.[121]

박태하는 앞에서 언급한 것처럼 중국에서 발행된『중소미 공군항일공전기실』(中蘇美空軍抗日空戰記實, 북경항공연의회, 2005) 8쪽에 김진일과 함께 언급되고 있지만 활약상에 대한 소개는 없다.

차정신

차정신(車廷信)은 차지일, 김지일 등의 가명이 함께 쓰인 것으로 보인다. 그는 소련의 원조로 1924년 9월 설립된 광동의 항공국 군사 비행학교를 졸업하고 소련 모스크바 비행학교를 나온다. 그 이후 활동 사항은 알 수 없고 다만 1943년 중화민국 공군 협서성 남정 소재 중국항공대 소속 조종사로 근무하였다는 기록이 남아 있을 뿐이다.

「황포군교동학록(黃埔軍校同學錄)」에서 확인되는 한인 비행학교 훈련생의 상황을 살펴보면 본교의 경우 3기생(1925. 7~1926. 1) 차정신(車廷信), 장성철(張聖哲), 유철선(劉鐵仙) 외 2명의 이름이 들어 있다.[122]

1927년 12월 11일 광주봉기에 참가하여 삼일천하로 끝났고 여기서 많은 황포군관학교 한인 학생들이 죽음을 당하였지만 이들은 피해를 입지 않고 살아남았다.

---

121) <금교> 20쪽.

122) 한상도,『중국혁명 속의 한국 독립운동』, 집문당, 2004, 93쪽.

유철선

유철선(劉鐵仙)은 차정신, 장성철과 함께 광동에서 비행술을 배우고 다시 소련 모스크바로 가서 그곳에서 비행학교를 다니고 졸업한다. 자세한 행적은 알 수 없다.

장지일

권기옥, 이영무와 함께 곤명에 있는 운남비행학교를 나왔으나 자세한 활약상은 알려지지 않고 있다. 운남비행학교 훈련생 명단에 권기옥, 이영무, 장지일 등의 이름이 확인되고 주소는 상해 공동조계로 되어 있다.

이영무

이영무(李英茂)는 권기옥과 같이 중국 곤명에 있는 운남비행학교 1기생으로 들어가 비행훈련을 마치고 비행사가 된다. 운남비행학교 1기생 명단에는 상해 법계로 되어 있는데 이는 한국인이라는 사실을 은폐하여 일경의 추적을 따돌리려 했다. 이영무가 비행학교를 졸업 후 해방 전까지의 행적은 자세히 알려져 있지 않지만 해방 후 최용덕과 함께 육군항공대 창설의 주역으로 활동하였다가 전쟁 직후에 실종되었다. 납북된 것으로 추정된다.

이병운

이병운은 광동비행학교를 졸업하였으나 그 후의 행적은 알 수 없고 2005년 중국에서 발행한 『중소미 공군항일공전기실』[123]의 8쪽에 1927년 2월 광동비행학교 3기생 중 한 사람으로 언급되는 '이승운(李乘云)'일 가능성을 있지만, 이승운을 한국인이라는 언급이 없기 때문에 이것 역시 정확한 확인 작업이 필요하다.

이한설은 신용인 비행사가 여의도에 세운 조선비행학교 출신으로 후에

---

123) 북경항공연의회, 『中蘇美空軍抗日空戰記實』, 북경, 2005.

중국으로 망명했다고 하나 자세한 행적은 알려지지 않았다.

김신

김신(金信) 장군은 현재 백범기념관장으로 재직 중이다. 필자가 김신 장군을 만난 것은 지난 2006년 8월 30일이다. 인터뷰를 위해 김신 장군의 방으로 들어갔을 때, 의자에 앉아 있는 모습이 의연하고 절제된 정신을 잃지 않고 있었다. 항공 독립운동사에 관심을 가지고 있는 나에게 몸이 불편한데도 인터뷰를 허락해주었다. 이제 그 역사를 기억하고 있는 사람은 몇 남지 않았기에 더욱 그러했을 것이다. 김신 장군도 시간이 허락하는 대로 이 시기의 항공 역사를 기록해 놓겠다고 하였다.

김신 장군은 잘 알다시피 김구의 둘째 아들이다. 그는 1922년 상해에서 태어났다. 1년 만에 그의 모친이 사망하고 부친은 독립운동 하느라 부모의 품에서 정상적으로 자라지는 못했다. 일본인들의 추격이 있기 때문에 아버지를 만나는 것도 쉬운 일이 아니었다.

김신 비행사는 중경에서 고등학교를 졸업하였다. 그리고 운남성 곤명에 있는 중국공군 군관학교에 입교하였다. 남경에서 전쟁의 참화를 목격한 그였다. 일본기들의 무차별 폭격과 엄청난 파괴력을 목도한 그는 육군으로 가 일본군과 싸우기보다는 일당 백 명, 만 명을 상대할 수 있는 비행사가 되겠다는 목표를 갖게 된다.

김신 장군이 중국공군 군관학교에 입교한 사실은 대한민국 임시정부 중국인 고문 소육린(邵毓麟)이 쓴 사한면억록[124]을 보면, "1943년 김구가 대한민국 임시정부의 공군 역량을 준비하기 위해 김신 등 한적 학생 약간 명을 중화민국 중앙항공학교[125]에 위탁시켰다"는 언급이 있다.

당시 미국은 중국 공군 지원프로그램의 일환으로 중국군 출신 비행사들을 훈련시켰다. 김신 장군은 이 프로그램에 참여하였다. 이미 중경과 곤명 내지로 일본군 폭격기들의 폭격이 심심찮게 가해지고 있을 때였다. 이들

---

124) 邵毓麟, 『使韓回憶錄』, 傳記文學出版社, 대만, 1977, 25쪽.

125) 중국공군 군관학교 전신.

중국군 비행사들은 인도에 있는 영국 공군기지 라홀비행장에서 기초 비행훈련을 받았다. 그러나 1945년 8월 일본이 항복하자 비행훈련프로그램은 중단되었다. 그러나 미국 측 예산이 책정되어 있어 이미 선발된 이들을 교육시키기로 하였고 김신 장군은 마지막으로 미국으로 가 고등 비행훈련을 받게 되었다. 김신 장군은 미국 텍사스 렌돌프비행장에서 T-6기로 기본훈련을 다시 받고, 애리조나 주의 윌리엄스 공군기지에서 P-51 무스탕 전투기로 고등 비행훈련을 받고 귀국하게 되었다.

귀국 전에 먼저 상해로 가 중국군 제대 절차를 밟고 서울로 돌아왔을 때는 1947년 9월 말경이었다. 이때 처음으로 김신 장군은 부친인 김구와 마주하고 밥을 먹었다고 하였다.

그가 대한민국 공군에 입대한 것은 1948년 9월이었다. 그는 당시 상황을 이렇게 말하였다.

> 당시 독립운동세력과 친일세력(아마도 일본군 출신을 일컫는 것 같다) 간에 대립이 심했다. 1948년 4월 평양에서 남북연석회의가 있었는데 이때 아버님을 모시고 평양에 다녀왔다. 민족이 분열되면 반드시 전쟁이 터질 것이기에 통일에 대해 이야기해보자는 의도였다. 아버님은 살아서 돌아오지 못할 수 있다며 나에게 남아 있으라고 설득하시기도 하였다.[126]

그러나 서울로 돌아온 김구는 김신 장군에게 중국으로 돌아가 독립운동가들의 유해를 모셔 오라는 명령을 내린다. 김신 장군은 다시 이 일로 중국으로 간다.

> 1차로 독립유공자와, 조모님, 어머님, 형님 등의 유골을 화장하여 모셔 왔고, 이후 2차로 유골을 모시고 왔는데, 이때가 1948년 6월 하순경의 일이다. 이러한 이유로 나의 공군 입대가 다소 늦어졌다. 당시 나는 미국식 훈련을 받았기 때문에 바로 현지 임관하라고 하여 1948년 9월에 소위로 임관하게 되었다.[127]

---

126) <월간 공군>, 공군본부, 2006, 8월호, 8~9쪽.

이 당시는 아직 공군이 독립하지 못하고 육군에 속한 항공대였다. 항공대는 미군정으로부터 L-4 연락기를 받았다. 김신 비행사는 김영환 비행사 등과 함께 이 비행기로 한강 다리 아래로 비행한 적이 있었는데 당시 김정렬 참모총장이 이 사실을 알고 크게 화를 냈다고 한다.

김신 장군은 2006년 8월 30일 필자와의 인터뷰에서 공군에는 첨단무기도 중요하지만 더 중요한 것으로 전시와 같은 평소의 훈련과 애국심과 정신력을 강조하였다.

중국 남경에 있는 항공친목회에서 발행하는 <금교>[128] 한국어판 특별호는 김신 장군을 소개하고 있다. 이 책 20쪽에서 남경 항공친목회 비서장인, 필자 왕견(王堅)은 중국에서 출판된 김구의 자서전『백범일지』서두 부분에 있는 김신 장군의 글을 소개하고 있다.

> 선친께서는 중국에서 26년간 머무르셨고, 그 기간 동안 중국 정부와 사회 각계에서 수많은 지지와 도움을 받으셨다. 지난 일을 추억하고, 미래를 개척하며, 한중 양국이 외교 관계를 맺음에 따라 친밀하고 가까운 주변 국가로 우호 협력의 새로운 장을 열어가야 한다. 나 또한 몇 차례 중국에 왔으며 이 친근하고 아름다운 땅 위를 거닐었다. (…) 나는 장지앙(長江)의 물을 마시고 자란 반 중국인이라고 부를 수 있는 것이다. 험난한 세월 안에서 할머님과 어머님, 그리고 유일한 형제까지 모두 이 중국 땅에서 눈을 감았다. 나의 가족과 중국은 떼려야 뗄 수 없는 정을 가지고 있다.[129]

왕견 회장은 김신 장군과 알게 된 사연을 소개한다. 그가 김신 비행사를 만난 것은 1992년 10월 초라고 했다. 왕견과 김신 장군은 남경사범대 부속중학교 동문이었다. 김신 장군은 이후에 항일전쟁 항공열사 기념비 제막식 행사에 참가하고 8 · 14 항공전투 60주년 등의 행사에도 참가하였다. 무엇보다도 김신 장군은 자금산에 있는 전상국, 김원영 비행사 묘비에 참배하는

---

127) 같은 책, 8~9쪽.

128) <금교>, 2005. 10.

129) 위의 책.

것이 주된 목적이었다. 김신 장군은 몇 해 전부터 이 참배를 중단하였다고 한다. 인터뷰에서 그는 건강상의 이유로 중국에 가지 못한 것이 이유라고 했다. 그러면서 그는 이제는 대한민국 공군에서 직접 이들 전상국, 김원영 비행사 묘지 참배를 했으면 좋겠다고 하였다.

김신 장군은 남경에 '항일전쟁 항공열사 기념비' 건설에 2,000달러를 기부하였고 기념비에 한글로 "조국은 여러분들을 잊지 않을 것입니다"라고 새겨놓았다. 2000년 당시 김신 장군은 백범 김구 기념관 건설을 지은 경험으로 남경에다 '항일전쟁 항공열사기념관'을 건설하는 계획에 참여 건설위원회 명예 주임위원을 맡기도 하였다.

손기종

손기종은 1931년 상해항공학교를 졸업한 후 장개석 총통의 전용기 부기장이 되었고 중일전쟁이 일어나자 1941년 DE-2 수송기의 부기장이 되어 공군 인력과 군수물자를 수송하는 임무를 수행하였다. 1943년 여름부터는 광복군 비행대 편성과 작전 계획에도 참여하였다. 손기종 비행사의 아버지 손두환 선생은 김구 선생의 제자로서 1919년 임시정부 산하 청년무장단체인 소독단 단장을 했고 1930년 한인애국단에도 관여하였다.

김영호

김영호(金榮浩)는 현재까지 국내에서 알려지지 않은 비행사이다. 중국군대 비행사라는 사실도 조선총독부의 사상정세 시찰보고집[130]에 기재되어 있을 뿐이다. 그가 어떤 과정을 거쳐서 중국 공군에 입대하고 비행사가 되었는지는 알 길이 없다. 이 시찰보고집에 의하면 김영호는 평북 의주군 고관면 하단동 256호가 본가이고 상해 문감사로 326호가 주소로 되어 있다.

김영호라는 인물을 새롭게 발굴하면서 중국 공군에 활동한 비행사들은 지금 우리가 알고 있는 것보다 훨씬 많을 거라는 확신이 들고 있다. 우리는

130) 思想情勢視察報告集, 中華民國在留不逞鮮人의 動靜, 소화 10년, 1935년.

초기 항공 역사에 대한 기록 유지에 많은 허점을 안고 있다. 그것은 일단 자료의 태부족이 원인이지만 단 한 사람의 선조 항공인이라도 발굴하겠다는 최선의 노력이 없기 때문이다. 이것은 정말 사막에서 바늘 찾는 일처럼 어려운 일이지만 우리는 그것을 해야 한다. 조국을 위해 목숨을 걸고 싸웠던 독립운동가들을 찾아내는 것은 지금 살아 있는 우리 세대의 몫이자 후세를 위한 과제이기도 하다.

조선총독부의 『사상정세 시찰보고집』에서 김영호와 김은제 자료와 한국항공우주학회에서 1987년 발행한 『한국항공우주과학기술사』나, 2001년 한국항공대학교 출판부에서 발행한 임달연의 『한국항공우주사』에서 언급된 내용을 보면 김은제 비행사가 중국에서 활동하다 전사한 것이 확실해 보인다.

이춘

운남비행학교 출신으로 알려져 있지만 중퇴했다는 설도 있다.

염온동

1951년에 최용덕이 작성한 '중국에서 활약하던 한국의 조인들'에 언급된 비행사이다. 이 글에서 "……이외 중국 운남 공군사관학교를 졸업한 이영무, 권기옥(여), 그리고 공군사관학교를 졸업한 김진일, 장성철 등의 항공사사가 있었고 그 외에도 김은제, 김영재, 최양성, 손기종, 염온동 등의 한국인 비행사가 있었으나 그들의 약사는 지면관계로 차기에 미루기로 한다"라고 하여 '염온동'을 언급하고 있다.

1940년대 임시정부의 공군설계위원회와 한국광복군 비행대 편성과 계획

중일전쟁, 중일 항공대의 공방전의 시작

1920년, 미주에 머물던 초대 군무총장 노백린이 미국 교포들과 합세하여 자력으로 독립군 비행학교를 세운 것은 우리 항공 독립운동사에 빛나는 성과 중의 하나이다. 이 항공 활동은 미주의 독립운동사 틀에서 우리 민족에게 항공의 중요성을 인식시켰고 일본으로부터 독립하려는 '코리아'의 존재를 서방에 알리고 민족의식을 고취하여 교포들을 단결시키는 효과는 있었다고 본다.

일제와 대치하고 있는 중국이 우리 비행사들에겐 전방이고, 중국지역이 공간적, 물리적, 인적으로 항공 독립운동사에서 실질적인 활동 무대라고 볼 수 있다. 1920년대, 1930년대에도 임시정부에서 비행학교 설립이나 비행대 창설을 구상하고 시도하지만 타국이라는 현실과 물리적, 자금력 동원의 어려움에 부딪히고 만다. 그러나 중국항공대 입장에서는 한인 비행사들은 귀한 인적자원이고, 우리 입장에서는 일제와 싸울 수 있는 독립군 항공대 역할을 해준 셈이 된다.

1937년 7월 7일 노구교 사건을 계기로 중일전쟁이 일어난다. 일본은 7월 15일 임시항공부대를 창설하고 200여 대의 전투기로 중국 공군 섬멸작전을 개시, 육군항공대 3대대, 항공모함 3척, 전투기 240대를 상해지역으로 투입했다.

일본군의 작전 목표는 다음과 같다.

1. 일본 공군의 우세한 전투력으로 중국 공군 전투력을 신속하게 약화시켜 제공권을 탈취하여 육군과 해군이 자유자재로 공격할 수 있는 안전을 보장해준다.
2. 폭탄을 무제한으로 쏟아 부어서 공포를 조장하고 중국 민심을 혼란시킨다.
3. 중국 정치, 경제 문화 공업 중심을 신속히 마비시킨다.
4. 중국의 주요 교통노선을 단절시켜 중국 군대를 고립무원의 지경에 몰아넣는다.
5. 송강의 상해지역을 점령한 후 육상 기지를 점거하여 수도 남경으로 진격해 들어가서 3개월 만에 중국 전역을 점령한다.[131)]

이에 중국은 7월 17일 여산에서 담화를 발표하고 대일 항전을 선포한다. 일본군은 전쟁 직전 비행기 1,580대, 항공모함 10척을 소유하고 있었으며, 연간 전투기 생산 능력은 500~800대에서 이후 1,000여 대 이상으로 늘어났다. 중국군은 도합 400여 대의 비행기를 가지고 있었지만 이 중 사용 가능한 비행기는 100대에 불과했다. 서방은 중일전쟁에 엄정중립을 유지한다는 명목으로 중국에 대한 어떠한 지원도 하지 않았다.

중국항공대는 제2대대와 제7대대는 하남성 신양, 제4대대는 하남성 주가구에 주둔하고 제3대대는 강소성 구용에 주둔하여 남경을 수호했다. 동년 8월 소련과 중소호혜 불가침조약이 체결되어 중소연합 항공대가 결성된 가운데 이들이 8월 13일 일본군 상해 지역으로 진격했다.

8월 14일 중국항공대는 첫 출격을 한다. 중국 공군 제5대대 호크기 18대는 일본 구축함, 상해 일본군 병기고를 공격한다. 중국 공군 제2대대는 노스럽 폭격기 21대로 일본 군함, 병기창고, 부두를 폭격했다.

일본군은 대만 타이베이 노옥항공대의 96식 폭격기 18대가 항주 견교비행장을 폭격하기 위해 이륙한다. 중국 공군 제4대대는 미리 정보를 입수, 공중에서 대기하다가 일본 폭격기 편대를 기습하여 6대를 격추시키고 견교비행장을 사수하였다. 국민정부는 이때의 승리를 기리고자 8월 14일을 중

131) 북경항공연의회, 『中蘇美空軍抗日空戰記實』, 북경, 2005.

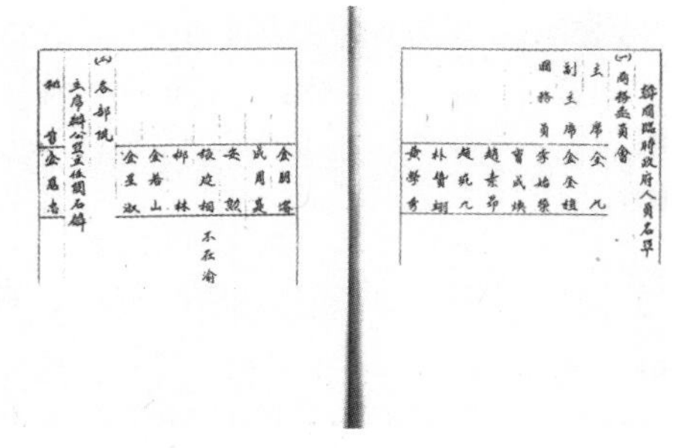
韓國臨時政府人員名單
(一)國務委員會
主席 金九
副主席 金奎植
國務委員 李始榮 曺成煥 趙素昂 趙琬九 朴贊翊 黃學秀
金朋濬 成周寔 安勳 張建相 柳林 金若山 金星淑
不在渝

1940년대 중경 임시정부 요원명단. 광복군 참모처장 최용덕 이름이 보인다(『대한민국 임시정부 문서편람』, 최종건, 지인사, 1976, 412, 413, 420, 421쪽)

국 공군의 날로 정한다.

8월 15일 일본 행군항공대 96식 폭격기 26대는 장기 대촌 기지에서 출발, 남경비행장을 폭격한다. 또한 대만에 주둔하던 일본 노옥 항공대는 남창, 남경, 구용, 방부, 광덕, 항주 등 중구 공군기지를 폭격하였다. 일본은 이를 위해 모두 60대의 비행기를 동원했으며 항공모함에 있던 전투기 34대는 항주를 급습하였다. 이에 중국 공군 제4대대는 호크기 21대를 동원하여 대응한다. 그 과정에서 중국인 조종사 고지항은 당일 공중전에서 일본기 4대를 격추시킨다. 중국 공군은 총 18대의 일본기를 격추시키고 중국 공군기 8대를 피격당한다.

8월 14일부터 16일까지 이어진 공중전에서 중국 공군은 총 42대의 적기를 격추시킨다. 이로써 사흘 만에 중국 공군을 와해시키겠다는 일본군의 장담은 좌절되고 말았다. 전투는 계속된다.

8월 17일 중국 공군 제5대대와 25중대 호크 전투기 6대는 일본 해병대 사령부를 공습한다. 8월 19일 중국 공군 제4대대가 장강 입구 일본 함대를 공격하고 8월 20일 중국 공군 제2대대는 일본군 거점을 폭격하였다, 제4대대는 제2대대를 엄호 비행, 제5대대는 일본 해병대를 공격하고, 제8대대는 상해 일본군 지휘소를 폭격했다. 또한 중국 공군 제6대대는 야간공습을 감행한다. 이에 일본군 전투기 6대가 양주비행장을 급습하자 중국 공군 제5대대가 응전하여 일본기 4대 격추시키고 제5대대는 상해에 있는 일본 방직공장 남만철로공사를 급습한다.

제2대대는 노스럽 전투기 8대로 남경에 있는 일본 군함을 공습했다.

8월 22일 중국항공대 제4대대와 제5대대의 호크 전투기 18대가 일본기와 공중전을 벌여 두 대를 격추시킨다. 8월 23일 일본 본토에서 온 지원군이 상륙에 성공하면서 공중전의 양상이 달라진다. 중국항공대 제4대대 20대가 일본 지상군을 공격하다가 대공포로 5대가 피격된다. 8월 25일 중국 공군 제9대대 A-12기 4대 남경에 출격, 공중전을 벌인다. 한구에 주둔 중이던 제8대대는 상해로 날아가 아군을 지원한다. 견교항공학교 교관들이 임시 편대를 조직, 호크기 3대로 출격 장강에서 공중전을 벌여 일본기 한 대를 격추시킨다.

이 일련의 공중전과 지상 공격에서 중국군은 대대별로 한두 대씩 피격되면서 공격력이 약화되기 시작한다. 8월의 공중전에서 중국 전투기 27대 소실되고 조종사 30명이 전사한다. 일본기는 61대가 격추되고 함정은 10척이 침몰한다.

9월 초 일본군은 상해 도로를 점령하고 공대비행장을 점거하였다. 일본 해군 제2연합 항공대가 상해 공대비행장으로 이동 주둔한다. 9월 중순 일본 항공대는 전진비행장을 건설했다. 9월 19일 중국 공군은 폭격기 8대, 수상 정찰기 14대 전투기 10대를 출격시키고 일본군은 신형 96전투기를 출격시켜 각자 치열한 공중전을 벌인다.

이 전투로 일본기 한 대가 격추되고 중국 공군 전투기 5대가 소실된다. 9월 22일 일본 해군은 61대의 비행기를 출격하여 남경을 공습한다. 중국 공군은 12대의 비행기를 출격시켜 일본기 두 대를 격추시킨다.

9월 25일 일본군은 94대의 비행기로 남경을 공습했다. 중국군은 포격으로 일본기 두 대를 격추시킨다. 9월 19일부터 9월 25일까지 일주일간 일본은 모두 289대의 비행기를 동원 32.3톤에 달하는 폭탄을 남경에 투하하여 잿더미로 만든다. 9월 28일 중국 공군 호크기 10대와 일본기 10대가 공중전을 벌인다. 9월 한 달 중국 공군은 일본기 20대를 격추시키고 중소형 군함 38척을 침몰시킨다. 중국 공군은 69대의 전투기를 격추당하고 조종사 16명이 전사했다. 10월 12일 일본군은 폭격기 9대와 전투기 6대로 남경을 공격한다. 중국 공군은 8대를 출격시켜 맞대응했다. 중국 공군은 이 공중전에서 일본기 6대를 격추시킨다. 10월 26일 남경비행장에 중국 공군의 전투기는 10대 정도만 남게 되었다.

중소연합 항공대의 등장

11월 소련이 지원 항공대를 중국에 파견한다. 그리고 2억 5,000만 달러의 차관 및 1,285대의 비행기(폭격기 408대, 전투기 777대, 훈련기 100대)를 지원하기로 하여, 21대로 구성된 폭격기 대대로 1차로 중국으로 온다. 12월 1일 소련 지원부대 전투기가 출격하여 일본기 6대를 격추시켰다. 12월 2일 중국 공군 전투기 3대가 격추당했다. 12월 9일 일본 전투기 19대가 남창기지를 공격함. 중국 공군 호크기 3대가 대응하여 일본기 한 대를 격추시키고 중국 공군 전투기 두 대가 피격당한다.

12월 13일 남경이 일본군의 수중에 떨어진다. 중국 공군은 무한, 남창, 광주 등지로 후퇴했다. 일본군은 남경에서 수십만의 민간인들을 학살하였다. 11월과 12월 상순까지 벌어진 남경 수호를 위한 공중전에서 총 20대의 일본 전투기를 격추시켰으나 물량전에서 밀린 중소연합 공군은 한구, 남창, 상번, 난주로 철수하였다. 12월 14일 일본기 12대가 남창으로 출격하자 중소연합 항공대가 맞대응하여 물리친다.

1938년 1월 7일 일본 해군 제12항공대 전투기 9대가 일본 목경진 항공대 공격기 15대를 엄호하며 최용덕 장군이 사령관으로 있는 남창기지의 새 비행장을 공습했다. 2월 25일 일본 해군 제2연합 항공대 전투기 18대가 남창 상공에서 공중전을 벌인다. 일본기는 8대가 격추되고 중소연합기는 7개가 피격되었다.

동년, 5월 31일 일본기 54대가 무한으로 출동하였고 중국 공군은 소련 항공대와 함께 공중전을 벌여 일본기 14대를 격추시켰다. 6월 일본군은 산동에서 황하를 건너 농해철로를 따라 서진하였다. 개봉이 함락되고 허창, 정주가 떨어지고 무한 점령을 코앞에 두었다. 일본군의 서진을 막기 위해 중국군은 황하제방을 터트려 일본군 3만 명을 익사시켰다. 그러나 중국 민간인 89만 명도 함께 익사하거나 실종되었다.

처절했던 무한지역 전투

일본군은 많은 피해를 입고도 전력을 다해 진격하여 안경을 점령한 뒤 무한으로 향했다. 일본은 총 7개의 전투기 중대와 10개의 폭격기 중대, 4대의 정찰기 중대를 투입하였다. 중국 공군은 두 개의 폭격기 대대와 세 개의 전투기 대대, 독립 정찰기 중대를 투입하였다. 무한을 두고 공방전을 펼쳐 중국 공군은 일본기 62대를 격추시켰다. 6월 26일 일본 해군 제12, 제13 항공대 전투기 46대는 폭우 속에서 남창을 공습한다. 중소항공대 28대가 응전하여 일본기 6대를 격추시킨다. 7월 4일 일본 해군은 56대의 전투기로 남창을 공습하고 중국 공군은 18대 소련지원 항공대는 28대를 동원하여 근 100대가 치열한 공중전을 벌였다.

일본기 7대, 중국기 두 대가 각각 격추되었다. 7월 18일 일본 해군 27대가 남창을 재차 공격하였다. 중소연합 공군 25대가 응전하여 일본기 4대를 격추시켰다 중소연합기 3대가 격추되고 지상에 있던 중국 공군 비행기 10대가 파괴되었다.

8월 4일 일본 전투기가 남창기지와 남창 시가지를 공습하여 수백 명의 민간인이 희생되고 중국항공대 남창기지는 결국 고안, 상고비행장으로 후퇴한다. 8월 21일 한국인 조종사 중국항공대 제1대대 폭격대대 제1중대 중대장 전상국이 전사한다. 10월 24일 중국군은 결국 무한을 포기하고 서쪽으로 물러나고 일본군이 마침내 무한을 점령하게 된다. 무한을 사이에 놓고 일본군은 60만 명, 중국군은 100만 명의 병력을 투입하여 치열한 격전을 벌인다.

1939년 8월 이후 일본 육군 항공대는 제3비행단으로 새로이 재편하고 산서성 운성에 집결하였다. 그리고 섬서성(陝西省), 산서성(山西省), 하남성(河南省), 연안(延安), 서안(西安), 낙양(洛陽), 보계(寶鷄), 남정(南鄭), 평량(平凉) 등을 공습하였다.

중국항공대의 궤멸

전쟁 기간 내내 광주, 남창, 장사, 한구, 중경, 서안, 성도, 계림(桂林), 곤명, 귀주(貴州) 등지에서 조종사 훈련생들을 모집하여 조종사 양성을 준비하였다. 하지만 여건은 형편없었다. 제대로 된 훈련기 수가 손을 꼽을 정도였다. 그나마 시간이 흐를수록 고장이 잦아져 폐기시키는 일이 다반사였다. 적은 신식 전투기를 개발하고 있는데, 중국항공대는 훈련기와 부속품 하나 제대로 갖추지 못한 것이 현실이었다.

1939년 2월 일본 육군 제1비행단이 한구에서 산서성 운성으로 이동하여 난주를 공격하기 시작한다. 2월 5일 중소연합 편대 CB-2 폭격기 3대가 성도에서 출격하여 일본 육군항공대가 주둔하고 있는 운성기지를 폭격, 적기 수십 대를 파괴시켰다. 2월 12일 일본 폭격기 29대가 중국 공군이 주둔하고 있는 서안, 보계를 기습하였다. 이것은 일본기가 난주를 공격하는 동안 중국 공군이 지원을 하지 못하게 하기 위함이었다. 나머지 일본기 20대의 폭격기는 난주에 있는 중국 공군기지를 공격하였다. 소련 지원 항공대는 15대, 중국 공군은 11대를 출격시켜 응전하였다.

2월 20일 일본 육군항공대 30대가 난주를 재차 공습했다, 중소연합기 50대가 출격하여 응전했다. 2월 23일 일본 전투기들은 중소 전투기의 비행 지속 시간이 짧은 약점을 이용하여 평량, 보계를 거짓으로 공격하는 척하였다. 중소 전투기들은 이 사실을 모르고 31대의 전투기를 동원하여 응전하였다. 이들 전투기의 기름이 다 소진될 즈음 일본 전투기 21대가 빠져나와 난주를 공격하여 난주 공군기지가 쑥대밭이 되었다. 4월 29일 일본기 7대가 산서성 남부를 공격하고 중국 공군 제5대대 6대가 응전하였다. 이 공중전에서 중국기 3대가 격추되었다.

9월 1일 일본 육군 항공대는 제3비행단으로 새롭게 편재를 하고 10월 상순까지 산서성 운성에 집결하였다. 이들은 이 기간 동안 582회 출격하여 섬서성, 산서성, 하남성의 연안, 서안, 낙양, 보계, 남정, 평량 등을 공습하였다. 12월 일본기 14대가 난주를 재차 공습하였다. 12월 말 일본은 수백 대의 비행기를 동원, 난주를 무차별 공습했는데, 이 과정에서 수많은 민간인이 희생되었다. 그 중소연합 공군은 응전하여 수십 대의 일본기를 격추시키고 난주를 사수하였다.

하지만 중국항공대는 이미 지리멸렬하였다. 성도 태평사비행장에는 소련제 중형 폭격기 DB형과 TB형 4엔진 폭격기 수 대가 있었고 남경, 무한, 광주에서 철수한 공군부대는 성도 평원의 쌍류, 온강, 신진, 궁래, 미산,

서창에 분산 배치되어 있었다. 전투기 부대는 제4대대가 중경, 양산 일대에 주둔하고, 제3대대가 쌍류비행장에, 제5대대가 성도의 태평사비행장에, 폭격 대대인 제2대대는 의빈비행장에 나뉘어져 있었다.

소련의 지원 중단과 중국항공대의 자살공격 비행

1940년대 소련의 지원이 중단되고 중국항공대는 성도의 태평사비행장과 곤명 일대로 철수했고 상황은 좋지 않았다. 연습기 정도가 남아 있을 뿐이었다. 거기에 일본이 제로기와 하야부사로 이 지역까지 공격하기에 이른다.

1941년 6월, 중국의 장사 전선에는 치열한 공방전이 계속되었고 곤명, 중경, 성도 등지에 대한 일본군의 폭격도 끊이질 않았다. 유럽의 전 지역도 이미 전란 속에서 군인, 민간인 할 것 없이 포화와 총탄의 난무 속에서 사상자가 늘어나고 있었다. 동남아에도 일본군들이 개미떼처럼 몰려와 영국, 프랑스의 식민지 지역들을 손아귀에 넣고 있었다.

1941년 6월 22일 독일과 소련이 전면전에 들어가자 소련은 중국에 대한 지원을 전면 중단하고 말았다. 소련은 거대한 적, 독일을 막기에도 급급했던 것이다. 중국은 이제 홀로 살아남아야 했다. 중국 공군은 최악의 상황이었지만 그럴수록 그야말로 몸을 던지는 공중전을 펼쳤다. 중국 전투기들은 게릴라 전법도 구사하였다. 일본기들의 출격 정보를 미리 입수하여 길목에 숨어 있다가 편대 비행하는 일본기들을 공격했다. 이러한 공격은 몇 차례 성공하여 일본기들의 기세를 꺾어놓았다. 중국군 조종사들은 죽을 각오를 하고 일본기에 덤벼들었다. 동체로 적 비행기와 부딪치는 자살공격이었다. 이러한 무모한 작전은 그리 오래가지 못하였지만 지상군의 사기를 높인 중국 공군의 투혼이었다.

성도에서는 수많은 신출내기 조종사들이 배출되고 있었다. 신참 한인 조종사들도 몇몇 있었다. 전투기를 몰 사람은 많았으며 그들을 가르칠 중국 교관도 얼마든지 있었다. 문제는 일본기와 싸울 전투기였다. 전투기 보급과 미국의 중국항공대에 대한 지원도 임박해 있었다. 이미 일부 중국인 훈련생들 중에는 미국 본토에 차출되어 미국식 전투비행 훈련과 미국산 전투기에 대한 적응훈련을 받고 있었다.

미국의 지원과 중미연합 항공대의 등장

그러나 중국항공대에 일말의 희망이 생겼다. 1941년 말 '타이거 부대'가 지원하고, 1942년 히말라야 노선이 열리면서 미국의 비행기 등의 지원이 시작된다. '제로'기가 아무리 뛰어났다 해도, 천적이 등장하기 마련이었다. 그것은 바로 P-51 무스탕 전투기였다. 듣도 보도 못한 '괴물' 전투기에 '제로기'는 매의 사냥감으로 전락하고 말았다. 1943년 말, P-51기로 무장한 '중미연합 항공대'가 등장하면서. 일본 침략자들은 급속도로 와해되고 전선은 동쪽으로 이동한다.

그러나 이 과정에서 1945년 3월에는 중미연합 항공대 제5대대의 김원영 비행사가 조국 해방을 미처 보지 못하고 전사한다.

임시정부 군무부 공군설계위원회 결성과 국내 진공작전

중일전쟁이 일어나자 대한민국 임시정부는 중국군에 적을 두고 있는 장군을 초치(招致)하여 군무부 항공 건설위원회 주임을 맡겨 공군 육성에 이바지하게 하였다. 장군은 한국광복군 총사령부의 총무 참모처장 등의 요직을 맡아 활약하였다.132)

임시정부는 윤봉길 사건 이후로 상해를 떠나 중국 내륙으로 떠돌아다니다 중경(重慶)에 정착한 후, 대한민국 임시정부의 광복군은 1940년 5월에 장개석 총통으로부터 승인을 받는다. 임시정부의 목적은 전쟁 수행에서 연합군과 동등한 지위를 얻는 것과 중국과 미국으로부터 군사적 원조를 받고, 중일전쟁 기간 전쟁 수행을 통하여 다가올 일본 패망에 맞추어 한국의 독립을 확실하게 보장받을 수 있도록 외교적인 성과를 얻어내는 것이었다.

---

132) 『대한민국 독립운동 공훈사』, 국사편찬위원회.

노백린이 꿈꾸던 '광복군'은 중일전쟁 기간에 체계화되었다. 노백린은 임시정부 국무총리 이동휘에게 보내는 편지에서 "……작년 겨울 안으로 거국일치한 결사전을 실행하려고 작정하고 미주로 건너왔소이다. 미주에 도하여 서재필, 이승만 양 박사를 만나 국민 장래의 대방침을 면밀히 토의하고 우리의 최후 혈전은 여하한 시기가 가장 적당함과 여하한 준비가 있은 후에야 성공된다는 의견 교접이 유하였나이다. 여하간 제의 혈전을 촉진하려 하든 제1기(즉 작년 안으로)는 이미 지났으나 그러나 우리 때는 또 멀지 아니하였소이다. 제(弟)의 알고져 하는 것은 원동(遠東)에서 현재한 우리의 군사준비 일반이올시다. 우리가 급거(急遽)히 완전한 준비는 단언키 난(難)하나 비교적 다소 준비는 반드시 있을지라……"[133)]라고 언급하였는바 이는 이미 1919년부터 곽임대, 김종림, 한장호 등과 함께 계획 추진 중인 '대한인비행가양성소'와 윌로우스 군단 설립 추진을 염두에 둔 것으로 보인다.

그리고 독립운동의 방략을 세워 광복을 준비한다. 『대한민국 임시정부 공보』 제65호에 실린 '향후 3년간의 독립운동 방략 개요'에는, "첫째 단결화, 조직화, 무장화를 통해 민족의 전위대가 정부의 활동력이 되게 할 것과, 둘째 장병 양성하여 교전할 만한 군대로 만드는 것, 셋째 임시정부의 외교적 승인을 얻도록 하는 것, 넷째 독립운동을 홍보 세계적 지지를 받을 것, 다섯째 동포의 기금과 우방의 원조가 이루어지게 할 것과 나머지 인재 양성과 역사 편찬"을 설정해놓는다.

결국 1940년 9월 15일 한국광복군 선언문을 발표하고 9월 17일에 중경에서 한국광복군총사령부 성립 전례식이 열린다. 한국전쟁 당시 국군이 삼팔선을 처음으로 돌파한 시점인 10월 1일 대신 이날을 국군의 날로 하자는 주장은 바로 이러한 역사적 사실에서 기인한 것이다.

임시정부의 커다란 포부와 의지와는 상관없이 중국은 광복군의 독자적 작전 수행을 인정하지 않았다. 중국 군사위원회의 통제를 받았지만 지원을 받는 상황에서 불평등 관계를 해소하기가 쉽지 않았다.

1941년 12월 8일 일본의 진주만 공습으로 미국의 참전이 확실해지자

---

133) 『대한민국 임시정부 공보』 제13호.

임시정부는 대일선전 성명서를 발표하였다. 여전히 중국군의 간섭으로 광복군의 활동은 제약을 받았지만 임시정부의 끈질긴 노력으로 중국군의 간섭을 배제하고 1945년 초부터 국내 진공작전을 계획하고 추진해나갈 수 있었다. 그 계획은 1943년 대한민국 임시정부 공보에서 먼저 보인다.

<대한민국임시정부 공보> 제77호
−1943년 대한민국 25년 4월 15일 임시정부 비서처 발행

대한민국잠행(暫行)관제
제1장 국무위원회, 제2장 통수(統帥)부, 제3장 참모부, 제4장 회계검사원, 제5장 행정각부 중 제4절 군무부
제1조 군무부장은 육해공군 군정에 관한 사무를 장리하며 육해공군 군인 군속을 통할하고 소관 각 관서를 감독함.
제4조 군사과는 좌개 사무를 장리함.
1. 육해공군 건제 급 평시 전시 편제와 계엄 연습 검열에 관한 사항
3. 각군 비행대에 관한 사항.[134]

그리고 공군설계위원회 조례는 같은 해에 발표된다.

1943년 8월 19일 대한민국 임시정부 공군설계위원회 조례
한국 현단계 공군건설 개시공작을 미군과 합작하는 계획
(1) 방침
1) 왜적의 무력 세력을 근본 박멸하고 조국의 완전 독립과 세계의 영구 평화를 쟁취하기 위하여 아국 작전 행동을 반드시 미국과 절실히 합작하는 중, 무력 일부인 공군 인원의 훈련 편대와 기계·유(油)·탄(彈) 등 제 보급도 역시 공동 협상 진행하여 최단 기간 내에 공군 작전을 개시하고, 나아가 건군·건국 중 공군 기초를 확립할 것.
(2) 지도요령
2) 한국 공군 인원과 미국 공군 인원이 공동 조직된 한국 공군 훈련소를

134) 『대한민국 임시정부 공보』 제77호.

상당한 지점(비율빈 등지)에 설립할 것.
3) 맹군 작전 계획에 의하여 한국 공군 인원이 단시간 내에 능히 훈련하여 공헌 있을 것을 주로 할 것.
4) 공군 공작의 초보인 연락 및 통신공작을 착수하여 미국 공군 인원과 혼합 편대를 개시할 것.
5) 한국 항공대를 편성하여 미국 공군과 연합 작전하며 한국광복군의 작전 행동을 협조할 것.
6) 공군 건설의 제반 인재를 미국 협조로 양성하여 공군 건설의 기초를 확립할 것.
(3) 조성 인원의 내원
7) 미국 및 기타 동맹국에서 복무하는 공군 인원을 집합할 것.
중국에서 복무하는 비행사 최용덕(崔用德), 李英茂, 鄭再燮, 崔鐵城, 權基玉.
기계사: 金震一, 張聖哲, 孫基宗, 李士英, 廉溫東, 王英在.
8) 미군 세력 범위 내의 한적 투성(投誠) 또는 부로(俘虜) 인원 중에서 공군 합격자를 선택할 것.[135]

최용덕은 광복군 항공대의 발전을 위해 노력했을 뿐만 아니라 별도로 연합군 비행대대에 한국인 비행사들을 파견하여 공중전에 직접 참전하도록 하는 공군설계위원회를 결성, 추진하였다. 대한민국 임시정부의 광복군은 일본 패망 직전에 인도와 버마 전선에 영국군과 함께 군사작전을 수행하였고 미국과 함께 국내 진공작전도 진행하였다.

이러한 임시정부의 노력을 원활하게 하기 위하여 최용덕은 중화민국 공군에서 지도자로 활동함과 아울러 광복군 항공대 건설에 노력을 기울이고, 연합군 공군에 한국인 비행사를 파견하는 등 자신의 역할을 최대한 발휘한 것이다.

한국광복군 비행대 창설 추진

1944년 4월에는 임시정부가 '군무부 공작계획 대강'의 육해공 건설 계획

---

135) 『대한민국 임시정부 공보』 제77호.

에 따라 '한국광복군 비행대' 창설을 준비한다. 비행대 편성과 작전은 다음과 같다.

1. 중국 경내와 태평양 지구에서 각각 한국광복군 비행대를 조직하여 각지에 연락, 운수 및 맹방 공군과 연합작전함.
2. 중국 경내의 한국광복군 비행대는 현재 중국 공군에서 복무하는 한국인 비행 인원을 기초로 조직하고, 먼저 연락용 비행기 수 대를 조차하여 한국광복군 소재 각지와의 연락과 군인 수송을 담임함.
3. 비행 인원의 양성은 중미 양국과 협상하여 양국 항공 학교에 청년을 입학시켜 훈련하도록 함.
4. 항공 인원의 양성에 따라 중미 양국 정부로부터 각종 비행기를 조차 광복군 비행대를 정식으로 조직하여 맹방의 공군과 합동으로 작전을 진행하되, 적 점령지구 및 한국 경내에 대한 선전과 지하군과의 연락 및 원조를 주로 담임하게 함. 단, 광복군 비행대의 실력이 독립작전을 수행하기 불능한 시기 중에는 맹군 비행대에 소속하여 그 지휘를 받아 행동하며, 한국광복군 총사령부에서 필요로 하는 공중 연락과 군인 수송에 관한 일은 맹방 공군이 이를 수응하게 함.
5. 태평양 지구 한국광복군 파견 사령부 소속 비행대의 조직은 재미주 한국인 비행사를 기초로 하여 이상 각항에 비조 시행함.

이렇게 1943년부터 추진했던 비행대 계획과 추진은 1945년 3월, 미군과 6개 항 원칙에 합의에 이르고 광복군을 대상으로 국내 진공작전을 위한 훈련을 실시했다.

미군과의 6개 항 원칙

1. 한미 양군은 상호협력하여 공동작전을 전개한다.
2. 한국광복군은 연합군의 상륙작전에 필요한 군사정보를 제공한다.
3. 미군은 공동작전에 필요한 모든 군수물자를 한국광복군에게 공급한다.
4. 미군은 한국광복군에게 공 · 육 · 해군의 교통통신 편의를 제공한다.
5. 기타 필요한 군사적 지원을 상호 제공한다.

6. 합의된 사항을 실천하기 위하여 적극 노력한다.

이 합의 내용에 따라 광복군의 훈련이 실시되었다. 미국 전략첩보국(OSS)은 광복군 제2지대와 제3지대 인원들과 미국 본토의 한국인들을 선발하여 하여금 세 가지 작전을 수립하였다. 그 하나는 냅코작전, 둘째 독수리작전, 셋째가 북중국 첩보작전이다. 냅코작전은 미국 본토 및 하와이에 거주하고 있는 한국인과 맥코이에 있는 수용소에 수용된 한국인 포로들 중에서 인원을 선발, 이들을 한반도와 일본에 투입하여 정보수집과 게릴라 활동을 전개한다는 것이다. 둘째 독수리작전은 중국 관내의 한국인들과 한국광복군을 활용하여 국내 진공작전을 펼치는 것이다. 셋째 북중국 첩보작전은 연안지역에 한국인 공산주의자들을 동원하여 만주, 한반도, 일본 등지에서 첩보활동을 하는 것 등이다.

임시정부 광복군의 이러한 군사작전의 전개는 국내 진공을 위한 목표도 있지만 외교적으로는 승전국의 지위를 확보하려는 의도도 있었다. 1945년에는 임시정부 연락장교 김우전이 미 제14항공대(민간지원 항공대 타이거 부대 후신)에 파견되어 미 공군 장교인 교포 정운수와 함께 진공작전을 위한 무전 교재와 암호 제작, 선무공작을 펼쳤고 동년 3월에는 임시정부와 미군 간 진공작전을 위한 6개 항 원칙에 합의한다. 거기엔 합동작전과 군사지원 등의 내용이 있었다.

그러나 1945년 일본이 항복하면서 계획은 중단된다. 망명지에서, 선배 항공인들의 행적들은 좌절의 연속이었지만 승리의 공훈들을 세웠다. 항공독립운동사에서 보여주는, 집요했던 의지와 자유정신, 세계의 하늘을 무대로 펼친 도전정신은 해방 후 공군 창군의 정신적 밑거름이 되었다.

광복군 정진대, 조국을 향해 날다

독수리작전을 위하여 OSS 훈련을 받은 대원들은 한반도에 침투하기로 되어 있었다. 국내정진군 편성표에는 이범석이 총지휘를 하고 부관, 본부요원을 두기로 한다고 되어 있다. 그리고 제1지구대는 평안북도 황도, 경기도

중경 임시정부의 김구 선생

를 맡고, 제2지구대는 충청도와 전라도, 제3지구대는 함경도, 강원도, 경상도 지역을 맡기로 하였다. 그러나 출발 직전에 일본의 항복 소식을 들으면서 국내 침투작전 역시 수포로 돌아가고 말았다.

독수리 작전은 중단되었지만 광복군은 정진대를 파견하기로 한다. 8월 18일 재진입이 결정되어 서안을 출발한 C-47기는 여의도 비행장에 착륙했다. 일본군은 착륙을 거부했었지만, 여의도 비행장 상공을 선회하며 '연료보급'을 이유로 착륙을 허가받았다.

일본군들은 이미 항복은 하였지만 여전히 무장을 해제하지 않은 상태에 있는 일본군 측의 거부로 여의도에서 하루를 보내고 되돌아오고 만다. 여의도에 도착한 정진대는 일본군들에게 포위되어 일촉즉발 직전까지 돌입하였다가 양측이 회항의 조건으로 무력충돌은 없었다.[136] 참으로 아쉬운 상황이고 이것은 미군정이 임시정부와 광복군을 승인하지 않은 전조와도 같은 일이었다.

광복군은 정진군을 편성하여 국내 진입작전을 펼치기로 하였다. 정진군은 이범석을 총지휘관으로 하여 국내 정진군을 편성, 국내 진입작전 준비하였다. 그 편성을 보면 제1지구 평안, 황해, 경기도 제2지구 충청, 전라도 제3지구 함경, 강원, 경상도 등이다. 광복군 총사령부는 정진군을 편성하기 위해 20여만 명의 한적 사병을 인수받아 국군의 이름으로 국내로 진격하려고 하였다. 한적 사병의 인수를 위해 7개 잠편지대로 나누고 상해 잠편지대장 박시창, 항주는 김관오, 한구는 권준, 남경은 안춘생, 북경은 최용덕, 광주는 최덕신, 국내 오광선 등으로 결정하였다. 그러나 미군정이

136) 박경수, 『장준하, 민족주의자의 길』, 돌베개, 2003, 186-192쪽.

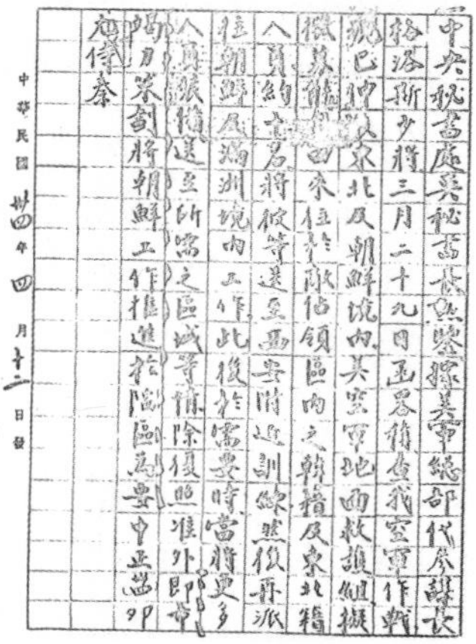

광복군을 공식적으로 인정하지 않아 귀국하지 못하였고 개인 자격으로 귀국해야 했다. 1948년 대한민국이 수립되면서 임시정부는 그 역할을 끝내고 역사 속으로 사라졌다. 그러나 헌법에 임시정부 법통을 이어받는다고 명시한 것처럼 임시정부에 예속되었던 광복군 역시 국군의 모체가 됨은 틀림없는 사실이다.

해방된 조국으로 간 김구와 임시정부 요원, 그리고 광복군들은 강대국에 의한 분단이라는 또 다른 험준한 산과 마주치게 된다. 그리고 1948년 김구가 안두희의 총에 암살당하면서 임시정부와 광복군은 역사의 뒤편으로 물러나게 된다.

미 공군의 만주와 조선 경내의 작전에 대한 협조를 지시하는 지급 전통문. 중앙비서처 오 비서장에게 미군 총사령부의 참모장대리 글로스(음역) 소장이 보내온 공람에 의하면, 미 공군의 작전이 이미 만주와 조선 경내에까지 미치고 있으므로, 미 공군의 지상구호반을 조직하기 위하여 적의 점령지역을 자유로이 왕래할 수 있는 한국 국적과 만주 국적을 가진 인원 약 10명을 모집하여, 그들을 서안 부근에서 훈련을 시킨 후에 조선과 만주 경내에 파견하여 공작케 하며, 또한 앞으로 필요한 때에는 더욱 많은 인원과 장비를 소요되는 곳에 보내겠다고 하는바, 이를 승인한다는 회신을 보내고 또한 조선과 실함지역에 대한 공작 추진을 적극적으로 획책할 것을 바람(발신: 장개석 위원장, 수신: 오철성 비서장, 1945년 4월 12일)(『대한민국 임시정부 문서편람』, 최종건, 지인사, 1976, 129쪽, 379쪽)

항공 독립운동사의 정립과 과제

하늘의 전사, 대한민국 공군 조종사들의 원형

그리스 신화에 나오는 헤르메스(Hermes)나 이카로스(Icarus)는 자유자재로 하늘을 날며 악을 물리쳤다고 한다. 오늘날 인류가 꿈꾸던 비행에 대한 원형이라고 볼 수 있다.

오늘날 우리 공군의 조종사들의 원형은 어디서 찾아야 할까. 그들은 과연 어떻게 생각할까. 해방 후로는 공군 창군의 7인 주역에서 찾아야 할 것이다. 중국항공대에서 수십 년 활동하며 중일전쟁에 참전하고 해방을 맞이하여 공군 창군 7인의 주역으로 선임이었던 최용덕은 우리 조종사들의 원형 중의 한 명이 분명하다.

최용덕을 알기 위해서는 먼저 서왈보를 알아야 한다. 그러면 한국전란에 활약했던 조종사들은 전사의 원형을 무엇으로 생각할까. 앞서 언급한 7인에게 볼 수도 있고 전쟁 초기 한국군 조종사들과 함께 비행을 하며 조종술을 지도한 헤스(Hess) 대령에게서도 볼 수 있고 공군 창군 주역 중의 한 명이자 제10전투비행단장으로 전쟁 기간 활약한 김영환 장군에게서도 볼 수 있다. 그리고 전쟁 기간 33명의 전사한 조종사들이 있다. F-51D를 몰고 공중임무를 수행 중 피격되어 전사한 공군사관학교 1기생인 임택순의 동상은 공군사관학교에 세워져 있다. 이근석의 동상도 있다. 후대 조종사들은 바로 이들을 본으로 삼았을 것이다.

그리고 그 조종사들이 본으로 삼았던 이들을 소재로 한 영화가 <빨간 마후라>이다. 그 이후 대한민국 공군의 조종사들은 싫건 좋건 이들의 뒤를 잇는 후예들이 된다. 아니 적어도 국민들은 그런 이미지로 각인되어 있다.

그러나 그것이 전부일까.

항공 독립운동사 정립의 중요성은 바로 일제강점기는 물론 해방 후 6 · 25전쟁을 지나 오늘날에 이르기까지의 항공 활동을 돌아보는 출발점이 된다는 점이다.

우리나라 최초의 비행사들

우리나라 최초의 비행사가 누구인가라는 질문은 던지면 10인 10색으로 대답을 한다. 누구는 안창남이다, 누구는 서왈보다, 누구는 미국의 한장호 등 6인의 한인 비행학교 교관이다, 이런 식이다. 인터넷에 떠도는 글에도 각자 최초의 비행사를 소개하고 있다. 이뿐만 아니라 해방 전 우리나라 항공 역사에 대한 인물 앞에 붙는 수식어도 글마다 다르다. 항공 역사의 용어가 통일되어 있지 않은 걸 알 수 있다. 이것만 보아도 우리나라 해방 전 항공 역사가 제대로 정립이 되지 않았음을 단적으로 알 수 있다.

1980년대 초까지만 해도 최초의 우리나라 비행사는 안창남으로 인식되어 있었다. 그러다 언론에서, 미국 레드우드 비행학교 출신 한장호 등 6인이 소개되면서 이들이 '최초'로 알려진다. 그러나 이들과 서왈보 비행사와 비교했을 때 문제가 생긴다. 최용덕은 그가 1919년 가을에 졸업했다고 언급[137)]했으며, 이영신 선생은 자신의 글[138)]에서 1920년 5월에 졸업했다고 지적했다.

그다음 2003년 홍선표 박사가 자신의 글, 「노백린과 윌로우스 한인 조종사 양성소」[139)]에서 미국 교포 비행사 'George Lee'의 존재를 처음으로 국내에 밝혔다. 'George Lee'는 <신한민보>에서 언급한 '이윤호(후에 이응호로 정정)'이다. 이응호는 1918년 5월에서 6월 사이에 미 육군 항공대에서 비행

---

137) 최용덕, 「중국에서 활약하던 우리 조인들」, 『하늘의 개척자, 최용덕』, 공군본부 정훈감실, 1956.

138) 이영신, 「한국 최초의 전투비행사 서왈보 소전」, <신동아> 2005년 1월호.

139) 홍선표, 「노백린과 윌로우스 한인 조종사 양성소」, 『미주한인 사회와 독립운동사 1』, 미주한인 이민백주년 기념사업회, 2003.

선 비행사 면허를 취득했음을 <신한민보>에서 알리고 있다. 이제는 안창남이 우리나라 최초의 비행사가 아닌 것은 확실하게 된 듯하다. 서왈보가 1919년 가을에 졸업했다 해도, 이응호가 앞서 보인다.

하지만, 1987년 한국항공우주학회에서 발간한 『한국항공우주과학기술사』에서는 일본에서 1917년, 군마현에 있는 비행기 제작소에서 시험비행을 하던 '김경규'를 '실질적'인 우리나라 최초의 비행사로 소개하고 있다. 사실관계에 대한 규명과 그에 대한 해석과 의미부여는 구분해야 한다.

서왈보를 "한국 최초의 전투비행사"로[140], 이응호를 "수천 년 한국사에서 한국 최초의 파일럿"으로, 박희성과 이용근을 "임시정부가 비행장교로 공식적으로 임명함으로써 수천 년 한국사가 낳은 비행장교 1호"[141]라는 식으로 표현하면서 혼란을 주고 있다. 그렇다면 임시정부에 '임명'이 안 되고 활약하다 숨진 항일 비행사들은 "한국사가 낳은" 비행장교가 아닌가?

이들에게 어떤 수식어를 붙여줘야, 이후의 항공 행적이 보이지 않는 이용근이나 박희성과 비교해서 형평성에 어긋나지 않을까? '최초'는 사실규정 언어인가, 아니면 해석상의 용어인가? 과연 "수천 년 한국사에서 한국 최초의 파일럿"은 김경규인가, 이응호인가?

여기서 '파일럿'이란 용어는 '비행사'를 총칭하는 것일까, 아니면 '군조종사'만 적시하는 것일까? 사실 언급과 해석의 신중함, 표현과 용어의 통일이 과제이다. 이 세상엔 자기주장을 앞세우다 보면 진실이 전도된 경우가 많다. "아는 만큼 보인다"가 아니라 "아는 만큼 벽이다"의 모순이 될 수 있다는 사실에 눈을 뜨면 우리 사회는 훨씬 더 합리적인 사회가 될 것으로 믿는다. 하지만 그런 비판이 있다 해도, 2011년 6월부터 12월까지, 한우성 작가가 <국방일보>에 무려 29회로 윌로우스 비행학교 설립과정을 세세하게 취재해서 글을 발표한 것은 앞으로 항공 독립운동 역사의 정립 차원에서 보면 고무적인 일이었다. 과연 이만한 관심을 가지고 해방

---

140) 이영신, 「한국 최초의 전투비행사 서왈보 소전」, <신동아> 2005년 1월호.

141) 한우성, 「대한민국 임시정부 비행학교」(1)-(29), 국방일보, 2011. 6. 10~2011. 12. 23.

전 항공 독립의 활약상을 추적한 이가 몇이나 될까. 이 분야에 대한 무관심 속에서 이만큼 정리해놓은 것은, 이영신 선생이 서왈보 비행사의 활약상을 자세하게 글로 발표한 것과 마찬가지로 칭찬할 만하다. 다만 자신들이 다루는 인물들이나 그 인물들의 의미를 전체 항공 독립운동사에서 비교하여 그 의미와 한계를 말해야지, 절대화시켜 과대포장하는 것은 금물이다. 그런 글들이 결국 다른 항공 독립운동가의 의미들을 가리거나 축소시킬 위험을 안고 있기 때문이다.

이제 다시 최초의 질문으로 돌아와 보자. 한국인 최초의 비행사는 누구인가. 앞서도 말했지만 나이 많은 세대에서는 최초의 비행사가 '안창남'으로 알고 있다. 또 어떤 이들은 '서왈보'라고 한다. 또 어떤 이들은 노백린, 한장호, 김종림 등이 미국에서 세운 대한인비행가양성소[142] 교관 등 6인이라고 한다. 하지만 안창남은 1921년에 비행사가 되었고, 서왈보는 1920년 5월(1919년 9월이라는 설도 있다)에 비행학교를 졸업하였다. 이초 등은 1920년 6월 이후에 비행학교를 졸업하여 비행사가 된다. 이러한 기록으로 볼 때, 안창남은 최초로 한반도 상공을 비행한 인물이지 최초의 한인 비행사는 아닌 것이 분명하다.

하지만 서왈보가 중국 비행학교를 졸업한 면장이 확인되지 않은 상태에서 1919년 9월에 비행학교를 졸업하였다는 주장과, 1920년 5월 비행사 자격증을 취득했다는 주장도 추정일 뿐이다. 그러고 보면 서왈보가 비행사가 되었다는 1920년 5월의 시점에 미국에서 비행학교를 졸업한 오림하, 이용선 등이 있기 때문에 서왈보가 최초의 한인 비행사라는 주장도 신중하게 검토해볼 필요가 있을 것 같다. 최용덕은 서왈보의 소개로 중국 보정비행학교를 다니고 졸업하였다고 하는데 최용덕의 자필 이력을 근거로 보더라도 그 시기가 1920년이지만 정확한 시기는 알 수 없다.

여기에서 필자는 누가 최초의 한인 비행사인가에 대한 답을 단정하기보다는 1918년부터 1921년 사이에 우후죽순처럼 나타난 최초의 한인 비행사들을 소개하는 것으로 답을 대신하고자 한다. 이들의 존재가 우리의 항공

---

142) 윌로우스 비행학교.

역사와 공군의 역사를 20여 년 거슬러 올라가게 하는 것이다. 중국에서 활약한 대한민국 임시정부의 비행대 창설 과정도 이 점을 그대로 보여주고 있다. 현재까지 직간접 자료만을 통하여 볼 때 한국 '최초'의 비행사 군(群)에 들어가는 비행사들의 면면을 살펴보면 다음과 같다.

1917년과 1918년, 일본 군마현 비행기 제작소에서 시험비행사로 활동한 김경규, 1918년 5월에서 6월, 미 육군 항공대 비행선 비행사 면허 취득하고 제1차 세계대전 때 유럽 서부전선에서 활약한 이응호, 1919년 9월, 비행기 조종사 취득하여 중국에서 활약한 서왈보 1919년 9월, 일본 오지마비행학교에 재학하여 비행술을 배운 김병상, 1920년 5월, 필라델피아 비행학교 출신, 미 해군 항공대 비행사 면허 취득하고 활동한 노정민, 1920년, 중국 보정비행학교에서 비행사 면허 취득하고 활동한 최용덕, 1920년 5월, 레드우드 비행학교에 다니고 비행사 면허를 취득한 이초, 한장호 등 6인의 윌로우스 한인 비행학교 교관들, 그리고 1920년 9월, 리버사이드 미 군용 비행대에서 수학, 비행사 면허 취득을 하고 활동한 박락선, 윌로우스 비행학교 학생으로서 비행술을 배운 김자중, 박희성 등이 있다.

박희성에 대해서도 사고 이후 비행을 포기해서 비행사 면허증을 취득하지 못했다는 설이 있다. 그러나 미주지역 독립운동 자료를 수집하던 박홍남(미국 뉴저지 주에 거주) 씨가 박희성의 비행사 면허증을 독립기념관에 기증함으로써 박희성이 훗날 면허증을 취득한 것이 입증되었다. 다만 어떤 과정으로 다시 면허증을 취득했는지는 정확하게 알 수 없다. <월간 독립기념관> 2006년 10월호 15쪽에 실린 김도형 박사[143]의 글, '박희성의 비행가 면허증'의 글 일부를 인용해 본다.

……박희성의 추락사고로 가장 마음 아파했던 김종림은 중상한 박희성의 치료와 파괴된 백인 비행기의 수리와 보상을 수습할 여력이 없어 국민회 북미총회장 최진하(崔鎭河)에게 청원서를 제출해 지원을 요청하였다. 김종림은 '불행히 300척 고지에서 떨어져 기계수[144]는 지어 사경(死境)하여 병원

143) 독립기념관 한국 독립운동사연구소 선임연구원.

에 들어가 현금 해부 치료 중에'에 있다는 것을 보고하였다. 이에 북미총회에서는 박희성이 치료 후에 비행학교에서 계속 학업을 돕도록 결정하였다. 그 후 박희성은 비행사 면허증을 받게 되었고, 상해의 대한민국 임시정부에서도 박희성에 대해 1921년 7월 18일 임시정부의 육군 비행병 소위로 임관해 그의 노고를 치하해주었다……145)

마지막으로 1921년, 오쿠리비행학교를 졸업하여 우리나라 상공을 최초로 비행한 안창남 비행사가 있다. 비록 안창남 비행사가 한국 최초의 비행사가 아닌 것이 확인되었지만 우리 국민들에게 끼친 다대한 영향을 놓고 보면 안창남 비행사가 항공 독립운동의 역사에서 차지하는 비중은 매우 크다.

항공 독립운동사 정립과 과제

일제 관학자들이 심은 그릇된 학구 사관을 극복하려는 작업의 하나로써 항공 독립운동사를 정립할 필요도 있다. 그들이 주장했던바, 우리 민족이 태생적으로 갖고 있다는 '타율성, 당파성, 정체성'의 허구를 타파하는 것이 바로 항공 독립운동사 정립의 목적이기도 하다. 우리는 이를 토대로 향후 100년의 항공 활동의 청사진과 통일에 기여하는 공군의 지향가치들을 더욱 굳건하게 할 수 있을 것이다.

1950년 <월간 공군> 창간호에서, 서철권(당시 소위) 선생은 「우리나라 항공사」를 쓰면서, 중국, 국내, 일본 등지에서 활약한 우리 항공인들과 최용덕, 안창남, 전상국 등의 항공 독립운동가들을 소개했다. 그다음으로 1987년에 한국항공우주학회에서 발간한 『한국 항공우주과학 기술사』에서 김석환 선생은 '과학화 활동과 한국 항공의 여명기'라는 제하로 해방 전 우리나라 항공 역사를 좀 더 자세히 정리했다. '항공과 독립운동'도 빼놓지 않았으나 전체적으로는 과학기술사의 관점에서 이 시기의 역사를 정리했으나 누

144) 박희성을 지칭하는 것으로 보인다.

145) 김도형, 「박희성의 비행가 면허증」, <월간 독립기념관> 2006년 10월호, 15쪽.

락된 항공 독립운동가들이 다수 있고 항공 독립운동의 전체적 비중이 약하다고 볼 수 있다.

그다음으로 송석우 선생이 2000년에 집필한 『노고지리의 증언』이 있다. 이 책은 항공기관사 출신으로 KNA 정비기술부장, KAL 고문 등을 역임하고 항공대 교수를 지낸 송석우 선생이 해방 전후의 우리나라 항공 역사를 정리한 책이다. '노고지리'는 종달새로 여의도 주변을 날아다니던 새를 의인화하여 여의도를 중심으로 비행했던 국내외 비행기와 비행사들을 증언하는 재미있는 내용이다. 이 책은 민간항공을 중점적으로 다루었지만 우리 공군의 정비분야에 초석을 놓은 김동업 비행사 등을 언급하면서 조종 분야보다 상대적으로 낙후되었던 정비기술 분야를 더 강조하고 있으며 잊혀진 항공인들에 대한 연구를 과제로 내놓은 것이 특징이다.

이 밖에도 해방 전 활약했던 항공 인물들, 즉 일본 활공 신기록을 깬 김광한, 중국에서 처음으로 비행사가 되어 활약한 서왈보, 해방 후 우리나라 최초로 민간 항공사업사인 KNA를 설립한 신용인, 그리고 중국항공대의 창설 멤버이자 남창기지 사령관, 중국 공군 지휘부 참모장, 임시정부 공군설계위원회 주임을 역임했던 최용덕, 한국 최초의 여성 비행사 권기옥을 다른 책과 노백린과 한인비행가양성소[146], 박희성[147]을 다룬 소 논문이 있다.

---

146) 홍선표, 「노백린과 윌로우스 한인 조종사 양성소」, 『미주한인 사회와 독립운동사 1』, 미주한인 이민백주년 기념사업회, 2003. 독립기념관 독립운동사 연구소 선임연구원 홍선표 박사가 쓴 이 소 논문에서 처음으로 'George Lee'에 대한 언급이 있었다.(George Lee는 <신한민보>에서는 한글 이름 이윤호, 이응호 등으로 소개되었다.)

147) 김도형, 「박희성의 비행가 면허증」, <월간 독립기념관> 2006년 10월호.

2

새 조국을 지킬 공군을 위해 뭉친 항공인들

암울한 해방과 항공단체 통합준비위원회

나라가 망한 원인에 대해 백범 선생이 한 말이 있다.

> 주자님의 방귀까지 향기롭게 여기던 부유(腐儒)들과 똑같이 레닌의 똥까지 달다고 하는 청년들을 보게 되니 한심한 일이다. 나는 그렇다고 반드시 주자를 옳다고도 하지 않고, 마르크스를 그르다고도 하지 않는다. 내가 청년 제군에게 바라는 것은 자기를 잃지 말라는 말이다. 우리의 역사적 이상, 우리의 민족성, 우리의 환경에 맞는 나라를 생각하라는 것이다. 밤낮 저를 잃고 남만 높여서 남의 발뒤꿈치를 따르는 것을 장한 체 말라는 것이다. 제 머리로, 제정신으로 생각하라는 말이다.148)

전쟁이 끝났지만 서울은 혼돈 그 자체였다. 전쟁에서 졌다지만 왜놈들은 거리를 활보한다. 미군정이 일본인들에 대한 폭력을 금했기 때문이다. 일왕이 항복 문서를 읽어 내려가는 것을 라디오에서 들었지만 바뀐 것은 없었다. 왜놈들은 9월에도 그대로 통치를 하고 있었다. 9월 13일 되어서야 미군들이 나타나기 시작했다. 그제야 왜놈들을 대신한 자리에 미군들이 들어선 것이다. 그리고 미군들은 '해방군'이 아니라 '정복자'들처럼 행세했다.

38선 북쪽은 소련군이, 남쪽은 미군이 차지했다. '차지했다'는 이 말이 거슬릴 사람들도 있을 것이다. 당시 현실이 그랬다는 것이다. 일제의 식민통치로부터 해방이 되었다면 우리 민중을 대변하는 정치·행정 기관이 있어야

148) 김구, 『백범일지』, 타임기획, 2005, 225쪽.

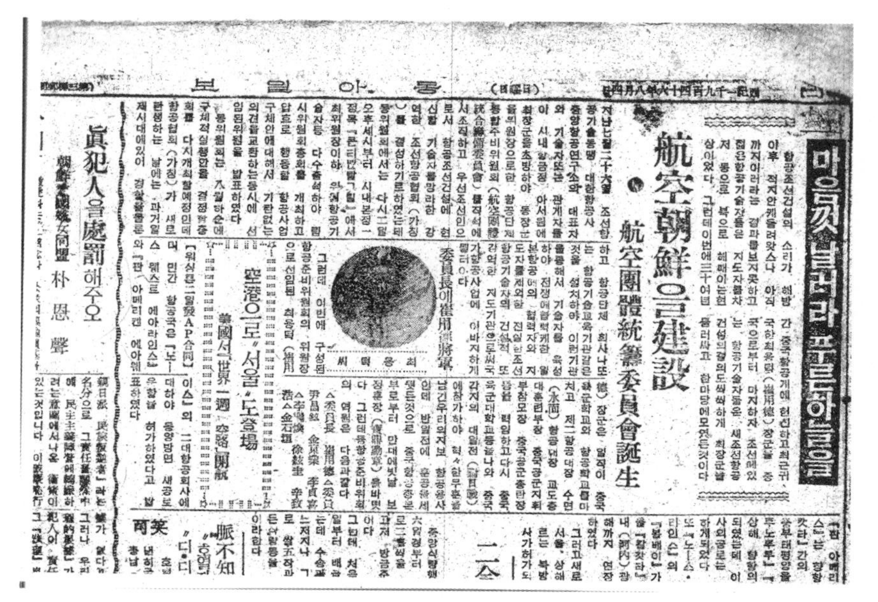

동아일보

마음껏 날려라 푸른 하늘을

항공조선건설의 소리가 해방 간 중국항공계에 헌신하고 최근 귀국한 최용덕(崔用德) 장군을 중심으로 이후 적지 안케 들려왓스나 아직까지 이러타는 결과를 보지 못하고 국으로부터 마지하자 조선에 있는 젊은 항공기술자들은 지도자를 차저 동으로 북으로 헤매이는 현상이었다 그런데 이번에 三十여 년 건설의 결의도 씩씩하게 최장군 밑에 항공기술자들은 새조선항공 둘러싸고 한마당에 모였든 것이다

航空朝鮮을建設

航空團體統籌委員會誕生

委員長에崔用德將軍

空港으로〝서울〟도登場

眞犯人을處罰해주오

<동아일보> 1946년 8월 4일, 최용덕 귀국과 항공통합위원회 관련 기사

하는데 그것을 미 군정청이 대신한 것이다. 그리고 미 군정청은 자신들 통치의 편의를 위하여 일본인들을 그대로 활용했고 9월에 그들이 떠나자 그 자리를 일본인들 밑에서 일했던 친일분자들이 대신했다.

북은 공산주의 체제로, 남은 자유민주주의 체제로 양분된 채 분단이 서서히 고착되어 가고 있다는 사실을 민중들은 눈치 채지 못하고 시간이 흘러가고 있었다. 세계의 대국들, 공산진영을 대표하는 소련과 자유진영을 대표하는 미국이 이 한반도에서 대치하고 있다는 것도 나중에서야 우리 민중은 서서히 깨닫기 시작했다.

중일전쟁 기간 1940년대 중경의 임시정부가 광복군을 만들고 연합국들과 나란히 승전국의 지위를 얻고자 노력했으나 결과는 실패였고 임시정부의 존재 자체는 미 군정청에 의해 깡그리 무시되었다. 살아 돌아온 독립투사들은 새로운 조국을 건설해야 했으나 현실 앞에서는 무기력하기만 했다. 중일전쟁을 승리로 이끈 중국항공대 소속 독립군 항공인들도 속속 조국으로 돌아왔다. 새 조국을 건설하기는커녕, 새 나라, 새 조국의 하늘을 지킬 조직도, 비행기도 없었다. 일본군들이 남긴 비행기들은 미 군정청의 지시로 모두 분해되고 소각되었다.

그렇게 그리던 조국이 해방되었지만 최용덕 역시 바로 귀국하지 않는다. 그는 중화민국 항공계의 지도자이기도 하였다. 장개석 총통과는 절친한 사이였다. 총통의 전용기를 직접 몰기도 한 사람이 그였다. 그의 외손녀 반춘래 씨의 증언에 의하면 "두 분은 아주 가까운 친구 사이였다"고 한다.

전쟁이 끝나자 장개석 총통은 최용덕 장군에게 자신과 함께 중국에 머물자고 권하였다고 한다. 중화민국 공군에 계속 남기를 바랐던 것이다. 하지만 최용덕은 단호했다. 그는 해방된 조국을 위해 가야 한다며 뜻을 굽히지 않았다. 하지만 그가 중화민국 공군과의 긴 인연을 매듭짓고 발길을 향한 곳은 북경이었다. 북경은 그가 어린 나이에 처음 망명을 와서 중국어를 배우고 군인이 되고, 비행사가 된 곳이며, 무장 독립운동의 긴긴 고행이 시작된 곳이었다. 그는 원점으로 다시 돌아왔다.

그리고 그곳에서 조국을 위한 준비를 한다. 그는 북경에 마련된 한국건국 간부훈련반 명예부 이사장직을 맡았다. 그리고 건국을 위한 설계를 한다. 그는 『건국 이론』이라는 책자에서 자신의 입장을 이렇게 피력한다. 그때가 1946년이었다.

> 여러분이 이같이 막대한 건국의 책임을 담당하겠다고 준비공작을 하시는 이 의의 깊은 석상에 축사를 하게 된 것을 대단히 영광으로 생각한다. (…) 이 중대한 건국 시기에 즉 건국의 터를 닦는 이때에 만일 그 결심이 착오된다면 우리의 건국이 영원히 불가능할 사태가 발생될 것인즉 이것이 무섭다는 것이다. (…) 건국 간부의 훈련이란 다만 배우는 것뿐만 아니라 완전한 사회인을 가르친다. 그러므로 약방문을 잘 내는가 잘못 내는가는 국가 흥망에 중대한 관계가 있을 것이며 국가에 적합한가 현실에 적합한가를 잘 연구하여야 될 것이다. (…) 끝으로 여러 동지에게 바라는 바는 만사에 이심합칙과 분공합작하야 달라는 점이다. 분공합작이 완전이 실행되는 국가는 문명국이고 실행치 못하는 국가는 반드시 멸망하는 것이다. 우리는 한 사람의 영웅보다 국민의 각자가 건국의 이론을 연구하고 실천화하여 국민으로서 각자의 책임을 수행하여 주기를 희망한다. 나는 여러 동지의 착오를 사양 없이 책망할 것이고 또 여러 동지들은 나의 착오를 용서 없이 편달하야 주기를 바란다.[149]

한국항공 건설협회 창립, 초대회장 최용덕

9월 13일부터 미군정이 실시된다. 36년간 조선을 통치하던 일본이 완전히 물러났다. 그리고 두 달 뒤, 11월 13일에 우리 국군의 모태가 되는 '국방사령부'가 설치된다. 그 이듬해 1월 15일에는 '남조선 국방경비대'가 창설된다. 여전히 '군대'라는 용어가 사용되지 않은 것이다. 소련과 미군의 대치 상황이 빚은 결과였다.

항공인들은 비록 새 조국 건설이 늦어지고는 있지만 앞날을 위해 항공인들이 단결해야 한다는 것을 잘 알고 있었다. 동년 3월 20일에 조선항공기술연맹이 창설된다. 명예위원장으로 신익희, 위원장은 신치호가 맡았다. '국방'이라는 말도 쓰면 안 된다는 미소 간 협의에 따라 6월 15일 '남조선 국방경비대'는 다시 '조선경비대'로 개칭되고 다음날 6월 16일 '국방사령부'는 '통위부'로 바뀐다.

민간에서 항공단체의 결성운동이 벌어지는 가운데 통위부에서는 항공대 건설이 논의되기 시작했다. 통위부장 유동열과 항공인들이 대화를 하며 항공대 창설을 끈질기게 모색한다. 김정렬 장군의 동생 김영환은 미 군정청과 통위부를 돌아다니며 항공대 창설에 노력했다. 그는 조선경비대 미 고문관 프라이스 대령과 교섭을 했다.

이렇게 국내에 항공인들이 항공단체 결성과 군 항공대 창설을 모색하던 중 1946년 7월 26일, 중일전쟁을 승리로 이끈 중국항공대 비행사 최용덕 장군이 마침내 귀국했다.

8월 15일 일제의 항복을 알게 된 임시정부는 광복군 제2지대장 이범석을 국내 정진군 총사령관으로 임명, 그 일행을 미국 OSS 대원들과 함께 8월 18일 국내로 출발시켜서 당일로 여의도에 착륙하였으나 일제의 거부로 되돌아갈 수밖에 없었다. 임시정부는 한적 사병 10만 명을 7개 잠편지대를 편성하여 새 조국의 군대가 되도록 계획하였다. 그 내용을 보면, 상해잠편지대장 박시창(朴始倉), 항주는 김관오(金寬五), 한구는 권준(權俊), 남경은

149) 최용덕, 『건국이론』, 축사, 1946.

안춘생(安椿生), 북경은 최용덕(崔用德) 광주는 최덕신(崔德新), 국내는 오광선(吳光鮮)으로 계획 편성하였다. 하지만 이 계획은 국제적인 승인을 받지 못하고 모두 개인 자격으로 귀국해야 했다. 최용덕, 이영무, 김진일 등 항공 전사들을, 윤창현 등 항공인들이 '재중국 항공인 귀국환영대회'를 개최하면서 환영해주었다.

1946년 7월 26일 조선항공기술연맹(군 출신 항공인들로 구성, 1946년 3월 20일 설립, 중앙활공연구소(1946년 3월 15일 설립), 조선학생항공연맹(1946년 3월 20일 설립) 대표자 및 관계자들이 모두 모였다.

그리고 7월 27일 항공단체 통합준비위원회를 결성, 최영덕·윤창현·김동업·이계환·서현규·신치호·이정희·김석환 등 8명을 통합준비위원으로 선정했다.

이들은 아서원(雅敍園)에 모여 통일된 항공단체를 결성하기로 결정하고 1946년 8월 10일 서울 종로구 YMCA에서 '한국항공 건설협회 창립총회'를 개최한다. 8월 10일 국내 항공단체를 통합한 한국항공 건설협회를 창립하고 회장으로 최용덕을, 부회장으로 이영무를 추대했다. 그 이후 이 항공단체는 건국공업 박람회장에 항공관을 개설하고, 여성 비행사 이정희는 여학교를 순방하며 항공사상을 강연하였다. <동아일보> 1946년 8월 4일자에 실린 내용을 잠시 보자.

> 항공 조선 건설의 소리가 해방 이후 적지 않게 들려왔으나 아직까지 이러타는 결과를 보지 못하고 젊은 항공 기술자들은 지도자를 찾아서 동으로 북으로 헤매이는 현상이었다. 그런데 이번에 30여 년간 중국 항공계에 헌신하고 최근 귀국한 최용덕 장군을 중국으로부터 맞이하자 조선에 있는 항공 기술자들은 새 조선 항공 건설의 결의도 씩씩하게 최 장군을 둘러싸고 한마당에 모였든 것이다.

> 항공단체 통수위원회 탄생
> 지난 7월 26일 조선항공기술연맹 대한항공사 중앙활공연구소의 대표자와 기술자 또는 관계자들이 시내 아서원에 최 장군을 초빙하여 동장군을 위원

장으로 한 항공단체 통합준비위원회를 직성에서 조직하고 우선 조선인으로서 항공조선 건설에 헌신할 기술자를 망라한 강력한 조선항공협회(가칭)를 결성하기로 하였는데 통○○에서는 다시 2일 오후 3시부터 시내 콘티넨탈 힐에서 최 의원장 이하의 항공기 기술자 등 다수 참석하여 임시의원회 총회를 개최하고 앞으로 행동을 항공사업 구체안에 대해서 기탄없는 의견을 교환하는 동시에 선임대의원을 발표하였다. 통의원회는 8월 하순에 구체적 실행안을 결정 총회를 개최할 예정인데 항공협회(가칭)가 새로 탄생하는 날에는 과거 일제시대에 있어 경항을 물론하고 항공단체 회사나 또는 항공기술 교육기관 같은 것을 설치하여 이런 기관을 통해서 기술자를 육성하여 전쟁에 협력케 한 일본 항공의 협력자와 지도자를 제외한 진실한 조선 항공기술자의 건설적 또 강력한 지도 기관으로써 국가 항공사업에 이바지하게 될 터이다.

위원장에 최용덕 장군
그런데 이번에 구성된 항공준비위원회의 위원장으로 선임된 최용덕 장군은 일직이 중국육군학교와 항공학교를 마치고 제2항공대장 수면항공대장, 교도총대 훈련부장, 중국 공군지휘부 참모장 중국공군 총탄장을 역임하고 다시 중국육군대학교 등을 나와 중국 가지 대일전에 참가하여 혁혁한 무훈을 남긴 우리의 항공 용사인데 반일전에 세웠던 훈공으로 중국항공 총본부로부터 보정훈장을 받았다. 동 항공준비위회의 역원은 위원장, 최용덕, 윤창현 김동업 이정, 이○환, 서현규, 신치호, 김석원, 김석환……[150]

최용덕이 합류한 이후 항공인들은 항공대 창설을 위하여 군정청 당국과 끈질긴 교섭을 전개하기 시작한다. 최용덕은 이때부터 해외 각지에서 활약한 모든 항공인들, 심지어 자의 반 타의 반 일본군 조종사나 일본육사항공학교 출신들도 포용하고 공군 건설을 향한 단결을 강조하였다. 그 과정은 순탄치만은 않았다. 미군정의 지배하에서 항공대 건설은 미군의 도움은 절대적이었다. 설사 미군으로부터 항공기의 원조를 받더라도 항공대 조직은 우리 힘으로 체계화시켜야 했다. 하지만 이때부터 조선경비대에 항공부

150) <동아일보> 1946. 8. 4.

대가 창설될 때까지는 이렇다 할 만한 항공계의 활동은 보이지 않는다. 미 군정청의 금지조항에 막혔기 때문이었다.

이미 그전에 1945년 10월 10일 장덕창 항공협회 부회장은 미군정에게 일본군 비행기를 한국에 양도를 요청하였지만 거절당했다. 사실상, 1945년 해방 후부터 조선경비대에 항공부대가 생길 때까지 이렇다 할 활발한 항공 단체들의 활동은 미 군정청의 거부로 '동면상태'나 마찬가지였다.

> 미 군정청의 항공정책 기본이 스카핀(SCAPIN) 301호 완수에 있는 한 한국의 항공인들이 추구하던 항공재건의 꿈은 이루어질 수 없었다.[151]

---

151) 송석우, 『노고지리의 증언』, 항공대학교출판부, 2000, 167쪽-169쪽.

공군 창군의 주역 7인

공군인이라면 '공군 창군의 7인'이라는 말을 모르는 사람은 없다. 이 7인은 '대한민국 공군'을 탄생시키고 공군 발전의 토대를 마련한 공군의 초창기 지도자들이다. 이 책에서 이들의 이름이 자주 등장할 것이다. 그렇다고 해서 이들만이 공군의 토대를 만들고 발전시켰다는 것은 결코 아니다. 이 7인을 중심으로 당시 공군인들이 합심하여 오늘날 공군을 만드는 데 기여한 것은 당연하다. 하지만 활동상을 보면 이들 중심의 이야기 전개가 불가피하다. 그 이야기를 하나씩 풀어나가 보자. 먼저 7인의 대략적인 모습을 소개한다.

1946년 12월 최용덕 등 항공인들이 공군 창설에 대하여 본격적으로 논의한다. 남한에는 500여 명의 항공인들이 있었고 이 중에 비행 경험이 있는 자는 100여 명, 2,000시간 이상 비행 경험을 가진 사람은 최용덕, 이영무, 장덕창, 김정렬, 장성환 등이다. 특히 장덕창은 9,820시간 비행 경험을 가지고 있었다. 나머지 400여 명은 정비, 연료보급, 항공통신. 항공보안, 특수차량 경험자들이며 이들이 대한민국 공군 창설과 초기 발전에 헌신하였다.

그중에서 공군에서는 '공군 창군의 7인의 주역'으로 불리는 사람들이 있다. 그 사람들의 면면을 간략하게 보자.

1. 최용덕. 그는 앞에서도 살펴보았듯이 1898년에 태어나 15살 나이로 1913년 중국으로 망명, 군인이 되고 비행사가 되어 중국항공대 창설 멤버가 된다. 그는 중일전쟁 기간 남창기지 사령관으로, 참모부장으로, 총탄장으로 있으면서 전쟁을 수행하고 임시정부 공군설계위원회 주임으로 광복군 비행대 창설을 위해 주도하였다.

공군역사기록단 제공

2. 이영무. 이영무는 곤명에 있는 운남비행학교를 나와 비행사가 된다. 그 역시 중국항공대 소속 비행사로 활약하다가 최용덕과 함께 귀국했다. 『공군사』를 보면 이영무는 좌익으로 분류되는 사람들과 잦은 접촉이 있었던 모양이다. 그 때문에 한때 구속되었다가 무혐의로 풀려났다. 이미 군복은 벗은 상태다. 전쟁 직후 그는 서울에 남아 있다가 북으로 납북되었다. 『공군사』에서도 '월북'이 아니라 '납북'이라는 용어를 썼다. 좌익이라고 하지 않고 '좌익 협력자'로 표현하고 있다. 하지만 윤응렬 장군이 어느 인터넷신문에서 언급한 바에 따르면 그는 좌익이 아니라고 한다. 그는 납북되었고 북한에서 공산주의로의 사상전향을 거부하여 감옥살이를 하다 숨졌다고 했다. 독립운동가를 차가운 감옥 바닥에서 숨지게 했다고 윤응렬 장군은 분개했다. 하지만 이강화 장군은 윤응렬 장군의 언급을 틀렸다고 했다. 이영무 대령의 최후의 모습, 진실은 무엇일까. 안타깝게도 그 이야기는 이 책에서는 다룰 수 없고 좀 더 많은 증언과 자료를 검토해서 별도의 기회에

진실을 규명해야 할 것 같다.

3. 장덕창. 장덕창은 일본 민간항공사에서 활약하다가 해방이 된 후 귀국했다. 그는 해방 직후 이미 9,820시간의 비행 기록을 보유하고 있었다.
4. 김정렬. 그는 일본 육사를 나와 일본 육군항공대에서 활약하다가 해방이 된 후 귀국했다. 공군의 초기 역사에서 공군 창군 주역 7인도 중요하지만 그중에서도 최용덕과 김정렬은 특별한 인물들이다. 이 책에서 자주 등장하게 될 것이다. 최용덕은 독립운동가 비행사 출신으로 중일전쟁의 영웅이다. 공군을 창군하고 전쟁을 치르면서 수많은 어록을 남겨 대한민국 공군의 정체성을 확고하게 심어놓았다. 김정렬 장군은 일본 육군장교이며 엘리트 의식이 매우 강한 비행사였다. 그는 『항공의 경종』이라는 책을 써서 공군의 중요성을 강조하고 공군의 발전을 주장했다. 북한의 침략도 예상했는데 그대로 적중했다. 그는 최용덕 장군이 국방부 차관을 할 때 공군 제1대 참모총장을 역임하면서 전쟁을 수행했다. 그는 전쟁 기간 '공군발전 3개년계획'을 수립하는 등 공군의 토대와 발전의 결정적 역할을 했다. 김정렬과 최용덕 두 사람의 개인적 관계도 각별하다고 했다. 마치 공군 초기, 쌍두마차와 같은 존재가 바로 최용덕과 김정렬이다. 20살의 나이 차이를 극복하고 둘은 합심하여 대한민국 공군을 반석 위에 올려놓은 것이다.
5. 박범집. 일본 육사 출신이다. 그는 원래 비행사 출신은 아니다. 공군과 인연이 되어 공군 창군의 주역 중의 한 사람이 되었으며 틈틈이 비행술을 익혀 비행사가 된다. 전쟁 중 자신의 고향인 함흥으로 연락기를 몰고 갔다가 그곳에서 비행기 사고로 순직했다.
6. 이근석. 그는 일본 소년비행학교 2기생으로 1936년부터 비행기를 몰았다. 이근석은 일본군 조종사로 활약했는데 일본 육군항공대 전체에서도 이름난 파일럿으로서 비행기를 조종한 경력도 김정렬 장군보다 빠른 사람이었다. 그는 중일전쟁에 참가하여 10대 이상을 격추시키는 등 큰 전과를 세웠으며, 태평양 전쟁 때에도 활약하다가 버마

에서 연합군에 의해 격추당하여 4년 동안 인도에서 포로 생활을 하다가 전쟁이 끝나면서 풀려났다.

해방 후 대한민국 공군 창군 주역에 합류하여 일익을 담당했다. 그러나 전쟁 직후 미군이 지원한 F-51D 무스탕 전투기를 몰고 북한군의 진군을 막기 위해 안양 상공에 진출했다가 적에게 피탄되어 전사하였다. 무스탕 전투기 조종사의 첫 죽음이었다.

7. 김영환: 역시 공군 창군 주역 중의 한 사람이다. 김정렬 장군의 동생이기도 하다. 그의 경력은 화려하기보다 독특하다. 김영환 조종사에게 붙는 수식어는 대단히 많다. '빨간 마후라'의 원조, 미군이 명령한 해인사 폭격 거부로 팔만대장경을 지켜낸 문화재 보호의 일등공신, 영어를 잘 구사하여 미 군정청 정보국장 대리직을 맡기도 했다. 미 군정청을 드나들며 항공대 건설에 앞장섰던 젊은이다. 모두가 항공대 건설에 마음만 있을 때 그는 몸으로 뛰어다니면서 미군들을 설득하여 항공대 건설을 이룩한 주인공이다.

   강릉 제10전투비행전대 대대장, 제10전투비행단장을 역임하며 전쟁을 수행했다. 전쟁이 끝나고 1954년 사천에서 강릉으로 가는 비행길에 올랐다가 실종되었다. 기상 여건은 좋지 않았음에도 조종석에 올랐고 그 이후 아무도 그를 본 사람이 없다. 마치 프랑스의 에이스 런제세르를 연상케 한다. 런제세르는 적기 45대를 격추시킨 프랑스의 격추왕 중 한 사람이었다. 제1차 세계대전이 끝나고 대서양 횡단 비행대회에 참가하였다가 프랑스 샤넬 해안가의 안갯속에서 사라졌다.

7명의 주역 중 이영무는 북한군에 납북되어 숨졌고, 이근석은 전쟁 초기 자신의 전투기와 함께 산화하였다. 김영환은 앞서 소개한 것처럼 1954년 무스탕 전투기를 몰고 강릉으로 가다가 실종되었다. 박범집은 전쟁 중 함흥 기지 상공에서 비행사고로 순직했다. 남은 사람, 최용덕, 김정렬, 장덕창은 살아남아 공군의 지도자로서 대한민국 공군을 발전시켜 나갔다. 공군사는 물론 이들만의 이야기는 절대 아니다. 하지만 앞장서서 일했던 사람들임이 분명하다.

50세의 장군 출신 최용덕, 6인의 간부들을 이끌고 병사 훈련을 받다

나라를 지키는 간성의 한낱 조약돌이 되리라

해방 이후, 분단과 이념 갈등, 미 군정청의 통치, 친일파 숙청 문제, 일본 총독부와 일본인 소유로 되어 있던 적산가옥 등 재산의 처리 문제, 토지분배 문제, 지극히 혼란스러운 한국 내의 정치 상황 속에서 새 나라는 어디로 가야 할 것인가. 한 치 앞을 내다볼 수 없는 혼돈의 시절이었다. 조선의 군주 통치, 일제 식민지 지배에서 벗어났지만 새 조국 건설은 미망 속에 빠져 있었다. 새 나라와 국민을 이끌어줄 진정한 지도자를 목말라했다.

당시 최용덕을 잘 알고 있던 주위의 지인들은 그를 정치가나 대통령 후보로 추대하려는 작은 움직임이 있었던 것 같다. 하지만 그는 그것을 단연코 거절하였다. 그는 그런 말이 나올 때마다 나라를 지키고 사랑하는 '군인'으로만 남고 싶다고 했다. 최용덕은 무장 독립운동 당시 아나키스트나 좌익들을 거부하지 않았다. 그는 철저하게 민족주의자라고 판단된다. 그는 어떤 이념이든 '민족', '한배달' 앞에서는 하위 개념이고 하위 가치이다. 민족에 충실하지 못하고 민족을 오히려 죽이는 이념이라면 단호히 배척했다. 그가 1940년대 임시정부에 대해 열의를 가지고 봉사한 것도 그러한 이치다. 그는 한국독립당의 당적을 가진 간부였다.

좌익들 입장에서 보면 그는 우익에 해당한다. 이러한 분류에 최용덕 장군은 아마 쓴웃음을 지을지도 모르겠다. 그는 자신보다 더 훌륭한 정치 지도자들이 있을 것이라고 믿었다. 그리고 새 조국 건설에서 자신의 역할을 한정 지었다. 그는 어느 지도자가 나라를 이끌든 건설될 새 조국의 방패가 되고자 했다. 바로 '군인' 말이다. 다음과 같은 말에서도 그의 굳은 신념을 읽을 수 있다.

> 나라를 지키는 간성의 한낱 조약돌이 되리라[152)]

최용덕은 20여 년의 망명생활과 지리한 전쟁을 마감하고 조국으로 돌아오면서 자신의 안위는 뒷전으로 하고 되찾은 조국의 발전을 위해 자신을 또다시 희생할 각오를 하고 있었다. 초지일관 조국 사랑과 그 사랑의 실천이며 조국 해방의 감격이 고스란히 담겨 있는 다짐이기도 하다.

정치는 어려운 일이었다. 정치는 정적을 만들게 되어 있다. 정적을 만들면, 분파 싸움을 하는 곳에서, 진흙탕 자리에서 조국 건설은 요원할 거라고 여겼다. 그 대신 군인으로서 최선의 모습을 보여주어야 한다고 생각했을 것이다. 그는 남은 삶을 어디에 쏟을 것인가를 스스로 잘 알고 있었다. 조국의 국방을 위해 군대가 먼저 통일이 되어야 했다. 그는 군대의 통합에 초점을 맞추었다. 그리고 그는 일본군 출신들에 대하여 포용정신을 발휘하였다.

정치는 정치인들에게 맡기고 자신은 조국을 지킬 군대가 통합된 모습을 가져야 한다는 데에 더 관심을 보인 것이다. 정치에 뜻을 두었다면 그가 망명시대 몸담고 있던 한국독립당은 그의 정치적 기반이 될 수도 있었다.

1943년 5월 한국독립당 간부 명단에 중앙감찰위원으로 '최용덕'의 이름[153)]이 보이지만 1946년 이후의 한국독립당 간부 명단에서는 '최용덕'의 이름이 더 이상 보이지 않는다. 독립운동 과정에서도 이념대립과 분파로 피를 흘리는 것을 보아온 최용덕이었다. 그가 정치계와 거리를 두려는 것은 어쩌면 당연한 것인지도 모른다. 무엇보다도 그의 몸엔 무인의 피가 흐르고 있었다. 최용덕은 공군 창설이 본격화되면서 한국독립당에서의 공식적인

---

152) 최용덕, 「참모총장에게 퇴역을 요청하는 서간문」, 『하늘의 개척자 최용덕』, 공군본부 정훈감실, 1956.

153) 노경채, 『한국독립당연구』, 신서원, 1996, 319쪽.

활동은 없어지고 완전한 군인의 길을 걷게 된다.

세계의 냉전 구도와 대립의 전선이 한반도에 드리워졌다. 그리고 한쪽은 공산주의와 다른 한쪽은 자유민주주의 체제의 대결로 이어진다. 미국이 자신들의 입맛에 맞는 지도자를 내세우려는 것은 당연한 것인지도 모른다. 그리고 미 군정청의 통치 과정에서 친일분자 관리들을 그대로 고용한 것은 문제였다. 위로부터의 지도자 관리가 내정된다면 민중의 의사를 대변하는, 아래로부터 끌어낸 지도자는 입지가 없어진다. 친일분자들을 숙청하는 일도 이러한 흐름 속에서 흐지부지되었다.

하지만 여러 가지 많은 문제를 안고 있었음에도 큰 흐름 속에서 볼 때 대한민국이 자유민주주의 체제로 방향을 잡았던 것은 옳았다. 당시의 민중은 중국의 공산화, 소련 스탈린의 피의 숙청을 지켜보았다. 공산주의 체제를 피해서 북쪽에서 이미 전쟁 전에도 수십만 명이 대거 월남하고 있었다. 당시 공산주의 맹주국인 소련은 스탈린 독재 전제주의로 흐르고 있음을 간파한 이들이 공산주의를 배격하는 것은 너무도 당연했다. 영국 좌파 소설가 조지 오웰이 공산주의 국가 소련을 방문하고 나서 『동물농장』을 지어 소련 공산당 독재체제를 고발한 것도 그 모순을 간파했기 때문이다. 서로 상대방 체제를 '악'으로 규정하면서 냉전과 전쟁은 피할 수 없는 운명으로 다가왔고, 한반도에 어두운 그림자를 드리우고 있었다.

공군 창군 주역 7인, 백의종군하다

1948년 4월 1일, 최용덕(崔用德), 이영무(李英茂), 장덕창(張德昌), 김정렬(金貞烈), 박범집(朴範集), 이근석(李根晳), 김영환(金英煥) 등 7명이 수색에 있는 조선경비대 보병학교에 입교하여 1개월간 일반 병사와 똑같은 군사훈련을 받았다. 당시 최용덕의 나이가 50세였다. 중일전쟁 기간 남창기지 사령관, 중국 항공대에서 20년 가까이 지낸 그는 장개석 총통의 신임을 받은 중화민국 공군의 지도자였다. 그런 최용덕이 이등병과 똑같이 훈련을 받은 것이다. 미군정의 상식을 벗어나는 요구에 분개하는 간부들에게 최용덕은 말했다. 김정렬 장군의 회고록에 남긴 증언이다.

우리가 500여 명의 항공인들을 지도하는 입장에서 이와 같은 미군정 당국의 제의를 수락하여 항공부대가 창설만 된다면 병이면 어떠냐, 이순신 장군의 '백의종군의 정신'을 잘 이해한다면 우리가 이등병으로 입대하는 것도 뜻이 있지 않느냐?154)

동지들! 참으로 불쾌하기 그지없는 것은 나도 마찬가지요. 하지만 이제 해방이 되어 새로운 나라가 만들어지려 하고, 우리는 그 나라의 하늘을 지킬 공군을 창설하려 하오. 공군이 창설되어 우리가 우리 군대에서 우리의 영공을 지킬 수만 있다면 이까짓 모욕이 뭐 그리 대수겠소! 옛날에 이순신 장군도 조국을 위하여 백의종군하지 않았소! 대의를 위하여 우리가 참읍시다!155)

7인 주역 중 선임이었던 최용덕 장군의 말에 숙연한 분위기가 돌았다. 그는 결국 항공 간부들을 이끌고 조선경비대 보병학교에 입교하기로 결정한다. 이러한 최용덕의 결단과 항공 간부들이 병사 훈련을 받는 것이 커다란 자극이 되어 수많은 항공인들이 공군에 합류하는 촉매제 역할을 했다.

최용덕은 과거에 얽매이지도 않았고 현실에 안주하지도 않았으며 미래를 생각하고 있었다. 장래를 바라본 그의 행보에 그러한 형식이 결코 그의 신념이나 자존심을 흔들어놓지 않은 것이다.

그 후 다시 1948년 5월 1일 조선경비사관학교에 입교하여 5주간 장교후보생 교육을 받고 5월 14일 전원 소위로 임관되었다가 같은 해 6월 7일자로 대위로 진급했다.

당시 남한에 거주하고 있던 항공인들은 500여 명이었다. 항공부대 기간요원들은 주로 제2차대전 시 일본군 항공대에서 경력을 쌓은 요원들이었다.

그해 7월 9일자로 최용덕은 통위부 직할에서 조선경비대 총사령부로 예속 변경되어 조선경비대 총사령부 항공기지 부대로 개칭되고 이 부대의 부대장이 된다. 1948년 7월 12일 항공병 제1기생 78명이 입대하고 1948년 7월 27일 '항공기지부대'는 '항공기지 사령부'로 개칭되면서 수색에서 김포

---

154) 김정렬, 『김정렬회고록』, 을유문화사, 1993, 91쪽.

155) 같은 책, 91쪽.

로 이동하였다.

1948년 8월 15일 대한민국이 유엔의 승인 하에 정부가 수립되고 1948년 8월 16일 대한민국 국방부 초대 차관으로 공군에서 떠난다. 그리고 조선경비대 항공기지 사령부는 1948년 9월 5일 조선경비대가 육군으로 개편되자 '육군 항공기지 사령부'로 개칭하게 되었다.

최용덕에 버금가는 인물로 손원일 제독을 들 수 있다. 임시정부 의정원 의원 손정도 목사의 아들인, 손원일 제독은 1948년 정부가 수립되면서 초대 해군참모총장으로 임명되었다. 그는 거국적으로 기금을 모아 '백두산 호'라 명명한 전투함을 구입하여 한국전쟁 시 인천상륙작전의 선봉에 서서 서울을 탈환하는 데 큰 공훈을 세웠다. 예편 후 5대 국방장관에 임명 국방부장관 재임 중 국방대학원, 전시연합대학, 동작동 국립묘지를 만들었다.[156]

손원일 제독이 해군을 창설하면서 장병들의 신상카드에 본적을 쓰지 말고 현주소만 쓰게 하는 행정 쇄신을 이루었다. 그의 아버지 손정도는 그의 아들 손원일 제독에게 "우리나라가 잘 되려면 지방색을 가르는 파당 싸움은 말아야 한다. 좁은 나라 한 핏줄의 겨레가 무슨 남도니 북도니, 호남이니, 영남이니 하며 네 갈래, 열 갈래로 갈라져 싸우는가? 이는 나라를 잃고도 정신을 못 차리기 때문이다."[157]라고 말하였다.

손원일 제독 역시, "출신지를 구별하지 않고 한마음 한겨레로 뭉치자"[158] 라고 하였다. 새 조국의 군대를 만드는 과정에서 이처럼 지도자들의 고뇌는 깊었다. 단결과 통합을 위해 걸림돌이 되는 것들을 잘라내야만 했고, 과감하게 결단을 내려야 했다.

최용덕 역시, 조국을 위한 군대를 위해서는 분열을 극복하고 통합하는 데 최선을 기울였다. 이것이 아마도 그가 정치인의 길을 생각하지 않고 군인의 길을 걸으며 자신에게 주어진 '운명 같은' 몫을 해내기 위함이 아닌가 여겨진다.

---

156) 김창수, 김승일, 『해석 손정도의 생애와 사상 연구』, 넥서스, 1999, 422~423쪽.
157) 같은 책, 253, 254쪽.
158) 같은 책, 254쪽.

최용덕이 국내에서 또다시 군인의 길을 걷게 된 것은 크게 두 가지 의미가 있다. 하나는 중국대륙에서 중국 공군에 줄곧 몸담고 있으면서 마침내 조국의 공군을 위해 자신의 꿈을 실현했다는 점이고, 또 하나는 임시정부의 광복군 출신으로서 국군의 정통성을 수호하고 맥을 이어갔다는 점이다.

물론 당시 국군에는 일본군 출신들이 수적으로 많았다. 그러나 최용덕처럼 임시정부의 법통과 광복군의 전통을 이은 사람이 있다는 것은 매우 중요한 일이다. 당시 불가피한 시대상황을 핑계로 대한민국의 정체성, 정통성에 끊임없이 문제를 제기하는 것은 지엽적인 시비에 지나지 않다. 그런 주장을 하는 사람들은 북한이 공산주의 사상으로 전향한 친일분자, 일본군 출신들을 대거 발탁했는데도 그러한 사실에 대해 무지하거나, 침묵함으로써 궤변을 늘어놓고 있다.

1920년대 대한제국 무관이나 무관학교 출신들이 독립군을 이끌어가는 지도자들이었으며, 지청천 장군 등의 정신을 이어받은 것 역시 최용덕, 김홍일 장군 같은 독립군 출신들이었다. 이런 분들이 임시정부 광복군으로 활동하다가 해방이 되면서 대한민국 국군의 지도자들이 된 것이다. 이상준이 지은 『광복군전사』에서 언급한 글을 토대로 대한제국 무관에서, 독립군과 광복군으로, 다시 대한민국 국군으로 이어지는 전통적 무인(武人)들의 인맥을 살펴보면 다음과 같다.

대한제국 무관 출신 독립군: 노백린, 이갑, 유동렬, 이동휘, 신팔균, 안무, 박영희, 김의선, 나중소, 김창환, 박형식, 여준, 이석, 김좌진, 김찬수, 민무, 조성환, 신규식, 이청천, 김경천.
대한제국 무관학교 출신 독립군: 이청천, 김경천.[159)]

독립군 출신인 광복군 주요 간부: 유동렬 참모총장, 이청천(총사령관), 이범석 참모장, 제2지대장, 김원봉 부사령관 및 제1지대장, 권준 고급참모 및 제1지대장, 채원개 작전차장 및 제1지대장, 이준식 고급참모 및 제1지대장,

159) 이상준, 『광복군전사』, 대한민국재향군인회, 기문당, 235쪽.

김학규 고급참모 및 제3지대장, 조성환 군무부장 황학수 부관처장, 김홍일 참모장, 송호성 고급참모 및 제5지대장, 오광선 국내지대장, 조경한 정훈처장, 윤기섭 고급참모.[160]

광복군 출신으로 대한민국 국군의 주요 간부들: 이범석 국방장관, 최용덕 국방차관, 김홍일 육군 군단장, 송호성 호국군(지금의 예비군에 해당) 사령관, 권준 수도경비사령관, 이준식 군단장, 오광선 호국군 여단장, 안춘생 육사교장, 채원개 여단장, 박영준 정훈감, 장흥 관구부사령관, 김관오 관구부사령관, 김국주 야전군 부사령관, 김신 공군참모총장, 최덕신 군단장, 김동수 사단장, 유해준 군부사령관, 박시창 관구부사령관, 장호강 사단장, 김영일 육대총장.[161]

이와 같이 국군에서 활약한 독립군 광복군 출신들은 해방 이후 대한민국이 임시정부의 법통을 이어주었다. 비록 해방 이후 민족반역자와 친일파의 배제와 처단이 분명하게 이루어지지 않았고, 상당수 일본군 출신들이 국군에 참여하였지만 정통성을 부인할 만큼은 아닌 것이다.

최용덕은 국군 내 출신 간의 불협화음을 극복하고자 조국 건설과 조국 수호라는 미래지향적 목표 앞에서 단결할 것을 주창했다. 과거를 용서하고 화해를 추구했던 것이다. 이것은 북한의 적화통일을 위한 군사력 강화가 가시화되고 위협을 가해오는 상황에서 최선의 선택이었을지도 모른다.

160) 같은 책, 235쪽.
161) 같은 책, 235쪽.

가마솥 두 개로 시작한 '대한민국 공군'의 메카, 김포기지부대

해방 후 '대한민국 공군' 창군(1949년 10월 1일) 과정에서 눈여겨볼 중요한 포인트가 몇 가지 있다.

첫째, 앞서 살펴본 것처럼 해방 후 통합된 항공 건설협회를 만들어 항공인적 토대를 구축하여 공군 인력을 확보했다는 점이다. 최용덕, 이영무(1950년 6월 납북), 김진일(1950년 7월 23일 납북), 김영재 등 중화민국 항공대 소속 항공인 20여 명, 신용인, 김영수 등 국내 비행학교에서 배출되고 활동하던 항공인들 40여 명, 김정렬, 이근석 등 일본군, 만주군 항공대에서 활동하던 항공인들 400여 명 등이다. 이들은 조종, 정비, 무장, 통신 등 다양한 항공분야의 경험 많은 전문가들이었다.

둘째, 육·해군과 나란히 정립(鼎立)하는 독립된 '공군'의 필요성, 당위성, 중요성을 간파하고 이를 관철시켰다는 점이다. 정부 수립 후 국방부 차관으로 있던 최용덕 장군이 국군조직법에 관여하며 공군 독립에 후방 지원을 했고, 김정렬 장군이 『항공의 경종』이라는 책을 써서 정관계 및 국민을 설득하는 등 항공인들의 노력이 지대했다. 이러한 노력으로 '시기상조'를 주장한 미 군정청, '공지 협동작전'을 내세워 공군 독립을 반대한 일부 육군 지도부의 입장을 극복할 수 있었다.

선견지명과 유비무환을 실천한 항공인들

셋째, 오늘날 대한민국 공군이 장족의 발전을 할 수 있었던 것은 항공대 창설 초기, 항공인들과 일부 지도자들의 육군에서 독립된 '공군'의 당위성

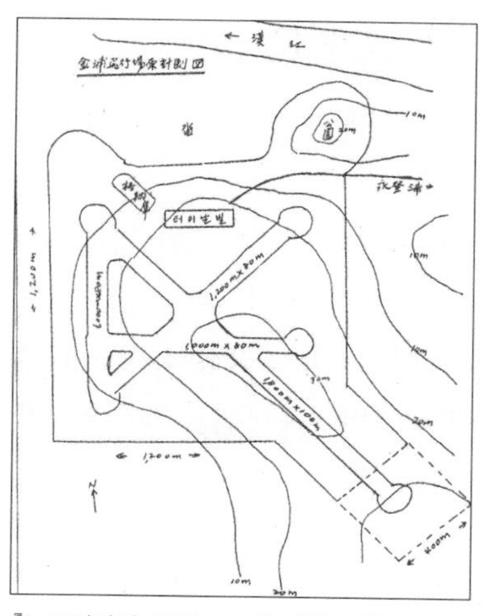

『노고지리의 증언』 117쪽, 항공대출판부

과 중요성을 간파하고, 비록 비행기는 없지만 전국에 흩어진 비행장들을 미리 확보한 선견지명이다.

1948년 9월 13일 미군으로부터 L-4기 10대로 인수받으면서 '항공기지부대'는 '육군항공사령부'로 명칭을 변경, 기구개편을 하였다. 항공부대의 최용덕과 김정렬 등 간부들은 공군 독립을 관철시키기 위해 이승만 대통령에게 건의함은 물론 미 군사고문단 측과도 교섭을 벌였다. 그러나 미 군사고문단 측은 미 공군도 육군에서 분리될 때 만 1년이 소요되었다고 하면서 육군항공사령부가 공군으로 독립하기에는 제반 여건이 갖추어지지 않아 시기상조라고 지적하고 한국은 독자적으로 공군을 유지할 경제력도 없고 기술적 지원을 제공할 인원조차도 없다고 반대하였다. 특히 주한 미 군사고문단장 윌리엄 로버츠 준장은 방어 위주의 한국군 육성 지원관념에서 공군은 다만 육군의 통신대 기능을 수행할 수 있는 소규모의 항공대만 필요하다고 주장하였다.

한편 이승만 대통령은 항공인들의 주장을 받아들이고 공군 독립을 위해 국군조직법 제정과정에서 이를 반영토록 하였다. 또한 '국방경비대 출신 중에서 총참모장을 선정해달라'는 미국 측 요구에 대해 공군 독립을 입법화시켜 달라는 요구로 반박하면서 외교활동을 전개하기도 하였다.

1948년 12월 15일, '통위부'가 '국방부'로, '조선경비대'가 '육군'으로, '해상경비대'가 '해군'으로 편성되었다. 항공대는 아직 독립은 되지 않았지만, 김포, 여의도기지 외에 수원 등 5개 비행장에 기지부대를 파견하고, 일본군이 건설했던 평택, 대전, 대구, 모슬포 등 10여 개 비행장을 더 확보하였다. 미래를 준비한 것이다. 이러한 노력 덕분에 북한의 기습남침으로 6·25전쟁이 일어난 후 연합군 항공대들이 신속하게 전개하여 대응할 수 있었던 것은 말할 것도 없다.

'작은 자존심'을 버리고 '더 큰 자존심'을 얻다

넷째, 중일전쟁을 수행한 관록의 항공 간부들의 겸허한 자세도 빼놓을 수 없다.

국민들과 항공인들의 염원을 담은 '공군'의 창설은 1948년 5월 5일 통위부(현, 국방부) 직할부대로 조선경비대 제1여단사령부(수색) 내에 항공부대로 시작되었다. 최용덕 장군 등 항공 간부 7인이 미 군정청이 항공부대 창설의 조건으로 내세운, 조선경비대 보병학교에서의 1개월간 '미군식 병사 훈련'을 수락한 것은 유명한 일이다.

이순신 장군의 '백의종군'을 역설한 최용덕 장군은 미 군정청의 조건에 분노했던 항공 간부들을 설득하여 병사 훈련을 받은 것은 '작은 자존심'을 버리고 '더 큰 자존심'을 얻기 위한 결단이었다. 덕분에 비행기는 단 한 대도 없는 우리 항공대는 1948년 9월 수색에서 김포기지로 이전하여 독자적 활동을 시작할 수 있었다. 텅 빈 막사 8개에 가마솥 2개가 전부였지만, 김포기지는 대한민국 공군의 출발점이자 '메카'가 되었다.

김정렬 장군의 '항공의 경종'

1949년 4월까지 대한민국에는 '공군'이 존재하지 않았다. '육군항공대'가 있을 따름이었다. 그러나 최용덕, 김정렬 등 대다수 항공대 지도자들은 육군으로부터 독립되어야 한다고 생각했다. 그러나 주변 여건은 좋지 않았다.

첫째, 육해공 통틀어서 제대로 된 무기체계를 가지고 있지 못했다. 미국은 북한을 자극한다는 이유로 대한민국 군의 무기증강을 정책적으로 봉쇄했다.

둘째, 그런 상황에서 '공군'이 독립적으로 항공 전략전술 무기를 보유할 명분이 없었다.

셋째, 신생 국가에게는 육군항공대면 족하다는 인식이 미군이나 우리 군 지도자, 정치 지도자 사이에 팽배했다. 즉, 공군 독립에 대한 인식 자체가 부재했다.

이러한 분위기 속에서 김정렬 장군은 1949년 4월 자비로 작은 책자를 한 권 냈다. 그것이 『航空(항공)의 警鐘(경종)』이다. 분량은 20여 쪽에 불과하나 그 내용은 강렬하다.

그즈음 일반 언론에는 미국의 항공 발전을 소개하는 기사들이 종종 등장하고 있었다. 1948년 12월 9일자 <동아일보>는 '무인분사식 비행기'의 사진을 싣고 "미 해군용으로 건조된 무인분사식 비행. 시험비행 광경으로, 십분 이상 비행했다"고 소개하고 있다. 항공 선진국과 우리 현실이 하늘과 땅 차이임을 절감케 하는 기사다. 우리 공군은 북한과의 항공 전략에서도 크게 뒤지는 처지에 놓여 있었다. 이런 가운데 일본군 항공대에서 실전 경험을 가진 김정렬 장군이 항공의 경종의 책자를 내게 된 것이다.

물론 그 이전부터 국방부, 정치계에 있던 항공인들의 활동도 있었다.

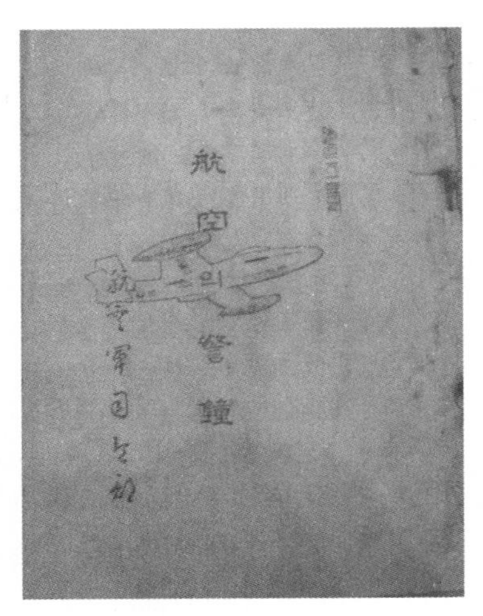

공군역사기록단 제공

1948년 11월 30일 제헌국회에서 통과된 국군조직법이 있다. 이를 통해 이승만 대통령은 공군의 독립을 명시하고, 지속적으로 항공력을 확보하고자 하였다. 그리고 국군조직법안 제23조에 "육군에 속한 항공병은 필요할 때에는 독립된 공군으로 조직할 수 있다"고 규정함으로써 항공대가 공군으로 독립할 수 있는 여지를 만들어 놓았다. 국방부 차관으로 있던 최용덕, 국회 국방위원회 권기옥, 여타 국방부에 있던 항공인들의 숨은 역할도 컸다. 그러나 독립의 시기가 과연 언제가 될지는 누구도 장담할 수 없는 상황이었다.

김정렬 장군이 발간한 소책자는 제1장 국방론, 제2장 북한의 항공세력, 제3장 남한 대 북선(북조선) 분쟁 가상, 제4장 비행사의 악몽(X월 Y일 남한 피습에 따르는 비극, 제5장, 육상부대에 미치는 영향, 제6장 대책, 결론 등으로 구성되었다.

제1장에서는 가상 적국, 내란(남한 대 북한)의 가능성 등 2절로 나누어 제1의 가상 적국을 북한, 제2의 가상 적국은 북한을 지원하는 소련, 제3의 가상 적국은 일본이나 중공을 들었다. 그는 북한과의 전쟁이 제3차대전 같은 전면전보다는 국지전이 될 것이라고 전망하면서 이에 대비한 공군력 증강을 강조했다. 제2장 북선(北鮮)의 항공세력에서는 정보수집 방법, 북선의 항공세력 개관, 북선 비행기 무장의 기준 등의 3개 절로 나누어 북한 공군력을 정리하였다. 북한 공군력에 대해 그는 신의주에 소련제 전투기, 고등연습기 등이 있으며 전투 가능한 전투기가 10대 이상 있을 것으로 보았다.

북한 공군은 원산에서 일본제 97식 전투기로, 평양에서는 소련 훈련기 Y-2기, YT-2기 등으로 훈련하고 있다고 했다. 그러면서 공군 인원 약 2,000명, 총 전투 가능 항공기는 20여 기로 보고 있다. 김정렬 장군은 소련이 연료, 탄약, 폭탄을 지원하고 있는 점을 감안하면 그 이상의 전력을 갖추었을 수도 있다고 우려했다. 제3장 남한 대 북선 분쟁 가상에서는 분쟁 발발 시 북선 공군 사령관 작전 지도 방책, 북선 공군 사령관의 작전 지도 논평 등 3개 절로 나누어 북한 침공을 상정하고 있다. 그는 다음과 같이 말한다.

> 삼발이는 삼각 중에 일각이 없어도 기립할 수 없다. 우리가 육군과 해군을 가지고 국방력 전체에 대하여 자기만족이나 공상적 자기 우월이 있으면 아니 되고, 또 경제 상태, 민생 문제를 빙자하여 공중세력에 관하여 등한시하거나 태만을 하여서는 삼발이의 일각을 기피함과 흡사한 과실을 범할 것이다.[162]

마치 오늘날의 공군현실에 대해 경고하는 듯하다.

제4장 비행사의 악몽에서는 개전, 제1격, 제2격, 야간 공격, 제3격 등 모두 5개 절로 나누어 북한 공군의 공중 공격에 무기력하게 당하는 서울 등 남한 지역의 피해를 상상하고 있다. 제5장은 지기에 관한 문제, 병력 분산, 집중 곤란, 제5열의 봉기 등 모두 4개 절로 나누어 북한의 공중 공격이 육상부대에 미치는 영향을 다루고 있다.

제6장은 이러한 가상침략에 대한 대책을 논하고 있는데, 비행기 입수에 관한 문제, 인적 요소에 대한 문제, 공군에 필요한 예산 문제, 육해공 병력 비율에 관한 문제 등을 다루고 있다. 모두가 정치적, 군사적 상황을 정확하게 예측한 시나리오였다. 이후 전쟁이 일어나고, 다행히 미군의 신속한 참전과 유엔군의 신속한 결집으로 적의 침략을 막아낼 수 있었으나 김정렬 장군이 『항공의 경종』에서 보여준 예지력은 섬뜩함마저 느끼게 해준다. 그는 결론에서 이렇게 말한다.

> 타에 의존하지 말고 타에 이용당하지 말자. 남북통일도 우리의 才智(재지)에서 나오는 것이요, 작전계획도 자주적으로 입책하여야 된다.[163]

---

162) 김정렬, 『김정렬 회고록』, 을유문화사, 1993, 349쪽.
163) 같은 책, 353쪽.

그는 마지막으로 이렇게 토로한다.

> 설사 미국에서 원조가 없다면 비행기를 제조하는 나라 영국이나 프랑스에서 매득하여도 좋지 않으냐! 불근 마조가 떨어트리는 폭탄 아래 귀중한 인명과 자재가 희생되어 영구히 번영할 대한민국이 위기에 빠지게 될 경우를 생각할 때, 무슨 대가를 지불하여도 여기에 대비할 필요가 있지 않으냐? 요컨대 비행사의 악몽이라는 희곡은 우연한 영감에서 나온 것이 아니라 과학적 연구와 귀중한 전투경험에서 나온 것을 인식하기 바라며, 항공부대 장병은 일조 유사시 창공의 화랑도의 정화를 발휘할 각오이므로 강호제현은 정당한 판단 아래 편달과 후원이 있기를 바라 마지않는 바이다.[164]

이 작은 책자는 그 분량에 비해, 울림은 상당히 컸다. 이를 통해 군 지도자의 인식 재고와 함께 이승만 대통령의 이해를 받아낸 것은 커다란 수확이 아닐 수 없다. 이러한 분위기에 힘입어 1949년 동년 10월 1일, 즉 책이 나온 지 6개월 후 마침내 공군은 육군으로부터 독립되어 한국의 군대는 육해공 3군 체제로 정립된다. 국민들은 비행기 헌납금 운동을 전개하였으며 그 결과 이듬해 5월에는 캐나다제 AT-6 10대를 구입하는 데 이른다. 그러나 북한의 전면적인 침략은 너무도 빨리 오고야 말았으니, 시간은 기다려주지 않는다는 점을 새삼 깨닫게 하는 역사적인 교훈이 아닐 수 없다.

---

164) 같은 책, 353쪽.

✈ '대한민국 공군'의 창군

'조선경비대항공대'에서 '육군항공대'로

공군본부 청사 서울 관악구 남현동에 위치(1949. 12. 17.)
(공군역사기록단 제공)

『공군사』 제1집 28쪽, 미군으로부터 인수한 L-4 항공기를 정비하는 항공기지부대 정비사들(공군역사기록단 제공)

1948년 7월 12일 항공병 1기생 78명이 입대하고 7월 27일 항공부대 명칭을 항공기지부대로 개칭하고 기지를 수색에서 김포 양서면 송정리로 이동하였다. 구성은 장교 9명, 사병 61명이었다.

8월 15일 대한민국 건국이 선포되고 다음날 8월 16일 항공부대 사령관 최용덕 대위는 국방부 차관으로 전임되었다. 항공부대 사령관으로 이영무가 새로 임명된다. 9월 1일 항공부대가 김포비행장으로 이동하고 실질적인 공군 활동의 중심지가 된다.

항공기지부대는 '육군항공사령부'로 개칭되면서 전반적인 기구 개편이 단행되었다. 육군항공사령부의 예하부대로서 여의도 비행부대(부대장 김정렬), 김포항공기지부대(부대장 장덕창)을 창설하고 비행부대는 다시 3개 소대로 나누어 제1소대장

封建生活을刷新

<동아일보> 1949년 9월 16일 오늘 제1회 항공일

蒼空에銀翼亂舞

<동아일보> 1949년 9월 16일 제1회 항공의 날 보도 기사

김영환, 제2소대장 장성환, 제3소대장 김신 소위를 임명하고, 비행 훈련이 시작된다.

9월 13일 육군항공사령부 예하 항공기지부대에 통신중대가 창설되면서 공군 업무가 시작된다. 9월 15일에는 태극마크를 단 L-4 10대가 서울 상공에서 시위 비행을 하였다. 10월 여순반란 진압작전에 L-10기(시속 136킬로미터, 2인승) 10대가 출동한다. 미군으로부터 L-5기(시속 209킬로미터) 두 대를 더 인수받고 12월 1일 '육군항공사령부'를 '육군항공군사령부'로 개칭한다. 12월 2일에는 미군으로부터 여의도기지를 인수받는다.

12월 15일, 국회에서 국군조직법 항공관련 법안이 통과되면서 통위부는 '국방부'로, '조선경비대'는 '대한민국 육군'으로, '해상경비대'는 '해군'으로 정식 편성된다. 그리고 L-5기, 8대를 미군으로부터 추가로 인수받는다.

대한민국 항공대 요인들은 1949년 2월 방한했던 로얄(Kenneth C Royall) 육군장관과 웨드마이어(Albert C. Wedemeyer) 중장에게 청원도 했으나 성과가 없게 되자 이승만 대통령은 유엔특사로 도미해 있는 조병옥 특사에게 애치슨 국무장관, 웨드마이어 육군총장, 키(Kee) 하원 외교분과 위원장 등에게 군사원조를 공개적으로 요청토록 했다. 그러나 미 국민의 여론에 호소하려는 이승만 대통령의 계획은 오히려 미국 정부의 반발을 사게 된다. 이와 같이 대미 교섭이 실패로 돌아가자 정부는 전 국민에게

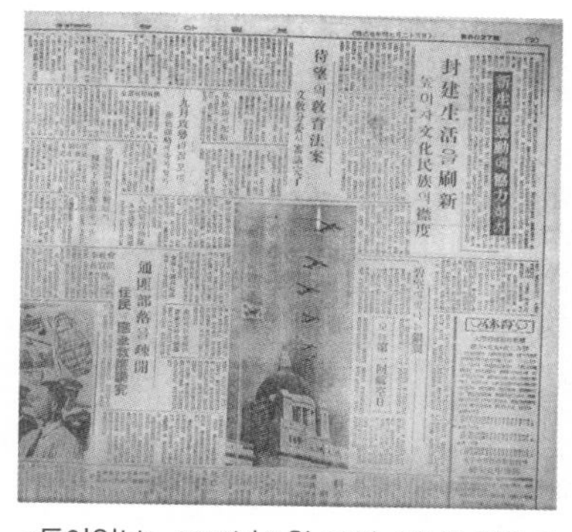

封建生活을刷新

<동아일보> 1949년 9월 16일, 제1회 항공의 날 보도 기사

애국기 헌납운동의 전개를 선언, 모금 활동을 벌였다. 국민의 절대적인 호응으로 당초 목표액 2억 원을 넘는 3억 5,000만 원이 마련되자 1950년 3월 캐나다제 T-6형 항공기를 계약, 1950년 5월 14일 전량 10대가 도입되었고 이 항공기는 1962년 12월 1일, 퇴역 시까지 전투기 겸 훈련기로서 588명의 조종사를 양성한다.

1949년 3월 15일 육군항공사관학교에서 1차, 44명이 입소하여 훈련을 받고 이들은 동년 4월 15일 육군 소위로 임관되었다. 4월 10일 이승만은 유엔대표 조병옥 특사를 통해 미국에 육군 10만, 해군 1만 공군 3000, 민병대 5만, 경찰 5만 병력 운영 군사원조, 전투기 75대, 폭격기 12대, 연락 및 정찰기 30대, 수송기 5대 등의 지원을 요청하였지만 거부당한다. 6월 10일에는 제1기 사관후보생 96명이 입교한다. 1949년 6월 27일 육본에 공군 창군 준비를 위한 항공국을 설치하고 1949년 9월 15일 제1회 항공일 기념행사를 가진다.

1949년 9월 15일자 <동아일보>는 "벽공에 빛나는 은익"이라는 제하에 이날이 제1회 항공일이라고 소개하며 중앙청 상공을 나는 육군항공대 비행

1 L-4 인수 축하비행
2 연설 중인 최용덕 장군

위.. 공군 초창기 보유한 L형 항공기 아래. 1951년 공군 창군 2주기 기념행사를 한 공군 장병들(공군역사기록단 제공)

기 사진을 실었다.

오늘은 민국 수립 이후 처음으로 우리 강토의 벽공을 우리의 아들들이 자유스럽게 은익의 빛내고 날은 지 첫 돌을 맞는 제1회 항공일이다. 그러므로 육군항공사령부를 쓰고 약진에 약진을 거듭하는 항공군의 뜻깊은 이날을 거족적으로 기념하는 동시에 벽공을 동경하는 젊은 남녀들의 항공사상을 앙양시키는 의미에서 제1회 항공일의 뜻깊은 행사가 거행된다. 이날 행사는 시내 이어 여의도비행장에서 상오 O시부터 대통령 임석하 공준 관병식을 비롯한 공중 묘기와 전투기 포탄 투하, 낙하산 강하 실연 등을 비롯한 항공인이 가진 기능과 우리의 자랑인 항공의 선구자 안창남 비행사의 일대기 등을 화면을 통하여 일반에게 공개하게 될 것이다.[165)]

이어서 9월 16일자 같은 신문에서 "창공에 은익 난무–항공 대한의 기염 드높다/제2회 항공일 기념행사 장관"의 제하에 각종 항공 시범 활약상을 소개하고 있고 구름같이 모여든 사람들 위로 V자형으로 날고 있는 항공대 비행편대의 모습을 사진에 담았다. 또한 낙하산 강하하는 사진도 실었다.

---

165) <동아일보>, 1949. 9. 15.

1950년 4월 <월간 공군> 창간호(공군본부 정훈공보실 제공)

'육군항공대'에서 '대한민국 공군'으로

미국 육군항공대가 공군으로 독립한 것이 1947년 8월 17일이었다. 대한민국 공군이 육군에서 독립한 것은 1949년 10월 1일이다. 미 공군이 미 육군으로부터 독립된 지 만 2년 만이다. 신생 국가가 세계 최강의 군 체제를 모범으로 삼아 공군을 독립시킨 것은 항공 선각자들의 예지와 의지가 아니었으면 불가능했던 일이다.

마침내, 1949년 10월 1일, 대통령령 제254호에 의거 육군항공기지 사령부를 육군으로부터 독립시켜 대한민국 공군으로 창군하였다. 대통령령 제254호 공군본부 직제에 의거 국방부 별관에 공군본부를 설치하고 총참모장으로 김정렬 대령을 보임하였다. 공군본부를 인사국, 정보국, 작전국, 군수국 등 4개 일반 참모부와 고급부관실, 재무감실, 법무감실 등 3개 특별 참모부를 편성한다. '육군항공사관학교'를 '공군사관학교'로, '비행부대'를 '공군비행단'으로, '항공기지부대'를 '항공기지 사령부'로, '여자 항공교육대'를 '여자 항공대'로 개편했다. 이 밖에 공군병원과 공군보급창을 신설하였다.

또한 후일을 위해 공군기지를 확보하였는데 기존의 김포와 여의도기지 외에 수원, 군산, 광주, 대구, 제주 5개 기지에 기지부대를 파견하고 일본군이 건설했던 여의도, 김포, 수원, 평택, 대전, 대구, 군산, 수영, 김해 포항, 울산,

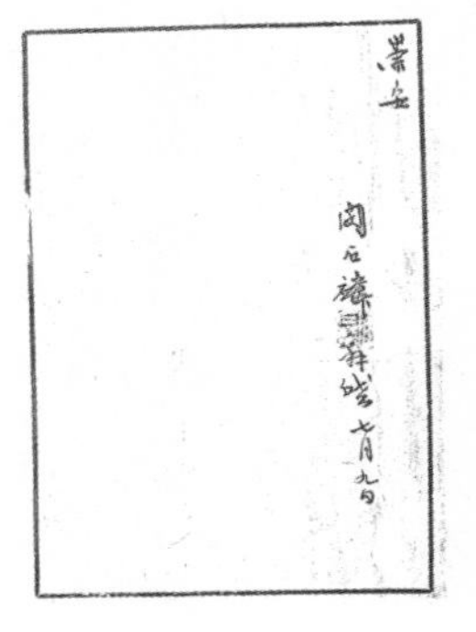

김신 장군의 귀국에 대하여 편이를 부탁하는 공람. 발신 : 민석린 부단장, 수신 : 오철성 비서장, 1946년 7월 9일(대한민국 임시정부 문서편람, 지인사, 최종건 저, 1976, 470,471쪽)
오철성(吳鐵城) 비서장 각하, 우리나라의 김구 선생의 둘째 아들인 김신(金信)이 전에 중국 공군총사령부의 파견으로, 미국에 가서 실습을 받을 때에 미국 측으로부터 공군제복과 장비 등의 용품을 지급 받았으며 또한 라디오 1대를 구득한 바가 있습니다.(모두 금물품이 아님) 이제 김신이 수일 내에 곧 환국할 예정인데, 그 물품이 혹시 세관에 압류될까 염려되어서 온정하오니 세관 당국에 공람을 보내서, 사정을 설명하여 오해가 없도록 편이를 보아주시면 대단히 감사하겠습니다. 7월 9일 민석린(閔石麟) 경배.

광주, 진해, 제주, 모슬포 등을 관리하였다.

1950년 1월 중국에서 미국 민간지원 항공대 대장으로 용맹을 떨친 세놀트(Claire L. Chennault) 장군을 초빙하여, 그로 하여금 F-51 전폭기 25대에 상응한 대한 원조계획을 미국 정부에 요청하였으나 맥아더 원수의 거절로 실패했다. 1월 5일에는 공군 헌병대가 창설되어 한국전쟁 중에 특공 임무를 펼치며 맹활약한 바 있다.

동년 2월 15일 항공기술원 양성소를 개설하고 3월 3일 제1기 정보장교 후보생 교육을 실시했다. 이후 전쟁 기간 중 공군 정보부대는 항공정보수집 등 활약하였고 적 지역 첩보 활동 등 위험한 임무수행 중 다수가 전사하였다.

동년 4월 28일 북한 공군 소속 이건순 중위가 IL-10기를 타고 귀순한다. 1950년 5월 최용덕 장군이 공군사관학교 교장이 되고 5월 14일 국민헌금으로 구입한 캐나다제 AT-6 10대에 대한 항공기 명명식이 여의도기지에서 이승만 대통령, 신성모 국방장관을 비롯, 시민들이 참석하여 성대하게 거행된다. 이들 항공기는 국민의 애국심을 기리고자 '건국기'라 명명하였다.

최용덕은 1950년 5월 14일 비행기가 도입되는 날, 국방부 차관직을 사임하고 공군사관학교교장으로 보직발령을 받는다. 이때 최용덕 장군은 <월간 공군> 창간호' 에 다음과 같은 글을 남긴다.

예고도 없이 왔으나 옛 고향을 찾아온 듯 감에 (…) 몇 마디 말하고자 한다.
1. 질서 있는 단체는 질서없는 단체를 이길 수 있다
이것은 모 군사평론가의 말이지만 특히 과학의 선단을 걸어가야 하는 공군으로서 또한 가장 긴요한 소수의 인원만으로 구성된 공군으로서 특히 명심하여야 할 말이라고 생각한다.
2. 명령복종에 솔선수범하라
각관은 자기 부하에게 명령 복종할 것을 강조하는 한편, 자기 자신 상관의 명령에 대하여 진정으로 양심껏 복종하여 부하에게 수범하여야 한다.
3. 우리의 일은 우리의 힘으로 성취하고야 만다는 기혼을 가지고 나서라
공군의 기초를 닦겠다고 모인 현 공군의 장병이 현 공군의 기초를 닦지 않으면 누가 닦아주리오.
4. 국민이 기원하는 바에 보답하라
국민은 현 국가 건설 중에서도 국군 건설에 많은 부단(負但)[166]을 이행하고 있다. 이 모든 국민의 원조와 기대에 어그러지지 않도록 힘껏 일할 것이며 씩씩한 공군을 건설하여 주기 바란다.
요컨대 공군 건설의 초석이 되리라고 모인 각 관은 각각 직책에 따라 상호협조할 것이며 솔직 결백 담백하게 가장 양심껏 복종할 것을 요망한다. 끝으로 객관의 건강을 빈다.[167]

166) 무릇 짐을 지는 것.
167) 훈시, 국방부차관 최용덕, <월간 공군> 창간호, 공군본부 작전국(1950년 4월에서 5월 발행 추정).

우리는 대한민국 공군인이다

공군 출신이라면 '진주'라는 도시를 잊을 수 없을 것이다. 진주에는 '공군교육사령부'가 있다. 오늘날 공군은 공군교육사령부를 통하여 체계적으로 정예 공군병들을 양성하고 있지만, 초기에는 다양한 방식으로 공군병들이 되었다. 당시 공군병 양성 과정의 몇 가지 특징들을 보면 다음과 같다.

1. 공군병 배출의 모태가 된 학생항공연맹

조선항공 건설협회(대한항공협회 전신) 산하의 학생항공연맹이 초기 항공병(공군병) 배출의 모태가 된다.[168][169] 국내, 중국, 일본, 미국 등지에서 항공경험을 가진 젊은이들이 이 단체에 가입해 있었고, 공군 측에서는 1,300명의 인원을 인가받았다. 공군은 향후 공군병 양성을 위해 이들 젊은이의 명단을 확보하고 있었다.

2. 공군 창군 7인의 주역이 사병훈련 받고 항공대를 만들자, 이에 고무되어 제1기 및 제2기 항공병에 입대한 젊은 항공인들

그리고 1차로 육군항공사령부 창설 요원으로 105명을 과거 복무연한과 경험 순으로 추린다. 이들 중에서 조종, 통신, 정비 세 분야 위주로 유경험자들을 뽑아[170], 항공대가 독자적으로 운영되기 시작한 김포기지에서 1948년 7월 22일, 김신, 장성환, 신응균 등 78명을 입대시킨다. 이들의 훈련기간

168) 윤일균 장군 증언, 『6 · 25戰爭證言錄』, 공군본부, 2002, 576쪽.

169) 『6 · 25戰爭證言錄』, 공군본부, 2002, 576쪽.

170) 같은 책, 35, 36쪽.

정비를 하고 있는 공군 장병들(공군역사기록단 제공)

공식 계급은 이등병이었다. 하지만 이들을 공군병으로 양성한다기보다는 향후 공군의 중견 간부로 만들기 위해 항공 유경험자를 대거 확보한다는 의미로 해석할 수도 있다. 신응균, 장성환, 신유협, 고준식, 김영재, 한용현, 서한호 등 10명은 소위로 임관하게 된다.[171]

하지만 이들을 공군은 인사 기록상 공식적으로 항공병 제1기로 정리하였다. 제2차 항공 후보생 모집 즉 제2기 항공병 모집에도 항공 경험자들 위주로 뽑았다. 1948년 9월 18일, 항공병 2기생으로 주영복, 장성태, 전봉희, 구선진 등 398명이 입대하게 된다. 이들 중 김신, 주영복, 김두만 등은 조종사이자 공군참모총장을 역임하였으니, 이것이 공군의 지도자들을 배출한 항공병 제1기와 제2기의 특징이라 하겠다.

3. 항공병 제3기~7기

제3기부터 항공 무경험자들이 들어오기 시작한다.[172] 학력은 중졸 이상으로 당시로서는 높은 학력을 요구하였다. 주로 공군본부에서 일괄해서 뽑기도 했지만 공군 각 부대에서 자체적으로 뽑은 경우도 있었다. 1949년 2월 15일 항공병 3기생으로 327명이 입대한다. 국사, 국어, 영어, 상식 등 시험을 치러[173] 성적순으로 뽑았다. 훈련은 항공기지 사령부 기지부대 내의 신병교육대에서 했으며 4주 동안 제식훈련, 학과교육이었다. 항공병 7기의 경우는 전체적으로 모집을 하지 않고 각 부대에서 추천서를 통해 모집하였다. 교육 기간은 40일이었다. 교육 과목은 일본 군사학, 암기 과목, 집총훈련,

171) 같은 책, 36쪽.

172) 같은 책, 532쪽.

173) 같은 책, 539쪽.

제식훈련 등이었다. 제3기는 1949년 2월 15일 326명 입대, 제4기는 340명으로 동년 6월 13일, 5기는 252명으로 동년 8월 9일 입대, 6기는 230명으로 동년 8월 24일 입대하고 공군본부에서 모병을 직접 관장하였다.

정비실습을 하고 있는 공군 장병들(공군역사기록단 제공)

4. 비행장 보수 시설 확보 위한 전쟁 중 현지 입대한 공군병

전통적으로 그리고 오늘날에도 공군병들의 학력은 높지만, 당시에는 국졸 출신들도 일부 입대하였다. 공군 초기 비행장 개설, 보수를 위해서는 학력보다는 체력적으로 건강한 자들이 절대로 필요했던 것이다. 한국전쟁 당시 기지 지역의 현지에서 '징발에 관한 특별조치령'에 의거, 비행장 보수 요원들을 확보하기 위한 징용 대상자들 중에서 공군병들을 차출한 것이다.[174]

5. 공군 정보작전을 위한 민간인 차출에 의한 공군병 모집

이 경우는 더욱 독특한 경우인데 공군의 첩보 및 정보작전을 위하여 뽑힌 민간인들이 있었다. 공군에는 이미 정보부대가 있었으나, 이들은 사실 한국전쟁 중 미 공군 제6004부대(부대장 도널드 니콜스 Donald Nichols)가 우리 공군 당국과 사전 협의나 승낙도 없이 임의로 '공군 모집'이라 선전하여 숫자 미상의 많은 인원을 모집하여 첩보 교육 후 적진에 투입시킨 것이다.[175] 이들 중 상당수가 군적과 군번도 없이 작전 중 전사, 실종 등으로 희생되었다. 유족들이 공군 당국에 항의하였고 공군은 사후 조치로 1952년부터 1962년까지 4회에 걸쳐 공본 특명 제2호에 의거, 공군의 군번을 부여

174) 같은 책, 537쪽.

175) 같은 책, 578~580쪽.

하여 명예를 회복시켜 주었다.[176] 이 밖에 공식 모집이 아닌 육군에서의 전출, 추천과 편입 방식 등으로 공군병이 된 경우도 있다.

공군 헌병대원들 북한군 조종사를 사살하다

1950년 6월 25일 북한의 기습 전면 남침으로 서울은 3일 만에 적의 수중으로 떨어졌다. 6월 27일 김영재 소령과 장지량 소령의 각각 지휘하에 21대의 비행기와 20여 대의 트럭으로 수원으로 철수하는[177] 상황에서 최초의 공군 병사들의 교전이 있었다. 6월 27일 김포기지 헌병대 근처에서 북한군 전투기 야크기가 격추되었다. 공군 헌병대원들과 북한군 조종사 간의 교전 끝에 그 조종사를 사살하였다.[178]

공군 헌병대, 여의도기지 탈환작전

공군 헌병대는 1950년 1월 5일 육군으로부터 장교 5명, 하사관 및 병 23명을 전입시켜 창설되었다. 1950년 6월 28일 서울이 북한군에 함락되자 공군 전부대가 수원기지로 이동한 상태에서 7월 2일 야밤에 30명의 헌병 요원들로 구성된 헌병 특공대는 수원을 출발, 미명을 기해 여의도비행장 탈환작전을 감행, 비행장에 주둔 중이던 북한 1개 중대를 격퇴시키는 전과를 올렸다.[179] 북한군을 퇴각시킨 후 여의도기지 내에 태극기를 게양했지만 육군 지원군이 오지 않고 적의 포 사격에 의한 반격이 시작되자 눈물을 머금고 후퇴하였다.

서울 수복과 북진 당시 공군병들의 활약

1950년 9월 인천상륙작전이 성공하자, 공군 헌병대 60여 명이 미군과

---

176) 같은 책, 537쪽.

177) 같은 책, 147쪽.

178) 김득룡 장군 증언, 같은 책, 208쪽.

179) 같은 책, 690쪽, 691쪽, 697쪽, 698쪽, 702쪽.

합동작전으로 육군보다 먼저 서울로 진주하였다.180) 북진을 하면서 적의 비행장들을 접수하고 공군 헌병대는 비행장 경비, 적 공군 정보수집, 치안 질서 확립 등의 활동을 펼쳤다. 평강비행장에서는 적과 교전을 하면서 공군 헌병대원 일부가 전사하였다.181)

1·4후퇴 이후 공군 조직 재정비와 진해기지 확장에 참여

중공군의 개입으로 전선이 다시 밀리면서 공군도 후퇴를 하였다. 공군은 1951년 1월 초까지 서울, 대전, 대구 등으로 철수하면서 공군기지와 조직의 재정비에 주력하며 장기전에 대비하기 시작한다. 전투조종사 양성과 전술전기 연마 주력, 육군 각 군단에 파견된 정찰비행대는 육군 지원, 전투부대를 지원하기 위해 대전기지에 백구부대 창설, 공군본부와 백구부대 및 각 기지 경비요원을 제외한 공군 전 부대의 제주기지로 철수 등 부산하면서도 역동적인 공군 재정비에 우리 공군병들의 활약이 컸다.182) 특히 1951년 7월 진해기지에 활주로를 확장하는 작업을 펼치는 데 많은 공군병들의 활약이 있었음을 두말할 필요 없다.

공군 정보작전에 활약한 공군 병사들

공군 정보요원들은 전쟁 기간 비행기 탈취작전, 적 후방 파괴 및 교란작전, 기습작전, 해상작전, 북한군 항공대 각종 문서 획득 등 다양한 정보작전을 펼쳤다. 정보작전을 전개하면서 공군병들의 희생이 다수 있었다. 특히 서해안 초도, 무도, 석도, 연평도 등지에서 북한군의 귀순병들을 유도해내는 작전을 펼치다가 이종상, 유찬상 이등병 등이 전사하였다.183) 북한의 미그15기의 조종사의 생포 작전을 펼치다가 윤봉희 이등병이 전사하기도 하였다.184)

---

180) 곽정수(1965년 당시 대위) 증언, 같은 책, 339쪽.

181) 같은 책, 706쪽, 707쪽.

182) 위의 책, 351쪽.

183) 같은 책, 604쪽.

항공병 제1기의 통신 및 기상 업무의 구축

통신 병력의 증강은 1951년 2월 1일 장교 23명, 사병 128명으로 이루어졌고 통신 파견도 공군본부, 진해, 제주 모슬포, 부산, 대전, 사천 일곱 군데나 운영하게 된다.[185] 여기에는 항공통신 유경험자들인 40여 명의 제1기 항공병들의 역할이 컸다.

공군본부 군악대 창설의 주역 병14기와 병15기

공군에 전투기도 없던 한국전쟁 초기, 군악대의 창설은 사치스러운 일로 치부되었다. 그러나 그럴수록 군악대의 필요성을 알고 있는 신동우 중령은 은밀하게 창설 준비를 진행하였다. 경찰 군악대원들을 빼돌린 사건은 극적이다. 공군 군악대를 준비하던 정서봉, 김경오 등은 지리산 경찰악대를 찾아가 8명을 트럭에 태워 탈영시켰다.[186] 전투경찰 대원들의 추격이 있었으나 탈출에 성공한다. 후에 보고가 되어 치안국에서 체포하러 왔지만 경찰악대 탈영자들은 공군에 입대 절차를 마친 뒤였다. 치안국의 의뢰를 받은 공군 헌병대가 이들의 군 입대를 확인하고 없던 일로 하였다. 이렇게 해서 1952년 2월 2단계를 거쳐 50여 명의 군악대원을 편성한다. 이들은 현종건 이병 등 40여 명의 병14기와 김정범 등 10여 명인 병15기가 주축이 되었다.[187]

필자는 공군병 700기의 뿌리가 되는 공군 창군과 한국전쟁 당시 공군병의 모집과 활약을 중심으로 글을 썼다. 700기, 60여 년간 50여만 명의 공군병들의 역사가 오롯이 담긴 오늘날의 각 공군부대들의 광경을 보면 그들의 피와 땀이 고스란히 느껴진다. 앞서 살펴본 것처럼 공군병 선배들은 해방과 분단, 전쟁으로 이어지는 극한 상황에서, 또 개인적으로는 삶과 죽음의 기로에서 상실감과 목마름의 교차 속에서 국가 재건을 공군 초석을 다지는 삶을 택했다. 그것은 또한 지난한 시절 속에서도 자아를 찾아가는 도정이기도 했다.

---

184) 김의래(1965년 당시 상사)의 증언, 같은 책, 600쪽.

185) 같은 책, 657~663쪽, 685쪽.

186) 『공군군악사』, 공군역사기록단, 2008년, 76~80쪽.

187) 같은 책, 92~95쪽.

여자 항공대

여자항공대 풍경(공군역사기록단 제공)

공군복을 입은 '여성'을 오늘날에는 쉽게 상상할 수 있다. 하지만 1949년이라면? 쉽게 상상이 가지 않을 것이다.

공군에서는 1949년 2월 15일, 여자 항공교육대를 창설하여 이정희 중위를 부대장으로 임명했다. 창설 전에 1948년 8월에 후보생 50명이 2~3주간(15일에서 20일) 교육받았고 이 과정에서 35명이 탈락하고 15명만 입대시켰다. 1기생 15명은 기초 군사훈련과 통신, 정비, 기상, 조종 등의 과목을 배웠다. 조종교육은 L-4, L-5기 두 대로 엔진 분해 · 조립, 시운전 등을 배우고 비행기를 직접 타기도 하였다. 여자 항공대에서 이근석 장군은 이들에게 조종학을 가르쳤다.

이정희 비행사는 1920년 일본에서 비행술을 배웠다. 그 이후 이렇다 할 항공 활동은 없었던 것으로 보인다. 그는 1950년 4월에 발행된 <월간 항공> 창간호에 "공군과 여자 항공병"이라는 제하에 글을 남겼다.

> 여자란 두 자를 가진 우리에게는 국가 정책의 그 자체가 자유의 구속을 주며 감히 세상에 나서서는 말 한마디 변변히 못 하는 그야말로 본의 아닌 벙어리 생활에 쉴 새 없는 우울증을 느껴옴이 지어금에 이미 반만년이다. (…) 우리 여성에게도 남성과 같이 그 능력이 일반 세인에 인정됨과 동시에 국방의 국정에 기타 제반 방면에 절대적으로 남성과 같이 어깨를 겨누어서

활약하고 발전할 때는 왔다……[188]

이렇게 서두에서 글을 쓰는 소감을 밝히고 지나온 세월을 더듬는다.

……회고하니 아득한 27년 전에 본관이 처음으로 항공의 선조인 안창남 씨 향토 방문 비행을 보고서 그때 본관은 창공에 대한 지극한 동경심을 가졌다. (…) 24년 전 비행술을 배운 본관은 배울 때의 희망과 배운 후의 절망은 단문인 본관으로서는 도저히 그때의 쓰라린 심경을 표현하지 못한다. 배운 기술을 쓰지 못하고 원망하며 지내오던 가운데 단기 4278년 8월 15일(해방)을 당한 본관은 비로소 암흑에 잠기었던 나의 희망이 광명을 받게 되었다.[189]

해방을 맞이하고 나서 그녀는 일장기에 태극기를 그려 넣으며 광복을 기쁨을 만끽한다. 하지만 그것도 잠시, 미군정 통치라는, 해방 아닌 해방의 우울한 감정을 토로한다.

……약공장 생활을 집어치고 일본기를 꺼내 그리웠던 태극기를 마음껏 그리어서 지붕높이 걸어놓고 광복성업을 길이 축하하는 동시에 국위흥륭억만세를 기원하였다. 이러던 사이에 우리 항공인들은 또한 속속히 모여들어 이 나라 항공 건설에 그야말로 결사적인 불철의 운동을 거듭하여 보았다. 하나 악운이 나라의 애처로운 이 민족에게는 왜적이 물러간 뒤에 군정이 나타나서 우리의 자유는 왜정시대나 다름없는 구속에 또다시 들게 되었다. 더욱 우리 항공인들의 마음 앞에는 또다시 무거운 암흑의 장막이 나려 닫혔다.[190]

그리고 항공인들에 의해 항공대가 창설되자 자신의 역할이 있을 것으로 기대하고 여학교를 돌아다니며 항공사상에 대한 강의를 한다. 그리고 여자

188) 이정희, 「공군과 여자 항공병」, 〈월간공군〉, 창간호, 공군본부, 1950. 4.
189) 같은 책.
190) 같은 책.

항공대가 만들어진 과정을 소개하고 있다.

……그러나 그 암흑의 장막은 우리의 불굴한 열열한 충국 정신으로서 2년 만에 비로소 물리쳤다. 이리하여 단기 4281(1948)년 5월 10일을 당한 본관은 새로운 정신과 희망을 얻었다. (…) 우선 그 급선무인 국방의 요소인 항공사상을 전 국민에게 보급하는 것이 제일선책으로 생각됨에 드디어 서울시 27개소 여학교를 역방하며 천진난만한 우리 대한의 어린 여학생들에게 항공은 국가방어의 제일예봉이라는 항공에 대한 작렬한 사상을 주입시켰다. 그 후에 여학교에서 훌륭한 대한의 딸 50명을 선출하여 단기 4281년도에 서울 이화여자중학교 기숙사를 빌려갖고 50명의 여학생에게 항공 합숙훈련을 시작하였다.[191]

여자 항공대는 처음, '여자 항공교육대'라는 명칭으로 출발한다. 50명의 여자 훈련생에서 다시 15명으로 압축된다. 이들은 전쟁이 나기까지 훈련을 계속 받는다.

……각자 부모에게 딸을 맡은 본관의 심정은 별안간에 15명의 딸을 가진 것 같이 한편으로는 든든하고 한편으로는 잠들기 전에는 잊을 수 없는 극정 건심(걱정근심)꺼리가 됨을 누가 다 알아주리요. 주야를 막론하고 15명의 일동일절을 살펴가며 혹시나 무슨 사고나 나지 아니할까? 그 초조한 마음을 점시도 놓지 못한 채 어느덧 일주년을 닥쳐왔다.[192]

그리고 여자 훈련생들이 훈련받는 과정을 소개한다.

……남자에게 비하면 조금도 지지 않고 그 맹렬한 훈련도 그리 괴로움을 느끼지 않고 받아 나오며 그 어려운 항공학술도 뒤떨어지지 않게 배울 뿐만 아니라 발동기 실습이며 집총교련에도 씩씩히 총찬을 땅땅 쏘며 수십 리 원행로의 강행군도 절대 남자에게 뒤떨어져 본 적이 없었다. (…) 또한 작업

191) 같은 책.
192) 같은 책.

복을 입고 손에 기름칠을 하여가며 항공기 발동기를 분해 결합하여 시운전 하는 것을 정신없이 바라볼 때의 감상의 일편이란. 그저 사람은 남녀를 물론 하고 배워야만 알고 가르키면 능히 한다는 것을 본관은 절실히 느꼈다.[193]

그리고 여자가 비행사로서, 남자와 동등한 군인으로서 국방의 일을 할 수 있다는 자신감을 내비친다.

……본관이 일본 유학 시에 동경 입천(다치카와)비행장에 착륙한 것을 같이 기념으로 사진까지 찍은 일이 있을 뿐만 아니라 불란서 이후쓰 여사도 역시 일본 방문비행 시 만나 보았다. (…) 또한 제일차 세계대전에도 여성들이 저 유명한 B29로 일본을 맹습한 것도 공군 대위 김동업 씨로부터 들어서 알았다. 항공기술에 대하여 여자로서 할 수 없는 것은 다만 전투에 있어서 공중전투만은 제외하고 연락비행, 정찰비행, 수송기행 낙하산, 정비, 통신, 기상 같은 것을 능히 할 수 있는 것이다. 차 기술은 지력과 능력으로 충분한 것이며 완력은 필요 없는 것이다.[194]

이 창간호에는 조종하사관 교육대 민경수의 글도 실려 있었다. 비행 실습을 받는 모습을 실감 나게 표현했다. 그는 서두에 먼저 비행을 하게 된 기쁨을 드러낸다.

층운이 얕이 덮이고 미풍에 새싹 뻗은 풀잎도 팔락이는 4월 18일! 이날 드디어 나의 인생사상에 숙망의 항공이라는 2자가 이루어진 날이다. (…) 억세인 바람과 쇠처럼 굳게 뭉치어진 구름을 뚫고 이제 세계 아니 대우주의 패자가 되리라는 거대한 희망과 추장한 이념을 품고 이 나라 항공대한의 조그마한 독수리의 병아리가 된 것이다. 처음 나의 것으로 본 하늘, 이제 배움의 전당이 될 피스트, 나의 애기가 될 비행기 모두가 나에게는 새로웠다.[195]

---

193) 같은 책.

194) 같은 책.

195) 민경수, 「공군과 여자 항공병」, 〈월간공군〉, 창간호, 공군본부, 1950.4.

그리고 비행의 순간을 묘사한다.

……이렇듯 조작을 하는 동안에 어느 순간 서측 하늘을 향하여졌을 때 나도 모르게 '아버지! 경수가 이렇게……' 하고 가슴에 그 무엇인지 치밀어 오르는 것을 느꼈다. (…) 기는 어느덧 교관의 조타로서 강하자세로 들어갔다. 강하하면서 비행장 상공을 통과하며 위치 지형 등 앞으로 참고로 될 것을 관찰하며 기의 착륙 조작을 감득하였다.[196]

첫 비행을 마친 소감을 이렇게 밝힌다.

저 한없는 대우주에 날개 치어 무수한 천체들을 나의 동무로 보고 이제 하늘의 왕자가 될 이 나라의 수리병아리들, 교관과 사관께 절대 신임 복종하는 고귀한 정신, 조종은 숭고한 무도이다. 건실웅대 차[197] 장엄한 저 하늘의 패자! 이들이야말로 이 나라를 받들어 민족을 이끌어 나아갈 이 나라의 산(생) 젊은 수호신이 아니고 무엇이랴?[198]

김경오 여사는 해방 후 첫 '여성 비행사'로서 공군 초기 활약했다. 공군에서는 '통신' 병과였지만 비공식적으로 비행훈련을 받아 조종사가 되었다. 김경오 여사는 노년임에도 항공 발전을 위해 여전히 활발하게 활동하고 있는 것으로 알고 있다. 김경오 여사가 여자 항공대와 관련하여 남긴 글을 읽어보자.

우리 1기생은 1949년 2월 15일에 여자 항공교육대에 입교했습니다. (…) 여자 항공병은 제2기생까지 있었는데 모두 합해서 60명이었습니다. 그나마 전쟁 중에 납치된 사람도 있고, 또 가정형편상 결혼한 사람도 있고 해서 1954년 현재 우리 두 사람, 김경오 중위, 윤금숙 준위만 남았습니다. 과거 여자 항공대장이 이정희 대위였는데 그분은 여류 비행사였습니다. 그분은

196) 같은 책.

197) 且: 그리고.

198) 민경수, 「공군과 여자 항공병」, 〈월간공군〉, 창간호, 공군본부, 1950.4.

전쟁 중에 이북에 납치되었습니다.[199]

전쟁이 아니었다면 여자 항공대가 체계적으로 발전해서 오늘날 또 다른 모습으로 남아 있었을지도 모르나 전쟁은 공군에게 여자항공대를 존속시킬 여력이 없었다. 그리고 그로부터 수십 년이 지나서야 비록 '여자 항공대'는 아니지만 그 후배들이 공군에서 활약하며 그 계보를 이어가게 되었다.

일제강점기, 권기옥, 박경원, 이정희, 김복남 등의 계보를 이어 해방 후 공군의 여자 항공대가 잠시 있었다가 전쟁으로 폐지되었다. 여자 항공대는 아니지만 공군사관학교가 여자 생도를 받아들이기 시작한 것은 1997년부터이다.

1997년은 공사 제49기생으로 최초 여생도가 탄생한 해가 되었다. 오늘날 공군사관학교를 졸업한 여성 공군 장교들은 조종 등 각 병과에서 활발하게 활약하고 있다.

---

199) 『6 · 25전쟁 증언록』, 공군본부, 2002, 44~45쪽.

북한군이 심상치 않다

북한공군 IL-10 전투기 『공군사』 제1집 67쪽.

해방 후 38선에 의해 분단된 채 북한은 북한대로 남한은 남한대로 군대를 만들었다. 정식 군대 양성이나 강화는 미소 간 국제적 외교적으로 민감한 문제이므로 대놓고 증강을 하지 않았다. 남한의 경우는 북한을 자극할 수 있다는 이유로 공군과 해군에 대한 미국 측의 군사적 지원은 거의 없었다고 봐도 무관하다. 그렇다고 육군은 무기를 강화했느냐 하면 그것도 아니다. 전차 한 대도 없는 군대였으니까.

북한은 사정이 다르다. 1947년에 북한군의 군사력은 이미 상당한 규모로, 소련으로부터 지원받은 신무기 등으로 무장하였다. 평양에서 1947년 7월 27일 인민군 사열식이 있었다. 그리고 미소 양군의 한반도에서 철군 문제가 부각된 1948년 12월 말까지 철군을 완료할 것이라고 발표하고 미군도 철군하라고 요구한다. 소련은 철수하면서 북한군에 장비를 이양해주었다. 미군이 철수할 때 무기 이양이 미미했던 것과 비교되는 대목이다.

1948년 12월 말 북한 공군은 소련으로부터 지원받은 100대의 항공기로 무장하였다. 1949년 3월 추가로 150대를 지원받기로 약속하고 1949년 12월에는 북한 민족보위성 예속 항공대대가 항공연대로 증편되었다가 항공사단으로 증편된다. IL-10기, 야크-9기 등 각종 항공기를 바탕으로, 습격기연대, 추격기연대, 교도연대, 공병연대를 편성하였다.

美蘇戰略의 解剖

美民族獨立을支援

亞洲의 赤色溫床除去

<동아일보> 1950년 3월 2일 냉전구도 분석 기사

오늘은 植木日

山을 綠化하자

重疊되는 受難

最新式 美 飛行機 50臺

品質은 低

<동아일보> 1950년 4월 5일. 최신식 미 비행기 50대 미 항모 인천항에 입항, 경기지방서 편대비행 시범 기사

북한 육군의 경우, 1948년 12월 3일 소련의 전차연대가 철수하면서 T-34 전차 60대, 76밀리 자주포 30대, 사이드카 60대 차량 40대를 인민군 제105전차대대에 인계해주었다. 1949년에는 T-34 전차 100대를 넘겼다. 1950년 6월 북한의 항공기는 200여 대에 이른다. 해군은 대소형 함정이 35척에 이르렀다. 점령군이 철수한 후 1949년 3월 소련은 김일성이 모스크바를 방문했을 때 전투기 100대, 폭격기 30대 정찰기 20대 등 총 150대의 항공기를 추가로 제공하기로 약속했다.

1949년 3월이면 남한의 공군은 아직도 육군항공대에 속해 있는 형편이었다. 장비도 미군 연락기 L-4, L-5기 이십여 대가 전부였고 수송기, 전투기는 전무하였다. 1949년 10월 1일 육군항공대가 대한민국 공군으로 창군되었지만 전투기가 없는 상황은 마찬가지였다.

이것만 보아도 당시 남한의 군사력 증강이 북한을 자극한다는 주장 자체가 어불성설이었다는 것을 알 수 있다. 또한 남한이 북한을 침공했다는 주장이 거짓말이라는 것도 알 수 있다.

1950년 4월 전쟁이 일어나기 두 달 전, 북한군은 인민군 제4사단, 총 10개의 보병사단, 포 2,400여 문, 야크기 200여 대, 전차 240여 대를 보유하고 있었다. 이에 비해 남한은 육군 7개 사단에 해군 7,000여 명, 공군 1,800여 명 등 총 병력 10만여 명에, 전차와 전투기가 전무한 상태였고 개인화기도 보잘것없었다.

대한민국 공군을 위해 국민들이 뭉쳤다, 항공기 헌납운동

祖國防衛에總蹶起
航空機献納運動展開
公務員도十臺分을醵出

法院法公布

秋收前엔農改無望
從前의小作關係도踏襲

開天節慶祝式
江華島서擧行키로

模範眾員表彰

紅參販賣問題에

<동아일보> 1949년 9월 25일 항공기헌납운동 전개 기사

1949년 9월 25일자 <동아일보>는 "조국 방위에 총궐기/항공기 헌납운동 전개/공무원도 십대분(十臺分)을 거출"이라는 제하에 국민들이 대한민국 공군을 위해 전투기 마련에 직접 나섰다는 기사를 소개하고 있다.

같은 신문 9월 25일자에는 항공기 헌납운동 벌이기 시작 목표액 2억을 넘어 3억 5,000만 원을 접수했다고 헌납운동 현황을 보도하고 있다.

민간항공의 경우도 상황이 고무적이었다. 1949년 10월 16일 <동아일보>는 여객기가 드디어 도착했다는 소식과 함께 내월 초부터 취항 예정이라고 소개하고 있다. 이 비행기는 부산 옹진, 제주, 광주, 강릉 등 노선에 투입되는 165마력 비행기로 시속 130마일로 부산에 1시간 반 안에 도착한다고 소개하고 있다.

항공기 헌납운동은 김정렬 장군의 『항공의 경종』이 촉발시킨 것으로 신문에서 "항공기 구입기금 선량들이 40만 원 헌납했다는 10월 16일자 소개를 시작으로 다음 해 캐나다로부터 AT-6기를 구입할 때까지 모금 현황을 수시로 보도하고 있다.

1949년 10월 26일자 <동아일보>는 "제공은 국방의 제1선/강화하자!

制空은 國防의 第一線

强化하자! 蒼空의 要塞

<동아일보> 1949년 9월 26일자 항공기 헌납운동 기사 "제공은 국방의 제1선-강화하자! 창공의 요새"

창공의 요새" 기사를 내보내면서 항공의 중요성에 대해 언론으로서의 역할을 해주고 있었다.

국민의 성원에 감격한 나머지, 당시 현역 군인이 혈서를 쓰기도 했다.

> 혈서와 함께 헌납한 애국청년/오직 우리 민족 하나의 조국을 수호코자 군무에 종사하고 있는 현역 군인이 애국열에 불타는 거룩한 그 정성에 못 이겨 또다시 조국의 수호는 항공으로부터라는 혈서와 함께 항공기 구입기금을 총무처에 헌납하여 왔다 한다. 그런데 이 주인공은 제5육군병원에 근무 중인 2등중사 한용원 군인데 그는 동료 간도 모범 군인이라 한다.
>
> 이에 앞서 국무원회의에서는 각 국무위원이 솔선하여 항공기 구입기금을 헌납하기로 하였다 함은 기보한 바와 같거니와 이번 국무총리 이하 각 부처 장관 및 각 위원장 각 총국장 심계원장은 최고 3만 5,000원으로부터 최하 만 원씩 자진 거출하여 도합 45만 5,000원을 항공기 구입기금으로 헌납하였다.[200)]

1949년 10월 28일자 <동아일보>에는 "보내자! 항공기를/조국 방위와 치안에"라는 제하에 헌금운동 참여를 독려하고 있다.

> ……다시 생각하여 볼 때 만일 차기 대전이 벌어진다면 우리가 2차대전에서 체험한 해전이니 공중전투니 또는 육지로 산악 육박추격전이라던가 혹은 38선에서 일어나는 소전투 등 부지하세월의 지구전의 정도가 아니라 무선

200) <동아일보> 1949. 10. 26.

조종 로켓트 원자탄의 사용으로 승패는 불과 일주야를 전후로 결말을 질 것이고 우리가 염두에 그릴 수 있는 현대 공중전 같은 것은 도저히 상상의 일이 될 것이다. 더구나 서울을 동반구중심의 일단으로 생각하고 로켓트 원자탄으로 서반구에 보낸다면 단시간 이내로 도달할 것이다. (…) 이상과 같은 열국의 항공실정을 통하여 볼 때 자유스러운 평화경을 이르고 있는 우리나라의 항공실정은 어떠한가를 다시 한번 도리켜 우려하지 않을 수 없다. (…) 항공은 영웅적인 호거적 의욕에서 항공을 지탕하는 것이 아닌 동시에 전쟁의 도구로 국한 것이 아니고 인류의 복리를 향상시키는 평화도구로의 사명이 큰 만치 거국항공의 의지로 긴밀에 날개 있는 국민이 되어 한국항공의 진로를 삼으려 할 것이 아닌가."[201]

航空機基金二千萬圓

이 李大統領에 獻納

殿打嫌疑가濃厚

關係者拘束調査

農林部事件 求刑

<동아일보> 1949년 10월 29일 "항공기금 2,000만 원 충남도민이 이 대통령께 헌납"

건국기 비행시범 장면

1950년 5월 14일, 여의도기지에서 항공기 명명식이 펼쳐졌다. 비행기들에게 '건국'이라는 이름이 붙여졌으며 각 호별 명칭은 다음과 같다.

건국 제1호(교통 제1호), 건국 제2호(전북학도 제1호), 건국 제3호(전남학도 제1호), 건국 제4호(전매 제1호), 건국 제5호(충남 제1호), 건국 제6호(체신 제1호), 건국 제7호(국민 제1호), 건국 제8호(농민 제1호), 건국 제9호(南電

201) <동아일보>, 1949. 10. 28.

건국기 명명식 기념행사 기록화(공군역사기록단 제공)

제1호), 건국 제10호(경북 제1호)

T-6 건국기는 6 · 25전쟁 기간 적진 출격 28회, 정찰비행 19만 6,796회, 전단 살포 464만 4,000매, 연락비행 1,078회의 전과를 거둔다. 정예 조종사 양성을 위한 훈련기 역할에도 충실해 588명의 보라매들을 키워내기도 하였다.

1962년 12월 1일 여의도기지에서 성대하게 거행한 T-6 건국기 퇴역식은 장성환 참모총장을 비롯한 역대 참모총장들이 참석하여 거행되었다. 격동의 세월을 인고의 비행으로 버텨온 건국기였다. 참석자들은 프로펠러에 꽃다발을 걸어주며 생사고락을 함께한 '노병'의 마지막을 아쉬워하였다. 이날 장성환 참모총장이 이례적으로 5쪽 분량의 담화문을 발표할 정도로 T-6 건국기가 우리 공군에서 차지해온 상징적 위치와 역사적 가치는 대단한 것이었다.[202]

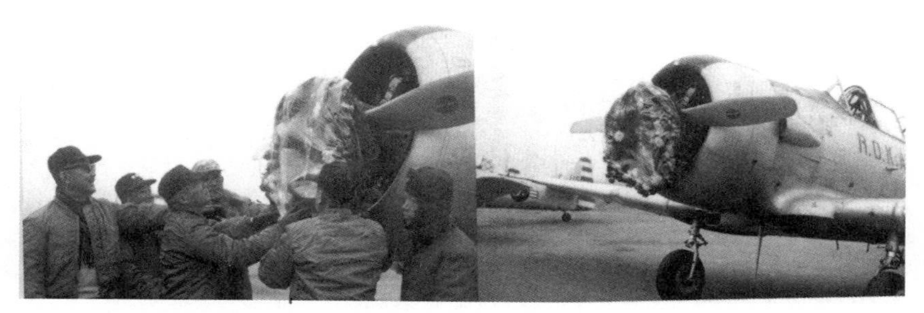
1962년, T-6 건국기 퇴역식 행사 장면(공군역사기록단 제공)

202) <월간 공군>, 공군본부, 2007년 12월호.

3 신념의 조인들

환도시초(還都時抄)

사람들이 서울로, 서울로 올라온다. 모든 것을 파괴하고 사람의 마음마저 황폐화시킨 전쟁은 끝났으나 그 결과는 참담한 지경이다. 산은 모두 민둥산이 되었고 집은 폐허가 되었다. 필자는 유년기를 관훈동, 인사동에서 보냈다(1957년~1963년). 파고다 길 건너편에 있던 옛 종로구청 뒤 주택가에 필자가 살던 집이 있었다. 지금은 다른 건물이 들어서고 작은 골목만이 그대로다. 작은 골목길 안에 기와집들은 음식점이 되어 있다.

1960년대 초일 것이다. 거리로 나가면 바로 YMCA 종로 거리가 나온다. 그 주변에 흘러나오는 노래는 '노란 샤쓰 입은 사나이' 따위 경쾌한 템포의 음악들도 있었지만, '불나비'같이 왠지 비에 젖은 낙엽들이 바람에 날리는 스산한 분위기를 자아내는 '끈적거리는' 유행가도 있었던 것 같다. 그 외 여러 노래들도 어렴풋이 기억이 난다. 그게 슬픔의 노래인지 아닌지, 그 당시 느낌을 정확히는 모르겠다. 다방 앞에는 늘 껌 종이들이 즐비했다. 다방 입구 계단에 앉아 그 껌종이를 모으던 어린 내가 기억에 남아 있다. 당시 종로거리는 십여 년 전에 전쟁이 있었는지조차 알 수 없을 정도로 평온했지만 오늘날처럼 활기가 넘친 것 같지는 않다.

초등학생으로 지낸 곳은 돈암동이다. 나는 그곳에서 비로소 이 땅에서 전쟁이 있었다는 것을 깨달았다. 수많은 거지 아이들, 허름한 양복에 팔이나 다리가 없는 사람들, 그리고 민둥산에 굴껍질처럼 빼곡했던 판잣집들…….

박목월 시인은 24살 젊은 나이에 등단했다. 그는 이미 18살 때 「통딱딱, 통딱딱」이라는 동시를 <어린이> 지에, 「제비 맞이」를 <신가정> 지에 발표하면서 일찌감치 재능은 드러났다. 전쟁 중에는 공군 종군작가단인 '창공구락부'에서 활약하다가 서울로 돌아온다. 말이 '종군작가단'이지 당시 공군 정훈감실이 오갈 데 없는 '작가'들을 챙겨주었다는 것이 더 정확할지 모르겠다. 오갈 데 없는 작가들, 시인들은 그 밥값을 했다. 그들이 정훈감실의 부름에 부응하여 주옥같은 글들을 남긴 것을 보면 공군 정훈감실이 두고두고 칭찬받을 일이다.

휴전이 되고, 목월이 서울로 돌아온 직후 지은 시가 바로 「환도시초」다. '고본'과 '전차' 두 개의 소제목으로 구성된 이 시는 1953년 11월호 <신천지>에 실렸는데 10월 15일에 쓰여진 것으로 보인다.

1953년 7월 27일, 휴전이 되었으니 남과 북은 정확하게 3년 1개월하고도 2일 동안 전쟁을 벌였다. 수백만 명이 죽거나 다치고 천만여 명의 이산가족이 생겼다. 이념의 가치가 민족의 가치보다 우선한다는 김일성 공산주의자들이 벌인 전쟁은 이렇게 참혹했다. 스탈린의 피의 숙청, 중국 공산화, 동유럽의 공산화, 공산주의 물결의 마지막 도미노 조각은 바로 한반도에서의 김일성이 일으킨 6 · 25전쟁이었다.

古本(고본)

마루 밑에서 책을 끄낸다/땅에 묻어 둔/全集(전집) 따위를 파낸다./옛날의 내가/濕氣(습기)에 저리고 슬픈 얼굴로/눈물 같은 微笑(미소)를 머금고 나온다/옛날의 내가/서울거리를 거니른다/市廳(시청) 앞에서/元曉路行(원효로행) 電車(전차)를 기다린다/그것은/곰팡이가 써서 버리게 된 책들/그들의 行間(행간)과 餘白(여백)에서/모조리 조용히 沈黙(침묵)하고 먼 종소리같이/울고 있다//실은 옛날의 내가/돌아온 것이 아니다/廢墟(폐허)된 南大門五街(남대문오가)를 光化門通(광화문통)을 乙支路(을지로)를 忠武路(충무로)를 거닐고 있는 것은/國立劇場(국립극장)빈스테지에 어리는 가을 해빛이다./쇠리쇠리한 겨울로 옮아가는 그 서러운 보랏빛 그림자다./그리고/불탄 기둥 아래 새로 이룩한 판자고목실에서/다음 主人(주인)을 기다리는 한참의 冥想(명상)/그 고목들이다……./아아 靜肅(정숙)한 老人(노인)들./그들은 조심스러히 파이프를 물고/설핏한運命(운명)의 行列(행렬)을 다소곳이 기다리는 것이다.

電車(전차)

電車(전차) 안에는/모조리 老人(노인) 같은 얼굴이다./若干(약간) 서글프고 노여운 表情(표정)들./그것은 마음에 불이 쇠진한 것이다./그것은 生活(생활)에 不安(불안)한 것이다./그것은 설핏한 가을 그림자./그들의 潤氣(윤기)없는 會話(회화)가 흙가루처럼/포실포실하다./또한 그들의 서러운 별하늘과 같은 沈黙(침묵)./電車(전차)는/그들을 거득히 싣고 간다./葬送曲(장송곡) 같이 느릿하고 서럽고 조용한/옛날의 가락이 흐르는 듯이…….(10. 15. 서울에 돌아와서)[203)]

목월은 집으로 돌아와 책부터 찾은 모양이다. 마루 밑에서 그리고 파묻었던 땅속에서 책을 꺼낸다. 습기를 머금은 책들이 시인의 손끝에 닿았을 때 책은 슬픈 눈물을 보이면서도 반가운 미소를 띠고 자신을 맞이한다. 어디 책뿐이랴. 그는 서울 시내를 전차를 타고 돌아다닌다. 시청, 원효로, 남대문로, 을지로, 충무로로……, 폐허가 된 서울이 슬픔이면서 기쁨이었을 것이다.

그는 '옛날의 내'가 아닌 '가을 해빛'이다. 시인의 시에는 공간적 상승미를 보여주는 시가 많다. 아래에서 위로, 이 공간에서 저 공간으로, 폐허의 도시를 거닐고 있지만 앞으로의 삶의 희망을 넌지시 암시한다. 희망이라고까지 할 것도 없다. 살아가야 할 앞날을 말할 뿐일지도 모른다. 그리고 그 삶은 그리 녹록지 않다는 것도 "쇠리쇠리한 겨울로 옮아가는 그 서러운 보랏빛 그림자다"에서 읽히고 있다.

모두가 겪었던 참혹한 전쟁을 일일이 나열하지 않는다. 그저 "정숙한 노인들의 침묵"이 모든 것을 대변한다. 이제 남아서 살아야 할 주인들은 타서 없어진 존재가 아니라 그 자리를 대신한 살아갈 날을 짊어질 고목들인

---

203) <신천지>, 1953. 11.

것이다.

시인은 폐허의 도시 속으로 돌아와, 앞으로 이곳에서 싫든 좋든 살아가야 한다. 그러나 가시지 않는 아픈 상처들과 불안이 쉽게 떨쳐지지 않는다. 자신의 그 심정을 전차 안의 사람들의 굳은 표정으로, 윤기 없는 사람들의 중얼거림으로, 그저 밤하늘의 별들로 대변한다. 희망을 노래하고 싶지만 입에서 손끝의 붓에서 터져 나오는 것은 아픈 상처뿐이다. 땡땡땡, 무거운 침묵, 아니 '비현실'을 깨트리는 전차의 소리가, '나'는 비현실 같은 '현실'에서 있음을 일깨운다. 그리고 느리게 굴러가는 육중한 쇳덩어리 전차는 이제 이 폐허 속에서 살아가야 할 자신의 지친 몸이었던 것이다.

목월이 뇌리 속에서 가슴 속에서 떨쳐낼 수 없었던, 아니 이 땅에 살던 당시의 모든 사람들이 결코 씻어낼 수 없었던 깊은 상처는 1950년 6월 25일 새벽에 시작되었다.

전투기 한 대 없이, 6·25전쟁을 맞이한 공군

북한공군 야크-9 『공군사』 제1집 67쪽

大統領以北提案受諾

一週內越南期待

江界人民兵舍에幽閉中

유엔監視總選擧로

以北議員百名보내라

<동아일보> 1950년 6월 17일

전면전의 징후가 보였다. 북한지역 우리 첩보원들의 첩보내용이 속속 접수되고 있었다. 북한군들이 38선 쪽으로 집결하고 있다는 첩보다. 이보다 더 급박한 정보가 있을까. 하지만 미군은 공군이 제공한 첩보에 F등급을 매긴다. F등급이란 정보가치가 '제로'라는 것이다.

『공군사』 제1집 개정판 제2절에는 전쟁 직전의 다급한 상황을 잘 보여주고 있다.

전쟁 발발 직전까지 공군 정보당국에는 북한이 은밀히 남침을 계획하고 있다는 신뢰할 만한 정보가 속속 입수되고 있었다. 공군에서는 대응책을 강구하기 위해 이를 분석하는 작업을 실시하였다.

1950년 6월 12일 공군본부 정보국에서는 직속 태극호공작대, 홍현분견대로부터 6월 하순경 '북한 인민군의 대남공격 개시 징후 포착함'이라는 첩보 보고를 받았다. 또 6월 18일에는 공군본부 직속 청단파견대로부터 '북한 인민군의 대거 남침공격이 6월 하순경으로 예정되어 있음'이라는 긴급 첩보가 보고되었다.

마침내 6월 23일 새벽에는 태극호공작대에서 '함경도 북구의 북한 인민군이 철도 편으로 남하 중, 적 지상병력 원산으로부터 중부전선 철원지구로 이동 중, 6월 25일경 북한 인민군 대거 남침작전 개시 예정'이라는 긴급 첩보가 보고되었다.

첩보 내용은 즉시 상부로 보고되었고 상황의 긴급성을 고려하여 당시 공군 정보국장 보좌관은 참모부장에게 북한군의 대거 남침징후 첩보 내용을 보고하였다. 또한 정보국장 보좌관은 첩보 경위와 내용의 확실한 파악을 위해 개성 토성 백천을 거쳐 홍현에 도착하여 관련 첩보를 적지에서 입수하고 귀환한 태극호 공작대원으로부터 첩보 출처와 입수 경위 및 신빙성 등을 직접 확인하였다. 이후 적의 남침 기도는 거의 확정적인 것으로 판단되었고, 이를 현지에서 공군본부에 재보고하였으며 청단파견대에서도 첩보 내용을 재확인하였다.

한편 공군 정보국은 미 공군 정보 책임자였던 니콜스(Donald Nichols)에게 6월 12일 북한군의 남침 첩보 내용을 지속적으로 전달하였다. 그러나 미 공군 측의 정보 평가는 F-6(판단할 수 없음)이었으며, 미 공군의 정보당국도 북한군의 무력 남침 첩보를 믿으려 하지 않았다.

그러면 당시 한국 언론은 어땠을까? 한국은 5월 30일에 벌어질 총선거에 초점이 가 있었다. 경제와 민생, 총선거 등이 주요 기삿거리였다.

항공과 관련 있는 것은 1949년부터 벌어진 '항공기 헌납 운동'의 결실로 캐나다에서 사온 비행기에 소식이 전부였다. 같은 신문, 5월 16일 기사에는 "지성의 결정인 애국기/명일 명명식을 거행/창공의 철벽으로 방공전선에/"라는 제하로 모금으로 구입한 비행기들의 이름을 건국호로 명명하기로 했다는 기사가 나온다.

5월 15일 기사에는 "창공의 수호신 건국호 명명식" "어제 초하의 서울 비행장서 성대 거행"이라는 제하에 다음과 같은 기사가 실려 있다.

우리의 창공을 수호하자는 구호도 굳세게 온 국민의 뜨거운 정성으로 구비하게 된 헌납기는 우리 공군사상에 첫 페-지를 장식하는 애국기 십대의

十一月實施豫定

太盟結成

處理法改正案今日上程

<동아일보> 1950년 6월 21일 <동아일보> 1950년 6월 24일

제1회 명명식이 조하의 녹음도 짙은 14일 하오 2시부터 서울비행장(구 여의도)에서 대통령을 위시하여 (…) 우리의 전통 있는 민족심의 발로로 앞으로도 더욱 더 분발하여 공군재건에 힘쓰자라는 식사에 이어 국민의례가 있은 다음 이 공보처장의 경과보고와 헌납 대표자로의 헌납사에 뒤이어 군 취주악대의 축악이 있었다. (…) 전투기 십대에 대한 각 기체의 명명이 있었다. (…) 김정렬 공군초참모장 대리는 이 뜨거운 겨레의 선물을 마음껏 사용하여 머지않은 장래에 있어 민족의 원을 풀 것을 전 장병은 맹세한다라는 답사와 (…) 이화대학합창단 일동의 씩씩한 건국기의 노래 합창이 있자 식장 정면 잔디밭에 정열해 놓여 있는 정예기에 대한 이 대통령의 헌납기 사열이 끝난 다음 우리 공군 용사들은 각기 기상에 올라 우렁찬 폭음도 드높게 항공에 올라 진공식을 행하니 관중 일동은 이 용자에 만족한 듯이 환호성으로 온 비행장을 진동시킨다. (…) 이 헌납기에 대한 기능을 실지로 관중에 보여주고자 ○분에 달한 고등 비행과 헌납한 인사를 수명에 대한 시승비행이 있었다.[204)]

흥미로운 것은 대한 군사원조를 7월부터 본격화한다고 하는 기사가 <동아일보> 6월 9일자에 실려 있다는 것이다.

6월 10일에는 "북한괴뢰 또 모략/평화통일안 제의"를 했다는 기사가 있고 미 극동전략 구체화라는 머리기사로 애치슨 라인에서 한국이 빠졌다는 내용이 있다.

같은 신문, 6월 11일에는 "반공 평화 확보에의 길"이라는 제하로 "군사

204) 〈동아일보〉, 1950. 5. 15.

유엔分裂의危機

七月中旬으로切迫

對日講和와臺灣

米價問題再討議

抽象的論議로無成果

<동아일보> 1950년 6월 25일

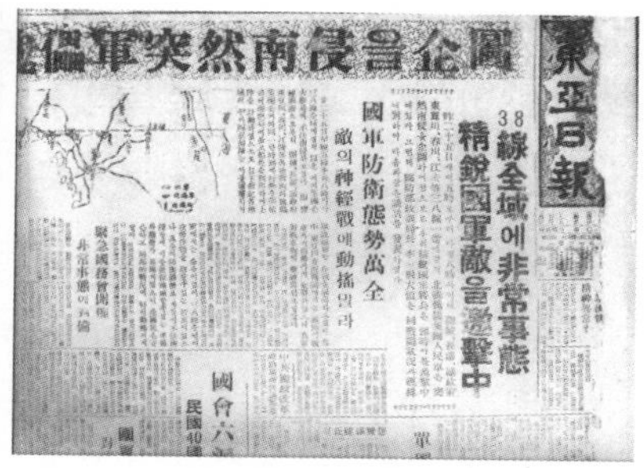

儡軍突然南侵을企圖

38線全域에非常事態

精銳國軍敵을逆擊中

國軍防衛態勢萬全

敵의神經戰에動搖말라

<동아일보> 1950년 6월 26일

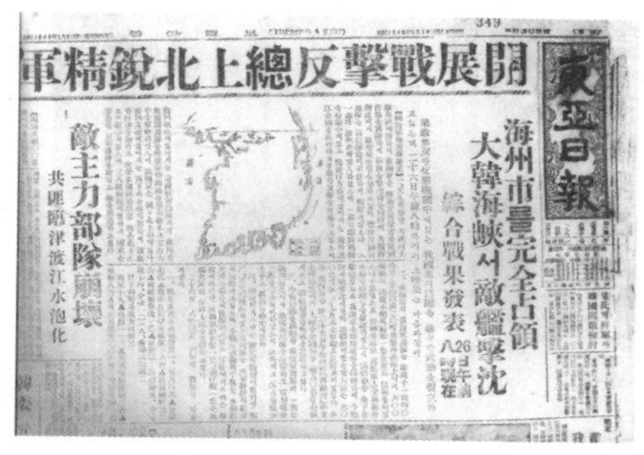

軍精銳北上總反擊戰展開

海州市를完全占領

大韓海峽서敵艦擊沈

綜合戰果發表

敵主力部隊崩壞

<동아일보> 1950년 6월 27일

적 안전을 보장/자유국 간의 공동행동 강화"라는 제하로 트루먼 대통령이 지시한 5개 사항이 기사에 실렸다.

1. 내부로부터의 소란 내지 외부로부터의 공격에 의한 공산주의 침략에 대항하기 위하여 강력한 자유국가 사회를 건설할 것.
2. 모든 인민 모든 국가가 공동이익을 위하여 상호신뢰 속에서 협력할 수 있는 상태를 조성할 것.
3. 특히 유엔을 통하여 자유국가들의 공동행동을 도모할 것.
4. 미국의 자력과 자유국가들이 합동노력을 통하여 방위를 위한 군사 안전보장 조치를 취할 것.
5. 인민으로 하여금 안정되고 풍족한 생활을 할 수 있게 할 경제 조치를 취할 것.205)

6월 13일 기사에서는 "괴뢰대표 월경타 피체"라는 제목이 눈에 띈다. 이인규, 김대홍, 김채창이라는 북한인들인데 이들은 월경 동기가 의문이라고 신문에서 보도하고 있다. 그들은 버젓이 유엔 한국위원단 대표와 회견하

205) 〈동아일보〉 1950. 6. 11.

고 북한에서 가져온 소위 평화통일안이라 것이 있다고 한다. 이것은 북한은 평화를 지향했는데 남한이 북침했다는 논리를 펴고자 하는 작전이라고 해석할 수 있겠다. 이에 북한의 평화통일안 접수를 거부했다고 보도하고 있다. 그들은 "우리는 호소문을 전달하는 심부름꾼에 지나지 않는다"고 진술했다고 보도한다.

6월 17일에는 조만식 씨를 김삼룡과 이단하 양인과 교환하자는 북한의 제의가 있었다. 대통령이 이북제안을 수락했다는 머리기사가 났다.

6월 21일에는 지방의회선거는 11월에 실시할 것이라는 예정의 기사가 실렸다. 그리고 전쟁 발발 하루 전인 6월 24일에는 대통령이 북한에 조만식 씨 건에 대한 최후통첩을 했다는 기사를 냈다.

이 대목에서 의문이 생긴다. 미국은 강대국이다. 소련과 대치하는 유일한 강국이 당시 소련과 북한의 군사적 움직임을 과연 모르고 있었을까 하는 점이다. 북한군의 군비증강에 대한 정보도 없었을까. 전쟁 전 우리나라 국방장관은 북한 침략대비에 큰 지장이 없다고 했다. 무초 미 대사는 북한은 침략하지 않을 것이라 했다.

그러나 1950년 6월 25일 전쟁은 일어났다. 그때까지만 해도 서울은 평온했다. 언론도 까맣게 모르고 있었다. 북한군이 서울에 근접할 때까지 <동아일보> 6월 27일자 신문도 발행한 상태였다. 6월 25일자 신문의 머리기사는 "유엔 분열의 위기/7월 중순으로 절박/리 총장 기자회견" 등으로 코앞에 닥친 전쟁을 전혀 눈치 채지 못하고 있었다.

같은 신문, 6월 26일자에 비로소 "북괴군 돌연 남침을 기도"라는 제하에 38선 전역에 비상사태/정예군 적을 激擊中(격격 중)"이라고 보도하고 있다. 6월 27일자에는 엉뚱하게도 "국군정예 북상 총반격전 전개"라는 사실과 정반대의 기사가 나간다. "해주시를 완전 점령/대한해협서 적함 격침/종합전과발표 26일 오전 8시 현재"라는 기사와 "적 주력부대 붕괴/공비 임진도강 수포화" 따위의, 부분적으로는 맞지만 전반적으로 정반대되는 기사를 내보냈다. 시간이 지나자 이마저도 더 이상 나오지 않았다. 그러다 인천상륙작전이 성공하고 북한군이 후퇴하고 국군과 유엔군이 38선을 넘어 북진하던 시기, 10월에 가서야 신문이 재발행되기 시작했다. 1950년 10월 4일자

L-4 연락기의 적 지상군 공격 기록화(전쟁기념관) 공군역사기록단 제공

"국군수(遂) 38선 돌파/북으로 북으로 진격을 개시"라는 머리제목으로 <동아일보>가 발행된다.

야크-9기의 서울 공습

6월 25일 전쟁 발발했다. 새벽 4시 북한군이 10만여 명에 달하는 병력이 동원되었다. T-34 전차 242대를 투입한 채 38선을 넘어 기습 남침했다. 북한군 군사력은 병력 18만여 명, 포 2,865문, 전차 472대, 함정 30척, 전투기 약 200여 대였다.

같은 날 오전 10시, 공군은 여의도 비행단에 공군작전지휘소를 설치했다. 그 시간 서울 상공에는 이미 북한 전투기 야크-2기 두 대가 출현했다. 12시 북한의 야크기 4대가 용산역 서울 철도 공작창 무선통신소를 기총사격 공격했다. 오후 4시 야크기 두 대가 김포비행장 관제탑, 석유 저장탱크에 기총사격을 해 활주로에 있던 미 공군 C-54기 한 대를 파괴시킨다.

다른 야크기들은 여의도비행장 공격하여 AT-6 건국기 한 대가 파손된다. 이때 미 공군 F-80 제트기가 야크기를 격추하여 북한군 조종사 두 명을 사살한다.

공군에는 274개의 폭탄이 있었다. L형 연락기는 랙(rack, 폭탄걸이)이 없었으므로 연습용 폭탄걸이가 있는 T-6기에 랙을 더 설치하여 양 날개에 모두 10개의 폭탄을 걸 수 있도록 장치하였다. 이 작업은 신유협 소령과 장건섭(張健燮), 김덕준(金德俊) 정비사 등이 했다.[206]

수도권 방어를 위한 공군의 초기 대응

6월 26일 오전 5시 재차 출격하여 김포반도 북단에 상륙한 적 지상군을 폭격, 다수를 살상했다. L-4/5기도 AT-6 편대와 함께 동월 27일까지 동두

---

206) 『공군사』 제1집(개정판), 공군본부 2010, 80~91쪽.

"Anti-Communist Wandering Spirit" (1952), an oil painting by Byeon Young-son.

변영선 화백의 그림. 북한군의 침략 모습을 입체파 풍으로 그렸다.

천, 문산, 포천, 개성, 의정부, 미아리 방면에 폭탄을 투척한다. 이 3일간 AT-6기 28회 출격하여 폭탄 179발 투척하고, L-4기 35회 폭탄 70발 투척, L-5기는 10회 출격하여 폭탄 25발을 투척하였다.

미 공군이 북한 공군의 공격을 저지하기 위해 나타난 것은 다음날 6월 26일이다. 미 공군기 F-82G(Twin Mustang)는 민간인 철수를 엄호하는 목적으로 출격했다. 북한 공군의 서울 공격은 29일까지 계속되었다.

그 와중에, 6월 26일 공군에는 한줄기 희망의 메시지를 받는다. 미군이 공군에 F-51D 10대를 지원하겠다는 소식이었다. 이미 제트기 시대였지만 대한민국 공군에게는 '무스탕 전투기'도 꿈의 비행기였다. 그리고 전쟁 기간 내내 무스탕 전투기는 대한민국 공군의 상징 중의 하나가 되었다. 당일 오후 7시 미국 수송기를 타고 무스탕 전투기 이근석 대령 등 인수팀 10명이 일본으로 떠났다.

6월 27일 아침, 공군은 지상 공격을 위한 첫 출격을 할 수 있었다. 고참 조종사들이 빠진 상태에서 소령 신유협, 대위 오점석, 중위 오춘목, 김양욱, 김두만, 윤응렬, 이강화, 전봉희 등이 조종사로, 첫 출격은 T-6기였다. 전쟁이 일어나기 한 달 전 바로 국민의 성금으로 구입한 '건국기'였다. 목표물은 문산철교였다. 오후부터는 나머지 T-6기들도 출격했다. T-6기들은 동두천, 의정부 지역으로 날아가 남하하는 북한군 전차와 병력을 공격했다. 오후 6시에는 이미 미아리 지역까지 내려온 북한군에 대한 공격을 했다.

하지만 역부족이었다. 북한군들은 꾸역꾸역 내려오고 있었다. 이제 L형 연락기도 동원해야 했다.

L-4기, L-5기는 그렇게 출격했다. 후방석 탑승자는 폭탄 2개를 갖고 비행석에 올랐다. 폭탄 274개를 모두 소모하였다.[207] 하지만 6월 28일 서울이 결국 함락되고 말았다. 폭탄을 다 소모한 공군은 지상 공격에서 정찰로

여의도 기지 주기장에 정렬된 L-4 및 L-5 항공기(공군역사기록단 제공)

임무를 변경하였다. 한강을 사이에 두고 양측은 대치상황을 벌이고 있었다. 6월 28일 폭탄이 없는 공군기들은 서울, 홍천, 횡성 등을 정찰하여 육군에 연락해주었다.

미 공군 등 유엔 공군의 초기 대응

미 공군이 북한 공군 전투기를 격추시키기 시작한 것은 6월 27일이었다. 당일에만 북한 공군기 7대가 격추되었다. 야크기 3대가 F-82G의 공격으로 격추되었고, IL-10기 4대가 F-80 슈팅스타 전투기에 의해 격추되었다.

미국과 유엔의 북한 남침에 대한 대응은 신속하게 이루어졌다. 유엔은 유엔군 참전 결의를 승인하였고 미 극동군 총사령관이 유엔군 총사령관으로 임명되었다. 이미 미 공군은 활발한 작전을 전개하고 있었다.

전쟁 발발 5일째 되는 29일 미 극동 공군 소속의 제3폭격비행전대 소속 B-26 18대가 평양 부근에 위치한 해주비행장을 폭격하여 지상에서 대기 중이던 북한군 전투기 25대를 파괴하는 전과를 올렸다. 그리고 미 제22폭격비행전대와 제96폭격비행전대 소속의 B-29 폭격기들이 전선에 투입되어 후퇴하는 아군을 지원하기 위해 주야 24시간 계속 출격 임무를 수행하였다. 이들은 7월 초에는 남한지역의 적 목표물에 대한 폭격을 실시하였으며, 7월 중순 이후부터는 북한지역에 대한 폭격을 병행하였다.

호주 공군도 신속하게 한반도에 전개되어 7월 2일부터 작전을 수행했다. 북한 공군이 이제는 공격 범위를 서울을 벗어나 수도권으로 넓혀 나갔다. 그러나 미 극동 공군의 적극적인 작전으로 2주 만에 북한 공군의 공격

207) L-4기는 출격 30회, 폭탄 70발, L-5기는 출격 10회, 폭탄 25발, T-6기는 출격 28회, 179발 소모, 전과: 130명 사살, 차량 6대 파괴, 전차 4대 파괴, 교량 4개 파괴, 보급품 집적소 1개소, 포 2문, 선박 2척 파괴.

기세는 크게 꺾였고 전쟁 발발 한 달 만에 북한 공군은 완전히 궤멸당한다.

이 기간 동안 대한민국 공군은 전투기 하나 없이, 보유하고 있던 연락기들과 연습기 T-6기를 가지고 북한군 진군을 저지하기 위해 총력을 기울며 국군의 후퇴 시간을 벌어주었다.

전쟁 초기 공군의 작전은 두 가지로 집약된다. 하나는 육군과 마찬가지로 후퇴작전이고, 두 번째는 보유한 공군기로 수도권 방어 및 국군의 후퇴작전을 지원하는 것이었다. 이 작전은 7월 26일까지 지속되었고, 그 이후는 낙동강전선을 사수하기 위한 지상 공격과 정찰임무로 전환된다.

6월 27일 북한군은 마침내 서울 미아리까지 진입했다. 동일 일본 이다츠케 미군기지로 김구 아들 김신 장군 등 10명의 조종사가 P-51 전투기 인수하러 간다. 인수팀 조종사들은 정영진 중위, 이상수 중위, 김신 중령, 장동출 중위, 이근석 대령, 김영환 중령, 김성룡 중위, 강호륜 중위, 박희동 대위, 장성환 중령 등이다.

6월 27일, 공군 철수작전이 개시된다. 공군비행단은 조종사 정비사를 기간으로 최소화하여 수원기지로 이동, 항공기지 사령부, 공군사관학교, 헌병대 일부 병력으로 김포기지 경비사령부를 편성했다. 김포반도를 방어하고 나머지 부대는 서울 이남으로 철수하면서, 휘발유 1,000드럼 수원, 대전, 대구기지로 이동시켰다, 공군총참모장이 비행단을 직접 지휘한다는 계획하에 이를 시행했다.

T-6기 위의 야크기, 야크기 위의 F-80기

6월 29일 이강화 조종사가 탄 T-6기가 귀환 도중 야크기의 공격을 받았다. 이강화 장군의 '공중전'의 발단은 이렇게 시작했다.

채병덕 육군참모총장의 엉터리 보고에 수원에 와 있는 맥아더 원수는 한마디 한다.

"한국군 지휘부가 지리멸렬하여 정보가 미약하니 확실하게 정보를 달라."

한강다리가 다 끊어졌다고 하나 철교 하나가 살아 있어서 인민군들이 그 다리로 보급물자를 옮기는 중인데 그것을 확인하라는 것이었다. 육군 김백일 장군은 정찰임무에 대해 박범집 장군에게 부탁했다. 박범집 장군은 이강화 장군(당시 중위)에게 명령을 내렸다. 이강화 중위는 비행기를 타고 양화교로 향했다. 확인할 것도 몇 있었다. 인민군 사령부의 위치(코리아나 호텔 옆 옛 국립국장에 인민군 깃발이 있었다), 한강 광나루 쪽 인민군의 도하작전 상황 등이었다. 이강화 장군은 장화를 벗어 정찰 내용을 적어 종이를 장화에 넣어 그것을 우군 지역에 떨어트려 전달하게 했다.

육군정보참모부 차장 이정복 중령을 태우고 정찰비행을 하던 중, 다리가 끊어진 것을 확인하였다. 용산역에서 한강철교로 기차의 움직임을 포착하였다. 무개차에는 전차, 트럭 탄약상자 등이 가득 실려 있었다. 기차는 T-6기를 봤는지 공습 사이렌이 울리고 기차는 멈추었다. 기차가 용산역 쪽으로 다시 후진하기 시작했다. 그때 "쾅!" 하는 소리가 들렸다. 위를 올려다보니 북한군 '별' 마크가 눈에 들어왔다. 조종석에서 30센티미터 떨어진 우측 날개에 구멍이 났다.

> 내가 느끼기는 굉장히 길었는데 불과 5분도 채 안 되는 시간이었던 거 같아. 갑자기 위에서 반짝반짝 뭐가 비치는데……[208]

이강화 장군은 회피기동을 하면서 한강 위를 비행했다. 또다시 번쩍하면서 동체에 뭔가 충돌하는 소리가 들렸다. 또 총탄에 맞은 것이다. 지그재그로 비행하는 중 세 번째 적기가 나타나 공격하기 시작했다. 적기 3대는 무장하지 않은 정찰기를 사냥하듯 공격해왔다. 이강화 장군은 위기를 느꼈으나 아무 생각도 들지 않았다. 귀환이라는 것도 잊어버렸다. 적의 공격을 피하는 데 급급한 상황이었다. 그때 F-80이 나타난 것이다. F-80은 매사냥하듯 야크기를 쫓아다니며 공격했다. 이미 동료 야크기들이 크게 당한 경험들이 있어 그들은 F-80의 추격을 따돌리고 꽁무니를 빼기 시작했다. T-6기

---

208) 2012년 10월 25일, 이강화 장군 자택 인터뷰 중에서. 이강화 장군은 한국군 조종사로는 첫 번째로 미국 공군의 모스키토 파견훈련을 받았다.

위의 야크기, 야크기 위에 F-80이었다. 세 나라의 항공기가 그렇게 엎치락뒤치락하면서 조우한 것이다. 구사일생으로 살아난 이강화 장군은 인터뷰에서 이렇게 말했다.

> 한국군 조종사로서는 최초의 공중전이었어. 무장이 되어 있지 않아 일방적인 공격을 받았지만, F-80이 아니었으면 잘못되었을지도 모르지. 그런데 무사히 기지로 돌아와 기체를 보니 연료통에 총탄 구멍이 나 있는 거야. 연료가 없는 빈 통이었지만. 만약 연료가 채워져 있었으면 공중에서 죽었을 거야. 한쪽 연료통에 연료가 얼마나 들었는지도 몰랐지만 설사 알았어도 마찬가지였지. 다른 통의 연료를 빈 통으로 옮기는 스위치 위치도, 작동법도 몰랐어. 몰랐던 게 목숨을 살린 거지. 연료가 얼마 남지 않았다고 거기에 연료를 채웠다면 총탄에 맞아 공중폭발을 당할 뻔했어.[209)]

이강화 장군은 그렇게 미 공군 F-80의 엄호를 받아 무사히 기지로 돌아올 수 있었다.

한편, 당일 김두만 조종사가 서울지역 전단 살포를 목표로 출격하고 임무를 마치고 돌아오던 중 위기를 맞는다.

> 기상이 악화되고 항공기에 통신망과 항법장비도 없이 야간에 귀환하는 상황이 발생하였다. 기지에서 항공기를 기다리던 동료들이 (…) 착륙 지점을 비추었으나 착륙에 실패하여 지상에 있는 동료 두 명이 횃불을 이용하여 활주로 끝 양쪽을 비추었다.[210)]

당일 한강의 주 방어선도 무너지고 있었다. 국군은 금강 이남으로 후퇴하기로 결정한다.

6월 30일 정찰임무를 지속하다 첫 희생자들이 나왔다. 당일에만 3명의 전사자가 생긴 것이다. 나창준(羅昌俊) 일등상사와 조명석(趙明錫) 중위가

---

209) 2012년 10월 25일, 이강화 장군 인터뷰 중에서.

210) 『6 · 25전쟁 증언록』, 공군본부, 2002. 248~249쪽.

L-4 항공기로 양화교 상공에서 정찰 중 적의 대공포탄에 집중공격을 받는 상황에서 조명석 중위가 전사했다. 그리고 L-5 항공기로 한강 남쪽 흑석동 지역과 한강 북쪽 서빙고 지역을 저고도로 정찰하던 이경복(李慶福), 백성흠(白聖欽) 일등상사가 적의 집중사격에 의해 피탄되어 전사하였다.

국군은 계속 후퇴하였다. 7월 5일 미국 스미스부대인 미 제24사단 제21연대 제1대대가 오산 방면에서 북한군을 공격했지만 진지를 돌파당하고 패퇴하였다. 7월 13일에 청주가 동월 15일에는 공군본부가 대구로 후퇴하였다. 당일 밤에는 이미 금강을 도하하여 호남지역으로 진출하였다. 북한군은 거칠 것이 없었다. 충주를 넘어 문경에 이르고 주력부대들은 대구로 곧장 진격하고 있었다. 괴산, 영천, 상주를 점령한 후, 낙동강을 건너 다부동을 향해 진군해왔다. 그 시기 동부지역에서는 포항이 공격당하는 상황이었다.

7월 말부터 국군과 유엔군은 낙동강을 최후 저지선으로 삼고 방어선을 구축하였다. 공군은 7월 26일까지 후퇴를 하고 대구를 중심으로 공군부대를 재정비하고 지상군 후퇴작전을 위한 정찰임무를 마치게 되고 낙동강 저지선을 방어하기 위한 정찰임무로 전환한다. 이렇게 전쟁 발발 후 7월 26일까지 연락기와 연습기로 지상 공격과 정찰임무를 했던 것을 공군의 1단계 작전으로 볼 수 있으며 그 다음 단계는 낙동강전선 사수였다.

지상군 후퇴작전을 지원하기 위한 공군의 대응

상황은 긴박하게 돌아갔다. 낙동강전선이 형성되고 인천상륙작전이 성공하여 북한군의 낙동강 전선이 붕괴되기까지의 상황을 『공군사』 제1집(개정판, 2010)에 실린 내용을 정리해 보면 날짜별로 다음과 같다.

6월 29일 맥아더 장군이 한국전선 시찰하기 위해 한국에 왔다. 공군본부는 대전으로 철수한다.

7월 1일 평택기지에서 정찰기를 이륙시켜 3일간 육군 지원작전을 펼친다.

7월 2일 미군 선발대 스미스 부대 50~60명이 대전에 도착하여 열차로 평택과 안성으로 곧장 진격했다. 당일 일본에서 공군 조종사들이 F-51기를 10대 몰고 직접 귀국 대구기지에 도착했다.

7월 3일 한강철교 폭파. F-51 전폭기가 첫 출격을 한다. 미 공군은 38선 보급로를 공격하고 한국 공군은 지상군의 후퇴작전 및 지원작전을 엄호했다. 제1차로 동해안 묵호, 삼척지구에 상륙한 적 지상군 공격, 연료 집적소 1개 파괴, 영등포 노량진 지구 집결한 북한군 공격 적 탱크 두 대 차량 3대 파괴 탄약 집적소 1개 파괴시키고 적병 35명 사살했다.

7월 4일 서울 서빙고, 시흥지구 지상군 공격을 하여, 전차 한 대 파괴, 적병 다수 살상했다. 12시 30분경 이근석 대령이 안양 상공에서 적 전차군을 공격하다 대공포에 피탄 전차군에 돌입 자폭한다.

7월 6일 대전에서 정찰비행대 창설하고 김천비행장을 3일 만에 공군과 시민이 합세하여 만들어 이 기지를 중심으로 정찰임무를 수행한다.

7월 16일 한국 공군은 미 공군과 함께 합동출격한다. 이때부터 7월 26일까지 남하하는 적 지상군을 공격하며 적의 남하를 지연시킨다.

8월 1일 이후 유엔군과 국군은 이 시간 전열을 가다듬고 낙동강전선을 중심으로 견고한 방어전을 전개할 수 있었다. 7월 30일 공군은 대구기지에서 진해기지로 이동 8월 공군 정보부대 적 T-34 전차가 네이팜탄에 가장 취약하다는 점을 간파하였다.

8월 초 공군 정보부대 적 공군의 안동비행장 활용작전을 분쇄했다.

8월 15일 공군은 9월 22일까지 낙동강전선 방어를 위해 총 93회 출격 적 262명 차량 115대 건물 52개 교량 20개 연료 및 보급품 집적소 10개소 파괴시키고 정찰기는 총 256회 출격했다.

9월 11일 장동출 중위가 진해기지에서 F-51D기를 몰고 이륙 중 바다에 추락 사망했다.

9월 17일~9월 20일 공군은 한국해병대 통영상륙작전 항공인원 작전 수행을 했다. 적 400명 사살, 야포 10문 차량 5대 파괴시켰다, 미 공군은 9월 중순까지 부산 방어를 위해 융단폭격을 하여 북한군 제4사단을 와해시켜 낙동강 대안으로 후퇴하게 하였다.

9월 15일 인천상륙작전 성공. 9월 23일 공군은 진해기지에서 여의도기지로 전진(K-16)한다. 9월 24일 제1편대 중동부전선 출격 시작한다. 9월 26일까지 원주, 춘천, 양구, 철원, 평강, 회양 등지 퇴각하는 적 지상군 소탕작전을 벌인다, 제2편대는 9월 23일 첫 출격을 개시하여 9월 27일까지 평양, 진남포, 사리원, 해주, 이천, 겸이포, 남시, 강계, 신의주, 만포진 등 서부전선 전략 요충지와 공장지대, 보급품 집적소, 주요 간선도로에 대한 후방 차단작전 감행했다.

독립운동가 출신 이영무 대령의 실종

이영무 대령은 보훈처 공훈록에 등재되어 있지 않다. 권기옥과 같은 중국 곤명에 있는 운남비행학교에서 비행술을 배우고 비행사가 된다. 그는 독립운동 차원에서 최용덕, 권기옥, 염온동, 김진일 등과 함께 중국항공대에서 줄곧 활약하였다. 그런데 권기옥, 최용덕은 공훈록에 등재되고 이영무는 빠져 있다. 분명 독립운동가인데 왜 공훈록에 빠져 있을까. 이영무의 존재와 실종은 미국과 소련을 대신한 체제경쟁의 희생양이 되어 남과 북으로 갈라진 한반도의 비극의 상징이기도 하다.

보훈처는 아마도 그를 당시 좌익으로 보는 모양이다. 결정적으로는 6·25 발발 후 종적을 감추는데 그것을 '월북'으로 보는 것 같다. 『공군사』 1집 개정판에서는 제2장 공군 창설과 항공전력 증강 제1절 공군 창설 과정 내용 중 '사상적 갈등' 편에서 이영무 대령에 대해 언급하고 있다.

> 백흠룡 하사가 월북한 후 1년여 만인 1949년 11월 23일 이명호(李明浩) 소위의 월북사건이 발생하였다. 이 사건으로 인해 1차 숙군 뒤에 제2차 숙군작업이 진행되었다. 1948년 11월부터 1950년 3월 말까지 군내에 잠입한 좌익 관련 장병에 대한 숙정이 단행되었다. 이 과정에서 항공부대 내에서 총 117명이 적발되어 처단되었다. 특히 항공부대 창설 7인 가운데 초대 비행부대장인 이영무 대령이 공산주의 협력자라는 혐의를 받아 구속되는 사건이 발생하였다. 그는 서대문 형무소에서 옥고를 치른 후 무혐의로 석방되었으나 무보직 상태에서 6·25를 맞이하게 되었다. 이후 1950년 6월 27일 공군 한 부대가 철수할 당시 서울에 잔류해 있다가 납북되었다. 두 차례에 걸친 숙군의 결과로 군내의 좌익세력은 숙정되었지만 공군의 발전에 있어서는 진통을 겪게 되었던 것이다.[211]

『공군사』 제1집 개정판에 있는 이영무 대령에 대한 위의 언급에 대한

---

211) 『공군사』 제1집(개정판), 공군본부, 2010.

각주로 두 개의 설명이 있는데 하나는 이영무 대령이 공산주의 협력자라는 혐의를 받아 구속되는 장면에 대한 설명이다. 각주에서는 "미 전략공군사령부 정보부의 조사 자료에 의하면 1950년 2월 16일 북한첩보 네트워크와 접촉을 한 인물들에 대한 조사를 시작하였는데, 여기에 남한의 공군 이영무 대령이 포함되었다고 기록되어 있다. 이 자료는 일정기간 동안 관찰되어온 용의자들에 대해서 충분한 증거가 있는 것으로 보인다"고 기록하였다.[212)]

또 하나는 이영무 대령이 무혐의로 풀려난 뒤 전쟁을 맞이한 상황에 대한 각주 소개이다. "6 · 25전쟁이 발발하기 전, 당시 북한에서 내려온 특사가 이영무 대령 집에서 며칠간 투숙하고 돌아간 사건이 있었다. 그러나 북한에서 밀파된 특사가 돌아가기 전에 국군에게 체포되어 조사하는 과정에서 이영무 대령 집에서 투숙한 사실이 밝혀졌고, 이영무 대령은 이러한 일이 있었다는 것을 보고하지 않은 불고지죄로 인해 숙군 대상이 되었다"[213)]고 되어 있다.

1956년『공군사』제1집과 2010년『공군사』제1집 개정판은 핵심 내용에서는 큰 차이가 없으나 역사적 기술 표현이나 목차 구성은 많이 다르다.

『공군사』제1집 개정판은 제1부 총설 편으로 제1장 해방 이후 국내외 정세, 제2장 공군 창설과 항공전력 증강 등으로 되어 있고,『공군사』제1집은 제1부 개설 편 제1장 6 · 25전쟁의 역사적 배경, 6 · 25전쟁과 공군으로 구성되어 있다.

『공군사』제1집에서 다루지 않았던 내용이『공군사』제1집 개정판에는 다수 들어가 있다. 그중 하나가 바로 제2장 공군 창설과 항공전력 증강 '제1절 공군 창설 과정'에서 '군 내부 잠재적 갈등'에 대한 부분이다. 바로 이 부분에서 이영무 대령에 대한 언급이 있는 것이다.

개정판에서 다루고 있는 이영무 대령의 좌익세력 협력에 대한 근거는 위에서 제시한 것만으로 불확실하다. 당시에는 좌우익을 떠나 상호 간 친분

---

212) 공군본부, directorate of intelligence Daily Abstracts of Intelligence Documents 1950. 3. 28,『6 · 25戰爭 史料(정보2)-미 전략공군사령부 수집정보』, 2003, 미 공군역사연구소 M/F(마이크로필름) 49782-17-56, 자료 번호: 23862).

213) 공군역사기록단,『공군 역사자료발굴위원회(2차) 회의록』, 2009. 40쪽.

이 있는 경우가 많았으며 상대가 골수 좌익인지 우익인지도 인지를 못한 경우도 많았다. 따라서 좌익 세력들과 접촉한 것만으로는 좌익 협력자로 단정하기는 어렵다고 본다. 어쩌면 협력했을 수도 있겠지만 좀 더 명확한 증거 제시가 필요하다.

두 번째는 이영무 대령이 무혐의로 풀려난 후 북한이 파견한 특사가 이영무 대령 집에 머물렀다는 점이다. 이 부분에 대해서는 상당한 혐의를 가지고 볼 수 있는 부분이다.

세 번째는 『공군사』 제1집 개정판 기술에서 이영무 대령이 "이후 1950년 6월 27일 공군 한 부대가 철수할 당시 서울에 잔류해 있다가 납북되었다"고 기술하고 있다. 여기서 '월북'이 아니라 '납북'이라는 용어를 사용하고 있다는 점이다. 그렇다면 공군은 이영무 대령이 좌익인지 아닌지, 좌익에 대한 협력자인지 아닌지에 대한 명확한 판단을 하지 않고 있다고 추정할 수 있다.

그저 안타까운 것은 수십 년 독립운동을 했던 항일운동 비행사이자 해방 후 대한민국 공군을 창군한 주역 중의 한 사람의 말로가 비참하게 끝났다는 사실이다. 그리고 '공군인 이영무, 독립운동가 이영무'를 기억하는 이들은 이제 존재하지 않는다.

“한국인은 모두가 항공인이 되자”, 제1대 참모총장 김정렬

제1대, 제3대 공군참모총장을 역임한 김정렬 장군

공군 창군과 전쟁 수행, 그리고 공군 현대화의 쌍두마차 최용덕과 김정렬, 그들은 바통을 주고받으며 공군을 반석 위에 올려놓았다. 최용덕 장군이 국방부 차관직으로 가면서, 김정렬 장군은 공군 제1대 참모총장이 된다. 그는 일본 육사를 나왔고 일본군 장교로, 육군항공대 조종사로 태평양 전쟁에 참전했다.

해방이 되었을 때, 그는 야망을 가진 30대 초반의 유능한 항공인이었다. 그는 자신이 가진 재능을 새 조국 공군 건설에 쓰고자 마음먹었다. 그는 선임 최용덕 장군과 함께 항공대를 만들었고『항공의 경종』을 써서 육군으로부터 공군의 독립을 주장했다. 전쟁 기간에는 후퇴작전, 무스탕 전투기 인수작전, 조종사들의 훈련, 그리고 공군의 조직 재정비를 수행했다. 미군으로부터 독립하여 독자적인 조종훈련과 유엔군의 단위군으로서 독자적인 작전을 수행하는 공군을 만들었으며, 공군 현대화 3개년 계획을 수립하여 공군을 정상적인 궤도에 올려놓았다. 그리고 나서 1952년 이승만 대통령에게 최용덕 장군을 제2대 참모총장으로 추천하고 자신은 잠시 물러난다.

1954년에 최용덕 장군이 총장직에 물러나고 김정렬 장군은 제3대 참모총장직으로 복귀한다. 그리고 공군 현대화에 주력했다. 이것이 바로 대한민국 공군에서의 김정렬 장군 모습이다. 그 이후 국무총리까지 지낸 사연까지는 여기서 생략하기로 한다.

이러한 업적이 있었기에 오늘날에도 공군인들은 김정렬 장군의 공적을 높이 보고 있다. 조종사로서 전쟁 중 맹활약한 이강화 장군은 "공군 선배로서 김정렬 장군을 존경한다"고 했다. '국방'이라는 차원에서 보면 김정렬 장군은 혼돈의 시절, 자신의 운명대로 자신의 몫을 해냈다.

원로들의 증언에 의하면, 최용덕 장군과 김정렬 장군은 개인적으로 각별한 우정을 가지고 있다고 한다. 최용덕 장군이 노년에 어렵게 살았을 때, 집을 마련해준 사람이 바로 김정렬, 장지량, 장성환 장군들이다.

우리는 독립군 출신과 일본군 출신인 두 사람의 관계를 왈가왈부할 수는 없다. 최용덕 장군은 새 조국 건설에 있어 출신을 따지지 않고 단결해야 한다고 했다. 바로 일본군 출신들을 포용한 것이다. 그는 과거를 뒤로하고 앞을 향해 걸었던 사람이다.

김정렬 장군은 20년 연배인 최용덕 장군을 존경했다. 중국항공대의 지도자였던 분으로, 무장 독립운동가였던 분으로, 청렴결백한 장군의 인품을 존경했다. 그가 총장으로 있을 때 최용덕 장군은 국방부 차관직에 물러나 은퇴할 나이임에도, 다시 공군복을 입었다. 그리고 공군사관학교 교장으로, 공군참모부장으로 전쟁을 수행했다. 최용덕 장군은 교장으로 있으면서 공사십훈, 공군가, 공군사관학교 교가, 공군의 전통 등을 만들어 공군인의 정신적 토대를 마련했다. 김정렬 장군이 공군의 외형을 구축했다면 최용덕 장군은 거기에 혼을 불어넣는 역할을 했다.

후대 사람들이 어떤 평을 내리든 역사적으로 두 사람은 공군을 중심으로 돈독한 인연은 맺은 아름다운 선후배 관계로 회자되고 있다. 인간적인 우정으로 볼 수도 있지만 나는 이것을 독립군과 일본군이라는 상반된 출신임에도 국가 수호를 위해 공군을 이끈 지도자로서, 생사를 함께한 선후배간의 '동지애'로 보고 싶다.

‘대한민국 공군’의 이름으로, F-51D 무스탕의 첫 출격

한국 공군 최초로 F-51D 전투기 보유

전쟁 중 공군의 작전은 크게 몇 단계로 나누어 그 흐름을 볼 수 있다. 그 흐름 속에서 전쟁을 수행하고 공군의 체제가 정착되어 갔다. 그 첫 단계가 앞서 본 것처럼 공군이 보유한 L형 정찰기와 T-6 연습기로 전쟁 초기 수도권 사수와 지상 아군의 후퇴를 돕기 위해 수행한 지상 공격과 정찰임무였다. 7월 말 이후로 낙동강전선이 형성되면서 공군은 낙동강 방어에 주력하였다. 낙동강전선에서 국군과 미군 등 유엔군이 강력한 방어망을 구축할 수 있었던 것은 초기 미 극동 공군의 항공력이 커다란 역할을 해주었기 때문이다. 적의 진군 속도를 늦추고 아군의 방어망 구축에 시간을 벌어주었던 것이다.

작전 중에 L형, T-6형 항공기가 아닌 최초의 공군 전투기 확보는 미 극동 공군의 F-51D기, 10대의 지원으로 성사되었다. 유엔군은 한국 공군에 전투기 지원을 결정했다. 문제는 조종사였다. F--51D 조종이 가능한 조종사의 수가 문제인 것이다. 우리 측은 가능한 대로 우선 10명 정도를 말했다. 화답이 왔다. 비행기 10대를 주겠다고 했다.

6월 27일 여의도 기지에 있던 미 공군 C-54가 북한공군의 공격으로 파괴되었다.

미 공군 F-80 shooting star 전투기

미 공군 F-82 트윈 무스탕 전투기. 6월 27일 C-54가 야크-9 5대의 공격을 받자 초계 중이던 F-82G가 반격을 하여 최초로 3대의 야크-9기를 격추하였다. 그중 1대는 김포, 1대는 서울 흑석동 쪽에 추락하였다.

미 공군 F-82G 전투기에 격추된 북한공군 야크-9 전투기

김경록 전 공군 소령은 "미 공군은 항공작전 지휘체제가 일원화되지 못한 상황에서 한국 공군에 전투기를 제공함으로써 미 공군의 단독작전이 아닌 전쟁 당사자인 한국 공군과 합동작전의 시행이라는 명분을 확보하고, 기존 한국 공군에 대한 제한된 지원이라는 비판을 피하려는 목적에서 결정되었다."214) 고 보고 있다.

6월 26일 수원기지에 왔던 맥아더 원수는 참모들과 논의 끝에 전투기 지원을 결정하고 인수팀이 결정되었다. 공군 중 고참 조종사들이 선정되었다. 당일 저녁 7시, 인수팀장인 이근석 대령, 김영환 중령, 장성환 중령, 김신 중령, 박희동 대위, 강호륜 대위, 장동출 중위, 정영진 중위, 김성룡 중위, 이상수 중위 등 10명은 미 공군 C-47기를 타고 일본 규슈(九州) 이다츠케기지로 갔다. 그들은 미 제8전폭비행단 제36전폭전대 훈련대에서 기종에 대한 교육을 받았다.

---

214) 김경록, 「F-51 전투기 인수와 한국 공군 최초 출격」, <월간 공군>, 공군본부, 2010. 7.

일본 주둔 미 공군으로부터 인수한 F-51D 전투기

그러나 기상 여건이 좋지 않아 F-51D를 직접 조종하는 실습은 불가능했다. 다급해진 인수팀은 7월 1일 자체 회의를 열어 귀국을 결정하고 이를 미 공군에 전달했고 마침내 귀국이 허락되었다. 한국 공군이 최초로 전투기를 보유하는 순간이 온 것이다. 그들은 급한 대로 전투기에 그려진 미군 마크에 태극마크를 그려 넣고 비행기에 올라 기수를 곧장 한국으로 향했다.

그리고 7월 2일 대구 기지에 비행기 10대는 무사히 도착했다. F-51D기에 익숙하지 않은 한국 공군을 위해 미 공군은 헤스(Deen E. Hess) 소령을 부대장으로 한 바우트원(bout-one) 부대를 파견하였다. 한국 공군을 지원하고 한국군 조종사들을 훈련시키기 위함이었다.

당시 해방 후 F-51기에 대한 조종 훈련을 정식으로 받았던 비행사는 제1부에서 언급한 대로 김신 장군 밖에 없었다. F-51D기들을 인수받았지만 이 기종에 대한 한국군 조종사들의 조종훈련은 급선무였다.

한국 공군 F-51D 최초 출격

무스탕 전투기에 의한 역사적인 첫 출격의 임무는 1950년 7월 3일 대구 동촌기지(K-2)에서 시작되었다. 미 공군이 이미 38도선 이북의 군사 목표를 대상으로 작전을 펼치고 있는 가운데 한국 공군의 무스탕 전투기들은 38선 이남 남하하는 북한군에 대해 공격을 했다.

이미 북한 공군의 기세는 크게 꺾여 있었다. 하지만 북한군의 남하는 계속되고 있었고 국군은 후퇴를 계속했다.

F-51D 무스탕 전투기들은 동해안 묵호, 삼척지구 지역 북한군, 수도권 지역 북한군, 서울 지역 북한군 등을 공격했다.

이근석 대령의 전사

한편 안양 상공으로 출격한 비행단장 이근석 대령은 적의 전차부대를 발견하여 공격했다. 그러나 12시 30분경 적 대공포에 맞아 전사하였다. 공군의 충격은 컸다. 우리 조종사들이 F-51D의 기종에 익숙하지 않은 점이 큰 문제로 부각되었다. 조종사도 있고 전투기도 있지만 이제는 조종술 숙련도가 문제가 된 것이다. 이승만 대통령의 직접 지시로 한국군 조종사들의 F-51D의 출격은 잠정 중단되었다. 기종에 익숙해질 때까지 훈련을 받기로 했다. 그리고 동시에 바우트원 임무부대(나중에 미 공군 6146부대가 됨: 한국 공군 지원 부대)의 부대장 헤스 소령과 논의 끝에 미 공군의 허락으로 합동출격이 결정되었다.

2006년 9월호 <월간 공군> 표지로 장식한 이근석 장군 동상

한국군 조종사들만의 단독 출격이 아니라 태극마크가 달린 전투기들 편대에 미 공군 조종사들과 한국군 조종사들이 함께 출격하는 것이다. 한국군 조종사들의 전투 기량을 올리기 위한 방편으로 출격과 훈련을 병행하는 취지였다. 7월 16일 첫 출격이 이루어졌다.

7월 2일 미 공군으로부터 F-51D 전투기를 지원받으면서 북한군에 대한 지상 공격을 본격적으로 하면서 낙동강에 우리 국군이 견고한 방어 태세를 갖추는 데 커다란 역할을 하였다.

낙동강전선을 사수하라

공군의 전쟁 수행 흐름상 두 번째 작전 단계는 낙동강전선의 사수로 볼 수 있다. 이 시기는 7월 27일부터 동년 9월 14일, 인천상륙작전의 성공과 때를 같이한다. 그 이후 세 번째 단계의 공군 작전은 다 알다시피 북진에 의해 여의도기지, 평양 미림기지 등 전진기지에서의 작전이다. 이 작전은 중공군의 참전으로 38선 이남으로 후퇴하기 직전까지 이어진다.

1950년 8월 15일 낙동강 북방 300고지에서 한국군 제1군단 제13연대와 적 제3사단의 치열한 공방전이 전개되고 있을 때 천봉식 중위가 탄 L-4 연락기는 유엔 공군의 F-51D전투기 1개 편대를 300고지로 유도하여 아 제13연대 제3중대가 고지를 점령하는 데 결정적인 도움을 주었다.

당시 육군 제13연대 제3중대장 이신국 중위는 상황 보고에서 공지 합동 작전이 잘되었던 같다.

> 연대에서 항공지원을 요청하자 정찰기 두 대가 날아왔으며 SCR-300통신기를 이용하여 적과 아군의 위치를 알려주고 10분쯤 지난 다음 F-51D 전투기 4대가 300고지 강타했습니다. 이것을 본 병사들은 사기충천하여 15일 오후 5시 30분 고지를 점령했습니다.[215]

인천상륙작전이 상공하여 북한군이 후퇴할 때까지 낙동강전선에서의 공군의 역할은 크게 두 가지로 볼 수 있다. 하나는 정찰비행대를 운영하며 국군의 지상작전을 지원하는 일이고, 또 하나는 전투비행대를 운영하며,

215) 『공군사』 제1집(개정판), 공군본부, 2010, 113~137쪽.

미 공군 B-26 Invader 폭격기.(공군역사기록단 제공)

북한군에 대한 공격과 아울러 우리 조종사들이 F-51D 전투기 조종 능력 및 전투 능력을 향상시키는 일이었다.

당시 정찰비행대는 대구-영천 구간에 대해 매일 정기적인 정찰비행을 실시했으며, 한국군 제1군단 지역인 동해안 울산 지역의 적 5사단을 물리칠 수 있도록 했고 국군의 통영 사수작전에 큰 공을 세웠다.

북한군은 통영반도와 거제도를 점령하여 우군의 행상보급로를 차단하려고 북한군 제7사단을 동원하여 진해를 압박하였다. 이에 국군은 해병대를 통영반도에 상륙시켜 적을 칠 계획을 수립하였다.

공군은 7.76밀리 기관총 2문을 장착한 T-6 항공기 4대와 F-51D 전투기를 투입하였다. 공군의 지원하에 우리 해병대는 8월 18일과 19일 양일간에 걸쳐 통영시내에 잔존한 북한군을 소탕하고 북한군 주력부대를 공격하면서 통영상륙작전은 성공하였다.

북한군이 남부전선을 돌파하여 부산까지 남하 계획이 실패하자 북부전선에 대한 공격을 해왔다. 9월 8일 비행 정찰로 적의 주력부대 위치를 파악해 영천지구에서 북한군 제15사단을 포위 공격했다. 이 영천지구 전투의 패배는 북한군이 훗날 뼈아픈 패배로 인정했다고 한다. 『공군사』는 이렇게 기록하고 있다.

> 후일 북한 전쟁 지도자들이 1950년 12월 4일 별천리(別千里, 만포진 북방 3킬로미터 지점)에서 노동당 중앙위원회 3차 대회를 개최하여 전쟁 전반에 관한 사항을 검토한 결과에 의하면 당시 북한군이 영천전투를 6·25전쟁에 있어 승패의 관건으로 보고 있었음을 알 수 있다. 즉 이날 회의에서는 '인민군의 영천 점령이 승리의 전환점인데 영천전투의 실패로 인민군이 패배하게 되었다'라고 발표하였다.216)

B-29 슈퍼 포트리스(Super Fortress) 폭격기 융단폭격. 1950년 8월 16일(공군역사기록단 제공).

낙동강전선 사수작전에서 미 공군은 적 진영에 융단폭격을 하며 기세를 꺾으려 했다. 김일성은 8월 2일, 수안보에 있던 북한군 사령부를 방문하였다.

> 우리는 미제 침략자들을 모두 남해바다에 처넣고 조국 땅을 완전히 해방하여야 한다.[217]

김일성의 지시로 육군 제1사단, 미 제1기병사단의 방어선에 대한 총공격을 했지만 유엔군 공군은 융단폭격작전으로 맞불을 놓았다.

> 1950년 8월 16일 일본의 요코다(横田) 및 가데나(嘉手納) 기지에서 B-29 폭격기 98대를 출격시켜 육군 1사단 15연대 방어지역 좌측방인 왜관 북서쪽 낙동강변 다부동 지역에 11:58부터 12:24까지 26분간 5,00lbs 및 10,00lbs 폭탄 약 960톤을 투하하였다.[218]

북한군은 융단폭격 후에도 굴하지 않고 총공격을 해왔고 유엔군은 병력을 보강하며 맞섰다. 이 시기에 한국 공군은 사천기지로 이동하여 활주로 정리 작업을 하고 진해기지를 구축하였다. 진해기지는 일제강점기 때 일본 해군 제51해군항공창이 있던 비행장이었다. 미 제5공군 전방 사령부가 대구 동촌기지로 이동해 왔다. 이에 따라 대구에 있는 우리 공군부대는 진해기지로 이동하였다. 공군을 지원하기 위한 바우트원 임무부대도 대구에 있다가 진해로 함께 옮겼다. 바우트원은 후에 미 공군 제6146기지부대로 명칭을 바꾸고 새로이 창설된다.

---

216) 『공군사』 제1집(개정판), 공군본부, 2010, 121쪽.

217) 같은 책, 123쪽.

218) 같은 책, 125쪽.

한국 공군 미 지원부대, 바우트원 부대와 한미 조종사 합동출격

진해기지 주둔 공군 F-51D 전투기 정비하는 모습 (공군역사기록단 제공)

미 공군 제6146기지부대는 바우트원 부대의 기본 임무를 승계받아 1. 대한민국 공군에 대한 전투비행 훈련 2. 후방 지원(통신, 무장, 정비, 보급 지원) 3. 비상기지 확보 및 전투임무를 수행하는 것이었다. 한편 미 공군 제6146기지부대는 창설 이후 대한민국 공군의 지원부대로 활동하였으며 1951년 7월 25일 이후 한국 공군고문단으로 공식 명명되었다.

창설 이후 부대 이력은 다음과 같다.

대한민국 공군 비행단이 진해기지로 이동하자 미 제6146기지부대도 헤스 소령 지휘 하에 훈련을 3단계로 구분하여 시작하였다. 1단계는 대한민국 공군 조종사들에 대한 F-51D 비행훈련, 2단계는 공사 1기 사관생도들에 대하여 MTU(Mobil Training Unit, 이동훈련반)를 활용한 지상훈련 프로그램 운영, 3단계는 항공 정비사를 대상으로 한 이론 및 실무교육으로 구분하여 실시되었다. 조종사 비행훈련은 활주로의 길이가 짧아서 훈련 요건이 구비될 때까지 1단계 훈련을 연기하는 것으로 계획하였으나 1950년 8월 1일부터 비행훈련이 시작되었다.219)

진해기지로 이동한 대한민국 공군의 F-51D 비행부대는 진해기지를 모기지로 하고 김해기지를 훈련기지로 하여 8월 1일부터 F-51D 전투기에 대한 비행훈련을 하였다. 그리고 낙동강 방어선에서 적의 공격이 치열해지

---

219) 바우트원 임무부대(1950. 6. 29)—미 공군 제6146기지부대(USAF 6146th Air Base Unit, 1950. 7. 31—한국 공군고문단(Korea Air Force Advisory Group 1951. 7. 25)

자 진해기지에서 F-51D 전투기의 훈련을 받고 있던 대한민국 공군 조종사들은 8월 14일부로 비행훈련을 중지하고 8월 15일부터 우리 지상군에 대한 항공지원작전을 시작하고 8월 15일 마침내 미군 조종사들과의 동반출격이 시작되어 낙동강에서 유엔 지상군을 압박해오는 북한군 제6사단에 대한 공격을 실시하였다.

> 이 전투는 서북산, 전투산, 필봉 쪽에서 일진일퇴의 공방이 계속되는 치열한 전투였다. 이 시기 진해기지에 주둔해 있던 대한민국 공군의 F-51D 비행부대는 미 제25사단 전면의 북한군에 대한 근접 항공지원작전을 수행하기에 용이한 상황이었다. 그리하여 미 제25사단에서 대한민국 공구 비행단에 항공지원을 요청해옴에 따라 공군의 F-51D 비행부대 (미 공군 제6146기지부대 포함)는 미 지상군을 지원하기 위해 매일 출격하였다. 이는 당시 마산 방면을 방어하고 있던 미 제25사단의 정면 전세가 매우 위급하였고 지상군도 일일 6회의 항공지원을 요청할 정도로 전황이 급박해졌기 때문이었다. 이와 관련하여 미 제6146부대는 병력이 60여 명으로 증가되어 대한민국 공군의 작전을 지원하였으며 대한민국 공군은 미 제25사단에 대한 근접 항공지원작전을 실시하는 한편 낙동강 방어선 후방에 있는 적의 병력 이동과 보급품 집적소를 목표로 공격하였다.[220]

그러나 적 지상군은 유엔 공군과 대한민국 공군의 계속적인 후방 차단 작전에도 야간을 이용, 차량과 우마차 및 민간인을 강제 동원하여 릴레이 방식으로 보급품을 운송하였다. 즉 한 지점에서 동원된 민간인이 인민군의 감시하에 보급품을 짊어지고 다음날 해뜨기 전까지 이동하여 도로변에 은폐해두면 그 지점의 양민들이 다시 다음 지점까지 이동하는 방법으로 보급물자를 낙동강전선으로 수송한 후 9월 1일부터 총공세를 개시하였던 것이다.

이러한 상황에서 대한민국 공군 F-51D 비행부대는 마산지역의 방어선이 무너지는 경우에는 낙동강 방어선이 위험에 처할 수 있으므로 적의 공세

---

220) 『공군사』 제1집(개정판), 공군본부, 2010, 133~134쪽.

한국 공군 F-51D 전투기 편대

를 저지하기 위해 9월 2일 의성, 함창, 상주를 공격하였다. 그리고 9월 4일에는 무주, 대전, 9월 5일에는 논산, 9월 6일에는 공주 등지를 공격하였다.

9월 15일에는 맥아더 원수가 지휘한 인천상륙작전이 성공하였다 그리하여 9월 16일 낙동강전선에서 아 지상군과 대적하고 있던 북한 지상군에 대해 유엔 지상군 미8군과 국군이 총반격작전을 개시하였다. 이와 함께 유엔 공군도 항공력의 대부분을 인천상륙작전 지원과 낙동강전선 반격작전을 수행하고 있는 아 지상군을 직접 지원하는 데 집중하였다.

T-34의 약점을 간파한 공군 정보작전 장병들

T-34 북한군 전차는 국군의 직사포탄이나 F-51기의 5인치, 2.75인치 로켓탄에도 치명적이지 않았다. 북한군에 밀려 낙동강전선에서 밀고 밀리는 전투가 치열할 때 T-34 전차의 효과적인 제압을 위해서는 적 전차의 장갑 부품에 대한 구성 성분 분석이 필요했다.

윤일균 중위, 하사 김원생, 이병 이기옥 등 7명의 대원은 항공 정찰사진에 의해 위치가 확인된 피아간 중간 지점에 고장 나 멈춰 서 있는 T-34에 접근하여 스페어 해치 등 장갑 부품을 뜯어가지고 귀환하였다. 이 분석으로 네이팜탄이 효과적이라는 점을 간파하고 항공기에 의한 적 전차 공격이 효과적으로 이루어졌다.

1950년 8월 초순 낙동강전선에서는 치열한 공방전을 벌였다. 이때 미 공군 제6004 항공정보부대 제2파견대장 니콜스에게 한 장의 특별 정보수집 지령이 하달되었다.

"Destroyed North Korean T34 Tank" (1950), a
photo by Im In-shik.

파괴된 T-34 전차. 공군 정보 장병들이 T-34의 부품을 회수하여 전차의 약점을 간파, 가장 효과적으로 제압할 수 있는 네이팜탄으로 공중공격을 하여 북한군 전차부대를 무력화시켰다.

> 북한군의 T-34 탱크의 전방 조종석 부위 장갑판을 비롯한 중요 부위의 장갑 성분을 분석 파악할 수 있는 재료를 긴급히 수집하여 보고하라.[221)]

한국군은 대전차포로 T-34 전차를 공격했으나 역부족이었다. 미 공군 전투기의 5인치 혹은 2.75인치 로켓포탄도 엔진 부분을 정확히 맞추지 않는 한 T-34를 멈추게 할 수 없었다. 당시 공군정보국 전선지구 총파견대장이었던 윤일균 당시 중위는 하사 김원생, 이병 이기옥 등 7명과 미군 '네고'부대[222)]와 함께 T-34 부품 회수작전을 벌였다.

> 아군 제2군단 정면인 경상북도 경산군 하양면으로 출동하여 미 공군의 항공정찰사진에서 위치가 확인된 피아간 최전선의 중간 진공지대 상에 고장으로 멈춰 있는 T-34 탱크에 2명의 대원(김원생, 이기옥)을 침투시켰다. 천신만고 끝에 약 2시간에 걸쳐 T-34 탱크의 스페어 해치 등 장갑 부품을 뜯어가지고 성공적으로 무사히 귀환했다.[223)]

이 정보를 바탕으로 미 극동 공군사령부는 정밀 분석하여 가장 효과적인 공중공격으로 네이팜탄을 사용하는 것으로 결론을 내리고 적 전차들을 공격하였다.

> 인민군 탱크 전사들이여, 탱크를 버려도 좋으니 몸만이라도 살아서 돌아오라.[224)]

---

221) 『6 · 25전쟁 증언록』, 공군본부, 592쪽. 윤일균(공군 예비역 준장), 「1971년 8월 4일 남기고 싶은 이야기들」, <중앙일보>에서 발췌.

222) 니콜스가 지휘하는 부대의 별칭.

223) 『6 · 25전쟁 증언록』, 공군본부, 2002, 592~593쪽.

김일성이 이렇게까지 호소하게 한 것은 유엔군 측의 네이팜탄 공격의 위력이 대단히 컸음을 알 수 있다.

224) 같은 책, 592쪽, 593쪽.

평양 미림기지 작전

공군에서는 인천상륙작전 성공과 북한군의 후퇴로 여의도기지로 전진하고 이어, 평양 미림기지를 확보하여 전개된 일련의 항공작전을 제1차 반격작전으로 불리운다. 이 시기는 중공군의 참전으로 후퇴하는 1950년 11월 30일까지 이어진다.

여의도기지 작전

1950년 8월에 접어들어 일진일퇴하는 전쟁 상황이 지속되었다. 우군은 그런 가운데 증강되었다. 한국군은 5개 사단이, 미군 4개 사단, 영국군 2개 대대, 호주군 1개 대대 등 유엔군은 수만 명으로 증강되었다. 북한군도 낙동강전선에 병력을 집중 투입시켰다.

이런 상황에서 9월 15일 새벽 해공군의 항공력으로 엄호를 하며 인천상륙작전이 펼쳐졌다. 7개국 군함 261척의 함정이 투입되었다. 맥아더 원수는 맥킨리(McKinly) 호에서 진두지휘하였다.

인천상륙작전에서 공군력은 절대적인 전제였다. 『공군사』에서는 이렇게 기록하고 있다.

> 미 전략공군사령부, 미 전술공군사령부, 미 극동군사령부, 미 극동 공군사령부, 미 극동해군 및 극동 공군에 있는 각 비행단 56개, 비행전대 52개 및 138개에 달하는 대대급 부대를 총동원하여 작전을 계획하였다.
>
> 또한 맥아더 원수는 크로마이트 작전에 의한 사전포석으로 다음과 같은 조치를 하였다
>
> 첫째 미 해군 항모항공대에서는 상륙작전 D-3일 전인 9월 12일부터 해군

인천상륙작전 시 유엔 공군의 폭격 장면 1950. 9.15.

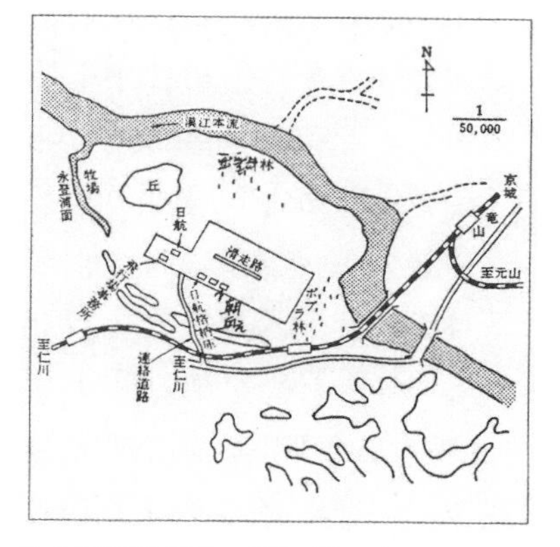

『노고지리의 증언』, 항공대학교 출판부, 109쪽

항모로부터 발진한 항공기로 인천 반경 240킬로미터 이내의 적 비행기지를 철저하게 소탕하고 해군 항공기들은 상륙작전을 직접 지원한다. 그리고 미 해병대가 상륙에 성공하면 미 제1해병비행단의 전투기들이 근접 지원작전(CAS)을 담당한다.

둘째, 미 제5공군에서는 인천상륙작전을 지원하기 위해 공중 우세를 유지하고 상륙지역 고립을 위한 후방 차단작전을 실시하며 미 제8군에 근접 항공지원을 한다. 이에 따라 미 극동 공군사령부에서는 인천상륙작전 개시일이 다가옴에 따라 제반 항공작전 활동 강화와 함께 9월 초부터 2주일간 미 제8전술정찰대대 소속의 RF-80 정찰기를 이용하여 인천과 서울지역에 대한 주기적인 항공사진 정찰임무를 수행하여 그 결과를 미 해군 상륙작전부대에 전달하였다.

미 극동 공군 폭격사령부에서는 9월 9일 서울 북쪽 철도를 차단하여 적의 증원 전력과 보급물자 수송을 차단하기 위한 철도 차단작전을 수행하였으며 매일 1개의 폭격기 전대를 투입하여 주요 철도 조차장을 공격하도록 하였다. 9월 9일 이후부터 B-29 폭격기들은 서울-원산-평양을 연결하는 삼각지역 내의 철도 교량 및 터널 공격에 주력하였다. 9월 13일에는 60대의 B-29 폭격기들이 안주와 흥남에서 남쪽으로 연결되는 철도 조차장들을 포격함으로써 인천상륙작전의 성공을 위한 미 공군의 후방 차단작전은 절정을 이루었다.

또한 미 극동 공군 사령관 스트레이트메이어 장군은 제5공군에게 인천상륙작전 수행이 위협이 될 수 있다고 판단되는 적 비행장을 소탕하라는 명령을 하달하여 적 항공기가 인천상륙작전을 위협하지 못하도록 북한지역의 모든

서울 수복 후 여의도 기지에서 출격을 위해 발진 중인 F-51D 전투기 편대

國軍遂三八線突破

北으로 北으로 進擊을 開始

傀儡는 降伏이냐 戰鬪냐

敵軍後退命令

北韓爆擊中止

三八線突破時 印度도 不抗議

三八線은 없다 林長官演說

韓國의 유엔

社說

續刊辭

<동아일보> 1950년 10월 4일 속간 신문

비행장을 공격하였다.[225]

인천상륙작전의 첫 번째 목적은 첫째로 월미도를 점령하고 두 번째 작전으로 인천반도를 확보하는 것이었다. 마지막으로는 인천과 서울 수도를 탈환하여 남쪽으로 이어지는 교통의 요충지를 확보하여 북한군을 목줄을 죄는 것이었다. 월미도는 2시간 만에 점령을 완료했다. 한국해병대 4개 대대와 미 제1해병사단이 앞장을 섰다. 서울을 탈환하기 위해 김포비행장을 공격했다. 김포비행장을 접수하여 식량과 탄약을 미 공군은 공수하기 시작했다.

이와 동시에 군산에 대한 상륙작전도 병행하여 성공했다. 이제 낙동강 전선에서 일제히 유엔군의 반격이 시작되었고 북한군은 후퇴하기 시작하였다.

> 북쪽에 있는 유엔 지상군은 동해안의 낙평리에서 서쪽으로 청주, 북쪽으로 안성을 거쳐 서울 동쪽까지 그리고 서해안의 김포에 이르는 선을 전진 선으로 형성하였다. 남쪽에 있는 유엔 지상군은 하동 부근에서 북서쪽으로 담양까지 김제에서 이리까지, 그리고 북쪽으로 논산과 조치원에서 서해안의 발안장까지 이르는 전선을 확보하였다.[226]

---

225) 『공군사』 제1집(개정판), 공군본부, 2010, 149쪽, 150쪽.

226) 같은 책, 143쪽.

9월 27일에는 서울에서 남쪽으로 남하하던 유엔군과 낙동강전선에서 북상하던 유엔군이 평택의 서정리 부근에 만나게 되었다. 북한군은 지리멸렬 와해된 것이다. 9월 29일 정부가 환도하고 10월 1일 육군 제3사단이 처음으로 38도선을 넘어 북진하였다. 유엔군은 개성을 탈환하고, 국군은 동부전선 등 전 전선에서 북쪽으로 진군하였다.

10월 20일에는 유엔군과 국군이 평양 인근까지 진군하였고 국군이 함흥을 접수하였다. 이러한 유엔군과 국군은 예기치 못한 적을 만나게 된다. 바로 10월 하순부터 대기하고 있던 중공군이었다.

> 동서 양 전선의 한국군은 한만 국경을 향하여 신속하게 진격하였다. 그리하여 서부전선의 국군 제6사단은 10월 26일 압록강 연안 초산까지 진격하였고 수도사단은 28일 함경남도 삼수를 점령함으로써 한만 국경에서 불과 13킬로미터밖에 떨어지지 않은 곳까지 진격하였다. 그러나 국군 제6사단은 예기치 못한 중공군의 출현으로 부득이 철수하게 되었다 중공군은 이미 오래전부터 한만 국경에 대량 집결하여 국군의 북진을 기다리고 있다가 국경 너머로 침입하기 시작하였다 이로 인하여 유엔군이 수행한 진격작전도 1950년 10월 하순부터 국경을 넘어온 중국군의 완강한 공세에 봉착하게 되었다.[227)]

서울을 탈환하자 공군은 여의도기지로 전진하였다. 여의도기지는 파괴된 건물과 2개의 격납고 활주로는 잡초와 덤불에 덮여 있었다. 이것을 민관의 도움을 받아 보수하여 전진기지로 사용하였다. 여의도기지로 이동한 공군은 항공기지 사령부를 서울, 대전, 대구, 평양, 원산 등 5개 항공관구 29개 구 기지로 개편하였다.

평양 미림기지작전

10월 24일에는 점령한 평양 미림기지로 선발대를 파견하여 평양 전진기지를 확보하도록 하고 여의도기지에서는 공중작전을 시행하였다. 이때 백구부

227) 같은 책, 147쪽.

1950년 11월 백설에 덮인 평양 미림기지. 1956년 10월 1일 대한민국 공군 창군 7주년을 기념하여 공군의 비약적인 발전을 축하하는 뜻에서 미 공군참모총장 트와이닝(Nathan F. Twining) 대장이 대한민국 공군에 기증한 작품.

대가 여의도기지에 온 한국 공군 지원부대 미 공군 6146부대를 위해 정비 및 조종사 지원을 하였다. 이 당시 F-51D 조종사는 기존 조종사인 대위 박희동, 대위 강호륜, 중위 정영진, 김성룡, 이상수 중위에 새로 신유협 소령, 김두만 중위, 전봉희 중위를 투입하여 전투조종사는 총 8명이 되었다.

전투기는 미 공군으로부터 추가로 지원받아 C-47 수송기 한 대를 보유하게 되고 F-51D 전투기는 16대를 보유하게 되었다. 한미합동 전투비행대는 모두 3개 편대를 만들어 제1편대는 지상군 지원, 제2편대는 적 후방 차단작전을, 제3편대는 긴급 지역 수시 출동의 임무를 맡았다.

> 10월 13일에는 박희동 대위와 이상수 중위 그리고 미군 조종사 2명으로 편성된 F-51D 전투기 편대가 250킬로그램 폭탄 4발과 로켓탄 4발 및 네이팜탄 1발을 장착하고 평양 인근 상공으로 출격하였다. 그러나 적 대공 포화 속에서 평양시 부근에 있던 유류 집적소를 공격하던 중 이상수 중위가 피탄되어 적진에서 전사하였다. 이와 같은 여의도기지 작전의 진행 중 10월 14일부터는 지상전선이 북상함에 따라 공군비행단에서는 북한의 서북지역에 대한 작전을 중지하였고 10월 24일 평양 미림기지로 전진하게 되었다.[228]

한편 미 제18전폭비행단과 제6002 전술지원비행단 및 남아연방 공군 제2비행대대가 11월 22일 미림기지로 이동하였다. 이에 따라 미림기지는 미 제5공군의 한국 서부전선 작전 및 보급의 중심기지가 되어 휘발유나 폭탄 같은 군수 보급물자가 대량으로 집적되었다.

---

228) 같은 책, 157쪽.

지상 전황은 유엔 지상군이 서부전선에서는 평안북도의 정주, 태천을 거쳐 한만 국경의 초산에 이르렀고 동부전선에서는 단천에 이르는 전선을 형성하고 있었다.

미림기지로 전진한 대한민국 공군비행단 F-51D 전투기의 출격지역은 서쪽으로는 순천, 박천, 삭주, 희천, 강계 등이었고 동쪽으로는 원산, 함흥, 장진 등으로 중공군에 대한 공격에 집중하였다. 미림기지 작전 중 대한민국 공군 F-51D 전투기 조종사들은 그때가지도 야간 전투비행 경험이 없었기 때문에 전투보다는 비행훈련에 중점을 두었고 미 제6146부대의 조종사들이 주로 전투에 임하였다.

> 당시 유엔 공군에서는 중공군의 개입으로 인하여 이들의 이동을 저지하기 위한 작전을 실시하였다. 작전은 주로 야간에 수행되었으며 미 제6146기지부대 조종사들이 출격임무를 담당하였고 대한민국 공군 조종사들은 야간비행 경험이 없어 출격을 할 수가 없었다.[229)]

이외에 공군비행단 소속 T-6 항공기들은 계속적으로 아 지상군 요청에 의한 일선 시찰, 작전명령 하달, 지휘관 수송 및 긴급 연락 등의 임무를 수행하였다. 북한 진격작전 중 T-6 항공기는 정찰임무와 연락임무를 수행하였으며 북한지역에 23만 장의 전단을 살포하여 심리전 활동에도 기여하였다. 또한 대한민국 공군에서는 대통령 전용기 임무와 보급품 수송, 환자 공수 등의 임무를 수행하기 위해 미 제5공군으로부터 C-47 수송기 한 대를 인수하였다.

헤스 중령은 자신의 애기 제18호 무스탕 전투기에 또다시 '신념의 조인'을 새겨 넣는다.

> 어느 날 헤스 중령이 나에게 다가와 글이 쓰여진 쪽지를 건네주며 한국어로 번역해 달라는 부탁을 해왔다. 종이에 쓰여진 글은 'I fly by faith'였다. 그래서 나는 기부인 이정보와 의논 끝에 신념의 종인이라고 써주었다. 그리고

229) 같은 책, 163쪽.

며칠이 지난 후 그 글을 엔진 카우링(cowling)의 좌측 표면에 써넣어 달라는 요청을 받고 영등포 거리의 간판 집에서 글씨 쓰는 사람을 기지 안으로 불러들였다. 이렇게 해서 '신념의 조인'이 기수 앞쪽에 쓰여진 태극마트의 F-51D 18호기는 미군의 <성조> 지를 비롯하여 <타임> 지 <뉴스위크> 지에 게재되어 온 세계에 널리 알려지게 되었다.[230]

우리 비행단이 미림기지로 전진한 초기에는 승전보가 계속 전해졌다 전쟁이 막바지에 이른 분위기였다. 그런데도 출격의 고삐는 조금도 늦추어지지 않았다. 헤스중령은 자신의 F-51D 전폭기 18호기의 기수 한쪽에만 쓰여진 신념의 조인을 오른쪽에도 마저 써넣어 달라고 요청을 해와 평양 시내의 간판 집에서 사람을 불러 똑같은 글씨를 써넣었다. 기수 좌우 양측의 신념의 조인이 남과 북에서 각각 쓰여 묘한 짝을 이루었다.[231]

미 극동 공군 전투수송사령부에서는 C-119 플라잉 복서(Flying Boxer) 수송기를 이용하여 제187공정연대전투단 요원들을 평양 북쪽 숙천 및 순천 지역에 투하하여 적의 퇴로 차단작전을 수행하였다.

대한민국 공군의 정찰비행대는 유엔군과 아 지상군의 반격작전 전개와 함께 대구경마장에서 주둔하던 주력을 대구기지(동명비행장)로 이동하였다. 9월 16일에는 지상군 작전의 원활한 협조를 위하여 제1 · 2군단에 파견대를 설치하였으며, 지상군이 북진함에 따라서 북한 각지로 진출하여 정찰과 연락, 포관측 등 지상군 작전을 직접 지원하였다. 또한 정찰비행대 본부에도 L-4항 공기를 배속하여 통상 정찰임무와 공군본부의 제반임무를 수행하였으며 정찰 결과는 대한민국 공군과 육군 미 제8군과 제5공군에 통보하여 작전 수행에 협조하

---

230) 『6·25 증언록』, 공군본부, 2002, 318쪽.

231) 같은 책, 최원문 예비역 대령, 2000. 11. 11. 증언록 수록 통보자료.

였다.

유엔 지상군의 반격작전 기간 중 공군은 전진기지를 만들며 제1군단과 제2군단을 위한 정찰과 연락임무를 수행하였다.

한편 유엔군의 급속한 반격작전은 10월 중순 중공군의 개입으로 점차 상황이 악화되었다 12월 초 유엔군은 서부전선에서 철수작전을 시작하였으며 동부전선에서도 12월 14일 흥남 철수작전을 시작하였다.

박범집 조종사의 순직

> 특히 박범집 장군의 출격은 우리 공군의 귀감으로 필히 그 공적이 이루어질 것입니다. 원래 박범집 장군은 조종사 출신이 아님에도 우리 공군의 창설 후 처음으로 틈틈이 조종술을 배운 경험을 바탕으로 생명을 바쳐 조국을 수호한 정신력으로 이룩한 출격입니다.232)

〈표 28〉 F-86 Sabre Vs MiG-15 성능 비교

구 분		F-86A Sabre	MiG-15
사 진			
성능	최대속도(km/h)	1,102	1,078
	최대상승고도(m)	14,935	15,545
	항속거리(km)	2,222	2,141
무장	기총	Cal-50×6문	23mm×2문, 37mm×[illegible]
	로켓탄	5인치×8발	로켓
	폭탄	2,000lbs	1,100lbs

1950년 11월 1일 미그기가 처음으로 전쟁에 등장하여 압록강 지역에서 유엔 공군 F-51D 편대를 공격하였다. 미그기는 F-51D와 F-80보다 속도가 빠르고 상승 및 선회 강하 성능이 월등히 우수하여 12월 15일부터 F-86A 7대를 처음 김포기지에 배치 공중 초계임무를 수행토록 하였다.

미 고문단 정비사들과 일상적으로 접하고 있는 우리 정비사들은 소식통이 빨랐다. 공군참모부장 박범집 준장이 미림기지로 가기 위해 AT-6기로 함흥비행장을 이륙하다가 비행사고로 추락 전사했다는 불길한 이야기가 전해졌다.

또 미 공군의 F-80 전투기와 소련제 미그15 전투기 간에 사상 최초의 제트기 공중전이 벌어졌다는 소식이 들려왔다. 동부전선은 교착상태에 빠

232) 같은 책, 윤응렬 예비역 소장 증언, 1966. 3.21. 공군사관학교 교장실. 139쪽.

졌고 중공군이 전선에 개입했다는 등 예상 밖의 소식을 접한 미림기지 내의 분위기는 잔뜩 긴장되기 시작했다.

고아들 후송작전 233)

후퇴가 결정되면서 평양 미림기지의 철수가 시작되었고 이때 유명한 고아들 후송작전이 전개되었다. 참고로 전쟁에 참전했던 나라를 보면, 미국이 1950년 6월 27일 극동 공군을, 호주는 1950년 7월 7일, 전투비행대대, 수송기대대를, 캐나다는 1950년 7월 28일 수송기대대를, 태국 1950년 6월 25일 수송기편대를, 남아공은 1950년 10월 4일 전투비행대대와, 그리스는 1950년 11월 25일 수송기 편대를 지원하였다.[234]

전쟁고아와 관련한 일화가 또 하나 있다.

딘 헤스(Dean E. Hess) 대령은 1998년 고령의 나이로 한국을 방문한 적이 있었다. 그가 청춘을 전쟁터에 보냈던 한국을 방문하는 것은 마지막이 된 셈이다. 그의 자서전 『전송가 *Battle Hymn*』는 영화로도 제작된 바 있다. 무엇보다도 그가 중공군의 참전으로 평양에서 후퇴할 때 전쟁고아들을 공수했던 일은 유명하다. 공군훈련부대가 제주도에 잠시 가 있을 때 황온순 여사는 헤스 대령과 함께 고아들을 돌보았다. 전쟁 속에서 피어났던 아름다운 일이 아닐 수 없다.

---

233) 같은 책, 손홍준(孫興俊) 예비역 중령, 1965. 4. 12. 서울 대방동 자택, 345쪽, 337~338쪽.

234) 『6·25증언록』, 공군본부, 2002. 335쪽, 336쪽.

수천 부상병들을 구한 장진호전투의 유엔항공작전

1950년 10월 28일 한국군 제2군단이 중공군과 첫 조우가 있었다. 11월 1일에는 미그15기가 압록강 지역에서 유엔 공군 F-51D 전투기 편대를 공격하였다. 새로운 적이 나타났고 전쟁은 전혀 다른 국면으로 전개될 조짐을 보이기 시작했다. 미그15기는 F-80을 능가했다. 상승과 강하, 선회 능력이 뛰어났다. 12월 5일 미 공군은 미 제4전투요격비행전대 소속 F-86A 7대를 투입했다. 공중전사에서 새로운 역사가 쓰이는 순간이 다가왔다.

국군과 유엔군의 북한군 패잔병 추격전은 멈추어버렸다. 서부전선에서는 11월 2일에는 미 제8기갑연대가 중공군에 포위되었으며 11월 3일 미 제8군단은 청천강 선으로 후퇴를 결정한다.

11월 5일에는 중국 국경에서 2마일 떨어진 강계 지역을 폭격하였다. 11월 8일, 유엔군의 후퇴로를 만들기 위해 신의주 및 중국 국경지역에 대대적인 폭격과 압록강 철교를 폭격했다. 동부전선에서는 10월 26일, 원산을 점령하고 함흥을 거쳐 장진호까지 진출한 미 제1해병사단과 미 제10군단 제7보병사단이 전혀 예기치 못한 새로운 적, 중공군과 마주쳤고 이내 이들에게 포위되었다. 이때가 11월 14일이다.

장진호 지역에서의 항공작전은 포위된 미군을 엄호하는 것으로 2주간, 보급품 공수작전으로 진행되었다. 야간작전이 감행되었다.

11월 18일에는 미 제35전투요격 비행전대가 최초로 북한지역인 함경남도 흥남 부근의 연포에 전진 배치되었으며 26일부터는 미 공군 소속의 B-26

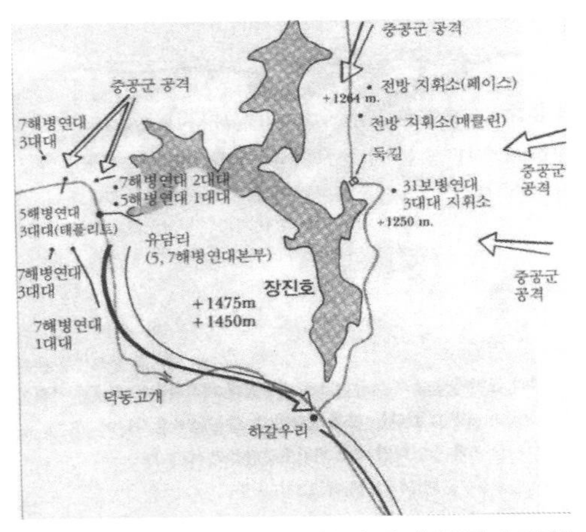

중공군은 장진호 지역으로 진출한 미 제5해병사단과 제7해병여단 및 제7보병사단 소속 31보병연대에 대한 야간 기습 공격을 실시하였다. 1950. 11.27~28.

폭격기들이 F-80 전투기와 전술항공 통제반(TACP)의 통제하에 조명탄 투하 속에서 공격하는 방식으로 야간 근접 항공지원임무를 수행하였다. 제3폭격비행전대 소속 B-26 폭격기들은 미 제8군의 폭격지원 요청에 따라 임무를 수행하였다 제35전투요격 비행전대 소속의 항공기들도 포위된 아 지상군을 지원하기 위해 근접 항공지원작전을 집중적으로 실시하였다.235)

중공군은 일시 물러나는 듯했으나 또다시 인해전술로 공격하기 시작했다. 12월 1일 유엔군의 전면 후퇴를 결정한다. 전진기지를 만들었던 미 공군과 한국 공군이 철수하기로 한다. 동해 연포비행장에 주둔하던 미 제35전투요격 비행전대가 후퇴하고 평양 미림기지에 있던 제18전폭 비행전대가 수원으로 철수하였다.

장진호 지역에서의 항공작전은 이제 미군의 퇴로를 만들어주기 위한 작전으로 변하였다. 장진호 지역에서 고립된 미군을 위해 B-29들이 중공군에 폭격을 하였다. 하갈우리와 고토리에서 퇴로를 개척하였다. 미 제1해병사단이 하갈우리를 돌파하여 고토리에서 중공군과 싸우고 있는 미 해병 제1연대와 합류하게 된다.

12월 5일부터 10일까지 미 극동 공군 전투공수사령부에서는 미 해병대가 12월 5일 하갈우리와 12월 7일 고토리 지역에 임시로 설치한 간이 비행장을 통하여 총 270회의 공수임무로 식량 · 탄약 보급 총 274톤과 환자 4,863명의

235) 『공군사』 제1집(개정판), 공군본부, 2010년, 175쪽.

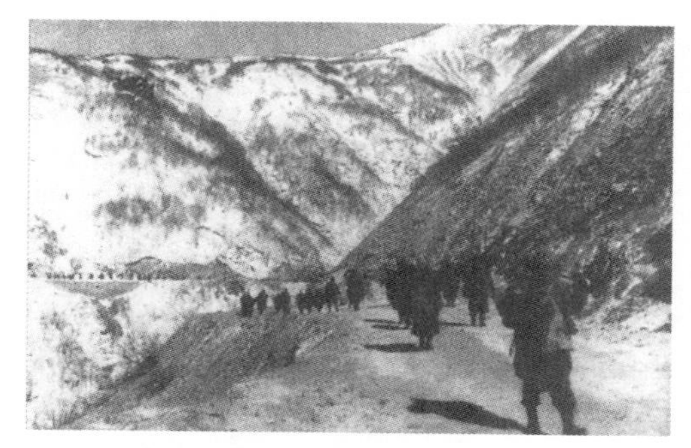
장진호에서 철수하는 미 제1해병사단

수송작전을 실시하였다.

이 기간 중 그리스 공군 C-47 공수파견대 30회, 미 제1해병 비행단 56회도 공수임무를 수행하였으며 미 공군 제801의 무후송 비행대대는 위급한 환자를 후송하는 의무지원을 제공하였다.

12월 7일, 미 제1해병사단 제5연대, 제7연대는 하갈우리를 돌파하여 퇴각로를 개척하기 위해 고토리에서 분투 중인 미 해병 제1연대와 합류하였다. 그러나 고토리 남쪽 4마일 지점에서 계곡에 가설되어 있던 수문교가 끊겨 탈출할 수 없는 상황에 처하였다. 이에 연포비행장에 파견된 C-119 수송기를 이용 조립식 가교 부품을 공중투하하는 작전을 수행하여 12월 9일 파괴된 수문교에 임시 교량을 설치 후 미 제1해병사단이 포위망을 뚫고 탈출에 성공할 수 있었으며, 미 해병대와 미 제7보병사단의 제31연대는 고립된 지 13일 만에 구출되었다. 이들은 가장 험한 지형과 나쁜 기상조건 및 어려운 전투여건에서 오로지 미 공군의 공중투하 보급지원에 의존하여 성공적으로 철수했다. 미 극동 공군에서는 미 제1해병사단의 철수작전에 연 313대의 C-119 수송기, 37대 C-47 수송기를 동원하여 총 1,580톤의 보급품과 장비를 공중투하하였다.[236)]

12월 24일에 흥남으로까지 후퇴한 미 제10군단과 미 제1병사단은 남쪽으로 탈출할 수 있었다. 항공기가 제1차 세계대전 이후로 '파괴'와 '살상'의 대명사로 악명을 높이긴 했지만, 바로 이 장진호 전투에서, 수천 명에 달하는 부상 병력의 목숨을 구한 후송은 역사적으로 길이 남는 항공작전이 되었고 장병들은 크리스마스를 전방이 아닌 후방에서 보낼 수 있었다.

236) 같은 책, 181~182쪽.

흥남 철수작전과 유엔 공군의 항공지원작전

흥남부두에서 철수하면서 항구를 폭파시킨 장면

흥남 철수작전은 1950년 12월 14일부터 동년 동월 24일까지 미 제10군단, 국군 제1군단이 흥남으로 집결하여 해상로를 통해 남쪽으로 후퇴하는 작전이다. 미 제10군단과 국군 제1군단이 흥남에 먼저 도착하여 외곽에 방어진을 구축하고 장진호에서부터 퇴각하고 있는 미 제1해병사단의 철수를 엄호하며 중공군의 진입을 저지하였다.

흥남 철수작전에 즈음한 항공지원작전은 주야간으로 이루어졌다. 주간에는 무장정찰과 근접 항공지원 형태로 대기하면서 미 지상군의 요청이 있을 때 지상 아군을 항공지원하였고 야간에는 F-80이나 전술통제반이 조명탄으로 타격 목표물을 제시하면 폭격기들의 폭격으로 이루어졌다.

12월 11일 미 제1해병사단이 흥남으로 철수를 완료하자, 12월 14일부터 17일까지 병력을 가능한 한 수송기로 이동시켜 해상 철수에 무리가 없도록 하였다.

미 극동 공군 전투사령부에서는 12월 14일부터 17일 오전 9시까지 연포비행

"On Refuge" (1954), an oil painting by Lee Soo-eok.

이수억 화백이 그린 6·25전쟁 당시 피난민 행렬 모습. 그림 중에 아이의 등에 멘 책가방이 눈에 띈다. 저 책가방이 폐허 속에서 대한민국을 발전시킨 교육의 힘이 아닌가 생각했다.

장을 통해 228명의 환자와 3,891명의 병력 및 화물 2,088톤을 부산 대구 등 후방지역으로 철수시켰다.[237)]

그리고 해상 철수를 원만하게 하기 위해 흥남 근해에 항모 7척, 전함 1척, 순양함 2척, 구축함 7척, 로켓 포함 3척을 배치해 흥남으로 진입하려는 중공군을 차단했다.

해상, 공중 화력지원을 받으며 흥남에서 병력과 물자를 무사히 철수했던 이 작전은 세계 전사에서도 길이 남을 작전이었으며, 이때 10만 명에 육박한 피난민들을 함께 철수시킨 이야기는 너무도 유명하다.

> 중공군의 공격을 저지하기 위해 한국군 제1군단 예하 수도사단의 승선이 늦어졌으나 12월 17일 야간까지 승선을 완료하고 흥남을 철수하였다. 이어 미 제7사단이 12월 21일에 철수하였으며 미 제3보병사단이 12월 24일 흥남 부두를 마지막으로 철수하며 이날 2시 30분에 유엔 공군의 항만 폭파를 끝으로 철수작전은 성공적으로 마무리되었다. (흥남 철수작전에서 유엔군 병력 10만 5,000명 차량 1만 7,500대 그리고 약 35만 톤의 화물이 남쪽으로 안전하게 후송되었으며 북한 피난민 9만 1,000명이 미군 선박을 이용하여 철수하였다.[238)]

우리 공군의 철수작전은 11월 30일부터 전개하여 12월 7일 1차 철수진이 여의도기지에 집결하고 이를 다시 대전기지로 이동시켰다. 12월 8일

---

237) 『공군사』 제1집(개정판), 공군본부, 2010, 183쪽.
238) 같은 책, 184쪽.

에는 신막기지의 공군부대를 서울로, 서울지역으로 철수한 병력을 12월 12일까지 수원기지로 재차 철수하였고 일부 병력을 김해와 부산 수영기지로 이동하였다. 1951년 1월 5일에는 서울에 있던 본대를 대구기지로 이동하였다.

공군은 철수를 진행하면서도 1951년 5월까지, 육군 군단에 정찰 파견대를 보내어 지상군 지원작전을 병행하였다. 또한 군단 정면 정찰, 포 관측, 아군 전투기의 목표 유도, 군단 간의 연락 및 지휘관 수송임무를 병행하였다.

백구부대 작전

백구부대는 1950년 12월 공군의 제2차 후퇴작전 시 미 공군 제6146부대의 작전을 지원하기 위해 공군 정비요원을 중심으로 대전기지에서 편성되었다. 백부부대에서 '백구'란 'white gull'로 우리 공군에서 운영하던 F-51D 전투기가 속도가 느리고 기체가 은색이어서 은빛 갈매기와 흡사하다 하여 붙여진 이름이다. 바우트원 부대 후신인 미 공군 제6146부대의 조종사들과 한국 공군 백구부대의 정비사들이 합동작전으로 출격하는 형태가 여의도 기지에서, 1951년 4월 3일부터 21일까지 18일간 지속되었다.

이후 이 백구부대는 제11전투비행중대가 여의도로 전개되면서 통합되었다.

1월 초 수도 서울이 적의 수중으로 떨어졌지만 이 기간 동안 유엔 공군의 근접 항공지원작전과 후방 차단작전이 주효하여 적이 주춤하는 사이 국군과 유엔군이 반격을 개시하여 3월 14일 수도 서울을 재탈환하고 3월 25일에는 38도선을 재차 진입하였다.

공군에서는 김정렬 참모총장은 전쟁이 장기화되는 조짐을 보이자 조종 훈련 강화에 눈을 돌렸다.

> 참모총장은 대한민국 공군 비행부대를 제주기지로 이동시켜 훈련을 실시하고, 이곳에서 항공기를 정비한 뒤 전투에 투입하는 것이 현실적이라고 생각하여 헤스 중령에게 미국 교관 조종사를 대한민국 공군에 파견해줄 것을 요청하였다. 그리하여 헤스 중령은 1950년 12월 17일 제주기지에 미군 조종사 1명(어니스트 크레이그웰 중위)과 병 7명을 파견하여 대한민국 공군의 비행훈련을 지원하도록 하였다.[239)]

백구부대 주둔지인 여의도 기지. 1951. 4.(공군역사기록단 제공)

이에 12월 20일 백구부대와 항공기 정비요원을 제외한 전 병력이 군산에 집결하여 해군 편으로 제주기지로 이동을 시작하였다. 1월에는 4대의 F-51D 전투기를 미 공군으로부터 인수받아 총 10대의 전투기를 유지하게 되었다. 전투에 필요한 4대를 제외한 6대는 제주기지로 보내어 조종훈련에 사용하도록 하였다.

이 기간 동안 대전기지에서의 작전 활동은 최소화된 반면, 제주도에서의 훈련은 매우 활발하여 1월 중 한국 조종사에 대한 훈련이 최고조에 달하였다. 제주기지에서 진행된 대부분의 훈련은 편대 비행훈련이었으며 한국 조종사 10명이 F-51D 전투기로 기종 전환훈련을 수료하였다.[240]

여의도에 주둔하고 있던 미 제6146부대와 백구부대의 풍경은 삭막했다.

여의도기지의 상황은 대한민국 공군 백구부대 정비사들의 천막이 여의도기지 활주로 북쪽에서 마포를 바라보는 모래 언덕 위에 설치되어 있어 강바람으로 인한 먼지가 항상 천막을 뒤덮었다. 그리고 마포 방향의 한강변에는 미군 탱크들이 모래 속에 몸체를 묻고 북쪽으로 포신을 겨냥하고 있었다. 또한 밤에는 북한군의 침투를 감시하기 위하여 탐조등 불빛이 한강철교 변에서 강 하류 쪽으로 반대편 하류 쪽에서는 여의도 방향으로 강물 위를 밝혔으며 매시간 조명탄을 쏘아 올려 여의도 일대는 한밤중에도 대낮과 같았다.[241]

---

239) 『공군사』 제1집(개정판), 공군본부, 2010, 197쪽.

240) 같은 책, 199쪽.

한편 제주기지에서 F-51D로 기종 전환훈련을 마친 조종사 오춘목, 이강화, 이세영, 최종봉 대위가 여의도기지로 3월 31일 투입되었고 주종철 대위 이하 23명의 정비사 4월 2일까지 여의도기지에 투입되어 여의도기지 공군력이 점차 강화되었고 미군 조종사와 한국군 조종사의 합동출격을 하였다.

4월 21일 합동출격했던 이세영 대위가 적 대공포에 피탄되어 전사하였다. 『공군사』에서는 평양에서 철수 후 서울을 다시 탈환할 때까지 백구부대 존재의 의미를 후방에서 조종사 양성에 전념할 수 있도록 방패역할을 했다는 데 두고 있다.

---

241) 같은 책, 203쪽.

공군 최초의 비행단, 제1전투비행단의 탄생

군의 지도자가 어느 순간, 어느 상황에서 어떤 판단을 내리느냐 하는 것은 군의 운명을 좌우하는 결정적인 결단이 된다. 타이밍을 놓친다거나 판단에 문제가 있을 때는 그 후유증도 만만치 않다. 제1대 공군참모총장을 지낸 김정렬 장군과 참모진은 근 1년에 가까운 시기, 전쟁을 수행하며 많은 고민이 있었을 것이다. 전투기 하나 없던 전쟁 초기, 연락기와 연습기로 지상 공격전을 펼치는가 하면 폭탄이 소진되자 정찰임무를 수행했다. 미 공군으로부터 전투기를 인수받자 전투에 당장 투입했지만 이근석 대령의 전사로 '조종훈련'의 부족함을 절감하였다.

이러한 한국 공군의 약점을 보완하기 위해 미 공군에서 한국 공군 지원부대를 편성 교육과 한미 조종사의 합동출격을 병행하는 방식으로 꾸려왔다. 하지만 중공군의 참전으로 아군이 후퇴하고 전쟁이 장기화 조짐을 보이자 김정렬 참모총장은 조종훈련을 다시 생각하면서 제주도 기지에서 미군 조종사를 교관으로 한 기종 전환훈련에 중점을 두었다.

그렇게 해서 1951년 4월 22일 제주도기지에서 훈련에 전념하던 제11전투비행중대가 훈련을 마치고 여의도기지로 이동하였다.

중공군 33만의 병력을 투입하여, 4월 22일 춘계 1차 대공세, 5월 16일 춘계 제2차 대공세를 펼쳤지만 유엔군은 해상공 중화력을 총동원하여 역공을 펼쳐 그 기세를 꺾었으며 5월에는 전쟁의 주도권을 잡고 중공군과 북한군의 예봉을 무디게 하였다. 6월에는 간성, 금성, 화천, 철원, 개성 남방을 잇는 선까지 진출하였다.

사천기지에서 훈련대기 중인 T-6 항공기

1951년 3월부터는 한국군 조종사가 직접 조종사들을 비행훈련을 전담하였다. 여의도기지에서는, 공군 제11전투비행중대가 부대의 정비를 완료하고 4월 22일 출격을 개시하여 5월 31일까지 미 공군 제6146기지부대 조종사들과 합동으로 출격하였다.

김정렬 참모총장은 이 시기, 또 한 번의 결단을 내려야했다. 출격에 급급한 상태로 미군 조종사와의 합동출격하는 식의 임시방편이 아닌, 장기적인 안목으로 일개 국가의 공군으로서의 체제를 구축하는 것이 급선무로 여겼다.

> 당시 한국 조종사들은 미군 조종사들의 지휘하에 출격하였으므로 항법과 목표 지점 집결에 대한 경험을 터득할 수가 없었다.242)

이미 1951년 1월 9일 김정렬 참모총장은 최용덕, 김창규, 김영환 등을 대동하여 미 극동 공군 사령관의 초청을 받아 일본 동경 미 극동 공군사령부를 방문하였다. 이때 미 공군으로부터 군수물자 보급에 관한 원칙적인 합의를 하였다.

지원을 약속받은 김정렬 참모총장은 대한민국 공군을 재정비하여 장차 비행단을 운영할 수 있는 체계를 갖추고 비행사 양성에 초점을 맞추었다. 그리고 그동안 한국군 조종사들에게는 '조종사의 아버지'라는 말을 들을 정도의 존경을 받고 있던 헤스 중령에게 결별을 통보했다. 헤스 중령은 반대했지만 김정렬 참모총장의 결심은 확고했다. 이러한 상태로는 한국군 조종사들의 독자적인 한국군 전투 능력은 요원한 것으로 판단했던 것으로

---

242) 같은 책, 227쪽.

보인다.

이와 같은 계획을 추진하기 위해 첫 번째 조치로 총참모장은 여의도기지에서 대한민국 공군 조종사의 출격작전을 중지하는 문제를 미 제6146기지 부대장과 논의하였다. 김정렬 참모총장과 헤스 중령 간의 의견이 충돌했다.

"대한민국 공군의 핵심요원인 전투조종사가 계속 희생되면 공군 성장에 지장을 초래하므로 어느 정도의 시간적 여유를 가진 상태에서 충분한 전투 훈련을 마치고 완전한 하나의 전투단위부대로 출격해야 한다."

반면 미 제6146기지부대장 헤스 중령은 이렇게 말한다.

"대한민국 공군이 더욱 성장하기 위해서는 미군 조종사들과 함께 출격하여 전투 기량을 높여야 합니다."

김정렬 참모총장은 1951년 5월 15일 미 제5공군 사령관 패트리지 중장에게, "대한민국 공군 전력 확장에 대한 제의라는 서신을 보내 대한민국 공군은 차기 작전을 자주적으로 수행하기 위해 5월 31일부로 여의도기지에서 수행하던 미 제6146기지부대와의 합동출격을 중지하겠다"고 통보하였다.

이와 같이 전쟁 초부터 대한민국 공군 공군을 지원해오던 미 제6146기지부대와의 합동출격을 중지한 김정렬 참모총장은 이후에 대한민국 공군의 단독 출격작전을 수행할 결심을 하고 공군전투부대를 사천기지로 집결시켰다.[243]

공군은 6월 30일 여의도기지에 있던 공군 전투부대인 제11전투비행중대와 제101기지전대까지 사천으로 불러들였다.

전쟁발발 이후 1년 정도 전투작전 및 조종사 훈련을 담당해오던 공군비행단은 1951년 8월 1일부로 제1전투비행단으로 개편 창설되었다. 이로써 대한민국 공군은 최초로 1개 전투비행단을 보유한 군으로 성장하였다.[244]

---

243) 같은 책, 220쪽.

244) 같은 책, 221쪽.

제1전투비행단의 단장으로는 장덕창 준장을 임명하고 예하 제10전투비행전대장에는 김영환 대령을 임명하였고 예하에 정비보급전대, 기지전대, 의무전대, 정찰비행전대 등을 편성하여 비행단의 외형을 구축하였다. 이때가 1951년 7월이었다. F-51D 전투기는 20대 정도 보유하게 되었고 공군 조종사는 37명으로 늘어났다.[245)]

그동안 한미합동출격을 하며 한국 공군을 지원한 미 제6146부대의 헤스 중령이 떠나고 새로 한국항공군수부대인 제6405 한국항공군수부대(KA-MU: Korea Air Material Unit)을 편성하였고 미 공군의 한국 공군에 대한 지원도 공식적으로, 협조도 좀 더 긴밀하게 이루어졌다.

……1951년 7월, 공군본부 작전국 교육과장으로 재직 중인 어느 날, 김정렬 공군참모총장(작고)께서 부르시더니, 난데없이 현재의 가족 상황을 물으셨다. 온정 어린 표정으로 당분간 혼자 가족을 떠나 일선 근무를 해도 별 지장이 없겠느냐고 하시는 것이었다. 순간 나는 군인으로서의 모든 각오를 한 다음, 분부대로 복종할 것임을 맹세하였더니, 내일 비행기로 일선지구로 가서 당분간 수고를 해달라. 도착하면 미 공군 장교가 마중 나와 있을 터이니, 그의 안내대로 행동하도록 하라고 지시하셨다. L-19기를 타고 내린 곳이 K-16 공군기지이고 미 제5공군 장교 안내로 간 곳이 서울대학교 의과대학(동숭동, 현존)에 위치하고 있던 미 제5공군사령부 합동작전본부(JOC)의 전술통제본부(TACC)였고, 이리하여 나는 한국 공군 작전연락장교로 52년 9월까지 미 제5공군사령부에 파견근무를 하게 되었다.
당시 서울은 민간인 출입이 금지되고 있던 전투지구로, 야간엔 멀리서 은은한 포성이 수시로 울려 퍼져 올 정도로 긴장감이 돌고 있었다. 한편 한국 공군은 이후, 유엔 공군의 일원으로 북한 상공에까지 출격을 감행하면서

---

245) 1951년 7월 30일 현재 대한민국 공군 조종사 37명(특별, A, B, C class)
특별: 김정렬 · 최용덕 · 장덕창 · 김영환 · 장성환 · 김신 · 박희동 · 강호륜 · 김성룡 · 정영진 A: 김두만 · 전봉희 · 오춘목 · 이강화 · 신유협 · 권성근 · 윤응렬 · 주영복 · 옥만호 B: 최호문 · 김금성 · 박재호 · 유치곤 · 이기협 · 장성태 · 정주량 · 신철수 · 윤석준 · 변희주 · 구선진 C: 손재권 · 박완규 · 이일영 · 손홍준 · 서상순 · 나창준 · 장지량. 학생 조종사 및 T-6, L형 조종사를 제외한 인원이다.

적에게 다대한 피해를 주는 전과를 올려오다가 급기야는 51년 9월 1일부터 는 그동안의 우리 공군의 전력 증강과 기량 향상을 감안하여 이제는 한국 공군만의 단독출격을 결행하기에 이르자, 한미 공군 간의 보다 긴밀한 협동 작전을 수행하기 위해 한국 공군 작전연락장교가 처음으로 제5공군사령부에 파견되었던 것이다.[246]

사천에 주둔한 한국 공군 제1비행단은 미 공군 교관의 지도 없이 전투를 준비하고 근접지원 및 정찰임무를 수행할 전투 능력을 갖추는 데 중점을 두어 비행훈련을 실시하였다. 항법, 공대지 사격, 항공기 집결훈련, 독도법 등 체계적인 훈련을 실시하였다. 또한 미 극동 공군 제 6162기지전대에서 계기비행에 대한 훈련도 실시하였다.

미그15기 부품을 세계 최초로 빼내다

1951년 4월 17일, 9명의 공군 정보요원들이 추락한 적의 미그15기 주요 부품을 빼오는 작전을 펼친다.[247] 대원들을 실은 C-119를 엄호하기 위해 F-51, F-80, F-82, F-84 기종 등 80여 대가 동원되었다. 엄호를 위해 출격한 비행기 대수에서 이 작전의 중요성을 실감하게 된다.

이들은 적지에 추락해 있던 미그15기에 접근, 2시간에 걸쳐 주요 부품을 뜯어내어 이를 H-19 헬기에 싣고 탈출하였다.[248] 이 과정에서 북한군들이 대거 동원, 포위망을 좁혀오자 연합군의 80여 대의 엄호기들이 쉴 사이 없이 대지공격을 하였다. 교전 중에 윤하의 상사는 이마에 총탄을 맞고 전사하였다.[249][250]

그러나 미그15기에 애를 먹었던 미군과 연합군 전투기들은 이를 통해 부품에 대한 연구를 끝내고 2주 후 효과적인 공격 방법을 강구하여 공중전

246) 공군 보라매 회지 특별 기고문 자료, 2000. 5. 24.

247) 윤일균(1967년 당시 준장)의 증언, 『6 · 25戰爭證言錄』, 공군본부, 2002, 572쪽.

248) 같은 책, 592-593쪽.

249) 같은 책, 593~595쪽.

250) 윤일균의 증언, 같은 책, 613쪽.

에서 전세를 역전하는 계기를 마련하기 시작한다.

전 세계에서 최초의 미그15 성능 분석 작전에 성공한 공로로 윤일균 대위와 이봉진 소위는 미 동성훈장을, 기타 요원은 미 항공훈장을 받았으며 본 작전을 총 지휘한 니콜스는 미 의회로부터 최고 훈장인 명예훈장(medals of honor)를 받았다.

작전 능력을 인정받은 대한민국 공군

이 시기는 1951년 8월 17일부터 9월 28일까지, 지리산지구 공비 토벌작전을 펼치면서 동시에 미 공군으로부터 작전 준비태세의 능력을 평가받았다. 남한 지리산 등 산악지대에는 1950년 9월 유엔군의 반격으로 패퇴하면서 북쪽으로 넘어가지 못한 패잔병들이 남아 있었다. 1951년 7월 말 시점으로 약 9,500여 명의 패잔병들은 남한지역에서 살인, 방화, 약탈, 납치 등 후방지역을 교란하고 있었다. 지리산을 거점으로 해서는 약 4,000여 명의 공비들이 있었다. 남원에 주둔하고 있던 지리산지구 경찰 전투사령부가 공군에 지원을 요청해왔다.

1952년에 대한민국 경찰 치안국에서 발행한 『대한경찰 전사』 제1집, '민족의 선봉'이라는 책에는 공비토벌 작전에서 경찰 작전을 지원해준 '공군'에 대한 기록이 두 군데 있다.

이 책 198쪽에는 '제3차 잔비섬멸 총궐기주간' 항목에서는 "이 기간은 문자 그대로 작전의 결산단계로서 4284년 7월 15일부터 동년 8월 15일까지의 1개월간을 획정하여 동년 6월 말에 (…) 발본색원적인 숙청토벌은 공군의 적절한 지원작전을 받으면서 불타는 조국애와 발분역행으로 종국적인 성과를 올린 것이었다. 이 주간 중의 각 지구별로 올린 전과는 다음과 같다" 라고 소개하고 있다.

254쪽에서는 "……이외에 의용대와 한청 ○○○명이 군 작전을 지원하였다 일찍이 압록강변을 단숨에 석권하고 현대식 장비로 중무장한 백선엽 소장(현 중장) 휘하 부대 ○○○명과 경찰대 ○○○명의 군경관민의 총력전이었으며 지상군을 원호지원하기 위하여는 한국 공군도 이에 참전하였다" 라고 소개하고 있다.

지리산 공비토벌 현황보고. 총참모장 김정렬 소장(우측에서 네 번째)이 제1전투비행단 지리산 공비토벌작전 지휘본부를 방문하여 김영환 대령(우측에서 5번째)에게 지리산 공비토벌작전 현황을 보고받고 있다

지리산지구 경찰 전투부대의 항공지원 요청을 받은 공군비행단(1951년 8월 1일 제1전투비행단으로 개편)은 1951년 7월 23일 진주경찰서에서 개최한 군경 정보관계관 회의에 참석하였다. 이 회의에 공군비행단에서는 참모장 김영환 대령과 작전정보처장 장지량 중령이 참석하여 공비들의 활동에 관한 정보 사항과 공비 토벌작전에 대한 지원문제를 협의하였다.[251)]

동년 8월 17일 지리산 지역 공비토벌을 위한 첫 번째 출격이 있었다. 김영환 대령이 지휘하는 4대의 F-51D 전투기 편대는 사천기지를 이륙하여 지리산 응석봉에 이르러 공비들의 방어진지를 공격하였다. 그 이후부터 9월 초까지 지리산 일대 공비들에 대한 공중공격은 지속되었다. 이 작전은 또한 동시에 미 공군으로부터 한국 공군의 독자적인 작전 능력을 평가받았다. 미 공군은 동년 8월 27일 전술검열관 아이작슨(Clayton M. Issacson)중령 등 12명의 검열단을 파견하였다. 이들 미 공군 검열관들은 공군 조종사들과 편대를 이루어 동반출격하여 한국군 조종사들의 작전 수행과 전투 능력을 평가하였다.

9월 1일을 마지막으로 두 차례의 북한 후방지역 공격작전은 대한민국 공군 A · B급 조종사들에 의하여 수행되었다. 총 2회의 출격을 마지막으로 미 제5공군이 주관한 대한민국 공군에 대한 검열이 모두 종료되었다.[252)]

---

251) 『공군사』 제1집(개정판), 공군본부, 2010, 231쪽.

252) 같은 책, 240~244쪽.

검열을 마친 미 공군에서는 다음과 같은 편지를 한국 공군에 보내왔다.

> 대한민국 공군 제1전투비행단을 최근 검열한 결과 전투임무에 필수로 여겨지는 일부 장비가 부족하다는 사실이 밝혀졌습니다. 대한민국 공군 전투조종사는 전투에 참여하고자 하는 뜨거운 열정을 지니고 있었고 겸열관들은 이를 느낄 수 있었습니다. 하지만 대한민국 공군이 전방지역에서 작전을 개시하는 날짜는 10월 1일로 할 것을 권고하는 바입니다. 미 극동 공군사령부에서는 대한민국 공군의 전투 및 훈련이 이루어질 수 있도록 물자지원을 조치하고 있습니다.[253]

이로써 대한민국 공군의 전투 능력을 과소평가하던 미 공군으로부터 대한민국 공군이 단독 출격작전을 수행할 수 있다는 능력을 공식적으로 인정받게 되었다. 이를 통하여 미 공군에서도 대한민국 공군의 전투 능력을 높이 평가하고 유엔군의 전투단위로 인정함으로써 이후부터는 장비와 각종 물자에 대한 지원이 적극적으로 이루어지게 되었으며 대한민국 공군은 1951년 9월 말부터 강릉비행장을 전초기지로 단독 출격작전을 수행하기 위한 만반의 전투 준비태세를 갖추게 되었다.

---

253) 같은 책, 244쪽, 245쪽.

해인사를 사수하라

2010년 10월호 <월간 공군>에는 "한국 공군의 항공작전과 팔만대장경의 보존"이라는 김경록 소령의 글이 실려 있다. 여기에서는 해인사 관련 글은 다음과 같다.

> 공비 토벌작전을 담당하였던 제1전투비행단 부단장 겸 제10전투비행전대장이었던 김영환 대령은 지리산 공비들이 해인사에 집결한 상황에서 토벌작전을 전개함에 팔만대장경의 보존을 최우선시하여 작전을 시행하였다. 민족문화재 팔만대장경의 보존이라는 높은 역사인식으로 공비토벌이라는 공군작전의 임무완수를 지휘하고 직접 수행하였던 김영환 대령은 단순히 항공 전력을 운영하여 군사작전을 수행하는 공군이 아닌 민족문화의 보호자로서 공군의 모습을 보여준 사례이다.[254] 6 · 25전쟁 중 해인사 팔만대장경을 지킨 고 김영환 장군에 대한 호국 추모는 해인사에서 각별한 노력으로 2002년 추모비를 설립하고 2009년 호국 추모제를 가졌으며 2010년 8월 21일 금관문화훈장 수여를 계기로 범국민적으로 인지하게 될 것으로 기대된다. 명예와 목숨을 걸고 문화재를 지켜낸 김영환 장군의 호국정신이 한국인의 뿌리 깊은 문화의식으로 계승되길 기원한다.[255]

6 · 25전쟁 중 팔만대장경 보호, 국민 모두의 승리

전쟁은 모든 것을 파괴한다. 사람의 마음까지도. 그런 가운데에서도 전

---

254) 공군 역사자료발굴위원회, 공군 역사자료 발굴위원회 종합보고서 2009.

255) 김경록, 「한국 공군의 항공작전과 팔만대장경의 보존」, <월간 공군>, 공군본부, 2010년 10월호.

쟁 속에서 피어난 아름다운 일화들이 우리의 마음을 훈훈하게 해준다. 공군의 경우에는 해인사를 폭격하지 않아 팔만대장경을 지켜냈다는 자부심을 가지고 있는 듯하다. 공군의 기록들을 보면 이 해인사 사건에 대한 기록이 자주 눈에 띈다. 오늘 여기서 그 기록들을 살펴보면서 전쟁 속에서 피어난 아름다운 일화의 그 일련의 과정과 이야기들을 자세히 살펴보자.

해인사 문화재를 보호하면서 낙오된 북한군들을 제압하는 기록화(공군역사기록단 제공)

'해인사 사건' 관련 장지량 장군 관련 자료들

해인사를 폭격하지 않은 과정에 대한 장지량 장군의 인터뷰가 실린, 공군본부에서 발행한 『6 · 25전쟁 증언록』을 보면 제9대 참모총장인 장지량 장군은 일문일답의 인터뷰에서 다음과 같이 증언한 바 있다.

> ……헤스 중령의 미 제6146기지부대는 대전에 남아 있었다. 우리 공군이 제주에서 훈련을 시작하여 거기서 6개월 동안 훈련받았다. 그 후 공군본부에 요청하여 우리 비행단이 사천기지에 자리를 잡았다. (…) 사천기지로 이동하여 얼마 지난 후 경찰부대의 요청에 따라 지리산 공비토벌 작전을 시작했다. 해인사에 공비가 있다고 폭격을 하라고 명령이 내려왔는데 잠깐 기다리자고 했다. 팔만대장경을 보호하기 위해서였다. 미 제6146기지부대 작전장교 윌슨(Wilson) 대위가 '왜 공격을 하지 않느냐?'라고 했지만 '조금 기다리자, 역사적인 유물을 보호해야 한다'라고 하였다.[256)]

256) 『6 · 25전쟁 증언록』, 공군본부, 2002.

'해인사 사건' 관련 김영환 장군 관련 자료들

사천기지에서 출격 대기 중인 대한민국 공군 F-51D 전투기

이 내용들은 또한 공군에서 발행한 <계간 공군>과 <주간 공군>에 실린 '해인사 사건' 관련 기사이다. 김영환 장군이 해인사를 폭격하지 않은 데, '결정적인 역할'을 했다는 내용이 담긴 글들을 살펴보자. 먼저 <주간 공군>에 실린 '해인사 사건' 관련 기사이다.

> "해인사 폭격하라" 抗命/민족정기 어린 문화재 보존 역설/청사에 길이 빛날 신념의 조인
>
> ……그해 12월 18일 08시 30분경, 이미 적정을 둘러보고 돌아온 작전참모 장지량 중령이 경찰부대로부터 긴급지원 요청을 받고 출동을 알리는 비상벨을 울렸다. (…) 낙동강 줄기를 따라 북상, 함안 상공에서 기수를 산악지대로 돌렸다. 편대장 김영환 대령, 2번기 강호륜 소령, 3번기 박희동 소령, 4번기 서상돈 대위로 구성된 편대는 각각 500파운드 폭탄 2발, 5인치 로켓탄 6발, 기총 1,800발을 장착하고 있었고 편대장은 7,500파운드짜리 네이팜탄 2발을 추가로 보유하고 있었다. 협천 상공에서 미 5공군 정찰기 '모스키토'(미 정찰기의 암호명)을 만난 편대는 가야산 동남으로 흐르는 능선이 양쪽으로 갈라지면서 이루어진 분지의 해인사와 인근의 공비 소굴을 폭격하여 지상군을 지원하라는 훈령을 받고, 편대장 김영환 대령이 정세를 파악하고자 모스키토의 뒤를 따라 계곡으로 급강하였다. 그러자 사찰 주변에서 많은 사람들이 황급히 숲 속으로 도피하는 모습이 보이고 능선을 따라 잘 구축된 진지들이 한눈에 들어왔다.
>
> 드디어 정찰기의 연막탄이 바로 해인사 큰 절 마당에 떨어져 흰 연막이 선명하게 목표를 가리켰다. 편대가 공격에 돌입하려 할 때 편대장기가 급상승하며 명령했다.
>
> "각 기는 편대장의 뒤를 따르되, 편대장의 지시 없이 폭탄과 로켓탄을 사용

하지 말라. 기총만으로 사찰 주변의 능선을 소사 공격하라."
이에 대원들은 명령대로 교묘히 위장된 적 아지트를 찾아 기총소사로 큰 타격을 주었다.
이때 정찰기의 독촉 훈령이 라디오를 타고 흘렀다.
"해인사를 네이팜탄과 폭탄으로 공격하라, 편대장은 무얼 하고 있는가?"
그러나 편대장의 명령은 동일했다.
"각 기는 공격을 하지 말라."
이 날 편대는 해인사 뒤쪽으로 몇 개의 능선을 넘어 폭탄과 로켓탄으로 적을 공격하고 귀대했다.
그날 저녁, 미 공군 고문단의 ○○장교가 공지 합동작전본부에서 온 ○○장교를 대동하고 부대로 찾아왔다. 냉랭한 분위기 속에서 공지 합동작전본부에서 왔다는 ○○소령이 자산이 오늘 가야산 목표를 유도한 정찰장교였다고 소개하면서 물었다.
"오늘 저에게 불찰이 있었습니까? 무슨 기분 나쁜 일이라도 있었습니까?"
김 대령은 아무 일 없었다는 듯이 대답했다.
"아니오, 오늘은 아주 기분 좋았습니다."
"목표를 알리는 연막탄의 흰 연기를 보셨습니까?"
"똑똑히 보았습니다."
"그런데 왜 엉뚱한 곳을 공격했습니까?"
항명을 따지는 미군 정찰장교의 설전은 계속됐다.
"사찰이 전쟁과 무슨 관계가 있습니까? 사찰이 국가보다도 더 중요합니까?"
"아니지요. 사찰이 국가보다도 중요할 것이야 없지요. 그러나 공비보다는 중요한 것입니다. 공비란 유동적입니다. 해인사는 지리적 조건으로 봐서 그들이 장기간 버틸 수는 없는 곳입니다. 단지 그들의 지리산 근거지로 통하는 통로에 불과하다고 생각합니다. 공비 얼마를 소탕했다고 전쟁이 판가름 나는 것은 절대 아닙니다. 그러나 그 사찰엔 700년을 내려온 우리 민족정신이 어린 문화재가 있습니다. 소령께서는 2차대전 때 프랑스가 파리를 살리기 위해 프랑스 전체를 나치에 넘겼고, 미국이 문화재를 살리려고 교토를 폭격하지 않은 사실을 상기해주시기 바랍니다."
아무 말 없이 듣고 있던 미군 소령은 이에 벌떡 일어나 부동자세를 취하고 경례를 하며……[257]

1993년 6월 18일자 <주간 공군>에서는 "불멸의 보라매 혼 김영환 장군"이라는 제하로 같은 내용을 다루고 있으며 다시 3년 후 최중호 수필가가 "장경각에 핀 연꽃"으로 <공군> 1996년 겨울호에도 위의 내용과 유사한 내용을 발표하였다.

공군 정사(正史)를 다루고 있는 『공군사』 제1집 증보판(1991)의 입장

『공군사』에서는 이 '해인사 사건'에 대하여는 자세히 다루고 있지는 않다. 『공군사』 제1집 증보판[258]에서는 다음과 같이 기록하고 있다.

> ……같은 날 제1전투비행단은 제10전투비행전대에 지리산지구를 중심으로 발악하는 공비들에 대한 전투경찰부대의 섬멸작전을 지원하도록 명령하였다. 이 작전 명령에 따라 제10전투비행전대는 8월 17일부터 9월 18일까지 F-51 전투기로 공비 토벌작전에 참가하여 공중공격임무를 담당하였다. (…) 또한 11:30시에는 정영진 대위와 옥만호 중위의 F-51 전폭기 편대가 해인사 동남방 1킬로미터 지점의 병력 집결지를 공격하였다.[259]

이 책 180쪽에서는 "또한 11:30시에는 정영진 대위와 옥만호 중위의 F-51 전폭기 편대가 해인사 동남방 1킬로미터 지점의 병력 집결지를 공격하였다"가 '해인사 사건' 관련 글의 전부이다. 『공군사』 제1집 증보판 부록 543쪽부터 560쪽까지 정리된 '전쟁 중 군 내외 중요 사건 일지'에도 지리산 공비토벌 작전 수행에 대한 언급은 있어도 가야산 혹은 해인사 공비토벌에 대한 언급은 없었다. 즉 "의도적으로 사찰 보호를 위해 해인사를 폭격하지 않았다"라는 내용을 확인할 수 없었다. 다만 공군본부에서 발행한 『6 · 25 전쟁 증언록』을 보면 다음과 같은 증언이 수록되어 있다.

---

257) 편집부, 「팔만대장경 사수한 창공의 별 고 김영환 장군」, <주간 공군>, 1991. 7. 20.

258) 1949~1953(1991. 11. 30, 공군본부 작전참모부 발행) 178쪽, 180쪽.

259) 『공군사』 제1집(증보판), 공군본부, 1991, 180쪽.

"지리산 공비 토벌작전에 참가하였습니까?"
"참가했습니다."
"지리산 공비 토벌작전 시 어려웠던 점은 무엇입니까?"
"대체로 지상과의 연락이 안 되어 적이 어디 숨었는지 잘 몰랐습니다. 우리는 지도 상으로만 명령을 받아서 공격했는데, 그것도 저녁 5시에 상황을 듣고 다음날 아침에 가보면 그동안 상황이 바뀌어 있었습니다. 그래서 고심을 많이 했습니다. 그때는 공지 간에 연락도 할 수 없어 우리가 적이 많이 집결된 곳을 찾아야 되는데 그것을 공중에서 봐서는 찾기 어려웠습니다. 그리고 절(사찰) 같은 곳이 수상해서 공격하려고 하면 이것은 고유 문화유산인데 그것을 공격하는 것이 마음에 걸려 망설이는 경우가 많았습니다."[260]

이 문답에서 보듯, 이강화 장군의 말을 보면 당시 한국 조종사들과 공군인들이 작전 중의 사찰에 대한 공격을 의식적으로 피하고 있음을 알 수 있고 주로 지리산, 가야산 일대 공비토벌에 지원하였던 것으로 보아 공군이 해인사 경우 역시 사찰 폭격을 의도적으로 피했다는 결론을 추론할 수 있다.

공비토벌 작전 군경관민도 사찰은 파괴하지 않았다

한국전쟁 전후 기간의 지리산 중심의 공비들을 토벌하기 위해 군경민 수천 명의 사상자를 내었다. 수많은 토벌작전이 있었지만 작전을 위해 사찰을 고의적으로 포격하거나 파괴한 경우는 없었다. 경찰전사에 일화로 전해오는 이야기가 있다. 상부 지시로 지리산 공비 출몰 지역 사찰을 파괴하라는 명령이 내려왔다고 한다. 경찰 간부는 사찰이 오래된 건물로 문화재라는 생각에 부하에게 "사찰의 문짝을 떼 오라"고 했다. 부하가 문짝을 떼 오자, 경찰 간부는 "그것을 태워라"라고 명령했다. 그리고 부하에게 다시, "나는 상부 명령대로 사찰을 파괴했다. 사찰을 파괴했다고 상부에 보고서를 작성해서 올려라"라고 명령했다고 한다. 아름다운 일화가 아닐 수 없다.

---

260) 6 · 25전쟁 증언록』, 공군본부, 2002.

2010년 『공군사』 제1집 개정판, 해인사 관련 기록

『공군사』 제1집 개정판에서는 해인사 관련하여 다음과 같이 최종 정리하였다. 해인사 폭격거부로 해서 팔만대장경 등 문화재 보호한 일을 정사에 포함시키게 된다.

> 한편 지리산 공비 토벌작전 기간 중 약 1개 대대 규모의 공비가 해인사에 은신하여, 이를 소탕하기 위해서는 해인사를 직접 공격해야 할 상황이 발생하였다. 그러나 제10전투비행전대장인 김영환 대령은 귀중한 문화유산의 소실을 염려하여 모든 출격 조종사들에게 해인사에 대한 공격을 금지시켰다. 그리하여 전쟁의 와중에도 해인사(고려대장경판)가 화마를 피해 오늘날까지 보전될 수 있었다.[261]

261) 『공군사』 제1집(개정판), 공군본부, 2010, 237쪽, 238쪽.

강릉전진기지 작전

1951년의 9월은 당시 대한민국 공군에게는 특별한 달이었다. 마침내 대한민국 공군이 유엔 공군의 한 단위군으로서 독자적인 작전 수행을 하게 된 것이다. 대한민국 정부가 수립된 지 3년 만이며, 공군이 창군된 지 2년, 전쟁이 일어난 지 1년 만의 일이다. 이 시기, 1951년 9월 29일부터 1953년 7월 27일까지 전쟁 이후 공군의 마지막 작전 단계이기도 하다.

휴전이 성립이 될 때까지, 이 기간 동안 강릉전진기지를 거점으로 후방 보급로 차단작전, 적 후방 도시지역 및 산업시설 공격, 피아간 대치 중인 전선에서 공지 합동작전을 전개하였고, 승호리 철교, 송림제철소 폭격, 평양 대폭격작전[262] 참여, 351고지 항공지원작전 등 주요 성과를 냈다.

김정렬 참모총장은 1952년 4월 '공군확장 3개년 계획'을 수립하고 공군 기구 전반에 대한 정비작업과 전력 확장에 노력한다. 또한 공군에서는 1952년 4월 '공군확장 3개년 계획'을 수립 시행하며 공군 기구 전반에 대한 정비작업과 전력 확장에 노력하였다

262) 평양 대폭격작전: 1951년 7월 10일부터 시작된 휴전회담이 지지부진하자 유엔군은 대량 공중공격을 가하여 적군의 전쟁능력과 의지를 말살시키고 조속히 휴전협상에 응하도록 하고자 항공압박작전(air pressure operattion)을 수립한다. 이 작전의 일환으로 유엔군은 7월 11일, 8월 4일 평양에 대규모 포격을 감행하였으며 8월 29일에는 공군 및 해군기 1,400여 대를 동원 3차에 걸친 대대적인 포격을 실시하여 45개의 군사 목표물 중 31개를 완전 파괴하는 전과를 거두었다. 평양 대폭격작전에는 한국 공군 3개 편대 36대가 참여하여 미군으로부터 할당받은 평양 2개 군사 목표물(평양 금속공장, 평양 곡산공장 지역)을 완전 파괴함으로써 한국 공군의 감투(敢鬪)정신을 유감없이 과시했다.

공군확장 3개년 계획[263)]

최종 목표: 본 계획은 1952년 4월 1일 시작하여 1955년 3월 31일에 완성한다.
총 소요 병력: 2만 3,700명
공군확장 계획 내용
작전부대: 4개의 전투비행단(규모 F-84급 제트전투기 300대)
직접 지원부대: 1개 지상 지휘통제전대(대공감시, 항행 통제, 작전지휘 임무 수행)
1개 공중지휘 통제전대(T-6급 항공기 40대로 정찰 및 공격 목표 지시 임무수행)
간접지원부대: 1개 공중 수송대대(C-47급 항공기 20대), 1개 항공통신단(항로보안 통신전대, 행정통신전대), 1개 기상전대, 1개 시설전대
물자정비 보급기관: 항공수리창, 항공기 재보급창, 일반물자 보급창, 항공연료 탄약창, 연구심사부, 항공기 부분품 제작창)
교육기관: 공군사관학교(1기 사관후보생 200명, 수업기간 4년), 비행학교, 기술학교, 통신학교, 사병교육대, 공군대학교
공군병원: 종합병원 수준의 본원과 항공요양소 수 개소 보유
항공기지: 9개소를 사용[264)]

공군은 제1전투비행단을 만들고 나서 전투부대와 훈련부대의 역할 구분을 명확히 할 필요성을 느꼈다. 1953년 2월 강릉전진기지의 제10전투비행전대를 제10전투비행단으로 창설하고 사천에 있는 제1전투비행단을 제1훈련비행단으로 개편하였다. 강릉전진기지는 동부전선에서 아 지상군을 지원하는 항공력으로 커다란 힘을 발휘한 것이다. 이때의 감회를 당시 전투비행사였던 이강화 장군은 1969년 6월 25일 이렇게 술회했다.

---

263) 주요 내용은 김정렬, 대한민국 공군 3개년 계획안, 1952, 공군역사기록단 자료번호 19.

264) 『공군사』 제1집(개정판), 공군본부, 2010, 253쪽.

강릉전진부대 정문 1951. 9. 28

강릉전진기지부대 출격 직전 조종사들의 브리핑 장면

……제10전투비행전대는 모 부대인 제1전투비행단(제1비행단이 전투비행단으로 호칭을 바꿨다)에 예속되어 하나의 독립 전투 단위부대로서 강릉전진기지에 주둔하며 공군 유일의 전투사령부를 구성하여 공군의 독특한 항공작전의 일익을 5공군(미)과 더불어 담당하여 왔었다. 특히 1951년 9월 강릉에 전진하여 1953년 3월 5일에 창단되기까지의 1년 6개월간에 걸친 작렬한 대공(對共)작전에서 제10전투비행대가 발휘한 놀라운 전과는 공군사에 기록되어 있거니와 특히 기간에 있어서 실시한 평양 대공습작전, 동해안 지역에 대한 전후방기지의 공격작전 그리고 적 보급로에 대한 차단작전 등에서 과시한 공군 조종사들의 놀랄 만한 용감성은 전투비행단으로서 증편을 가져올 만한 여건을 충분히 갖추었다고 볼 수가 있다. 그리하여 1953년 3월 5일 공군은 제1전투비행단 예하 제10전투비행전대를 단으로 승격시키는 역사적 용단을 단행하였으며, 이것이 제10전투비행단으로서 공군을 발전시키는 동기가 되었던 것이다. 초대 단장으로서는 제10전투비행전대를 최초로 강릉에 전진시킨 고 김영환 장군(당시 공군 준장)이 초대 단장으로 임명되었으며 부단장에 장지량 장군(예비역 공군 중장) 그리고 초창기의 공군을 이끌어오던 중견 간부들이 각각 참모직을 맡았으며 나는 작전참모의 중책을 맡아 일면 창설, 일면 출격, 일면 교육 등 실로 눈부실 만큼 다망한 나날을 보내게 되었던 것이다.[265]

265) 1969년 6월 25일, 남한강변에서.(2012년 10월 25일 이강화 장군 제공)

F-51D 전투기들이 주기되어 있는 강릉기지 광경

1951년 9월 말 강릉전진기지로의 전개가 완료되어 활주로 동쪽 끝 해변과 가까운 솔밭지역에 주둔하였다. 건너편 서쪽 끝 지역에는 미 제1해병비행단 제12비행대대가 주둔하고 있었다. 기지가 해변을 끼고 있었고 모래밭에 퀀셋을 설치하여 작전본부와 부속 건물로 사용하였기 때문에 바람이 불면 모래가 부대를 덮쳤다. 정비사들은 자신의 모포로 비행기 캐노피를 덮어 끈으로 묶어 비행기를 보호하였다. 강릉기지의 기후환경은 그리 좋은 편이 아니다. 겨울과 여름에는 소용돌이가 생기는 마의 계곡[266]이라 불리는 지역을 통과해야 했고 차가운 날씨와 폭설 등도 비행에 장애가 되었다.[267]

활주로의 상태를 보면, 길이 300센티미터, 폭 28센티미터짜리 유공철판(PSP, Rierced Steel Plank)을 조립해 만든 전시용 비상 활주로(taxi way)였다. PSP 활주로는 이착륙할 때 미끄러짐 현상이 있었고 강철판이 서로 잘 연결이 되지 않았을 때는 착륙장치에 큰 충격을 줄 수도 있었다. 활주로 주변의 지형상태 중에 활주로 동쪽 끝 200미터 지점에는 모래언덕이 있어 이착륙할 때 조종사가 신경 쓰이는 불편함도 주었다.[268]

---

266) 1952년 3월 10일 신천, 신막, 토산지구의 적 보급로 차단작전 임무수행을 위하여 중무장으로 출격한 정중암(鄭重岩) 소위의 전투기가 이륙 직후 고도 1,200피트 대관령 계곡 상공에서 난기류에 휘말려 추락하여 순직하는 사고가 발생하였다.

267) 『공군사』 제1집(개정판), 공군본부, 2010, 266쪽.

268) 모래언덕은 활주로의 끝에서 200미터 지점에 약 100~150피트의 높이로 위치하고 있었다. 중무장한 전투기가 이륙할 시 해당 위치에 도달하면 항공기 고도가 200~

활주로 이외에도 주 활주로 동쪽 끝 200미터 지점에 있는 모래언덕이 전투기의 이착륙 시에 장애물로 조종사들이 애를 먹었다.

이러한 열악한 환경의 기지임에도 강릉기지는 당시 공군 작전상 매우 중요했다. 전선에서 멀지 않은 전진기지였다. 38도선을 기선으로 밀고 밀리는 고지전이 한창인 때 동부전선을 북쪽으로 끌어올린 상태에서 휴전을 하게 된 데에는, 적 후방 전역에 대한 보급로 차단작전과, 전선에서의 지상군과 공군과의 공지 합동작전의 성과가 한몫했다고 볼 수 있다.

300피트 정도였으며 간신히 언덕을 넘을 수 있었다.

유엔의 스트랭글 작전과, 한국 공군의 적 보급로 차단작전

공군의 첫 번째 단독출격

공군이 강릉전진기지를 발판으로 작전을 준비하던 1951년 10월에는 미 극동 공군이 스트랭글 작전을 펼치던 때였다. 스트랭글 작전은 전략, 전술폭격과 함께 적의 보급로를 차단하여 전선에서의 적의 기세를 꺾는데 주안점을 둔 항공작전이었다.

강릉전진기지 제10전투비행전대는 비록 12대의 전투기 밖에 가지고 있지 않았지만 국군 제1군단의 후방인 원산-신과산-세포리-평강 간의 경원선 철도를 중심으로 중동부 전선의 대부분의 보급로를 차단하여 보급품들이 적에게 도달하는 것을 최대한 막는 임무를 수행하였다.

공군이 유엔 공군의 단위군으로서 독자적인 출격작전을 수행하면서 실시한 초기임무는 유엔 공군의 작전에 보조를 맞추어 후방 차단작전을 전개했다. 원산과 신고산 간의 경원선 철도와 도로를 차단하는 것이 주임무였다. 그리고 할당된 표적에 대한 공격 완료 후 기지로 돌아오면서 창도리 지역에 이르는 중부전선 도로를 따라 비행하며 이동 중인 적의 군용 차량이나 탄약 집적소, 보급품 집적소 및 포 진지 등을 공격하였다.[269)]

강릉기지로 전진하여 제반 준비를 갖춘 강릉전진부대는 1951년 10월 11일 제10전투비행전대장인 김영환 대령의 지휘 하에 새벽을 기하여 역사적인 단독출격 작전을 개시하였다. (이때 강릉전진부대의 조종사들은 24명

---

269) 『공군사』 제1집(개정판), 공군본부, 2010, 267쪽.

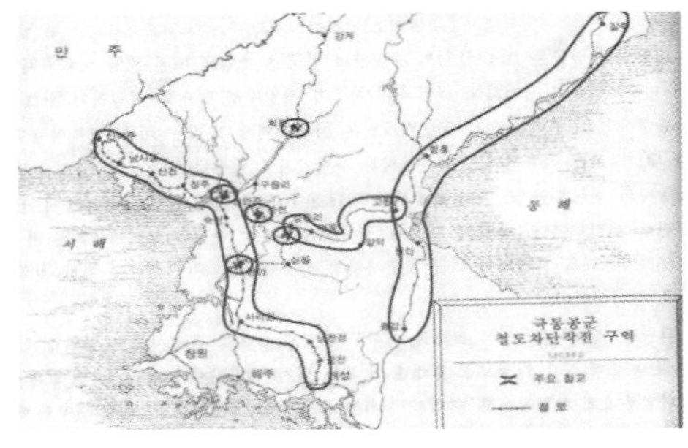

스트랭글 작전을 통한 북한지역 철도차단 계획 구역

으로 다음과 같다. 김연환, 김신, 장지량, 강호륜, 정영진, 김두만, 이강화, 박재호, 윤응렬, 옥만호, 주영복, 이기협, 정주량, 장성태, 유치곤, 손흥준, 이일영, 나창준, 신철수, 박완규, 손재권, 권성근, 김금성, 서상순)[270]

당시 한만 국경선에서 전선까지 적 보급로의 길이는 차량으로 3~4일 정도 걸리는 거리이다. 주요 보급로는 유엔 공군의 주 타깃으로 주야간 무차별 폭격을 당했다.

> 북한군은 아 공군의 공격에 의해 차단된 도로를 복구하면서 전진하여 2~3배의 시간을 소모했다. 이동 차량 1,500~2,000대 중 유엔 공군 측의 공격을 받은 수는 1,000~1만 2,000대였으며 그중 완전 파괴는 평균 200~250대로써 전선까지 최종적으로 도달하는 후방 지원물자는 30~40%에 불과하였다.[271]

155마일, 기다란 전선으로 북한군과 중공군을 위해 보급품을 전달하는 것은 적에겐 불리한 조건이었다. 유엔 공군과 공군은 전선에 적의 보급품이 최대한 전달이 되지 않도록 네이팜탄 등 강력한 공중 화력으로 사전에 차단하는 공중작전을 지속적으로 펼쳐 나갔다. 1951년 12월부터 미그 회랑 지역 내의 태천, 남시, 신의주, 의주 등 북한 공군 비행장들에 대한 폭격을 지속적으로 실시하였다.

그러나 미그15기 출몰은 집요하게 이루어졌다. 국경 너머 만주 지역에 비행장을 두고 출격하는 미그기들은 미그 회랑을 넘어 서울에도 출현했지만 미그 회랑 밖으로 미그기의 출몰을 막기 위해 이 지역에서 치열한 공중

270) 같은 책, 269쪽.

271) 같은 책, 273쪽.

전을 펼쳤다.[272][273]

승호리 철교 폭파작전

유엔의 스트랭글 작전과 보조를 맞추어 공군은 전쟁이 끝나는 기간 동안 적 보급로 차단을 위해 수많은 출격을 하였다. 그중에서 '승호리 철교' 폭파는 공군의 이름을 드높인 전과였다.

1952년 1월 중순 북한군과 중공군은 보급물자들을 경의선과 만포선을 통하여 만주에서 평양, 다시 평양에서 서동부전선으로 보냈다. 승호리 철교는 평양 동쪽 100킬로미터 지점에 위치해 있고 중동부 전선으로 보급물자를 보내는 적 후방 보급로 요충지였다. 미 제5공군 등 유엔 공군은 보급로의 허리를 끊기 위해 수많은 공격을 했지만 다리를 끊지 못했다. 적의 대공포도 집중 배치해 항공기들이 저고도에서 공격할 수 없도록 탄막을 형성하였다. 거기에다 공중공격으로부터 피해를 줄이기 위한 교각 설치도 공중공격의 애로점이었다.

미 제5공군은 이 철교의 폭격임무를 한국 공군에 부여하였다. 당시 제10전투비행전대장 김신 대령은 한국 공군 최초로 F-51D 100회 출격을 달성한 김두만 소령에게 출격 명령을 내렸다. 『공군사』 제1집(개정판)에서 승호리 철교 폭격을 위해 임무를 수행하여 성공을 거둔 과정을 자세히 기록하고 있다. 발췌 요약하면 다음과 같이 작전을 수행하여 전과를 얻었다.

> 승호리 철교 폭파임무를 수행하고자 1952년 1월 12일 아침 7시 40분에 강릉기지를 이륙한 6대의 전투기는 편대장 김두만 소령, 2번 장성태 대위, 김금성 대위, 이기협 대위, 전봉희 중위, 라르고(Largo) 지휘 하에 대관령을 넘어

---

272) 『한국전쟁사』 제7권, 국방부, 1974. 464쪽.

273) 이때부터 미그 전투기들은 60~80대씩 편대군 방식으로 출몰하던 공격패턴을 바꾸어 2~4대의 작은 편대로 출현하기 시작하였다. 또한 공격 방식도 남쪽으로 비행하여 내려올 때는 3만 5,000피트의 고도를 취하고 있다가 평양 상공에 이르러 기수를 다시 북으로 돌려 1만 5,000~2만 피트로 강하하여 주요 보급로를 따라서 북상하며 공격을 마치고 귀환하는 유엔 공군 폭격기와 세이버 전투기들을 공격하였다.

대한민국 공군 최초 100회 출격기록을 수립한 김두만 소령

평양 상공으로 출격하였다.

목표 지점에 도달하였을 때 평양 동쪽 상공에서는 아군 전투기의 접근을 방해하기 위한 적의 대공 포화가 집중되었다. 이에 편대장을 비롯한 6대의 전투기는 회피 기동을 하며 승호리 철교를 향해 500파운드 폭탄 12발을 투하하였다. 그러나 폭탄은 교각 사이의 모래바닥과 물속으로 떨어져 포격 효과가 없었다. 이후 로켓탄과 기관총탄 등 남은 무장으로 재차 철교 및 적의 대공포 진지를 공격하였으나 교각 위의 철로만 일그러뜨렸을 뿐이었다.

같은 날 오후 2시에도 윤응렬 대위, 2번 대위 주영복, 3번 대위 정주량 편조와 옥만호 대위, 2번 중위 유치곤, 3번 대위 박재호 편조가 2차로 출격하였다 그리하여 승호리 철교를 폭탄과 로켓탄으로 공격하였으나 파괴하지 못했다.

제10전투비행전대장은 계속되는 임무 실패에도 승호리 철교를 폭파시키기 위해 휘하 지휘관 및 참모와 전술적 문제를 논의하였다. 그 결과 기존의 미 공군 공격전술 제원인 8,000피트 고도에서 강하하여 3,000피트 고도에서 폭탄을 투하하고 이탈하는 전술로는 철교를 폭파하는 것이 불가능하다고 결론을 내렸다 그리하여 적의 극심한 대공 포화의 위협을 감수하고라도 4,000피트 고도에서 강하하여 1,500피트에서 폭탄을 투하하는 저고도 공격 방법을 택하였다.

이러한 전술은 공군 전투조종사가 상당한 위험을 감수해야 하는 공격 방법으로 철교를 반드시 폭파하기 위한 조치였다. 이와 같은 결정에 따라 공격 개시일인 1952년 1월 15일 아침 강릉기지 정비사의 출격 항공기 지상점검이 끝나자 출격준비를 완료한 조종사들은 승호리 철교 차단을 성공하겠다는 각오를 결의하였다.

8시 25분 제1편대장 윤응렬 대위, 2번 대위 정주량, 대위 장성태와 제2편대장 옥만호 대위, 2번 유치곤 대위, 3번 대위 박재호의 2개 편대가 이륙하였다. 이후 대관령을 넘어 승호리 철교를 향해 철원 상공에서 항로를 수정한 후 목표 상공에 도착하여 승호리 철교 상공을 크게 선회하며 목표에 접근하였다. 이때부터 적의 대공 포화가 항공기 부근에서 작렬하였다.

제1편대는 적의 대공 포화를 회피하며 편대장 항공기를 선두로 하여 기수를 목표 지점에 맞추어 진입하면서 철교에 근접함에 따라 몇 차례 조준을 수정한 다음 폭탄 스위치를 누르고 로켓탄을 발사하였다. 철교의 2개 경간에서 검붉은 불기둥이 하늘로 치솟았다. 이어서 제2편대가 고도를 낮추어 1, 2, 3번기 순으로 일정한 거리를 유지하며 목표 지점으로 진입하였다. 이에 제1편대는 제2편대를 엄호하면서 로켓탄과 기관총탄으로 대공포 진지를 향해 공격을 했다.

제2편대는 적의 대공포 위협으로부터 벗어나 정확한 조준으로 폭탄과 로켓탄을 목표에 집중하여 기총소사를 가하고 이에 2개의 경간이 부서지며 철교 파편이 허공에 솟아오르다 떨어졌다 철교의 중앙부분 두 곳에 커다란 구멍이 생겼으며 마침내 승호리 철교 폭파에 성공했다

임무를 완수한 편대는 기수를 남으로 돌려 귀환했다. 오후 13시에는 오전에 출격한 편대의 전과를 확인하기 위하여 이기협 대위를 편대장으로 5대의 전투기가 출격하여 목표지역 상공을 비행하였다. 그리고 오전 편대에 의해 차단된 다리의 중간에 교각이 서 있는 것을 발견하고 이를 최종 공격하였다. 명령을 하달받은 지 3일 만이며 단 11소티 출격으로 거둔 성과였다.[274]

그동안 제10비행전대가 쌓아온 경험과 한국 공군 조종사들의 용맹함이 어우러져 일궈낸 전과였다. 김신 대령은 1951년 2월 21일 미 제5공군 단장 및 전대장 회의에서 축하의 주인공이 되었다.

1952년 2월 21일 미 제5공군 예하 비행단장 회의가 있어서 잠깐 참석했는데 내가 회의에 들어가자마자 미 해병대 장교 한 명이 "아주 반갑습니다. 우리도 거기 여러 번 나갔지만 끝내는 한국 공군이 차단하였군요." 그러니 다른 장교들도 일어나서 나를 축하해주었다. 나는 무슨 영문인지 모르고 얼떨떨

274) 『공군사』 제1집(개정판), 공군본부, 2010, 293쪽-297쪽.

하였다. 그런데 나중에 알고 보니 유엔 공군이 수없이 출격하고도 끊지 못한 철교를 우리가 차단했다는 것이다.[275]

여기서 승호리 철교에 직접 참전했던 고 유치곤 준장의 실전기[276] 를 소개한다.

황막한 비행장에는 아직 눈보라 치는 바람이 살을 에는 듯 매웠다. 기지를 출반할 제1편대와 제2편대는 오전 8시 55분에 철원 상공에 도달하였고 여기에서 목표 지점까지 직전 코스를 택하여 적지에 돌입하였다. 1952년 1월 15일 제1편대장 옥만호 소령, 제2편대장 윤응열 소령은 각각 적지에 들어서는 순간 적지 않은 불안과 초조에 사로잡혀 있었다. 우수한 유엔군 폭격기가 500회 이상이나 출격하고도 성공치 못한 것을 불과 2개 편대로써 절단할 수 있을까 하는 생각 때문에. 그러나 이 작전은 가치 있는 임무라는 데 생각이 미치자 이들에게는 다시 새로운 용기가 솟아올랐다. 적지에 들어서자 적은 1만 2,000피트 상공을 비행하는 우리를 향해 고사포 사격을 가해왔다. 지상은 은막으로 희게 덮여 있었다.

평양 시가와 대동강 인도교가 날개 왼쪽 밑으로 보이기 시작하였을 때 갑자기 긴장해옴을 느꼈다.

이때 우리는 목표물을 좌측으로 내려다보며 대동강을 넘어서 크게 선회하였다. 승호리 시멘트 공장 부근에서는 고사포탄이 터져 올라왔다. 비교적 정확하게 편대 부근에서 작렬했다. 공격 준비! 긴장한 목소리가 들려왔다. 편대장기가 기수를 낮추고 쏜살같이 급강하했다.

2번기가 급강하하려는 순간 철교 북단에서 검은 연기가 풀썩 일어났다. 그 순간 나의 조준기에 일직선으로 목표물이 반영되었다. 나는 거의 반사적으로 폭탄 스위치를 누르고 로켓탄을 한꺼번에 발사하였다.

제2편대가 공격태세에 들어갔다. 제1편대가 대공 포화를 견제하면서 2편대를 엄호했다. 제2편대는 철교 중앙에 다른 두 개의 커다란 공간을 만들었다. 승리의 기쁨이 북받쳐 올라왔다. 눈시울이 뜨거워지고 앞이 흐릿해졌다.

---

275) 김신 장군 증언.

276) <주간 공군> 1965년 6월 24일. 유치곤 준장 유고집에서.

"산돼지들 돌아가자!" 의기양양한 편대장의 목소리가 들려왔다. 반겨줄 전대장과 전우들의 모습들이 떠올랐다. 이날 얻은 전과는 예상외로 컸다. 오후에 출격한 제3편대의 전과까지 포함하여 불과 12대의 출격으로 승호리 철교 5개소를 절단하였고 그 밖에 철도 2개소를 완전히 잘라버렸던 것이다.[277]

휴전회담과 항공작전

전쟁 초기부터 유지해온 항공작전은 적 보급로 차단, 적진지 공격, 제공권 장악 등이었다. 하지만 전쟁이 장기화되는 조짐을 보이고 1951년 7월부터 정전회담이 진행되면서 유엔 공군은 항공작전에 변화의 필요성을 느끼기 시작했다. 단지 제공권 우위나 보급로 차단작전을 통한 공격만으로는 부족했다. 적이 버티고 있어 좀 더 강력하고 충격적인 공격이 필요했다.

북한 내의 병참, 산업 등 주요시설을 파괴시켜 전쟁을 지속시킬 의지를 꺾으면서 한편으로는 회담에 임하는 적의 심리를 압박시키는 작전을 구상했다. 이른바 항공압박작전(Operations Pressure Pump)이었다. 미 극동공군 사령관인 웨이랜드 대장은 평양을 공격하자고 제안하였고 유엔사령부가 수락하였다.

이에 1952년 6월, 북한 내 수력발전 시설에 대한 공격을 결정하였다.

6월 23일부터 27일까지 4일간에 걸쳐 미 제5공군 F-86 세이버 전투기의 엄호 하에 미 제5공군과 미 극동 공군 폭격사령부 및 미 극동해군의 F-51, F-80, F-84, B-29, 미 해군 A-1D, F4U, F9F 등을 출격시켜 수풍 수력발전소를 포함한 부전 및 장진 등 북한지역 내 13개소의 발전소를 파괴하였다. 또한 7월 평양 군사시설 대폭격, 8월 평양 대폭격작전과 9월 중순 한만소 국경지대 대폭격 등의 대대적인 공격을 가하였다.[278]

제10전투비행전대, 1,000회 출격 기록 수립

1952년 제10전투비행전대는 출격의 진기록들이 세워졌다. 1952년 1월

---

277) 같은 책.

278) 『공군사』 제1집(개정판), 공군본부, 2010, 278쪽.

1,000회 출격 기록 수립을 기념한 제1전투비행단 제10전투비행전대 조종사와 장병들 1952. 2. 11.

11일 100회 출격 조종사가 탄생한 것이다.

1월 9일에는 오전과 오후에 걸쳐 3개 편대 총 10소티(sortie: 출격 횟수)의 F-51D 전투기가 회양과 원산 지역으로 출격하여 적 벙커 및 포 진지를 파괴하고 철도를 차단하기 위한 공격을 실시하였다. 그러나 이날 김두만 소령이 편대장으로 출격한 편조의 이일영 소위가 회양 남쪽 하리동 상공에서 적 대공포에 피탄 전사하였다. 1월 11일 전투기가 회양과 원산 일대의 보급품 집적소와 포 진지 철도를 차단하여 철로를 이용한 보급품의 수송을 불가능하게 하였다 또한 이날 대한민국 공군 최초로 김두만 소령이 100회 출격 기록을 수립하였다.

1952년 1월 11일, 나는 한국 공군 최초로 F-51 전폭기로 100회 출격 기록을 달성한 조종사가 되었는데, 이것은 매일 열심히 출격하다 보니 나 자신도 의식하지 못한 사이에 이룩된 결과입니다. 이날 기지로 돌아와 보니 예기치 못한 환영 행사가 기다리고 있어 깜짝 놀랐습니다.[279)]

김두만 장군은 지상 공격할 때의 비행전술에 대하여 다음과 같이 술회한다.

우리는 여러 가지 전술을 사용했습니다. 우선 철교를 공격할 때는 직선에 맞추어 공격을 했고 보급소 같은 곳을 공격할 때는 사방에서 들어가 공격을 했습니다. 그래야만 대공 포화를 피할 수 있었고 정확히 목표를 명중시킬 수 있습니다. 당시 대공포가 하도 많이 올라오니까 멀리서부터 저공으로 들어가서 공격을 하고 또 한참 나왔다가 난데없이 갑자기 들어가 공격을

279) 『6 · 25전쟁 증언록』, 공군본부, 2002, 438쪽.

하곤 했습니다.[280]

공군은 단독 출격작전 개시 이후 동해안 지구 및 평양-원산을 잇는 전선 이남에 위치한 적 후방 보급로 차단 공격에 주력하였으며 계속되는 출격작전에서 연마한 전투기술과 전력을 이용하여 많은 전과를 거두었다. 이러한 대한민국 공군의 전과에 대해 1952년 2월 2일 미 제5공군 사령관 에버레스트 중장은 공군총참모장에게 서신을 전달하여 제1전투비행단 작전성과의 공적을 다음과 같이 치하하였다.

> 귀 공군 제1전투비행단이 잠시 출격작전으로부터 휴가를 받은 이 기회를 빌어서 본관은 대한민국 공군이 1951년 10월 11일부터 1952년 1월 14일에 이르는 기간 동안에 성취한 작전 기록을 찬양하고자 합니다. 당 본부에 도착한 보고에 의하면 귀 군 제1전투비행단은 819회의 유효 출격을 감행하였으며 2,090발의 로켓탄과 65만 발의 기관총탄을 사용하였다. 이상과 같은 대적 공격의 결과는 다음과 같습니다.
> 파괴 파손된 적 건물 417동, 차량 54대, 적 보급품 집적소 74개소, 탄약 집적소 2개소, 연료 집적소 4개소 교량 15개소, 기관차 한 대, 화차 7대, 포 진지 168개소, 도로 및 철도 차단 350개소, 적병 225명.
> 이것은 참으로 경탄할 성과입니다. 이 성과는 귀 군 조종사의 탁월한 비행기술 및 공격 정신에 의함은 물론 실로 제1전투비행단장 장덕창 준장이 수행한 훈련 감독의 완전함과 비행기를 항시 전투 출격 태세로 유지하는 귀 지상 정비사들의 부단한 노력의 소치입니다. 이 혁혁한 성과를 획득하는 데 전력을 다한 귀하의 전 장병에게 이 위대한 전투 기록 수립에 대한 본관의 충심 어린 축의를 전하여 주시기를 바랍니다.[281]

1952년 2월 11일에는 제1전투비행단 제10전투비행전대가 1,000회 출격 기록 수립을 기념했다.

---

280) 『6 · 25전쟁 증언록』, 공군본부, 2002, 436~437쪽.
281) 『공군사』 제1집(개정판), 공군본부, 2010, 298쪽, 299쪽.

집중 폭격작전(Operations Saturate), 공군의 송림제철소 폭격작전

이 기간 중 공군이 강릉전진기지로 전진하여 수행한 작전은 후방 차단작전과 공지 합동작전이 주를 이루었다. 그중 후방 차단작전이 중점적으로 실시된 시기는 1951년 12월부터 동부전선지역 아 지상군의 공지 합동작전을 지원하기 전에 1952년 10월 말 이전까지의 기간이다. 이 시기에 수행된 공군의 주요 작전은 서남지구 공비 토벌작전, 승호리 철교 차단작전 송림제철소 폭격작전 평양 대폭격작전 등이다.

집중 폭격작전(Operations Saturate)은 적 후방 보급로 차단을 주임무로 하는 스트랭글 작전을 보완하기 위해 구상된 작전이다. 보급로나 시설을 폭격해도 민간인 등을 동원한 야간작업을 통해, 단시일 내에 적이 이를 복구하여 작전의 실효성을 떨어트렸다. 이러한 약점을 보완하기 위해 공격했던 곳을 지속적이고 반복적으로 공격하는 작전이 바로 집중 폭격작전인 것이다. 이러한 공중공격 방식은 적에게 복구의 기회를 최소화하고 파괴 상태를 가능한 한 오래 지속시킬 수 있었다.

제10전투비행전대가 활발하게 출격하고 있는 가운데 1952년 2월 1일 강릉기지로 신규 조종사 7명이 배속되었다. 이 조종사들이 특별한 것은 대한민국 공군의 비행훈련 체계 속에서 순수 우리 공군 교관 조종사들에 의해 훈련을 받고 F-51D 기종을 조종할 수 있는 최초의 조종사들이기 때문이다.

송림제철소 공격은 이들이 배속된 지 한 달 뒤인 3월에 이루어진다. 송림제철소에는 150톤급 용광로 3기, 200톤급 용광로 2기 등 전쟁 잠재력을 가진 주요 산업시설이었다. 이미 유엔 공군은 전쟁 초기부터 흥남, 원산, 평양, 나진 등 북한 산업 중심지를 B-29 및 B-26 폭격기로 파괴하였고 이후 중소도시의 산업시설에 대한 폭격도 계속하였다.

미 제5공군은 이러한 산업시설 폭격작전의 일환으로 대한민국 공군에 1952년 3월 28일부터 북한의 공업도시인 송림시를 폭격하라는 임무를 부여했다.

이에 따라 강릉기지에 주둔한 제10전투비행전대에서는 1952년 3월과 4월에 송림제철소와 인근 공장 건물 각종 저장소를 집중적으로 공격하였다.

4월에 들어서는 4월 2일에서 9일 사이에 4일간 총 61소티를 출격하여 송림지역의 공장지대와 제철소 지역을 공격하였다. 이 공격을 통하여 용광로 부속건물 군수공장 유류 집적소와 송림시 공장지역으로 연결되는 주변의 철도 및 철교 등을 파괴하였는데 이 작전은 공군에서 최초로 감행한 적 산업시설에 대한 공중폭격이었다.[282]

이 기간 중 유엔 공군은 1952년 6월 하순에 수풍 수력발전소를 비롯한 북한 13개소의 발전소를 폭격하여 파괴하였다.

보급품 집적소 공격작전

1951년 7월 휴전회담이 개최되자 유엔군과 공산군은 방어전에 주력하여 전선에 대한 보급지원이 중요시되었다. 1951년 7월 이후 유엔군이 진지 사수에 집중하는 동안 유엔 공군은 항공작전의 30퍼센트를 근접 항공지원 작전에 집중하였다.

1952년 7월 휴전회담이 정체 상태에 빠지자 미 공군 정책 입안자들은 북한지역의 전략 목표물에 대한 공격 가능성을 재검토하기 시작하여 대대적인 항공 압박작전을 계획하고 수풍댐 폭격, 평양 대폭격 등 전략폭격을 전개한 것이다.

백회 출격 조종사 인터뷰
— 6 · 25전쟁의 교훈은 유비무환의 정신[283]

1952년 8월에 평양 대폭격작전이 있었지. 대동강 철교 바로 밑에 인민군들

---

282) 『공군사』 제1집(개정판), 공군본부, 2010, 307쪽.

283) <월간 공군> 2010년 6월호, 한국 공군 6 · 25참전 유공자회 회장 배상호 예비역 소장.

이 집결하는 주둔지가 있었는데 거기에 폭탄을 떨어트리고 돌아왔었어. 그 때 당시 평양 인근에 들어섰는데, 고사포가 하늘이 시커멀 정도로 비 오듯이 쏟아지고 있었어. 심지어는 편대장기인지 고사포인지 구분이 안 될 정도였으니깐 말이야. 그런 치열한 전장에서 용케 살아 돌아온 것은 굉장한 행운이지. 개인적으로 무장정찰 출격 때마다 신이 났어. 5인치 로켓포 6발과 기총을 1,800발 장전하고 기관차를 찾으러 다녔거든. 인민군들이 낮에는 조용하고 밤에 주로 활동을 했는데 원산에서 평양 사이에 기관차가 주 타깃이 되었지. 로켓포가 터지면서 발생하는 폭음은 굉장했어. 주문진 쪽에서 한 발 떨어뜨리면 강릉에서는 천둥이 치는 소리가 들렸으니깐 말이지.

함께 출격한 전우들과 함께 살아 돌아오지 못한 날은 정말 가슴이 미어졌어. 한번은 해주에 출격을 했는데 전우가 바로 앞에서 산화하는 것을 지켜보았어. 하지만 다음날이 되면 어김없이 조국을 지키기 위해 살아남은 조종사들은 다시 조종간을 잡아야 했지. 전쟁이 시작되면 조종사들에게 어제는 없어야 해. 오늘과 내일만 생각하면서 조국과 민족을 지키겠다는 마음가짐을 갖고 전투에 임해야 해. 그것이 조종사의 숙명이야. 뭐 너무 조종사 이야기만 한 것 같은데 비전투병과에 있는 후배들에게는 각자에게 맡겨진 임무를 완수하는 게 공군 전체의 입장에서 가장 큰 저력임을 잊지 않길 바랄 뿐이야.

유엔 공군에서는 7월 11일 평양의 군사시설에 대해 30개 표적을 공격하는 대대적인 폭격작전을 감행하였다. 이에 공군도 지속적으로 적 보급로와 보급 요충지인 각 도시에 대한 공격을 했으며 1952년 7월 중순부터는 원산에서 신안주로 연결되는 전선과 각각의 전선 사이에 산재되어 있는 적 보급품 집적소를 주요 공격 목표로 정하고 작전을 수행하였다. 공군의 제10전투비행전대는 강릉전진기지에서 7월 13일부터 적 보급품 집적소, 벙커 자동화기 진지, 포 진지 등을 공격해오던 중 8월 29일에는 유엔 공군의 일원으로 3개 편대군 총 36대의 대한민국 공군 전투기가 평양 대폭격작전에 참가하였다.[284)]

---

284) 『공군사』 제1집(개정판), 공군본부, 2010, 336쪽.

공군의 활발한 작전으로 100회 출격 기록을 수립하는 조종사가 속속 배출되었다. 4월에는 16일 김금성 대위, 18일에는 옥만호 대위, 29일 정주량 대위가, 5월에는 18일 박재호 대위 · 손재권 중위 · 유치곤 중위, 29일 윤응렬 소령이 각각 100회 출격 기록을 달성했다. 이후에도 7월 8일 손흥준 대위, 8월 13일 박용만 중위, 9월 19일 박완규 대위 · 임순혁 중위, 9월 29일 배상호 중위 · 백정현 중위 · 권중화 중위 등이 각각 100회 출격 기록을 달성한다. 그러나 8월 2일 박두원 중위가 간성지역의 적 보급품 집적소 공격을 위하여 출격하다가 적지 상공에서 지상 포화에 피탄되어 기지로 귀환 도중 항공기가 폭발하여 전사하였다.

> 공군은 단독 출격작전 개시 이래 약 1년여 동안 연일 출격을 계속하여 큰 전과를 거두었으며 전투 능력의 비약적인 향상을 이룩하였다 그리하여 1952년 10월 28일부터는 기존 수행하여 오던 적 후방 보급로 차단 및 보급품 집적소 공격작전 외에 아 지상군을 직접 지원하는 공지 합동작전(근접 항공지원작전)을 개시할 수 있게 되고 무장정찰도 병행하여 실시하게 되었다.[285]

285) 같은 책, 314쪽.

유엔 공군과 한국 공군의 항공압박작전

유엔 공군의 북한 지역 주요 산업시설, 병참시설 등에 대한 주야간 폭격은 지속적으로 이루어졌다. 휴전회담을 조기에 성사시키기 위한 압박이었다. 이러한 항공압박작전(operations pressure pump)은 더욱 확장되어 평양 내외에 있는 주요 군사시설 등을 폭격하는 것으로 압축되었다.

이 공습작전은 평양 시내에 있는 30개의 적 군사시설을 대상으로 감행되었으며 당시 미 극동 공군사령부 예하 작전 가능한 모든 공군부대가 최대한 동원되었다. 그리고 공습을 감행하기 수일 전부터 유엔 공군 항공기들은 평양 상공에서 전단을 살포하여 주민들에게 피신할 것을 사전 경고하였다.

공습작전은 7월 11일 오전 10시 정각 예정대로 실시되었으며 작전이 수행되는 시간 중에 F-86 및 미티어(Meteor)-8 호주 공군 전투기들은 청천강 북쪽에서 미그15 전투기의 공격에 대비하여 초계비행을 실시하였다. 작전에는 미 해군의 제77기동함대와 미 제1해병비행단의 F9F 팬서(Panther), F4U 콜세어(Corsair) 항공기, 영국 해군항모인 오션(Ocean) 호의 제802비행대와 제825비행대 그리고 미 제5공군의 F-84 썬더제트(Thunder Jet) 전투기 등이 참가하였다. 평양공습은 3파로 나누어 실시되었는데 1파 공습은 오전 10시 제2파 공습은 오후 2시, 제3파는 오후 6시 공격시간(T.O.T.)으로 하여 실시되었다. 이 공습에서 B-29 폭격기는 야간에 적의 8개 목표에 대한 공습을 감행하여 대부분의 목표를 완전히 파괴시키거나 큰 피해를 입혔다.

대한민국 공군이 참여한 유엔 공군 최대규모 평양 대폭격작전

출격임무 완료 후 귀환한 조종사들. 좌측부터 대위 백정현, 대위 박재호, 대위 손흥준, 소위 현창건

평양 대폭격작전을 위해 출격 중인 대한민국 공군 F-51D 전투기 편대

1952년 8월, 유엔 공군의 1,403대 이상이 참가하는 제3차 평양 대폭격작전에서는 대한민국도 제5공군으로부터 공격 목표를 할당받았다. 평양금속공장과 평양 곡산공장지역이다. 유엔 공군은 8월 4일에 이어 군사시설물이 상당수 잔존하고 있음을 확인하고 8월 29일 4시간 간격으로 총 3회를 폭격하였다. 이로써 평양에 있는 45개의 군사 목표 중 31개를 완전히 파괴하였다.

당시 한국 공군에 주어진 표적은 대동강 남쪽 지역으로 시가지까지 진입은 하지 않았으나 평양 외곽에서부터 적의 고사포가 올라오기 시작하였고 포탄이 터지는 고도가 우리 공격기들이 진입하는 고도(1만~1만 1,000피트)와 비슷하였다. 이에 우군기들 모두가 회피기동을 실시하고 편대 군장기의 지시에 따라 표적 공격을 실시하였다. 공격 과정은 단 한 번으로 이루어졌는데 폭탄을 투하하고 표적 지역에서 저고도(3,000피트)로 집결 지점인 송림으로 이탈하여 동료기의 이상 유무를 확인하고 강릉기지로 귀환하는 형태로 이루어졌다.

8월 29일 강호륜 소령을 편대 군장기로 한 제1편대군 전투기 12대가 출격하였다. 8시 20분 강릉기지를 이륙한 편대는 대관령을 넘어 화천-신막-사리원-송림을 지나 9시 15분에 마지막 진입 지점인 평양 서쪽 4마일 지점의 대평을 향해 비행하였다. 공군이 평양 인근 상공에 도착했을 때 평양시는 이미 불바

미 해군 항모와 F4U 코세어 전투기

적 지상포화에 피탄되어 비상착륙한 F-51D 전투기

다가 되어 화염이 하늘을 뒤덮었으며 200~300대의 각종 전투기가 적 대공 포화 사이를 뚫고 다각도로 공격하고 있었다.

이날 우리 공군에서는 미 제5공군으로부터 부여받은 평양의 군사 목표지역에 총 36대의 전투기를 출격시켜 공장건물 9동을 파괴하고 10동에 피해를 가하였다. 8월 29일 평양 대폭격작전이 성공적으로 끝난 후 미 극동 공군에서는 평양시 재건은 당분간 곤란할 것이라고 평가하였다. 또한 유엔군 사령관 클라크 대장과 미 극동 공군 사령관 웨이랜드(Otto P. Weyland) 대장은 평양에 대한 3차에 걸친 대공습으로 유엔군측이 휴전회담을 유리하게 이끌 것이라는 데 의견 일치를 보았다.[286]

항공기념일 행사, 공중 화력 에어쇼

1952년 10월 1일 항공일 기념행사를 사천기지에서 이승만 대통령, 함태영 부통령, 각부 장관, 3군 참모총장, 유엔군 사령관, 미8군 사령관, 외교사절 등 150여 명의 내빈과 국민들이 참관하여 성대히 거행하였다. 이 행사는 지금의 에어쇼에 해당하는 것으로 장지량 장군은 미 공군에 의뢰하여 미 공군의 F-51기, F-80, F-84, F-86 그리고 B-29 등의 40대가 우정비행을 하기로 합의하였다. 우리 공군은 F-51, T-6 등 20여 대가 동원되었다. 사천비행

286) 『공군사』 제1집(개정판), 공군본부, 2010, 323쪽.

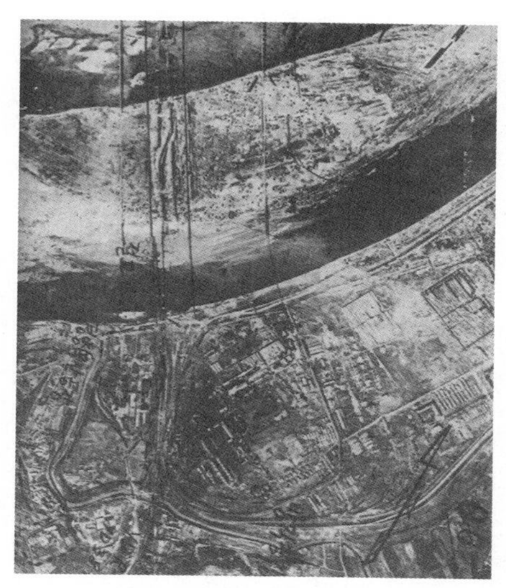
대한민국 공군의 평양 대폭격작전 공격표적(평양 금속공장과 평양 곡산공장)

장 활주로 건너편 야산에 폭격 목표물을 설치하고 폭탄 투하, 로켓 발사, 캘리버의 기총소사 등 화력 시범도 보였다. 이 행사의 비행 행사 실무진은 김영환 단장, 김신 조종사와 당시 작전참모였던 장지량 장군 등이었다. 당시 장지량 장군이 자신의 저서 『빨간 마후라 하늘에 등불을 켜고』에서 이렇게 회고한다.

화력 전시를 참관하면서 공군의 실력이 미군과 다를 바 없고 실제로 전쟁에 참여하고 있으며 어떤 비행기만 있어도 성공적으로 작전을 수행할 수 있다는 점을 알고는 누구보다 기뻐했다. 화력 전시 시범은 미 공군대학 유학에서 얻은 아이디어지만 강릉 전투전대에서 익힌 단독 작전과 단독 전투의 영향이 컸다. 미 제5공군의 ORI(전투능력 점검)를 통과한 이후 1951년 10월 1일 제10전투전대가 강릉비행장으로 전진해 단독작전을 무난히 소화해낸 결과가 멋들어지게 나타난 것이었다.[287)]

287) 장지량 구술, 이계홍 정리, 『빨간 마후라, 하늘에 등불을 켜고』, 이미지북, 2006, 162쪽, 163쪽.

공지 합동작전

제10전투비행단 강릉기지 지휘소 공군역사기록단 제공

6·25전쟁 당시 맹활약한 미 해군 항모 함재기들

공지 합동작전은 다시 말하면, 근접항공 지원작전(close air spport)이다. 공군이 공중화력으로 지상군의 작전을 지원하는 형태라고 볼 수 있다.

1952년 7월 이후 지상전선은 교착상태에 빠졌지만 휴전회담을 유리하게 이끌기 위한 부분적인 격전들은 계속되고 있었다. 특히 10월 14일부터 43일간 걸쳐 전개되었던 철의 삼각지대[288]에서부터 저격 능선 전투의 뒤를 이어 10월 하순부터 금성 동남방 단장의 능선에서 격전이 계속되었다. 이와 함께 평강 남방 및 개성

288) 철의 삼각지대(iron triangle): 강원 평강, 철원, 김화를 잇는 지리상의 삼각지대. 이곳은 전쟁 당시 중부전선의 심장부라고 할 수 있는 전략적 요충지대이다. 이 지역을 확보하지 못하고서는 중부전선을 장악하기 어려웠기 때문에 전쟁의 전 기간을 통하여 피아간 쟁탈의 대상이 되었던 지역으로, 특히 북한군의 남침을 위한 중부전선의 본거지이기도 하다. 철의 삼각지대라는 말은 이 지역 일대가 아군이 공격하기에는 불리하고 적이 방어하기에는 최적의 지형적 특성을 지니고 있어 당시 미 제8군 사령관이던 밴 플리트 중장이 명명한 것이다.

대한민국 공군 F-51D 전투기의 공중공격으로 화염에 싸인 351고지

동쪽 고랑포 서남방에서도 여전히 진지 쟁탈전과 탐색전이 전개되었다.

이 기간 유엔 공군은 평양 이북의 적 비행장 공격, 미그 회랑에서의 제공권 장악, 적 보급로, 보급품 및 병력 집적소, 적 진지에 대한 공격을 지속하고 있었다. 그러나 시간이 흐를수록 고지 쟁탈전이 치열하게 전개되자, 이에 맞추어 지상군을 직접 돕는 공지 합동작전 즉 근접 항공지원작전을 적극적으로 전개하였다.

대한민국 공군은 전술항공통제반 요원과 옵서버 요원을 교육시켜 공지 합동작전을 수행할 능력을 갖추도록 하였다. 공지 합동작전이란 지상군과 대치하고 있는 적의 위치를 T-6기 등을 타고 확인하여 이를 아군 포병 진지나 아군 공격기 등에 연락을 해주어 적을 공격하는 방식이다. 이때 모스키토 즉, 정찰임무 항공기(공중통제기), T-6기 등이 비행하며 목표물에 대한 연막탄을 터트리거나 직접 지상 공격을 하여 인근 상공에 대기 중이던 F-86 등의 공격기를 유도해준다.

이때 전방 항공통제관들이 정확한 정찰, 신속한 통신 연락과 기동성을 발휘해야 효과를 얻을 수 있다.

1952년 8월 8일부로 미 제5공군 합동작전본부(JOC) 내의 공지 합동작전처에서 미군 담당자인 윌슨 소령과 협의하여 계획을 수립하였다. 그리고 강릉기지 제10전투비행전대의 옥만호 대위와 손재권 대위도 전술항공통제반(TACP) 요원으로 선발되어 1952년 8월 9일부로 미 제5공군 예하의 제6147전술항공통제전대(TACG)에 파견하였다.[289]

289) 『공군사』 제1집(개정판), 공군본부, 2010, 330쪽.

강릉기지 주기장 정렬된 F-51D 전투기

또한 대한민국 공군은 이와 같은 준비단계에서 당시 제10전투비행전대 소속이던 이강화 소령을 미 제5공군사령부에 파견하여 공지 합동작전을 전담하기 위한 작전계획을 수립하도록 하였다. 그리고 1952년 10월 28일부터 공지 합동작전을 개시했다.

1953년 5월부터는 제1군단뿐만 아니라 중동부전선의 우리 지상군 제2군단 지상작전도 지원하게 되었다. 공군의 임무성공률(coverage)와 유효율(effective)은 항상 90퍼센트 이상이었다. 공군은 지상군 지원을 위한 공지 합동작전을 수행하기 위하여 조종사와 공중 정찰요원을 춘천기지(K-47)에 주둔시켰다. 그리고 이들을 작전 중이던 미 제5공군 예하 제6147전술항공통제전대에 파견하여 해당 임무를 수행하게 하였다. 특히 모스키토 옵서버 요원들은 전투기 조종사에 못지않은 위험을 감수하고 매일 수차례씩 출동하여 전투기 편대의 지상군 지원작전에 협력하였다.[290]

대한민국 공군의 공지 합동작전

1952년 10월 28일 강릉전진기지의 제10전투비행전대에서는 이전부터 수행해오던 적 보급로 차단작전과 병행하여 공지 합동작전을 개시하였다. 공군이 육군 제1군단의 고성지역 등 지상전투에 대하여 직접 항공지원을 하는 공지 합동작전은 고성지구의 공격으로부터 시작되어 대부분 동부전

290) 지상군 각 사단으로 파견되어 있던 공군 전방 항공통제관들의 임무수행 절차는 아침 일찍 군단 포 사령부에서 유선 통신망을 통하여 당일 작전임무를 수령하였으며 작전임무는 아침 일찍부터 시작하여 하루에도 몇 번씩 동일 지역으로 출동하곤 하였다(공군사 자문위원회 회의록, 2010. 8. 5. 12~14쪽).

선에 집중되었으나 휴전 전까지 서중부전선 이북의 적 후방지역에 대한 공격도 병행하였다.

이때부터 100회 출격 조종사가 속출하였다. 중위 이창실, 이호영, 송재봉, 임상섭, 임종두, 12월 21일에는 오춘목 소령이 100회 출격 기록을 달성하였다. 다음 해인 1월 16일에는 소령 장성태, 중위 현창건과 박희곤, 2월 7일에는 신관식과 임병두가 각각 100회 출격 기록을 달성한다.

12월 1일에는 최용덕 장군이 제2대 참모총장으로 취임하고, 1953년 2월 1일 제10전투비행단이 창설되어 제1전투비행단과 함께 2개 비행단의 규모로 성장한다. 제1전투비행단은 제1훈련비행단이 되어 전투비행단은 제10전투비행단이 유일하게 한 개로 유지되었다. 하지만 전투비행과 훈련비행부대를 전문적으로 구분함으로써 공군이 체계적으로 발전할 수 있는 발판이 된다.

공지 합동작전은 고성 인근의 월계리(고성 북서쪽 2킬로미터), 내면리, 시랑리(고성 서북쪽 6킬로미터), 사비리, 351고지 인근의 월비산 지역에서 전개하였다. 그리하여 보급품 집적소, 포 진지, 벙커 트럭 및 탄약 집적소 등을 파괴하였고 다수의 적 병력을 살상하였다.

1953년 2월 제10전투비행단이 창설되기 전인 1일부터 14일까지 동해안 1군단 지역의 공지 합동작전에 주력하였다.

제10전투비행단 창설과 그 작전

제10전투비행단이 발족한 1953년 2월 15일부터 휴전이 성립되던 7월 27일까지의 기간 중, 2월부터 4월까지는 공군이 북한군과 대치하였던 동해안 지역의 기상이 대체로 양호하여 출격작전을 수행하는데 별다른 지장을 받지 않았다. 그러나 5월부터는 장마가 시작됨에 따라 실제 출격 일수가 5월 중 18일, 6월 12일, 7월 중 10일밖에 되지 못하는 등 기상 악화에 따라 작전 수행에 지장을 받았다.

이 기간 중 지상군 전선에는 큰 변동이 없었다. 북한에서는 155마일 전선을 따라서 동부전선에는 북한군을 배치하고 중동부전선에서부터 서부

1953년 당시 강릉기지 관제탑

전선까지는 중공군을 배치하고 있었다. 우리 육군에서는 동부전선에 제1군단을 중동부전선에는 제2군단을 각각 배치하여 전투를 계속하였다. 지상군 전투는 연일 소규모의 탐색전이 계속되었을 뿐 대체적으로 소강상태를 유지하고 있었다.

그러나 3월 초순부터 북한군이 중대급 병력을 투입하여 김화 금성지역을 중심으로 공격을 감행하였으며 이후 북한군은 연대급 병력으로 중부 및 서부전선을 공격하였다. 또한 미군에서는 중공군 1~3개 사단 규모의 병력이 한반도로 접근하고 있다는 정보를 입수하였다. 이에 유엔 공군에서는 적 병력과 보급물자가 전선에 도달하지 못하도록 주요 보급 경로와 교량 및 도로에 대한 차단공격을 실시하여 후방에 있는 보급부대와 전방부대를 고립시키는 작전을 수행하였다.

5월 초순부터 적은 우리 육군의 전면에 걸쳐 공세를 집중하였다. 이에 공군에서는 지상군 작전을 직접 지원하기로 하고 육군 제2군단에도 공군의 전술항공통제반(TACP)을 파견하였다.

특히 7월에는 중공군이 13일 밤을 기하여 대공세를 취하였다. 적은 아 육군 제2군단 전면 30마일에 걸친 전선에 대해 15만 명의 대병력으로 공격을 가하였고 이에 따라 피아간 격렬한 공방전이 계속되었다. 이후 7월 20일에 이르러 적의 공격이 완전히 격퇴되었으나 곧 7월 27일 휴전을 맞이하게 되었다

이 기간 중 유엔 해공군은 적 후방지역의 철도, 교량, 도로 등 보급로를 전면 차단하는 스트랭글(operation strangle) 작전을 계속하였다. 유엔 공군은 전선지구의 아 지상군에 대하여 근접 항공지원작전을 수행하는 한편 적과 치열한 접전이 전개되는 전선에 대한 후방지원을 차단하기 위하여 청천강을 중심으로 신안주-희천 사이의 교량 및 철교를 폭파하는 작전을 수행하였고 북한 내의 모든 군사시설 보급품 집적소, 보급차량 보급로 등에

대하여 연일 맹공을 가하였다.

또한 유엔 해군 함대들은 주로 동해안지구의 적 군사시설 및 보급로에 대하여 함포 사격을 가하고 함재기로 공격하였다. 이러한 유엔 해공군의 맹렬한 공격으로 인하여 적의 보급품은 대부분 전선에 도달되기 전에 분쇄되었고 이에 따라 적 지상군의 공세 능력은 무력화되었다.

이 기간 중 북한 상공에서는 유엔 공군이 공중 우세권을 확보하고 있었으나 적 공군의 활동도 활발하였다. 특히 소위 미그 회랑 지역 상공에서는 연일 유엔 공군의 F-86과 적 미그15기 사이에 공중전이 전개되었다(전쟁 중 미 공군 F-86 조종사들은 공중전에서 810대의 적기를 격추하였으며, 이 중 792대가 미그15기였다. 미 공군은 공중전에서 139대의 항공기가 손실되었으며 이 중 F-86이 78대 포함되어 있다 미 공군 F-86 조종사들은 미그15기와의 공중전에서 10대 1의 비율로 승리를 거두었다.[291])

미 공군이 미그15에 대응하여 배치한 F-86A 전투기는 미그15와 공중전을 수행하면서 항공기에 대한 성능 개량작업을 실시하여 고속비행 시 기동성을 향상시키기 위해 수평꼬리날개의 승강타(elevator)를 없애고 수평꼬리날개 전체를 조절할 수 있도록 개조하였으며 자이로식 기총 조준장치를 레이더와 컴퓨터를 이용한 거리 측정식 조준장치로 개선(최대 1,300미터에서도 조준사격 가능)된 F-86E 전투기로 개선되었다.

그러나 전자 장비를 제외한 비행성능 면에서는 미그15 전투기가 더 우위에 있다고 판단한 미 공군에서는 항공기의 엔진을 교체하고 기동 성능 향상을 위하여 주익 전면에 슬랫(Slat, 저속에서는 펴져 양력을 증가시키고 고속에서는 접혀져 저항을 감소시켜 주는 보조날개)을 장착한 F-86F 전투기를 1952년 6월부터 한국전선에 배치하여 미그 회랑에서 미그15 전투기와 대응토록 하였다.

대한민국 공군은 유엔 공군의 일원으로 적 후방 차단작전 및 공지 합동작전에 주력했다. 전력도 증강되어 휴전 성립 당시 F-51D 전투기 80여대를 보유하고 있었다.

---

291) 『6 · 25전쟁 항공전사』, 공군본부, 2002, 666쪽.

351고지 전투 항공지원작전

351고지는 강원도 고성 남쪽의 월비산으로부터 동쪽 2킬로미터 지점에 위치한 곳으로 동부전선의 최북단 돌출부였으며 동해안 지역으로 침투하는 적에게 직접적인 위협을 가할 수 있는 감제(瞰制) 고지였다. 또한 인근에는 원산에서 강릉까지 이어지는 해안도로가 있어 교통의 요지였다. 따라서 동해안 지역의 전투를 담당하고 있던 아 지상군 제1군단이 만약 351고지를 잃게 된다면 동부전선에 직접적인 위협이 미치게 되므로 전선을 유지하기 위하여 반드시 고수해야 할 진지였다.

한국 지상군은 1951년 유엔군과의 추계공세에서 수도사단이 동부전선에 투입되어 고성 일대의 요충지인 월비산과 351고지 등 인근 지역을 확보함으로써 전장 주도권을 장악하였다. 그러나 이후 북한군과 지상군 간의 치열한 전투가 전개됨에 따라 고지의 주인이 수시로 바뀌었다.

특히 1952년 추계공세가 끝난 후 북한군은 휴전회담이 진행되는 동안 이 지역에 병력을 증강하여 부대를 재정비하고 아군의 지상 포화와 공중공격에 대비할 수 있는 난공불락의 요새를 구축하였다.

이에 우리 지상군도 적의 공격에 대비하여 방어를 강화하고 필요할 경우 동해 근해에 위치한 미 극동함대와 미 제5공군의 항공지원을 받을 수 있도록 하여 대치 상황을 유지하였다.

이와 같은 351고지에 대한 공군의 근접 항공지원작전은 1952년 10월 28일 아 제5사단에서 방어 중인 351고지, 339고지에 북한군 제7사단이 공격을 가함에 따라 4대의 전투기 편대가 출격하여 적 벙커를 공격하면서 시작되었다.

12월에는 우리 육군 제5사단 지역에 대한 근접 항공지원작전에 주력하였고 1953년 1월에는 장전, 통천, 세포리와 서부전선의 사리원, 신천 일대 적 보급로 차단작전을 수행하여 보급품 집적소 및 병력 집결지를 공격하고 철도를 차단하였다. 동해안 일대에서 교전 중인 우리 지상군 지원작전으로는 고성 이남의 월비산과 351고지 및 인근 주요 고지에 대한 공지 합동작전 임무에 출격하였다.

2월에는 제10전투비행단이 창설되기 전, 14일까지 공지 합동작전에 출격하였는데 그중 월비산과 351고지 인근인 신대리(고성 남쪽 16킬로미터) 사비리 지역으로 출격시켜 적의 대공포 진지와 벙커 보급품 집적소 차량 등을 공격하였다. 제10전투비행단이 창설된 2월 15일 이후부터 공군에서는 간성과 고성 일대의 지상군에 대한 근접 항공지원작전에 중점을 두어 28일까지 적 벙커와 교통호 및 야포 진지, 박격포 진지, 보급품 집적소, 차량 이동행렬 등을 공격해 적의 후방지원 차단에 주력하였다.

1953년 3월에도 공군은 고성 일대의 지상군 전투지역에 대한 근접 항공지원작전에 지상군의 사기를 진작시키고 적의 전력을 약화시키는 데 주력하였다. 그러나 3월 6일에는 육군 제15사단의 월비산 동쪽 351고지 지상군 작전 지원임무를 수행하던 이재국 중위가 99회째 출격으로 적 진지를 공격 중 지상 포화에 피탄되어 불타는 항공기를 이끌고 아군 육군지역에 불시착하였다. 그러나 오후에 동일한 지역으로 출격한 임택순(공군사관학교 출신 조종사 중 최초의 전사자 공사 1기) 중위는 적의 대공포에 피탄, 전사하였다.

북한군 제7군단은 351고지를 점령하기 위해 1월부터 전개한 공격이 아군의 방어로 불가능해지자 3월 중순 후방을 기습 공격할 목적으로 야간을 이용 인접고지로부터 동굴을 뚫어 접근하는 방법으로 공격하였다. 이에 국군 제15사단에서는 사단 야포부대와 동굴 폭파 기습대를 이용해 적 공격 저지에 주력하였으나 고지가 적에게 점령당할 위기를 인지하여 합동작전본부를 통해서 공중공격 지원을 요청하여 제10전투비행단은 적 동굴진지를 파괴하였다.

휴전 성립이 되기 전, 1953년 6월 2일에는 북한군 제7사단이 351고지 주변 구릉에서 직사포와 중기관총 사격을 가하고 동북방 148고지와 187고지에서도 직사포 및 곡사 화기로 공격하였다. 이에 공군은 4개 편대 16대가 261고지와 148고지, 187고지 및 351고지 북동쪽 진지에서 근접 지원작전을 실시하였으나 351고지와 339고지 일대에 북한군의 집중적인 포 사격과 기습공격에 의해 351고지가 적에게 결국 함락되고 말았다.

휴전협정이 체결된 7월 27일까지 적 지상군과 교전 중인 아 지상군을 엄호하기 위해 총 15개 편대 60대가 월비산 지역을 비롯한 351고지 인근

지역으로 출격하여 적 벙커 및 야포 진지를 공격하면서, 휴전이 성립되는 순간까지 고성 일대와 월비산 및 351고지 지역을 비롯하여 육군 제2군단의 전투 지역인 김화—금성 지역에 대한 작전을 감행, 지상군의 사기 고양과 적의 전세를 위축시키는 역할을 하였다.

특히 351고지 작전은 휴전협정을 앞두고 북한군과 아 육군이 한치의 땅이라도 더 확보하기 위하여 진지를 뺏고 빼앗기는 혈전을 벌이는 상황에서 지상군 작전에 공군과 미 제5공군 및 미 해군 제7함대와 연합으로 수행한 최초의 대규모 연합공지 합동작전이었다. 이러한 한 · 미군과 육해공군의 성공적인 작전 수행의 결과 현재 38도선 북쪽인 설악산과 속초지역 및 거진, 간성지역을 확보할 수 있었다.

대한민국 공군은 단독 출격작전 개시 이래 휴전 성립일까지 적 후방 보급로 차단작전 5,169회 근접 항공지원작전 2,656회의 출격을 감행하였으며 총 39명의 조종사가 100회 출격을 기록하였다.

하늘은 국방의 생명선이다, 제2대 참모총장 최용덕

'공군의 결의'와 '공사십훈'

최용덕이 김정렬 초대 총참모장을 보좌하며 공군사관학교장으로 있으면서 생도와 병사들에게 주장했던 것은 '단결' 한마디였고 생도들에게 주장했던 것은 '공사십훈(空士十訓)'이었다. 중국대륙에서 천고(千苦)의 고비를 넘긴 무인의 한 마디 한 마디는 단순하면서도, 그래서 더 무겁게 가슴에 다가온다.

1. 용의단정(容儀端正)하라
2. 청렴결백(淸廉潔白)하라
3. 성심복종(誠心服從)하라
4. 책임완수(責任完遂)하라
5. 신의일관(信義一貫)하라
6. 공평무사(公平無私)하라
7. 침착과감(沈着果敢)하라
8. 신상필벌(信賞必罰)하라
9. 솔선수범(率先垂範)하라
10. 은위겸비(恩威兼備)하라[292]

1951년, 한국 전란으로 군가의 보급이 많지 않았을 때 문장에 조예가

292) 공군사관학교 교정에 상기 내용을 담은 비석이 세워져 있다.

깊은 최용덕은 사관생도에게 어울리는 품위 있고, 평이하면서도 씩씩한 '공군사관학교 교가'와 공군 장병들을 위해 '공군가'를 작사하였다. 특히 공군가는 육군, 해군의 행진곡풍보다 예술성이 뛰어나다는 평을 받고 있다. 최용덕 장군이 작사한 곡은 공군가, 공사 교가, 등 다수가 있으며 공군사관학교가 대구로 이동한 6개월 뒤 그가 교장으로 재직 중 작사하여 정훈감실(김기완 대령)을 통하여 전달되었고 공군본부 정훈감실에 근무하며 정훈음악대를 조직하여 사관 1기 후보생에게 음악개론을 강의한 김성태 씨에게 작곡을 의뢰하여 완성하였다.[293]

이처럼 최용덕 장군은 공군의 창설자이면서 공군의 사상적, 철학적 토대를 마련하였다. 그는 '공군의 전통'의 수립을 위하여 공군이 나아갈 방향을 제시하고 있다.

"우리 공군은 엄정한 군기 아래 깨끗하며 씩씩하며 서로 도와 단결하여 책임을 완수하고 나아가서 싸우면 반드시 이긴다"[294]라고 대한민국 공군인의 철학을 핵심적으로 제시하고 있다.

1951년 7월 6일 공군참모부장직이 작전참모부장 및 행정참모부장직으로 개편되면서 최용덕은 작전참모부장으로 보직하고 공군사관학교 교장직 겸임을 지속하였다. 그는 김정렬 초대 참모총장과 함께 전투임무 수행과 교육임무를 이렇게 병행한 것이다.

1951년 12월 1년간의 전쟁을 돌아보면서 최용덕은 "고난과 혈투의 1년"이라고 하였다. 죽음으로 맞서 싸운 공군인들에 대하여 원한을 풀어주어야 한다고 전의를 밝힌다. 그리고 남아 있는 공군인들에게 당부를 한다.

> 민족의 혈통을 받은 대한의 남아들이여. 이 유구한 역사와 전통은 제군들의 골격이요 제군들의 명맥이다. 제군들은 그 투지 그 용기로써 영원히 빛나는 청사의 용사가 되라. 제군들은 오늘의 역사를 창조하는 대한의 용사이다.[295]

---

293) <공사 신문> 제137호.

294) 『하늘의 개척자, 최용덕』, 공군본부 정훈감실, 1956.

295) <공군 순보> 제14호, 1951. 12. 27.

최용덕, 제2대 참모총장 취임

제2대 참모총장 이취임식

……당쟁 혹은 문치주의 혹은 무력경시 등 여러 가지를 들 수 있겠지만 본관이 생각하는 것은 우리나라의 지리적 환경이 우리 자신을 보존하기 위하여 강대국의 세력을 이용하지 않으면 안 될 경우가 많았다는 점입니다. 그때에 잘못 생각하면 즉 자기가 자립하고 독립하려는 중심이 흔들려서 강대국에 의뢰하려는 의존심을 가진다는 것이니 다시 말하면 자기 나라 일을 자기로서 생각하고 나가서 자기 자력으로서 해야 하겠다는 실천력이 없었던 까닭입니다.[296]

1952년 12월 1일부로 최용덕은 제2대 공군참모총장에 취임하면서 공군 전반의 전투력 향상에 온 힘을 기울였다. 이 시기의 전후에는 이미 공군은 적의 보급로 차단, 공중공격에서 육군 지상군 직접지원작전이 전개되기 시작한다.

그는 취임사에서 "과학 하는 공군, 자립하는 공군"이 공군의 목표라고 피력한다.[297] 자립과 우방과의 우의를 더 돈독히 해야 한다고 강조하기도 하였다. 최근 자주국방과 우방과의 우의를 돈독히 하는 동맹의 강화를 혼동하는 사람들이 있지만 최용덕 장군은 그 두 가지 개념을 명쾌히 구분하고 두 가지 모두를 갖추는 지혜를 보여주고 있다.

특히 그는 1952년 12월 5일 아이젠하워 차기 대통령, 미 극동 공군 사령관 웨이랜드 대장, 미 제5공군 사령관 바커스 중장과 함께 회동하고

296) 최용덕, 「1953년 삼일절 행사 훈시」, 『하늘의 개척자, 최용덕』, 공군본부 정훈감실, 1956.
297) 최용덕, 『하늘의 개척자, 최용덕』 공군본부 정훈감실, 1956.

대한민국 공군의 발전에 대한 도움을 약속받았다. 이러한 회동은 추후 1953년 10월 1일부터 진행된 '한국 공군 확장계획'의 시발점이 된다.

1953년 1월 31일 김정렬 장군과 함께 최용덕은 중장[298]으로 진급하였다. 이 시기에는 이미 100회 출격의 조종사가 20여 명에 달하였고 공군사관학교 1기생이 조종사로 출격을 개시하였다. 공군은 휴전이 될 때까지 2,000여 회를 출격하여 적 후방기지의 지상 공격과 351고지 등 적과 접전 중인 전선에 대한 지상지원공격을 감행하여 한 치의 땅과 한 개의 고지라도 아군이 점령하도록 필사적인 공군의 전투력을 발휘하였다.

1953년 7월 27일, 군과 국민들의 염원과 상관없이 유엔군과 북한군 간의 휴전협정이 체결되자 최용덕은 공군의 확장과 정비계획을 수립하고 실천해나간다. 그는 이러한 휴전을 "자유 우방 제국군의 정의의 진격으로 궤멸 상태에 이른 적은 외로는 평화를 표방하고 내로는 무력전과 외교전에서 실패한 것을 보충하려는 음모에서" 비롯되었다고 해석하였다.

이념적·정치적 목적으로 북한 공산정권이 사람의 목숨을 파리 목숨처럼 앗아가는 것을 목도한 그는 철저한 반공주의자가 되어 있었다. 통합과 단결, 민족의 화합을 성원했던 그도 이러한 북한 공산정권은 용서할 수 없는 존재가 된 것이다. 그는 당시 상황을 "민족의 숙원인 남북통일은 이루지 못하고 논의의 장소마저 판문점에서 제네바로 전전하게 되니 통분을 금치 못하겠다"라고 하였다.

최용덕은 북한이 휴전협정에서 평화 운운하는 것을 기만적이라는 점을 간파하고 있었다. 평화를 운운하는 자들이라면 애초부터 침략전쟁을 하지 말았어야 했다. 그들은 자신들이 유리해지는 언젠가 반드시 재침략하리라고 확신하고 있었다. 그래서 그는 휴전이 진행되는 동안에도 "적의 기만을 분쇄하고 통일 완수를 하자"고 주장하였다. 따라서 휴전 후에도 북한의 동향을 특히 북한 공군의 동향을 면밀히 파악하고 이에 대한 대비를 심각하게 생각하고 있었다.

우선 휴전 직후 북한이 소련으로부터 분사식 전투기를 대거 도입하고

---

298) 당시 육군과 달리 공군의 최고 계급은 중장이었다.

장비를 현대화하자 이에 자극을 받고 적보다 우위에 있는 공군력을 최우선 순위에 두고 분사식 전투기 도입 등 공군 현대화에 초점을 맞춘다. 1953년 10월 1일 제5회 항공일(지금의 공군의 날) 기념행사에서 분사식 전투기 즉 제트기의 보유가 긴요하다는 점을 설파한다.

이에 1953년 10월 28일 제10전투비행단장 김영환 대령과 작전국 차장 박충훈 중령을 대동하여 미국 공군기지 시찰을 위하여 대구 동촌(東村)기지에서 미국으로 향한다. 이것은 미 공군참모총장 트와이닝 대장의 초청으로 이루어진 것이다. 미국에 도착한 최용덕은 미 국무장관대리 베델 스미스 준장, 미 공군장관 탤보트, 미 공군참모총장 트와이닝 대장 등과 회담하여 한국 공군 확장계획 시행에 미국의 역할을 약속받고 1953년 11월 30일 귀국한다.

1953년 11월 29일 귀국 전 미국 당국에 요청 담화에서 최용덕은 "북한은 250대의 미그15기와 42대로부터 88대의 제트폭격기와 항공사단을 보유하고 있다. 이에 비하여 한국은 다만 수십 대의 무스탕기를 보유하고 있을 뿐이었다. 이것은 북한 공산군과의 전투에서 제공권을 얻기에는 족하지 않은 것이다. 100명의 북한괴뢰군은 소련인에 의하여 조종훈련을 받고 있는 것이다. 이에 비하여 우리 공군에는 제트기 조종사로서 훈련받은 사람이 하나도 없다"고 한국 공군의 어려운 상황을 호소하였다.

국내에서는 발맞추어 1953년 11월 20일 제1훈련비행단 소속 제1훈련비행대대에 계기비행과를 설치하여 고등 비행훈련을 진행하게 하고 아울러 김포, 여의도, 수원, 춘천, 오산, 군산, 수영, 대구 동촌, 김해 등 미 제5공군의 각 기지에 공군 장병들을 파견하여 기지지원 업무에 동참시키면서 미군의 철수를 대비하도록 하였다.

1954년에는 조종, 정비, 통신, 기상 관련 장교 100여 명을 미국에 파견 교육을 받게 하였고 1955년에는 그 수를 더 늘려 파견, 교육을 받도록 하였다. 1954년 8월부터는 일본에 주둔하고 있는 미 공군기지에 정비사들을 파견하여 분사식 전투기의 정비교육을 받도록 하였다.

정의를 위해 돌진

최용덕 장군은 공군정신을 확립하는 데 커다란 역할을 하였다. 공군인의 모범이요, 공군이 나아갈 길을 제시하였다. 최용덕 장군이 남긴 말과 글은 참으로 많다. 공사십훈, 공군가, 공사교가, 비행행진곡을 직접 지었을 뿐만 아니라 각종 유려한 글도 많이 남겼다. 여기에서는 이 기간 동안 <공군 위클리>에서 소개된 최용덕 장군의 글을 보자. 그는 '정의를 위해 돌진'[299]이라는 제목으로, "우리 민족의 체내에 흐르고 있는 이 거룩한 민족혼은 민족이 남아 있는 한 영원히 존속될 것이며 민족의 시련이 크면 클수록 더욱 강한 빛을 발휘하고야 말 것이다. (…) 지금이야말로 민족혼을 빛내고 열매를 맺을 수 있는 때이기 때문이다. 세계의 정의를 각광으로 하여 우리는 우리의 실력을 구비하였다. 두려울 아무것도 없다. 오직 정의를 위하여 돌진이 있을 뿐이다."라고 했다.

---

299) 1953. 2. 20.

조종사들의 고향, 빨간 마후라의 풍경

공군인들의 사랑방, 무스탕다방

1953년 2월 말 기준으로 공군은 병력 9,814명, F-51 전투기 39대, 항공기 35대 총 75대 항공기를 보유할 만큼 성장하였다. 1953년 2월 15일 이때부터 1953년 7월 27일 휴전 성립일까지 제10전투비행단은 동해안 고성으로부터 문등리, 금성, 김화, 철원, 판문점을 잇는 전선의 한국군 지상군에 대한 근접 항공지원작전 전개하였다.

조종사의 전사자는 계속해서 늘어났다. 1953년 3월 6일 공사 제1기생 임택순 중위가 고성 남방 구성지구에 대한 근접 항공지원작전 중 피탄, 전사하였다. 당시 상황을 공사 1기 동료이자 함께 출격했던 이배선(제1전투비행단 부단장 역임)은 "급강하 도중 목표 500미터 미달지점에서 폭발에 이은 큰 화염을 목격하였다. (…) 공격이 끝나고 기지로 귀환하기 위해 집합을 했을 때, 비행기는 모두 3대뿐 한 대가 보이지 않았다. (…) 우리는 산산조각 난 항공기의 잔해와 태극마크가 선명한 비행기 동체의 잔해가 아직도 화염에 싸여 타고 있음을 확인하였다. 그 순간 나의 심장은 격렬히 뛰었고, 나의 손과 발은 떨리며 경직되었다"고 술회하였다.

1953년 4월 23일에 장창갑 중위, 서동규 중위가 강릉 상공에서 전사하였다. 그날의 임무는 적의 후방 차단작전으로서 황해도 사리원 근방의 보급물 집적소와 적재차량 등을 불태우고 돌아오는 길이었다. 4개 편대 16대가 무려 2시간 이상을 비행하여 무사히 강릉기지 상공까지 돌아왔는데 착륙과정에서 장주 비행 중 3선회 지점에서 4번기인 서동규 중위와 전광석화 같은 충돌로 순식간에 추락하여 애기와 더불어 처참하게 전사하고 말았다.

1950년대 강릉기지 풍경(공군역사기록단 제공)

1953년 5월 제10전투비행단 F-51 전투기 80여 대로 증강하였고 1953년 5월 30일 유치곤 대위가 한국 공군 최초로 200회 출격 기록 수립하였다.

치열하게 전개되었던 제10전투비행단의 분위기를 1953년도 주정호 대위가 기록에 남겼다. 이 글을 보면 주정호 대위의 글이 대단히 수려할 뿐만 아니라, 관찰력도 뛰어남을 알 수 있다. 그리고 정훈인의 눈으로 읽어 내려간 강릉 비행단의 이모저모 풍경은 정훈의 정신을 넌지시 드러내주고 있다. 그 소통의 시선은 전투비행단의 조종사들과 정비사들의 비장미와 함께 이들을 포함한 비행단 내외의 주변 인물들의 인간미를 따뜻하게 포용하고, 포착하고 있다.

강릉의 하루

정훈장교인 주정호 씨가 강릉기지를 방문하여 느낀 소감의 글을 소개한다. 다소 길지만 전쟁 당시, 기지 분위기를 자세하게 감상할 수 있을 것 같다.

강릉의 하루[300]

내일 8시 반, 출발의 명을 받고 가난한 감실의 주머니를 털어 기액의 돈을 들고 상가를 헤매었을 때는 이미 전등 칸데라 빛이 거리에 환했을 때였다. 무엇을 사 들고 가면 좋아할까? 어떤 것을 사 들고 가면 기뻐할까? 한가롭지 않게 점포를 이 집, 저 집 뒤지면서도 이런 생각이 무엇보다 앞섰다. 에라 원체 없는 것뿐이라 성의만 보이면……. 이런 자위뿐이었다. 샤라봐이에

300) 주정호. 1950년 1월 14일 소위 임관, 1952년 6월 14일 공군본부 기획과장, 1961년 8월 15일 공군본부 정훈감 역임, 1963년 4월 1일 공군대령 예편(한국전쟁 수기자료 3권 중 발췌, 공군본부 군사연구실 소장).

다니엘 다류의 석고 아베마리아, 닝프의 반신, 전신의 나상 풍경화, 공군 순보 일반잡지 등등.
"별거 있나 이번엔 이런 종류로 하지."
레이숀 복스에 꾸려 넣은 이름뿐의 선물을 안고 장 준장 각하가 조종하는 비행기의 뒷좌석을 제치고 앉았을 때는 제법 든든한 생각이 들었다.
1월 9일 아침! 쾌청이다.
기체가 하늘에 뜨자 진계가 희한하게 내려다보였다. 동해안으로 나가 해안선을 복판에 타고 좌편에는 백운이 쌓여 은빛으로 볕이 눈시울에 반사하는 육지, 바른 편에는 시야 끝에 수평선이 구름에 엉키어 보이지 않는 언제나 맑은 동해, 이는 신비스런 하나의 미의 세계였다. 활주로 끝은 해안이요, 뒤따라 흰 파도가 엎치고 덮치고 하는 모양이 제대로 착륙할 것이냐 하는 실없는 공포감을 준다. 나루 한구석에 솟아오른 섬이 홀로 청파와 싸우며 동해를 물끄러미 바라다보는 모습은 멀리 이곳 전선에서 싸우고 있는 조종사의 마음의 심벌인 것만도 같다.
잠시 후 어지러운 속력의 의식을 기체에 느끼고 활주는 무사히 끝났다. 급기야 도착이다. 기다리고 있는 스리코터에 몸을 싣고 병영으로 들어간다. 좌우에는 거무스름한 비행기가 가로수처럼 즐비해 있었고 정비사들의 걸음이 번거로워 보인다.
상공의 비행기 소리, 지상의 엔진 소리, 포탄을 나르는 수레 소리, 나는 전진 호흡 속에 스며드는 것만도 같다. 태극기 휘날리는 퀀셋 위에는 쉴 새 없이 돌아가는 풍속기와 풍향기가 유난히도 이채를 띄우며 큰 전대 간판은 비행장을 면하고 사막의 오아시스와 같이 광막한 사장 가운데 퀀셋과 천막이 한군데 모여 있다.
장 준장 각하를 따라 전대본부로 들어간다. 소박한 일선 병영이었다. 그러나 실내는 정돈되고 조그마한 테이블이 한두 개 놓여 있다. 실내온도는 알맞다. 나는 지고 온 선물 보따리를 헤쳐 보였다. 섬세한 미에 굶주린 직선의 세계의 환영은 인간성의 속임 없는 표현이다.
조그마한 이 마음은 넝쿨이 풀리듯 하였다. 서쪽에 산을 끼고 있는 까닭인지 이곳 석양은 유난히 빨랐다. 전등불이 켜 있는 이 병영은 참호에 잠든 몹시도 고달픈 전우의 모습과도 같이 허허벌판에 고이 잠들어간다.
그러나 한 천막 속에서는 폭소와 환희의 함성이 터진다. 승리와 영광을 약속하는 일선훈장수여의 기꺼운 웃음의 소리다. 이윽고 천막은 조용하고 장

준장 각하를 비롯하여 흩어져 나온다.

하루의 노고, 내일의 임무! 그들의 안면에는 도무지 보이지 않는다. 나는 인자한 라그로 대위와 미 하사관을 다방 무스탕에서 한담할 기회를 가졌었다. 동 대위의 칭찬은 이구동성이며 일찍이 열리는 브리핑으로부터 저녁 늦게까지 우리들을 떠나지 않는다. (…) 혹한과 수면과 싸우면서 그들은 야간작업을 한다. 그러나 몇 번이나 일어나는 불상사에 선사를 지내며 하늘의 구호를 기원하는 이들의 심정이다. 확실히 전우애는 민족과 인종을 초월하는 모양이다.

아침 일찍이 열리는 브리핑에 나는 방청을 허락받았다. 고달픈 몸이라 늦잠에 세수도 못하고 브리핑실로 들어갔다. 일곱 시 반이다. 방 정면 벽에는 큰 지도가 걸려 있고 여덟 개의 긴 경사진 책상이 놓여 있다. 강 중령님의 차렷 구령으로부터 시작된다. 인원 보고 후 적정보고가 있었고 금일의 임무가 하달된다. 이어 주의사항으로 들어가 작전참모의 보고와 하달은 끝났다. 다음 작일의 공중전황 보고, 전과 보고, 금일의 암호, 신호탄의 종별 대공포판의 종별 구출방법 지점 배치 등의 작전정보장교의 보고가 있은 후 기상장교의 기상 보고가 있어 공군본부 브리핑보다 더 심각한 분위기 가운데 진행된다. 다음 편조 지시로 강 중령께서 재등장한다. 재주의 사항을 제시한 후 조종사에게 질의가 벌어진다.

이어 전대장께서 등장하여 전면적인 주의사항과 인지와 동료의 처지에서 간곡한 훈화가 시작된다. 이때 장 준장 각하께서 등장, 전원 차려자세로 영접한다. 라그로 대위 고문관도 역시 열에 앉아 오늘의 제반 사항을 듣는다. 밤 라인을 목전에 두고 매일 아침 열리는 이 브리핑은 직접 적진의 폭탄을 투하를 의미하는 광막한 전장의 축도이다. 조종사의 생명과 비행기의 대수 정비, 통신, 제반은 이 일실의 이 회의에 걸려 있다.

실은 퀀셋이지만 참 아담하게 차려져 있고 한인(閑人) 절대 출입금지이며 보통 장교도 허가 없이 함부로 출입을 못하는 방이다. 추운 아침 바람에 떨리는 몸으로 모여드는 조종사들은 타카를 걸머지고 추운 가운데도 열심히 듣고 있다. 출격의 유일한 지침이요, 개인의 생명을 좌우하는 이 장면은 자기 임무의 요결과 수행의 제반 결심을 일으키는 까닭이다.

애국의 정화, 국토통일의 성업도 여기 모이는 몇 사람의 결심에 집결되는 것이 아닌가.

국방이 급한 오늘 한국의 이 사태 가운데 또한 항간 주육을 베풀어 놓고 유흥에 취하는 무리들이 피비린내나는 혈한의 모임을 대조하여 보라!
8시 반 조간을 먹으라고 연락이 왔다. 나는 우선 세수하러 조종사실 세면장에 들어갔다. 따스한 물과 당번이 있어 편리하게 되어 있다. 식사는 그리 좋은 편은 못되었다. 보통 500칼로리는 섭취하여야 하는 모양인데 과연 이 칼로리에 찰까 의심이다. 네모난 식탁이 여섯 개 두 열로 나란히 놓여 있고 새하얀 테이블 커버에 실내는 산뜻한 기분이다.
벽엔 어저께 가져온 마리아 석고가 걸려 있어 마음속 은근히 기뻤다. 라그로 대위도 식탁에 앉았다. 나는 박 대위, 이 소령님과 식탁을 같이 하고 출격을 앞둔 이들 조종사와의 식사는 이상한 분위기를 준다.
날씨가 흐릿한 나룻가의 바람은 몹시 싸늘하고 좀 따스한 단악의 장소가 필요하였다. 식후 조종사실은 유치원의 재판이다. 웃음소리, 노래 소리는 육군의 그것과는 좀 이색적이다. 흰 파일럿 헬멧이 벽에 걸려 있고 지퍼 달린 조종 복장, 그리고 외출용의 정복, 그 옆에는 동그란 석고의 마리아가 걸려 있다 잡지 책 신간도 이리저리 놓여 있다.
오늘은 날씨 관계로 출격 중지다. 다방의 모임이 아침부터 번잡하다. 어떤 사람은 시내로 간다. 다방 색시와 집 보러 갔다 오는 친구도 있다. 광장엔 풋볼, 배구 등의 놀음이 벌어진다. 나는 갈 곳이 없어 다방 무스탕 난로 앞을 척 앉아 지나가는 나그네의 서글픈 걸음을 진정한다.
벽엔 크리스마스 오너멘트가 상금도 남아 있으며 나체의 곡선미를 표징한 여성의 그림도 걸려 있다. 언젠가 만화 신간 표지로 그려진 무스탕의 출격의 일면도 그려 붙여 있다. 그러나 보잘것없는 다방이다.
나는 홀로 이 다방의 설계도를 생각해 보았다. 이렇게 하면 하는 여러 생각이 떠올랐으나, 어찌할 도리가 없다. 조종사의 유일한 오락과 위안 장소인 이 다방으로서는 좀 더 세심한 오너멘트와 구조가 필요한 것은 사실이다. (…) 조종사들은 틈만 있으면 "아주머니!"하고 문을 연다. 레코드는 줄창이고, 여학생들(퍽 오래전에 있던)과 댄스하며 놀던 버릇이 지금도 잊지를 않아 미스 정, 미스 김과 농담이 끊이지를 않는다.
밖은 침침하게 어두웠다. 동해안의 바닷바람이 휘파람을 불면서 멀리 지나간다. 말이 다방이지 레코드나 틀고 얌전히 시간을 보내는가 하면 천만부당한 말이다. 동심의 세계에 돌아온 용사들의 야단스런 모양이란 골목의 닥가닥패와 진배없다. 술병을 차고 들어와선 한국 노래, 일본 노래, 재즈의 구음 등의 제창이란 군가 행진 이상의 기염이다.

그런가 하면 또 눈물겨운 분위기가 있다. 전사한 전우에 대한 애도의 침묵이 흐른다. (…) 브리핑에서 작전행동이 곧 전개되어 적구섬멸의 성전은 유감없이 전개된다. 이 간에 숨은 전우의 혈투를 우리들은 기억하여야 하겠다. 조종사들이 비행기에 올라 별을 받는다면 그늘에서 그들의 전우가 찬란한 전과를 가지고 돌아오게 하는 정비사의 성의와 노력의 귀중함은 이미 우리들의 상식화된 일이면서도 자칫하면 잊어버리기 쉬운 일이다.
필자는 정비중대장 이 대위를 찾아 정비반, 무장반, 통신반을 차례로 들렀다. 무장용구 부분품이 그득하면서도 실내정돈이 정연하게 되어 있다.
난방장치, 기타 보급이 세심하게 잘 되어 있는 것은 군수국의 노력을 무언속에 찾아볼 수 있다. 일선의 전우를 애호하는 전료들의 고마운 뜻에서다.
그들의 기본 무장, 통신의 각 부분이 완전히 그 성능을 보호할 때까지 단속하는 것인데도 필자가 찾아갔을 때는 전기의 프로펠러가 열십자로 가지런히 활주로 양쪽 편에 정렬되어 있었다.
제한된 비행기로 힘에 겨운 출격을 감행하는 조종사들과 한몸이 되어 피곤한 애기를 어루만지며 불철주야의 작업을 묵묵히 담당하는 정비원 일동들에게 충심으로 감사와 찬양을 아끼지 않는 바이다.
혹한 설풍에 차디찬 애기를 어루만지면서 온 밤을 국가의 안위를 염하는 마음으로 지내는 이 소리 없이 전투하는 영웅들에게 나는 극구의 치사가 오히려 내 온 뜻을 표현하지 못하는 것이 안타까웠다.
무사귀향을 기도하며 고사 지내는 이들의 마음을 우리는 배워야 하겠다. 스피노자의 지행지복은 덕의 보수가 아니고 그 덕 자체이다라는 성스러운 심경이다. (…) 오늘은 햇빛이 유난히도 세다. 구름 속을 헤치고 솟아오르는 햇빛은 우선 이곳을 먼저 비추어주는 것만도 같다. 이곳저곳엔 상금 검은 구름 뭉텅이가 남아 있어 비행에는 시원치 못할 모양이다. (…) 이윽고 식사하라는 연락이 왔다. 오늘은 출격할 모양이다. 그러나 매트에 걸쳐 장 준장 각하께서는 누구 바둑 둘 사람 없나 하고 어린 용사들의 분위기 가운데 휩쓸려 들어가려고 애쓰신다. (…) 전세를 보건대 아무래도 전 대위님이 득세할 듯 장 준장 각하께서 패군지장이 될 것 같아 더욱이 마음이 놓이지 않았다. 굵은 숨소리가 벅차게 연발되는 양이 보통이 아닌 모양이다. 그런가 하면 한쪽 구석에선 총각 조종사들이 점잖은 상관을 둘러싸고 법석댄다. 예의 쌍소리 화제가 한참 꽃이 피었다. 떼를 쓰고 엄살을 부리고 졸라대고 하는 군소영우의 이런 광경을 목격할 때 불가사의에 가까운 느낌이 든다.

도대체 생사라고 하는 의식을 조종사들은 가질 줄 모르는 사람들인지 통 그런 빛이 눈에 띄지 않고 흔히 볼 수 있는 계급의식으로 오는 부자연이라는 것이 티끌만치도 안 보이는 것이었다.
필자의 상식의 세계와는 확연한 거리가 보였다.
이즈음 바둑판을 가운데 놓고 아아 졌어. 한 번만 더 하세 하는 장 준장 각하의 패전의 비보다. 껄껄대는 웃음이 유난히 명쾌하게 방안을 흔든다.
며칠 안 되는 이 탐방으로 나는 가지고 간 선물보다 큰 고가의 가지가지 교훈과 인간의 진지한 면을 보았다.
필자는 일찍이 부산을 구경한 적도 있다. 이 혈투의 일상생활은 그의 좋은 대조가 아닌가 본다.
동해안과 부산은 천리밖에 안 되는 모양, 그러나 의식의 세계는 이미 거리를 초월한 것이 아닌가?

전사한 조종사들이 남긴 일기

휴전협상 중 협상이 체결되지 않아 북한에 압박을 가하려고 했다. 전선 철의 삼각지대는 뺏고 뺏기는 상황 어떤 결정적인 타격을 입혀야 했다. 그것이 바로 공군의 공습이었다. 처음에는 북한 보급로 압록강 부근 산업시설 파괴, 수력발전소 파괴, 이것으로 북한 전력 80퍼센트가 사라진다. 그러나 북한은 여전히 협상에서 강하게 나왔다. 뭔가 결정적인 한방이 필요했다. 아이젠하워가 대통령이 되고 핵폭탄을 쓸지도 모른다는 불안감이 북한에 돌았다. 그로부터 4개월 후 정전협정이 체결된다.

맥아더가 물러나고 리지웨이 장군이 사령관으로 부임한다. 몸이 아니라 화력으로 적을 물리친다고 그는 장담하였다. 그리고 철의 삼각지대에서 중공군 공격을 포격으로 진압하여 3만 5,000명을 사살한다. 중공군 공격 패턴을 파악한 것이다. 한번 공격 후 잠적 일정한 시간 후에 물밀듯이 공격하는 것을 역공한 셈이다.

휴전 한 달 하고 14일 남기고 아깝게 전사한 김현일의 일기를 보자. '일기를 쓰는 조종사들은 모두 죽었다'라는 김현일 조종사의 동료의 말이 언급되고 있다. 징크스 아닌 징크스가 암묵적으로 존재했지만 김현일은 죽기 전 하루 전인 6월 12일에도 일기를 썼다. 전쟁에 약간 지친 모습이, 여인에 대한 그리움이 일기의 글에서 언뜻 스쳐 지나간다. 삶을 반성하겠다는 의지도 있었지만 운명은 그를 다시는 못 돌아올 창공으로 데려갔다.

1953년 2월 27일
알 수 없는 일이다. 자신이 저지른 실수에 대해서는 자신이 책임져야지.
"2번기는 앞으로 나가라. 그리고 3번기도 앞으로 빼!"
이것이다. 하는 소리만 듣고 4번기와의 간격이 좁은가 보다 싶어 레버를 넣는 순간, 기수는 이미 우측으로 흘러지고 있었다. 그러나 그때까지는 내 딴에는 대수롭지가 않았다 순간 좌측 발을 밟는데 레버의 힘이 부치면서, 좌측으로 쏠리면서 그다음에 우측 페달을 밟아야 할 우측 발이 페달을 넘어서 쑥 빠져버렸다. 그제야 당황했으나 때는 늦었다. Ground Loop! 싱겁기 짝이 없다. 참 생각하면 기막히다.
"발이 정말 빠졌느냐?"
이 질문이 내게는 억울한 것이다.
일종 변명으로 오해하는 것이 싫다. 좋다. 내 평가가 떨어지든 내 기술을 의심하건, 빨간 딱지가 붙건…… 사고를 저지른 것은 여하튼 내 탓이니까! 그러니까 할 수 없다. 책임은 내가 져야지. 정군으로부터 서신이 있었다. 동기생 가운데 예배당을 찾는 수가 늘었다고. 나 자신은 접어놓고 듣던 중 반가운 소식이 아닐 수 없다. 자중에게서도 왔다. 그리운 벗이라고 하는 첫머리가 마음에 든다. 36회를 나갔다고. 우리 편대하는 모습을 무전을 통해서 듣는다고. 빙 크로스비의 영화가 있었다. 훈을 먼 발로 봤지만 종시 안 만났다.

3월 12일
조락의 모닥불, 차타레이 부인의 사랑을 책방에서 골라 들었다. 오래간만의 book shopping이었다. 내가 아직 순환교육을 받고 있을 무렵 Kim과 둘이서 진주로 싸다니며 있는 돈 다 털어놓고 서가를 뒤지던 생각이 새삼스레 머리에 떠오른다. 여가만 있으면 비가 오건 길이 질건 책을 골라 옆구리에 끼고 오던 통쾌한 기분이 아직도 머리에 선하다. 그때에 비하면 물론 환경이 다르다고 하겠지만 독서열이 식은 것만은 확실한 것 같다. 전일 윤군이 보내준

정비석의 색지풍경, 갑자기 잊었던 내 독서열을 한 번 더 내연케 해주었다. 정비석의 글은 참 새로운 맛을 던져 푸근한 감을 느낀다. 그의 글은 과히 읽지 않았지만 이번 그의 글을 읽고 그의 문제는 대단히 마음에 드는 점이 많다. 저녁은 역시 댄스를 했다.

1953년 4월 18일

입원한 지가 꼭 열흘째 되는 날이다. 그동안 일기를 쓰고 싶었는데 역시 수난의 고비가 닥친 셈이다. 야!야!야! 너 도대체 뭘 쓴다구 그러냐. 일기는 써서 뭣에다 써먹자는 거야!

옆에서 자리를 잡고 잠자던 고쪼센세이(교장 선생)라고 불리우는 졸자에게 꾸중을 듣는 말이다. 처음에는 일종의 비웃음이요. 농담이거니 하고 귀담아 듣지도 않고 넘겨버리려고 했더니 의외에도 그는 정색을 하고 달려들지 않은가. 나는 약간 반색을 했다.

"왜 어쨌단 말이야?"

나는 다음 말을 듣는 순간부터 무슨 불길한 운명에 휩쓸리는 듯한 기분을 비로소 느꼈던 것이다.

"일기를 쓰는 놈은 모두 죽었다. 봐라. 남보다 하루라도 빨리 유서를 쓰는 거나 마찬가지야."

한동안 나는 멍 정말, 정말 멍해버렸다.

지금까지 나는 이런 사실을 전혀 몰랐고 동시에 일기를 쓴다고 해서 이런 데까지 관련시켜 생각해본 점은 조금도 없었던 것을 알았다.

설마? 나는 또 생각해보았다. 그러나 지금까지 희생된 자 거의 전부가 일기를 남겼다는 사실을 알자 정말 나는 놀랐던 것이다. 그 후 나는 계속 써오던 이 붓을 던져버렸던 것이다.

그 후 며칠이 지난 어느 날 드디어 오발사건을 일으키고 나는 이렇게 입원하고 말았다. 그렇다고 구태여 이 점이 일기를 쓴 것과 연관하고 싶지는 않았으나 어쨌든 일기를 그만두기로 했다.

출격이라고는 명색이 'combat training'이라고 해서 황해도 어떤 염전을 치고 온 것이 꼭 한 번뿐이고 지금 딴 동기들은 'cross air support'니 'interjection'이니 벌써 세 번씩이나 하는 동안 태연히 입원을 하고 있는 것이다. 차도 괜찮다. 이제는 쑤시는 것도 아픈 것도 거의 없고 다만 하루 동안 누워 있어야 하는 것만이 큰 고통이다. 누님한테는 그제 나 중위가 대구로 휴가

간다기에 전하여 보냈다.
그동안 강릉시내는 꼭 한 번 나간 일이 있다. 이것은 내가 입원한 후에 안 일인데 홍군이 여기 있는 줄은 꿈에도 몰랐다. 아직 자기 처소만을 가리키고는 한 번도 만나지 못했지만 만나보고 싶기도 하다. 생면부지 이곳에서 단 하나 나를 아는 자가 있다는 그 점이 퍽 든든하다.301)

그리고 6월 12일자 일기는 현세에 남긴 마지막 글이 된다.

1953년 6월 12일
요일도 없는 또 하루가 간다. 그제는 6월 10일 개교기념일이며 또한 우리들의 사관학교 입교 4주년 기념일이다. 그러고 보니 내가 군대에 몸바친 지 어언 4개 성상이 흘렀다. 이렇게 생각하니 과연 세월은 빠르기도 하다. 따라서 희망을 원대하게 품고 김포에서 날고뛰고 하던 때가 다시 새롭고 한창 청년의 혈기가 왕성하던 시절이 아니었던가 느껴진다.
사실 그 후의 나의 심중에는 허다한 고민이 귀거래 하였거니와 그 어느 쪽을 취하고 택하며 또 어느 것을 존중해야 할 것이냐고 간단없이 반성하고 판단하려는 자웅전이 계속되고 있었다. 나 자신도 모르게 닥쳐왔고 흘러간 세월과 함께 사라진 그림자도 많던 추억들이 속절없이 밀려온다. 요즈음 내 친구의 동생을 생각하고 있다. 동기란 물론 우연에서이지만, 밝혀 말하면 초면도 아니지, 어쨌든 나의 심정은 지금 고갈증에 도달하였다고 느껴진다.302)

김일성이 '해방 전쟁'이랍시고 일으킨 전쟁은 37개월 2일 만에 끝이 나고 전쟁의 소용돌이에 수많은 사람들을 죽음으로 몰아넣은 광풍은 1953년 7월 27일 휴전으로 사라졌지만 광풍이 휩쓸고 지나간 자리에는 폐허만 남게 되어 있었다. 38선 대신 기나긴 굴곡의 휴전선만이 이곳에서 치열한 전쟁이 있었음을 소리 없이 외치고 있었다.

---

301) 이재태, 『한국동란의 전몰용사 수기』 중 발췌, 푸른솔.
302) 같은 책.

강릉 아가씨 노래비 건립

'넓고 높고 푸른 공군 문화 창달을 위하여'라는 모토에서 보듯 공군 문화의 개발의 일환으로 1994년 6월 20일 제3758부대 전투조종사의 고향에서 '강릉 아가씨 노래비'를 건립하였다. '강릉 아가씨'는 한운사 작곡, 황문평 작곡에 노래는 김수연이 불렀었다. 우리 국민들이 알고 있는 <빨간 마후라> 영화 주제가의 원곡이 되는 셈이다. 그 원곡은 다음과 같다.

강릉 아가씨

1. 빨간 마후라를 목에 두르고 하늘의 사나이들 나올 무렵엔 빨간 연지 입술 강릉 아가씨 강가에 나와서 기다리시네
2 대관령 구름 뚫고 떠오를 때엔 강릉 아가씨들 마음 졸이며 가슴에 두 손 모아 무사호소서 하늘에 사나이 빨간 마후라
3 악을 무찌를 땐 독수리 같고 슬픔을 보았을 땐 어머니같이 오늘도 무사히 돌아오소서 하늘에 사나이 빨간 마후라[303)]

1994년 <공군> 지에는 강릉기지에 대하여 "당 비행단이 이번에 설립한 전투조종사의 고향비와 강릉 아가씨 노래비는 당 부대의 역사를 잘 반영해 주는 산실이라고 볼 수 있다. 전투조종사의 고향비는 6 · 25 최초의 출격기지이며 빨간 마후라의 모태 기지임을 부대 전 장병에게 알리고 부대에 대한 자긍심을 심어주기 위하여 설립하였다. 부대 정문 우측과 운항실 앞에 세워진 이 비는 높이 1.3미터 길이 2미터의 자연석에 전투조종사의 고향이라는 문구를 새겨 넣어 부대를 거쳐 간 이들의 얼을 보여주고 있다 이와 더불어 부대 전면에 건립된 강릉 아가씨의 노래비에는 부대의 유구한 역사 이외의 나름대로의 사연을 갖고 있어서 의미하는 바가 남다르다"고 하면서 강릉기지의 전통을 기념하였다.

1963년 <빨간 마후라> 영화의 주제가로 화룡하려 하였으나 가곡인 본 노래가 적절치 않아 작곡가 황문평 씨의 의해 오늘의 '빨간 마후라'로

303) 작사 한운사, 작곡 황문평, 노래 김수연.

불리게 되었다. 그 후 후속곡인 '빨간 마후라'만 후세에 전파되었고 원곡인 '강릉 아가씨'는 기억 저편으로 사라져 버렸다. 이 노래비는 가로 세로 3.2미터의 기초석에 높이 2미터의 삼각형 비를 축으로 양쪽에 그보다 작은 모양의 비를 엇갈려 세움으로써 비상하는 보라매의 위상을 표출하고 있다. 이 노래비의 정면에는 '강릉 아가씨'의 가사와 악보가 새겨져 있으며 뒷면에는 건립 내력이 상세히 적혀 있다.

4
마음 나라의 원광은 떠오르노라

부활호

경상공업고등학교 창고에 보관되어 있던 부활호 동체 일부(공군군수사령부 정훈공보실 제공)

한국인의 손으로 한국에서 동력비행기를 제작하여 한국의 상공을 비행한 것은 한국전쟁이 막바지에 이르고 전쟁의 참화로 처참한 상황에서 이루어졌다. 부활호의 탄생의 순간이었다. 당시 최용덕이 공군총참모장(현재 공군참모총장에 해당)으로 있을 때였다. 최용덕은 "우리 손으로 제작한 항공기가 우리 공역을 날아야겠다"고 한 바 있다. 또한 평소에 "죽기 전에 우리가 제작한 비행기를 타보고 싶은 것이 소원이다"라고도 말하였다. 어디 최용덕만의 소원이겠는가. 그런 항공인들과 공군인들의 염원을 담은 비행기가 59년 전에 만들어진 것이다.

제작의 착수는 1953년 6월, 공군기술학교의 이원복, 문용호(당시 공군 일등중사) 등 교관 등이 중심이 되어 27명의 제작진의 손에서 시작되었다. 이들은 사천기지 자재창고에서 설계도를 그렸고, 부품을 만들고 구해나갔으며, 제작할 수 없는 부품들은 미 공군기지에서 얻었다. 착수한 지 4개월 만에 동력비행기를 제작해낸 것이다.

1953년 10월 11일, 이 부활호를 설계 제작한 이원복(당시 공군 소령)과, 부활호 첫 비행사인 민영락은 이 부활호에 탑승, 시험비행에 성공하였다.

민영락이 시험비행을 하였고 이원복은 후방석에 동승하여 2시간 동안 고도 1.3킬로미터를 비행하였다.

1954년 4월 3일에는 함태영 부통령, 공군 수뇌부 등이 참석한 가운데 '부활(復活)'호의 제호를 다는 명명식이 거행되었다. '復活'의 휘호는 이승만 대통령이 하사하였다. 이 부활호는 1955년까지 연락기와 연습기로 사용되었다가 대구 달서구에 있는 국립한국항공대학(경상공업고등학교의 전신)에 기증되어 1960년까지 학생들의 연습기로 사용되었다가 경상공업고등학교가 들어서면서 지하창고로 옮겨지면서 사람들의 뇌리에서 사라졌다.

부활호의 제작과 비행 성공은 많은 의미를 담고 있다. 라이트형제가 동력비행을 만든 지 반세기 만에 한국인들의 손으로 직접 동력비행기를 만들었다는 점, 전쟁으로 사기가 떨어진 국민들에게 자주국방의 희망을 주었다는 점, 공군으로서는 우리도 할 수 있다는 자신감을 갖게 하였다는 점, 대통령은 전쟁으로 좌절과 절망을 맛보아야 했던 상황에서 국민에게 희망을 주었다는 점 등이다.

부활호 제원으로는 기폭 12.7미터, 기장 6.6미터, 기고 3.05미터, 중량 380킬로그램, 탑재량 200킬로그램, 상승고도 4,900미터, O-190-1형 엔진마력은 4기통 85마력, 최대 속도 시속 180킬로미터이고, 이인용 복좌형 경비행기이다. 비행기 제작 번호를 제작 순서에 따라 '1'을 사용하지 않고 '1007'를 부여하였다. 1950년 9월 다부동 전선에서 전사한 천봉식 조종사를 기리기 위해 성씨 '천'의 동음을 연상하기 위해 숫자 '1000'을 택하고, 나라에 행운이 따르기를 기원하는 차원에서 숫자 '7'을 택하여 '1007'이라 하였다.[304]

이렇게 잊혀졌던 부활호를 다시 세상 밖으로 끄집어낸 것은 당시 제작자인 이원복 씨와 문용호 씨 등이다. 이들은 1990년, 부활호를 찾아 나섰다. 일설에 미 공군이 이 부활호를 시험평가하기 위해 미국으로 가져갔다는 말이 있어 미 공군과 미국 항공기 제작사에 문의하였으나 행방을 알 수 없었다.

---

304) 공군보도자료, 「51년 만에 부활한 국산 1호 항공기 부활호」, 공군본부 정훈공보실.

그러다가 <중앙일보> 2003년 12월 17일자 신문에 부활호를 찾고 있다는 기사를 발표하였다. 이 기사의 도움으로 경상공업고등학교에서 근무하던 한 퇴직자가 제보를 하였다. 부활호가 학교의 지하창고에 있다는 것이 그것이다. 이렇게 하여 2004년 1월 13일, 이원복 씨는 부활호의 존재를 직접 확인하였다. 그러나 이미 엔진과 날개, 부품 등은 사라진 상태였고 골격만 남아 있을 뿐이었다. 단지 동체에 '부활'의 이름만이 그것이 부활호임을 증명하고 있었다. 동년 6월 9일, 공군은 경성공업고등학교로부터 이 부활호를 인계받고 본격적인 복원작업에 들어갔다. 당시 제작할 때처럼 제작진은 27명으로 하고 이면우(당시 중령) 씨가 복원팀장을 맡았으며 당시 제작 방식을 고수하였다.

설계도가 소실된 상태여서 남아 있는 기골의 치수를 재고 이를 기준으로 부품의 크기 두께 등을 역산해 나가는 역설계 방식으로 설계도를 다시 제작하였다. 이 부활호에 맞는 엔진을 구하기 위하여 수입업체와 일일이 연락하여 유사한 엔진을 가진 서동화 씨로부터 해당 엔진을 기증받았다. 엔진이 확보되자 모형을 만들어 실험과 검증 과정을 거치고 전통식 타출 방식으로 알루미늄 동체를 만들어나갔으며 동체를 구성하는 천의 방수처리, 탄성처리, 재단, 부착 전 과정을 수작업으로 하였다.

복원작업이 진행 중이던 문용호 씨는 9월 8일 숨을 거두었다. 그리고 복원식을 가질 9월 22일 전날인 9월 21일 국립현충원에 안장되었다.

문용호 씨가 숨지기 전 그는 "그 당시 우리나라 항공기술이 전무한 터라 작은 부품 하나도 재료를 직접 구해서 만들었다. (…) 제작 마지막 과정에서는 전우들과 이박삼일 동안 한숨도 자지 못하고 일한 후 쓰러졌던 기억이 난다"고 당시의 제작의 열의를 밝혔다. 문용호의 별세에도 고인의 뜻을 담고 작업은 계속 진행되어 동년 10월 6일, 시운전에 성공하였고 동체의 외피작업도 완료하였다.

이원복 씨는 부활호의 복원이 완료되자 감회를 밝혔다.

> 부활호가 첫 비행할 때의 감격이 생생하다. (…) 복원작업의 성공으로 이미 반세기 전 항공기를 제작했던 우리의 훌륭한 항공 역사가 사장되지 않아

창고 밖으로 꺼낸 1953년 당시 부활호 동체골격(공군군수사령부 정훈공보실 제공)

기쁘다.[305)]

그리고 동년 10월 22일 군수사령부 제81항공정비창 주기장에서 부활호 복원 기념식을 가졌다. 이 자리에는 이원복(당시 78세, 예비역 대령), 부활호 제1호 비행사 민영락(당시 79세), 이승만 대통령의 아들 이인수(당시 73세)와 문용호 씨의 유가족과 장병들, 지역 대표들이 참석한 가운데 부활호는 KT-1기와 함께 '활주'를 하였다. 부활호 탄생 51년 만의 일이다.

그러나 비행을 하지 않은 것은 이러한 경축할 만한 시간에 만에 하나 비행사고를 나는 것을 염두에 두고 비행은 생략하였다.

우리 손으로 제작한 첫 항공기, 부활호

1954년 3월 4일과 5일은 양일간에 거쳐 무려 네 명의 전투조종사를 잃는다. 모두 조난사고였다. 우리들은 먼저 김영환 제10전투비행단장을 떠올릴 것이다. 김영환 단장이 실종된 5일 하루 전 3월 4일에는 조항식 중위, 이영식 소위, 김용호 소위 등이 순직하였다. 이들은 휴전 이후에도 공군이 휴전과 상관없이 지속적으로 맹훈련을 하고 있음을 단적으로 보여주었다. 하지만 불행하게도 일기가 예측하기 어려운 계절이었다. 비행훈련 중 사나운 폭풍설을 맞은 것이다. 편대비행을 하던 이들은 오후 1시경 삼척 부근에서 모두 추락하였고 우리 군 수색대가 전투기 잔해와 조종사들의 유지를 확인하였다. 조항식 중위는 전쟁 기간 123회 출격을 기록하였고, 이영식 소위는 36회, 김용호 소위는 34회 출격한 20대 초반의 역전의 용사들이었다.

김영환 단장은 당월 5일 제10전투비행단 1주년 기념행사에 참석하기

---

305) 공군보도자료, 공군본부 정훈공보실, 2004.

복원한 부활호(공군군수사령부 정훈공보실 제공)

위해 강릉으로 비행하던 중 짙은 안개를 만나 조난을 당하여 실종되고 말았다. 최용덕 장군과 함께 공군을 창군한 주역 7인 중의 한 명이며 전쟁 기간 중 전투비행단을 지휘하며 공을 세웠고 미군의 해인사 폭격 명령을 거부하여 해인사를 지켜낸 것으로 유명한 김영환 장군은 자신의 애기와 함께 조국 영공의 '수호신'이 되었다.

공군으로서 참으로 안타까운 순간이었다. 그러나 이들 영혼을 위로하는 커다란 업적이 공군에서 이루어졌다. 어찌 보면 보잘것없다고 치부할지도 모르지만 공군 자체의 기술력으로 항공기를 제작하였던 것이다. 3월의 아픔을 이겨낸 동년 4월 5일 수작업으로 만들어낸 비행기가 세상 밖으로 나오게 되었다. 당시 <공군 위클리>의 기사와 논설을 보자.

우리 손으로 비행기제작 함—부통령 각하 맞아 명명식 거행
지난 4월 3일 김해 공군기술학교에서는 한국 최초의 국산 비행기에 대한 역사적인 명명식을 성대히 거행하였다. (…) 공군기술 연마를 주안으로 하였으나 초급 연습기의 국산화 가능을 입증하고 우리나라 항공과학 발전을 촉진하는 데 원동력이 되었으며 삼인승 8백리의 항속거리와 최고 백이십리의 우수한 성능을 가졌으며 사십오 일이라는 단시일 내에 완성시켰던 것이다. 그리고 동기 제작은 기술학교의 이원복 소령이 설계하였으며 동교 정비과 사병들의 협력으로 완성되었던 것이다.

자립하는 공군
자립하는 공군은 우리 총참모장 각하의 원대한 포부의 하나이다. 물론 현재 여러 가지 관계는 공군을 미국의 군원에 의지하지 않을 수 없게 하고 있는 것이 사실이다. 그러나 우리들의 장구한 목표가 자립하는 공군에 있음은

당연한 일이고 또 그래야 마땅할 것이다. 이에 그 첫 단계로서 비록 연락정찰기라 할지라도 우리 기술학교에서 설계하고 제작한 국산기 제1호 부활호가 출현한 것은 공군은 물론 전 국민의 중대 관심사이며 또 기쁨이 아닐 수 없다. (…)
우리 하늘을 우리 조종사가 우리 비행기로써![306]

306) 〈공군위클리〉, 공군본부, 1954. 4.

산화한 '하늘의 전사들'

현재까지 순직한 공군 조종사들의 이름이 새겨진 비석(공군본부정훈공보실 제공)

전쟁 기간 순직한 조종사들은 모두 38명이다. 이들과 전쟁 이후 순직한 조종사들 300여 명이 넘는다. 이들의 희생을 기리는 뜻깊은 행사가 지난 2010년에 있었다. 행사와 관련한 글을 여기에 소개한다.

하늘에서 산화한 전사/순직자, 영원한 빛으로 되살아나다-공중전사/순직자 추모비 제막식

6 · 25전쟁 60주년을 맞아 6월 15일 공중전사/순직 공중 근무자들의 숭고한 희생을 기리는 추모비 영원한 빛의 제막식을 참모총장 예비역 및 보훈단체 임원, 전사/순직 공중 근무자 유가족, 현역 및 예비역 등이 참석한 가운데 공군사관학교에서 개최되었다. 추모비 영원한 빛에 헌액된 공중 근무자는 조종사 333명, 동승자는 45명 총 378명으로 6 · 25전쟁 중 전사하거나 전후 임무 훈련 중 사고 등으로 순직하였다. 6 · 25전쟁 당시 전사자는 38명이며 전후부터 지금까지의 순직자는 340명이다. 공군은 이들의 희생을 기리기 위해 금년 초부터 건립을 추진하여 이번 달 10일 높이 9.5미터 너비 24미터의 추모비를 완공하였다. 추모비는 태양의 움직임에 따라 더욱 찬란히 빛나며 내부 LED 조명으로 밤에도 그 빛을 잃지 않는다. 추모비의 명칭은 고인들의 숭고한 헌신이 모든 이들의 마음속에 영원히 빛으로 살아 있기를 염원

하는 의미에서 영원한 빛으로 이어졌다. 추모비 건립 비용 중 일부는 대부분 공군 예비역 단체와 개인들의 후원 모금을 통해 이루어졌으며 공군 애호 문인단체 창공클럽의 강민 시인이 추모시 '아 하늘이여!'를 헌시하는 등 전 공군인들이 이번 추모비 건립을 위해 노력해왔다.

아 하늘이여!-6 · 25 60주년 공중전사/순직자를 추모하며-

아득히 드높은 푸른 하늘에 보라매가 난다

하늘에는 경계가 없다
지뢰밭도 철조망도 없다
구름은 바람 따라 마음대로 흐르고
크고 작은 새 마음대로 지저귀며 동서남북을 난다
사랑과 자유, 평화, 겨레의 구름밭에
일곱 무늬 무지개 꽃밭에
조국의 하늘은 여전히 푸르다

어느 날 먹장구름 거세게 몰려와
그 꽃밭 짓밟힐 때
우리의 보라매는 온몸으로 거기 맞선다
기진하여 그 몸 불사르며
혹은 함께 조국 하늘 지키며 산화(散華)한 이들

아, 아득히 드높은 조국의 푸른 하늘에 오늘도 보라매는 난다

그대들 있어 어둠은 걷히고
눈부신 구름밭
무지개 꽃밭은 되살아나
막힘없는 조국의 하늘에
겨레 사랑의 훈풍(薰風) 오간다

그대들은 결코 무찌르기만 하는 전쟁의 선봉이 아니다

그대들은 자유와 평화의 지킴이다
그대들은 겨레 사랑, 갈리진 국토의 이음쇠다
저 눈 부신 태양의 정기를 끌어안고 흐르는 사랑의 꽃밭 가꾸기다

아, 오늘도 그대들 넋 고이 잠든 조국의 하늘에
보라매는 날고 그 눈빛은 여전히 빛난다[307)]

시인 강민 선생은 공군사관학교 3기로 입학했다가 중퇴하여 무인이 아닌 '시인'의 삶을 살았다. 하지만 그 인연은 끊어지지 않아 자신의 길이 되었을지도 모르는 조종사들의 희생을 위로하는 시인으로 나타났다. 전쟁으로 희생된 조종사들의 넋을 기리는 시를 남기게 된 것이다.

100회 이상 출격 용사 사진들(공군역사기록단 제공)

6 · 25전쟁과 미래 항공

2010년 1월 <월간 공군>에서 공군대학 강임구 교수는 '6 · 25전쟁과 항공 전략의 미래'라는 제하에서 6 · 25전쟁의 교훈을 이렇게 정리한다.

항공우주 전략을 찾아가는 공군인의 미래 도전은 결코 평탄한 길이 아니다. 항공력이 전쟁의 도구로 부상한 이후 항공력을 전략적 도구로 자리 매김하고 운용이론을 주창한 항공력 고전 이론가 두헤, 그리고 메첼에게 공군인은 많은 신세를 졌다. 미래에도 이들에게 신세를 지고 안주하고 있어도 괜찮다는 말인가? 우리가 도전해야 할 공중은 우주공간으로 그 깊이를 알 수 없고, 우리가 맞이해야 할 우주의 시간은 어느 누구도 맞닥뜨리지 않은 거친 파도만이

---

307) <월간 공군>, 공군본부, 2010년 7월호 23쪽.

있을 뿐이다. 6 · 25전쟁을 잊지 말아야 할 이유는 그 우주공간이, 그 우주의 시간이 이미 60년 전의 한반도 공중에서부터 시작되었기 때문이다.[308]

전쟁이 끝날 즈음에 <공군 위클리>는 휴전에 대한 공군의 입장을 밝힌다. 전쟁의 주체이면서 전쟁과 휴전회담을 주도적으로 이끌지 못하던 당시 대한민국의 상황이 그대로 드러난다. 도대체 우리들에게, 우리 민족에게 이 전쟁은 어떤 의미를 갖고 있는 것인가. 우리는 지금 그 전쟁을 어떻게 받아들여야 할 것인가.

'휴전의 진행과 우리의 각오'라는 논설(1953년 6월 8일)에서는 "현재와 같은 세계적으로 중대한 순간에 있어서 어떤 국가가 다만 약하다고 하는 이유만으로써 부당하고 부정한 희생을 강요당한다면 그것은 결코 자유주의 진영의 장래에 길조가 되지 못할 것이다. 군인들의 멸사봉공의 결의가 새삼스러히 요구될 단계가 되었다"며 군인들의 새로운 각오를 요청하고 있으며, '6 · 25 삼주년에'이라는 제하의 논설(1953년 6월 15일)에서는 "우리는 세계사적 의의를 자각하고 일치단결 국내의 민주주의를 철저히 하고 산업부흥에 총력량을 집중하는 한편 민주 우방과의 우의를 증진시켜 가면서 이 강제당한 전쟁을 명예로운 결말로 인도해야 할 것이다"며 전후 복구와 국가 발전을 요청한다.

원하든 원하지 않던 휴전이 되었다. 전선에서의 포성은 멈추었지만, 깊은 상처는 가실 줄을 모른다. 그 상처가 오늘까지지도 이어지고 있다. 다만 망각으로 우리는 그 상처를 애써 외면할 뿐이지 상처는 우리 무의식에 깊이 잠재되어 있다.

---

308) 강임구, 「6 · 25전쟁과 항공 전략의 미래」, 〈월간공군〉, 공군본부, 2010년 1월호.

영원한 빨간 마후라, 김영환 조종사의 실종

김영환 장군이 실종된 것은 1954년 3월 4일 사천기지에서 강릉 제10전투비행단 창단 1주년 기념식에 참석하기 위해 자신의 애기, F-51D를 몰고 강릉으로 떠나던 때이다. 그 이후 김영환 장군을 본 사람은 아무도 없다. 그날 기후는 비행하기에 매우 좋지 않았다고 한다. 기상장교가 좀 더 강력하게 말렸더라면 그날 실종사건은 없었을지도 모른다. 하지만 역사는 가정이 통하지 않는다. 그는 조종석에 올랐고 비행기는 강릉으로 향했다.

사천기지에서 떠난 비행기가 강릉에는 오지 않았다. 혹시나 하는 생각으로 공군 장병들은 곳곳을 수색하며 비행기의 흔적을 찾아보았다. 하지만 비행기의 흔적은 어디에도 없었다. 그는 어디로 날아간 것일까.

해방이 되고 열혈청년으로 그는 미 군정청에서, 통위부에서, 육군부대에서 혹은 정치인들을 만나면서 항공대 창설을 주장하고 추진했다. 그의 그런 실천적인 노력이 없었다면 항공대의 창설은 훨씬 더 지체되었을지도 모른다. 그는 뭐든지 앞장섰다. 공군 창군에도 앞장섰고, 공군 작전에도 앞장섰다.

그의 행적에서 만들어낸 이미지는 오늘날 공군이 가진 이미지들과 연이어 있다. 그중 '빨간 마후라'가 가장 강렬한 공군의 이미지일 것이다. 빨간 마후라는 자신의 형수(김정렬 장군의 부인)가 입고 있던 치마 색과 같았다고 한다. 그 강렬한 색상이 김영환 장군의 열정을 자극했는지 모른다.

그 색상을 살린 천으로 조종사들의 마후라를 만들었고 오늘날까지 대한민국 공군 조종사들은 예외 없이 이 빨간 마후라를 두르고 출격을 한다.

공군 비행단 참모장 김영환 대령과 바우트원 부대장 헤스 소령

사소한 것 같지만 이러한 작은 치장이 우리 공군의 결속력을 상징하며 실제로도 작용한다. 그것이 바로 전통이 아닐까.

그는 일본 지바현에 있는 쓰다누마(津田沼)비행학교에 입학하여 비행술을 배우고 관서대학 항공과에서 항공학을 공부하다 귀국한다. 다행히 전쟁의 소용돌이를 피했던 그는 해방 후 자신이 갈 길이 이미 정해져 있다. 바로 새 나라를 위한 공군 건설이 그것이다.

해방이 되자 많은 항공인들이 하나 둘 귀국했다. 기라성 같은 선배 항공인들이 한두 명이 아니다. 김영환뿐만 아니라 모든 항공인들이 항공대의 건설을 요구했다. 그는 선배 항공인들을 위해 또 자신을 위해 자신의 역할을 찾았다. 영어를 구사한다는 무기를 십분 발휘한다. 미 군정청이 모든 칼자루를 쥐고 있는 상황에서 이들을 설득해야만 했다. 그 작업을 김영환 조종사는 해냈다. 그가 미 군정청에서 통위부 정보국장 대리로 있었기에 가능한 일이었다.

1953년 말 제2대 참모총장인 최용덕 장군을 옆에서 보필하며 박충훈 중령과 함께 미 공군을 공식방문하기도 했다. 그가 살아 있었더라면 제트기를 타고 더 멀리 더 높이 비행했을 김영환 조종사는 34살이라는 짧은 나이로 삶을 마감했다. 하지만 그가 공군에 뿌려놓은 '항적'은 강렬하다. 공군정훈공보실 공보과의 강성구 대령은 2006년 <월간 공군>에서 김영환 장군을 "브랜드 가치를 이해한 최초의 공군인, 팔만대장경을 지킨 분별력, 미를 느끼고 감동할 수 있었던 사람"으로 기억하고 있다.

……물론 이때 이들의 행동은 후배들이 본받을 이야기는 아니지만, 이들의 객기는 한국전 발발 후 두려움 없이 적의 대공 포화 사이를 가로질러 목표물을 공격하는 용기로 재생산되었다. 이런 김영환의 배짱은 51년도 여름 지리

산 공비토벌 작전 때 또 한 번 재현되었다. 김영환을 편대장으로 F-51 네 대가 지리산으로 출격했을 때 김영환의 비행기가 적에게 피탄되어 남원 남쪽 섬진강변의 좁은 모래사장에 불시착했다. 편대원 김두만 장군의 수기에 따르면 불시착도 어려운 좁은 공간이었다고 한다. 당시 그곳은 약 6,000여 명의 공비들이 진을 치고 있던 적진의 가운데였다. 함께 편대를 이루었던 김두만, 박희동, 주영복은 적들이 공격해올 것에 대비해서 엄호비행을 하며 애타게 지상을 보고 있는데 추락한 항공기에 빠져나온 김영환의 행동은 뜻밖이었다. 그는 손을 쳐들어 자신의 안전을 알린 뒤 옷을 훌훌 벗어버리고는 섬진강에 뛰어들어 수영을 즐기는 것이 아닌가……[309]

강성구 대령은 그리고 그가 단지 전사, 조종사의 이미지만 갖고 있지 않음을 <공군 순보>에 실린 그의 글에서 확인한다.

적진을 향할 때 금강산의 비단결 같은 단풍을 본다. 우리 조종사들에게는 적을 분쇄할 생각 외에는 없다고 해도 (…) 집중된 목표 밖에는 전연 생각 아니 되는 것도 아니며 (…) 그러므로 우리들은 금수강산 중에서도 금강산의 고운 단풍을 볼 때마다 지극히 우아한 시정을 가질 수 있다. (…) 이것은 다만 미에서만이 아니라 조국애와 향토애에 기반한 치열한 미감일 줄 안다.[310]

오늘날 공군인들에게 그래서 김영환 장군, 인간으로서의 김영환 장군을 잊지 못하는 모양이다. 후배들은 말한다.

끝내 자그마한 자취 하나도 남기지 않고 하늘의 사나이답게 하늘로 사라졌다. 그렇게 그는 빨간 마후라를 두른 채 영원한 공군의 전설이 되었다.[311]

---

309) 강성구, 「빨간 마후라의 표상, 김영환 장군」, <월간 공군>, 공군본부, 2006년 10월호., 5쪽.

310) 같은 책, 7쪽.

311) 같은 책, 7쪽.

영화 <출격 명령>

한국 최초의 항공 극영화, 〈안창남 비행사〉

사람들은 우리나라 항공 극영화 하면 먼저 <빨간 마후라>를 떠올릴 것이다. 그러나 1964년도에 상영된 <빨간 마후라>보다 16년 앞선 16밀리 항공 극영화 <안창남 비행사>와 11년 앞선 항공 극영화, <출격 명령>이 있었다는 사실을 아는 이는 별로 없을 것이다. 하기야 당시 이 영화가 제작되고 상영된 것이 전쟁 전후이었으니 그럴 만도 하다. 더군다나 열악한 환경에서 촬영하다 보니 <빨간 마후라>만큼의 멋진 장면도 그리 많지도 않고, 작품성 또한 다소 떨어지는 것도 사실이다.

이 영화는 노필 감독이 메가폰을 잡고, 이성휘가 촬영감독을 맡았다. 윤봉춘이 안창남 역을, 박순봉이 그의 연인 역을 맡았다. 줄거리에는 안창남이 해방 후에도 대한민국 항공을 위해 활약했다는 줄거리이지만 사실은 아니다. 서울에서 개봉되었지만 당시 얼마나 인기가 있었는지는 알 길이 없다. 제작은 1949년 9월 24일로 되어 있다.

두 번째 항공 극영화, 〈출격 명령〉

<빨간 마후라>가 멋진 장면을 담기 위해 수많은 필름을 사용하고 공군의 엄청난 지원을 받은 것을 생각하면 이 영화의 탄생은 정말 '눈물겨운' 과정 그 자체이다. 우선 전쟁 중이라는 사실이 그렇고, 전쟁 중이어서 실제 전투기들의 비행 장면을 필름에 담는 일이 어려운 상황이라는 것. 이 영화를 위한 예산도 전혀 없는 상태에서 공군 정훈감실의 피눈물 나는 노력으로 만든 영화, 바로 <출격 명령>이다.

영화 1954년 <출격 명령> 장면

당시 공군 정훈장교였던 이재환 선생(중령 예편)의 증언에 의하면 자신이 입대하기 전부터 김기완 정훈감의 발의로 이 영화가 제작하게 되었다고 한다. 공군사관학교장으로 있던 최용덕 장군이 제2대 총참모장이 되면서 정훈감실에서 항공 극영화를 제작할 기획을 갖고 있다는 사실을 보고받게 된다. 최용덕 참모총장은 이 기획에 커다란 관심을 갖고 서둘러서 영화를 만들라는 지시를 받게 되면서 이 영화 제작은 탄력을 받게 된다. 그것이 전쟁이 한참 진행 중인 1952년 말이다.

그러나 진행은 지지부진이었다. 우선 전쟁 중에 수행할 우선순위의 정훈감실 일들이 산적해 있는 데다가 영화를 제작할 팀을 구성하지 못하는 결정적인 어려움이 있었다. 정훈감실은 우선 홍성기 감독을 찾아 이 기획을 알렸고 도움을 받기로 했다. 홍성기 감독은 영화 <춘향전>으로 유명한, 감독이 되기 위한 영화 정규수업을 받은 유일한 인재였다. 그는 일본 우찌다 감독의 수제자로서, 1949년 <여성일기>라는 영화로 데뷔했다. 그는 주연 조종사 역으로 이집길, 여 주연인 조종사의 애인 역으로 염매리로 정했고 촬영감독은 <빨간 마후라>에 출연한 바 있는 여배우 최은희 씨의 전 남편인 김학성 씨가 맡았다. 조연은 전태기, 노경희 등과 신협극단의 연극배우인 김동원과 이애랑 씨 등을 불렀다. 이렇게 화려한 멤버로 구성을 했지만 제작 지원은 형편없었다. 비행 장면은 모두 모형 비행기를 동원하였다. 모형 비행기들을 줄에 매달고 끌고 당기면서 비행 장면을 만들었다. 전투기에서 쏜 기총소사 장면은 바닥에 화약을 뿌리고 그 위에 톱밥을 깔아 놓고, 화약을 터트려 만들었다. 그 위에서 엑스트라들이 총에 맞아 쓰러지는 장면을 어렵지 않게 상상할 수 있을 것이다. 그 엑스트라들은 정훈감실의 장병 등 공군 장병들이 맡았다.

지극히 원시적인 방법으로 만든 이 영화는 한 시간이 채 안 되는 상영시간이고 또한 조종사가 맡은 임무를 수행한다는 것과 한 여인을 사랑한다는 등의 단순한 줄거리였다. 이 영화는 휴전이 체결되고 나서 1954년에 완성되었다. 조종사들의 사기를 높여주기 위해 만든 영화였지만 공군 홍보 영화가 되었다. 시사회는 대구에 있는 모 극장에서 열렸고 많은 관객들이 이 '어설픈' 영화에 아낌없는 박수를 보냈다고 한다. 1954년 한국일보 11월 29일자 신문에는 <출격 명령> 영화가 홍콩에 수출된다는 기사가 있다. 이 영화 시나리오는 『한국 시나리오 선집 제1권』에 수록되어 있다.

홍성기 감독은 우리나라 원로 감독이었지만 흥행에 성공한 경우는 별로 없는 불운한 감독이었다. <춘향전>의 경우도 신상옥 감독이 만든 <성춘향>에 밀려 흥행에 실패하였다. 그는 생전에 모두 26편의 영화를 만들었고 <출격 명령>을 제외하고는 멜로드라마가 주를 이루었다. 배우 김지미와의 결혼 파경 등으로 말년에 힘든 시간을 보내다가 고혈압 지병으로 2001에 별세하였다.

그의 작품에는 시인 한하운을 소재로 한 영화 <열애>, 독립운동가 스토리 <청춘극장>, <실락원의 별> 등이 있다. 방황하는 소설가를 그린 <별아 내 가슴에>는 50년대 사랑받았던 작품이다. 그 외에 <에밀레종>, <별은 멀어도>, <너와 내가 아픔을 같이 했을 때>, <내가 버린 여자> 등은 흥행에 실패하였다.

<출격 명령> 조종사 역을 맡았던 주연 이집길은 전북 익산 출신이며 40년대 말과 50년대 국민들의 사랑을 받았던 배우였다. 우리가 잘 아는 김진규, 도금봉을 배우로 키운 공도 있다. 홍성기 감독이 만든 영화 <열애>에도 출연하였지만 이 영화를 끝으로 1955년 32세 나이로 요절하였다. 염매리는 강춘 감독이 1950년도에 만든 반공영화 <화랑도>의 여 주연을 맡기도 하였다. 당시 염매리는 여고생이었는데 미모가 상당히 뛰어났다고 한다.

영화 <빨간 마후라>가 공군과 국민 모두로부터 사랑받은 것은 당연하다고 본다. 그러나 우리 공군과 공군 정훈공보실은 <빨간 마후라> 이전에

이 '눈물겨운' 과정으로 탄생한 한국 최초의 항공 극영화 <출격 명령>과 정훈장교들과 초기 영화인들의 이 영화의 제작 '정신'은 기억해야 할 것 같다.

'하늘의 개척자' 최용덕, 군복을 벗다

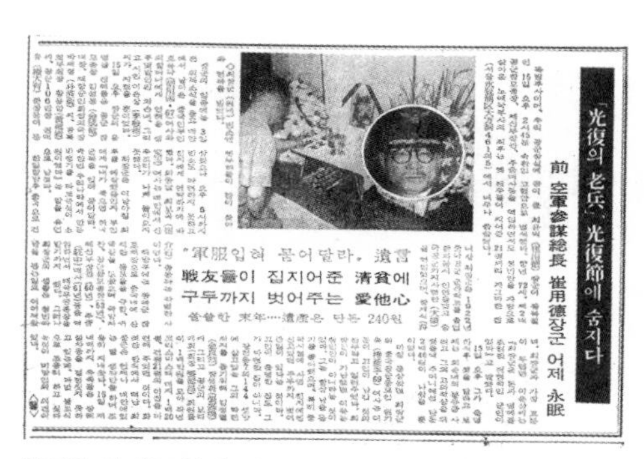
「光復의 老兵」 光復節에 숨지다

前 空軍參謀總長 崔用德장군 어제 永眠

"軍服입혀 묻어달라" 遺言

戰友들이 집지어준 淸貧에
구두까지 벗어주는 愛他心

쓸쓸한 末年…遺產은 단돈 240원

최용덕 전 참모총장 별세 관련 기사. <동아일보> 1969년 8월 16일.

1954년 5월 3일부터 '총참모장'이라는 직명이 '참모총장'으로 개칭되었다. 최용덕은 1954년 12월 1일 공군참모총장직에서 이임하여 제3대 공군참모총장 김정렬 장군에게 자리를 인계하고 1955년 공군참모총장 고문으로 있다가 1956년 9월, 노환을 이유로 들어 예편하였다.

최용덕은 전역 희망을 바라는 서한에서 뛰어난 문장력으로 다음과 같이 심정을 밝힌다.

> ……남의 나라 군복을 입고 지내면서도 몽매에도 잊지 못할 소원이 있었으니 그것이야말로 골수에서 우러나고 혈관에서 맥박치는 조국에의 지성이었던 것입니다. (…) 1. 언제나 내 나라 군복을 입고 내 나라 상관에게 경례를 하며 내 나라 부하에게 경례를 받아 보나? 2. 언제나 내 강토 안에서 태극기 그린 비행기를 타고, 조국의 하늘을 마음껏 날아보나? 3. 언제나 우리의 기술과 우리의 설계로 우리가 생산한 비행기를 타 보나? 춘풍추우 사십 년 이역에서 겪은 하루하루에 이러한 꿈을 꾸지 않은 날이라고는 없었습니다.[312]

312) 최용덕, 「전역 희망을 전서한 참모총장에의 서한」, 『하늘의 개척자, 최용덕』, 공군본

최용덕은 그러면서 조국과 공군을 위해 일했던 시간들을 영광스럽고 기쁘게 생각하며 이제 물러나야 할 때가 되었다고 말한다.

……본인은 마치(馬齒)가 이미 육순이 재이(在邇)하여 군인으로서의 왕성기가 지났을 뿐 아니라, 대한 군인의 최고의 영예를 누리어 후원의 원이 없으며 또 년래의 염원이 가능한 한에서 거의 이루어졌으니 지금이 바로 적시 적기임을 믿어서……[313]

최용덕의 청빈정신

4 · 19혁명이 일어난 직후 이승만이 하야하고 과도정부가 들어선다. 최용덕은 1960년 허정이 이끄는 과도정부의 체신부장관으로 등용된다. 허정 국무총리는 외무부장관을 겸임하고 이호가 내무장관, 윤호병이 재무장관, 이병도는 문교부장관, 이해익은 농림부장관, 이종찬은 국방부장관, 권승열은 법무장관, 전례용은 부흥장관, 김성진은 보사장관을 맡게 된다.

최용덕의 좌우명은 "천시불여지리 지리불여인화(天時不如地利 地利不如人和)"이다. 즉 "하늘의 때는 세상의 이득과 함께 하지 않고, 세상의 이득은 사람의 화평과 같이 하지 않는다"라는 뜻이다.[314] 이 신문은 내각의 면면을 '혁명정신의 결정(結晶)으로서 불의 부정엔 굴치 않는 인재들'이라고 소개하고 있다.

공군 후배들이 최용덕에게 집을 지어주기 전까지 갈월동 전셋집에 이어 상도동 전셋집에서 살고 있었다. 호용국 여사는 결혼하고 나서 단 한 번도 남편에게 살림 형편으로 잔소리를 하지 않았다고 한다. 비행기 사고를 내지 않도록 마음을 편하게 해주기 위해서였단다.

1961년 박정희 대통령의 제3공화국이 들어서자 최용덕은 주중화민국 대사로 1년간 활동하다가 이듬해 외교부 고문으로 머물다 공직생활에서

부 정훈감실, 1956.

313) 같은 책.

314) <국내 보도> 창간호 1960. 6. 3.

완전히 은퇴하였다. 재산이라고는 변변한 것이 없었다. 어떻게 보면 그는 그 누구보다도 '부자(富者)'였는지도 모른다. 빈 마음으로 세상을 본다는 말이 있듯이 최용덕은 그렇게 삶을 영위하였다. 그는 군인이기 전에, 비행사이기 전에 '아름다운 영혼을 지닌 비행사'였던 것이다.

최용덕 장군, 밤하늘의 별이 되다

"그날 왠지 예감이 이상했어요. 새벽에 꿈을 꾸었는데 새 한 마리가 고목 가지에 앉아 슬프디슬픈 노래를 부르고 있었어요. 그러더니 갑자기 그 나뭇가지가 뚝 꺾어지고……[315]

권기옥 여사는 최용덕의 별세 소식을 듣고 전날 꿈 이야기를 이렇게 전했다.

권기옥 여사가 최용덕을 처음 만난 것은 1925년이었다. 권 여사의 말에 의하면 당시 권기옥 여사 앞에서 최용덕은 "우리나라 비행기만 있다면 당장이라도 날아가서 왜놈들을 무찌르련만……" 하고 말했다고 한다.

최용덕이 운명한 날, 자리를 지킨 사람은 호용국 부인, 권기옥 여사, 생후 몇 달 안 된 손녀딸 반춘래 씨, 그리고 이은상 씨였다.

이은상 시인은 최용덕을 돈과 명예를 초월한 전형적인 조인이라고 하였다.

최용덕의 사인은 숙환인 고혈압이었다. 당해 8월 19일, 공군장(空軍葬)으로 영결식을 가졌고 서울 국립묘지에 안장하였다. 부인 호용국(胡用國) 여사는 그로부터 23년 후, 1991년 11월 25일 직장암으로 별세하여 남편 옆에 묻혔다. 여사의 당시 나이 89세이다. 12살 연배의 독립투사 이국 남자를 만나 한마디 불평 없이 평생, 그를 보필하고 한국인이 되어 남편 곁으로 떠났다.

최용덕이 죽기 전 1968년, 크리스마스를 맞아 당시 공군참모총장이던 김성룡 장군, 김정렬 장군 등이 성금 100만 원을 모아 20평짜리 양옥집을

315) <주간 여성>, 1969년.

지어주었다. '청빈한 하늘의 사나이'라는 제목[316]으로 신문에 실린 기사 내용에는 "불우한 처지에 놓여 있는 노장군에게 김성룡 공군참모총장, 김정렬, 장덕창, 김창규, 장성환, 박원석, 장지량 등 역대 참모총장과 권기옥 현역 예비역 기금 모집, 갈월동·상도동 등에서 전세로 살다가 공군인들이 정성으로 마련한 집으로 이전, 보라매회 회장 장덕창 등이 모금한 80만 원으로 집 짓고 20만 원으로 가구 일체를 구입하였다." 등의 내용이 실려 있다. 가족의 안위도 뒷전으로 미루고 조국의 광복, 공군 창설과 발전, 전쟁 수행 등으로 한평생 조국을 위해 살다간 노장군에 대한 공군 후배들의 사랑과 존경심을 엿볼 수 있는 대목이다.

정신의 불구자(不具者)들을 꾸짖던 불구(不具) 장군!

시인 이은상은 망명지 중국에서부터 최용덕과 두터운 우정을 나누었다고 한다. 시인과 비행사의 우정. 얼핏 어울리지 않을 듯하면서 둘은 상통한 데가 많을 듯싶다. 두 사람의 직접적인 교류를 확인할 자료는 아직 알지 못하고 있다.

시인 이은상은 경남 마산에서 1903년에 태어난다. 최용덕 장군보다 5살 위다. 이은상은 일본에서 역사를 공부하고 기자생활을 하고 기행을 하면서 선열들에 대한 글을 쓴다. 1942년 조선어학회 사건으로 투옥되어 감옥에서 해방을 맞이한다. 그는 해방을 맞은 조국을 맞이하면서 목숨을 잃은 무명의 독립운동가들을 잊지 않았다.

> 하나님! 이 나라 하늘에는 눈 못 감은 원혼(冤魂)들이 저 별보다 많이 떴습니다.[317]

1969년 8월 15일 광복절, 유명을 달리한 고우(故友) 최용덕을 위해 노산은 애도 시를 남긴다.

---

316) <경향일보> 1968. 8. 16.

317) 이은상, 『노산 문학선』, 탐구당, 1964, 512쪽.

오늘 아침 여기 많은 벗들과
공군 장병들 다 모였는데
최 장군!
당신 어디로 갔소

삼각산 그대로 솟아 있고
한강물 유유히 흘러가는데
최 장군!
어디로 갔소

70년 한평생
돈과 권력보다 인간을 더 높이 보고
제 몸의 명리보다
나라를, 지조를, 더 사랑하더니

그 온유함, 겸손함
착함과 참음과
한껏 소박하고, 한껏 깨끗함
그 높은 인간성과 독립정신
그러기에 고독하기도 했던 사람!

시장하면 설렁탕 한 그릇
십 원짜리 빵 두어 개 놓고
웃으개 이야기했던 평생 서민
최 장군!
당신 어디로 갔소

비행기 사고로 떨어져
조각조각 부숴진 다리뼈 겨우 붙여
항일전선의 표본품인 양

절뚝거리며 다니던 불구 장군!

이 땅에 우글거리는
사상의 불구자
지조의 불구자
정신의 불구자들을
꾸짖던 걸음걸이

영과 가난과 온갖 유혹을 이기고
다만 광복된 조국 땅에서
일할 수 있음을 만족히 여기더니만
최 장군! 당신 어디로 갔소

그 부러진 다리 끌면서라도
여기 좀 더 오래 계시지 못합니까
굳이 통일을 보고 갔어야 했는데!

인제는 서울거리에서
그 절뚝거리며 다니던
장군의 모습을 못 보겠구료
팔 붙들어줄 사람 하나 없어졌구려
그러나
그 높고 맑은 인간성
그 나라 사랑하던 정신과 지조
그것만은 여기 남은 벗들과
장군이 기르신
모든 공군 장병들 가슴 속에
오래오래 간직되리라

조국 땅에 묻히는 것 기쁘다 하던
그 조국 땅
포근한 흙 속으로

오늘 아침
당신 관 위에 태극기 고이 덮고 꽃일랑 얹어 보냅니다

눈감고 편안히 돌아가시오
돌아가 쉬시옵소서

— 이은상, 1969년 6월 19일 영결식에서.

이 시처럼 최용덕의 내면세계와 지행합일의 모습을 구구절절한 설명 필요 없이 명료하게 보여주는 시는 없는 것 같다. 「고향 생각」, 「가고파」, 「성불사」 등 주옥같은 시를 써 국민의 아픈 마음을 쓰다듬었던 노산 이은상은 13년 후 최용덕의 뒤를 따라 숨을 거둔다. 유명을 달리한 두 사람이 이승에서 서로 손을 잡고 허허하고 웃으며 조국 하늘 아래를 내려다보며 시 한 수씩 주고받을 듯싶다.

정치성을 초월한, 엄한 아버지 같은 참군인

필자가 이만섭 전(前) 국회의장을 처음 만난 것은 지난 2006년 9월 2일이다. 힐튼호텔 로비 커피숍에 앉아 있는데 그 넓은 홀을 가르며 훤칠한 키의 신사가 걸어오는 모습이 눈에 들어왔다. 넓은 이마와 해맑은 얼굴 표정이 칠십이 넘은 연세를 무색하게 하였다. 큼직한 손으로 덥석 손을 잡으며 악수를 하고는 책 한 권을 내게 주었다. 제목은 『이만섭 회고록-나의 정치 인생 반세기』였다. 총 624쪽에 달하는 두꺼운 책 사이로 붉은색 간지가 붙어 있었다. 커피숍 종업원들이 이만섭 전(前) 의장에게 인사를 한다. 그는 가끔 이곳을 오는 모양이다. 커피를 시키고 우리는 눈을 마주쳤다. 얼굴에 미소를 멈추지 않는다.

"이 작가, 먼저 내 책을 읽어봐. 그리고 이야기하자고."

나는 붉은 간지가 붙은 곳을 펼쳐 보았다. 그 책의 66쪽에서부터 69쪽까지 최용덕과 관련된 내용이 있었다. 나는 천천히 읽어 내려갔다. 꼭지 제목은 '공사 3기 입교 후 젊은 혈기로 편싸움한 동료의 책임을 지고 퇴교'였다.

커피가 왔고 내가 책을 읽는 동안 이만섭 의장은 호텔 남자 직원과 간단한 담소를 한다. 그가 공군사관학교에 입교한 것은 1950년 11월 1일이다. 원래 연세대 정외과를 다니던 그는 전쟁이 난 후 조국을 위해 무엇인가를 해야 했다. 그는 하늘을 염원했던 모양이다. 비행사가 되고자 했고 기초훈련 2년을 무사히 끝냈다. 그는 나이도 있고 키도 크고 해서 학생대대장이 되었다.

1953년 초에 진해 공군사관학교에서 이론 교육을 모두 마치고 비행훈련을 위해 대전에 있는 항공학교로 이동하였다. 불행하게도 여기서 행정장교로 임관될 장교 후보생들과 공사 3기생 간의 시비가 붙었고 양측이 다수 중경상을 입는 큰 사건으로 벌어졌다. 전시 중이라 이 일은 그냥 넘어갈 수 없는 상황이 되었고 누군가 책임을 져야 했다. 시비를 건 측은 행정장교 후보생들이었지만 싸움을 한 공사생도들도 책임을 일부 져야 했다.

이만섭 학생대장은 이 싸움과는 전혀 상관이 없었지만 학생 대장으로서 책임을 통감하고 모든 잘못을 학생대장인 자신이 지기로 했다. 그의 생각엔 퇴교 조치를 당할 다수의 동료들을 살리기 위함이었다.

책을 다 읽자 이만섭 의장은 입을 열었다.

"헌병들이 오더라고. 그러더니 군 유치장으로 데려가는 거야. 들어가자마자 머리를 박박 밀어. 아, 정말 내가 교도소에 왔구나 하는 실감이 들어. 혁대까지 풀어내라고 해서, 혁대도 풀고, 신발을 벗기고 고무신을 신으라고 하더군."

이만섭 전 의장이 커피를 마신다. 커피잔을 내려놓으며 말을 잇는다.

"밖에서는 나를 위한 구명운동이 벌어졌어. 당시 유명한 빨간 마후라들 옥만호(1953년 3월 351고지 항공작전 출격, 당시 소령) 조종사, 주영복(당시 제1전투비행단 제15교육비행전대 제2교육대 비행대장) 조종사, 유치곤(1951년 제주도비행장에서 유치곤은 T-6으로 훈련받고 P-51로 무장한 제1전투비행단에서 활약, 1953년 3월 351고지 출격, 당시 대위, 5월에는 200회 출격 수립) 조종사도 나를 위해 구명 사인을 해주었어. 근데 놀랍게도 최용덕 장군이 면회를 온 거야."

책에도 그 대목에서 최용덕 장군이 이만섭 생도 대장에게 말한 것을 기록해놓았다.

“뭐라 해야 할지……. 하지만 내가 한평생 조종사 생활을 해봐서 아는데 이 군(君) 같은 성격은 비행기 타면 반드시 죽어……. 대학을 다니다 왔다니 차라리 복교해서 공부를 계속하는 게 좋겠어.”318)

이만섭 전 의장은 당시 상황을 이렇게 말했다.

“최용덕 장군님이 내 팔을 꽉 붙잡는 거야. 그리고 눈물을 흘리시는 거야.”

이만섭 전 의장은 잠시 말을 잇지 못하고 잠시 먼 곳을 응시하며 감회에 젖는 듯 보였다.

“책을 보니 명예졸업을 하셨던데요.”

내가 물었다.

“응, 2001년 11월 3일에 재학생들의 열렬한 축하 속에서 공사 명예졸업장을 받았지. 감동적이었어. 3기 사관 입교 50주년 기념행사에서 날 졸업시켜준 거지.”

그 책에는 당시 패싸움으로 공사에서 퇴교당한 김재완, 조영근, 조박현 등도 함께 명예졸업장을 받았다고 기록하였다.

책 앞쪽에 전투기 조종석에 앉은 그의 모습이 보였다. 16대 국회의장으로 있을 때 모 공군비행단에 가서 찍은 사진이다.

“군사법정에서 퇴교 조치와 함께 무죄를 선고했어. 그리고 이등병으로 제대했지. 당시 공군군사법정의 최고 판결을 내리는 사람은 공군참모총장이었지. 최용덕 장군은 나에게 무죄 판결을 내려주신 거지.”

이만섭 의장은 잠시 입을 닫았다가 미소를 지었다.

“퇴교당하기 전날 회식을 했지. 무슨 대단한 식사도 아니고 내무반에서 모찌 두 개씩 놓고 마지막으로 함께하는 시간을 가졌어. 그런데 나더러 노래를 부르라는 거야.”

“무슨 노래를 부르셨나요.”

“아, 목동아를 불렀어. 동기생 고승만이 함께해주고. 고승만은 정말 공군총장감이었어. 아깝게 총장은 못했지만 유능한 사람이었지.”

---

318) 이만섭, 『이만섭 회고록-나의 정치 인생 반세기』, 문학사상사, 2004. 66~69쪽.

"최용덕 장군 하면 떠오르는 생각이 어떤 것일까요?"

내가 다시 물었다.

"글쎄, 한마디로 말하면 뭐랄까. 철두철미, 그래 철두철미하셨어. 엄하셨지. 원리원칙대로 하셨고. 그런 분이 월급이며 새 양복에 새 구두까지 어렵게 사는 독립운동가 집안사람들에게 다 내주었으니. 가슴은 따스한 분이신 거지. 그래도 하여간 엄한…… 맞아, 엄한 아버지 같은 분이야. 한마디로 말하면 그래. 엄한 아버지."

다음날 나는 이만섭 전 의장으로부터 전화를 받았다.

"내가 최용덕 장군님을 엄격한 아버지 같은 분이라고 했었지?"

"예."

"그거보다는 참군인이라고 해야 할 것 같아. 정치성이 전혀 없었고. 그게 그분에 대해 정확하고 옳은 평이라고 봐. 참군인. 최용덕 장군님은 참군인이셨어."

전화를 끊고 나는 생각했다. 이만섭 생도가 퇴교당하고 나서 연세대 정외과에 복학하자, 최용덕 장군은 이만섭 전 의장을 위해 연세대 총장에게 편지를 썼다고 한다. 그리고 집안이 어려운 것을 알고 최용덕 장군 참모인 박재연 대령에게도 이만섭 의장을 도와주도록 했다. 박재연 대령은 서울공군분실장으로 있었다. 박 대령은 이만섭 의장이 부대에서 숙식을 하도록 하였다. 그 대신 사병에게 영어를 가르치도록 하였다. 그렇게 어려운 상황에서도 이만섭 의장은 최용덕의 배려에 공부를 계속하고 졸업할 수 있었다. 그러나 이만섭 의장은 최용덕을 인심 좋은 분이라는 말보다는 참군인이라는 평을 내놓았다.

그래, 의장님의 말이 맞다. 전날 이만섭 전 의장은 공군사관학교 교가를 다 외우고 있었다. 손을 약간씩 흔들며 그는 작은 목소리로 교가를 불렀다.

"……한배님 정신 이어받아서 누리에 떨치고자……"

한배님은 할배, 즉 큰할아버지라는 뜻이다. '민족의 할아버지' 즉 하늘의 뜻을 받들어 살았던 최용덕 장군은 이만섭 전 국회의장은 잊지 않고 있었다.

고난과 격동의 시대가 만든 운명적 만남과 우정, 최용덕과 김정렬

공군 창군 주역, 최용덕과 김정렬

1953년 말 미국 공군을 공식 방문했을 때의 최용덕 제2대 참모총장

대한민국 정부 수립 전 육군 항공대 김포기지 항공부대 사령관으로 있던 최용덕 장군이 정부 수립 후 국방부 차관으로 가고 김포기지 항공부대 사령관은 이영무가 된다.

그리고 1949년 10월 1일 대한민국 공군이 창군되면서 초대 총참모장(참모총장)319)은 김정렬 장군이 된다. 1950년 봄에 국방부 차관직에서 물러난 최용덕은 공군사관학교 교장으로 간다. 여기서 궁금점이 생길 것이다. 보통은 이 시점에서 은퇴를 하는 게 상식이 아닐까. 후배가 총참모장으로 있다. 공군사관학교 교장은 서열상으로는 총참모장보다 낮은 지위다. 육군의 김홍일 장군은 오성장군이다. 중국 육군 '중장'에서 중일전쟁을 수행하며 혁혁한 전공을 세운 그는 해방 후 육군 창군에 참여하여 '소장'으로 있다가 전쟁 전에 은퇴를 한다. 하지만 최용덕 장군은 다시 군복을 입었다. 아마도 그가 자청하여 군복을 다시 입은 것으로 추정된다.

319) '총참모장'이라는 명칭이 '참모총장'으로 변경된 것은 1954년이다.

자신보다 20년 나이 어린 사람이 총참모장으로 있는 것을 알면서도 그가 선택한 길이다. 도대체 국방부 차관을 역임하고, 또 그 나이에 군복을 다시 입을 만큼 공군에서 그가 절실히 해야 할 일이 무엇이었을까?

국방부 차관에서 공군사관학교 교장으로 온 최용덕과 제1대 참모총장 김정렬

그는 공군을 정상적인 궤도에 올려놓으려는 목표를 가지고 있던 것은 아닐까. 중국대륙에서 수십 년 항공대에서 활약한 항공계의 거목의 행보는 그래서 더 무겁게 보인다.

최용덕 장군은 국방부 차관직으로 떠나면서, 공군에서 김정렬 장군은 실세가 되었다. 최용덕 장군이 1950년 초 공군에 돌아와 공군사관학교장으로 있을 때 김정렬 장군은 초대 참모총장으로 있었다. 20년 연하의 아들 같은 상관을 모시는 일이 쉽지 않았을 텐데 최용덕은 기어코 공군복을 다시 입었다.

"애국심으로 따지면 최용덕 장군을 따를 사람이 없어."

이강화 장군의 증언이다. 최용덕은 이미 조선경비대 항공부대를 만들 때부터 출신이 다른 김정렬 등 후배 6인을 앞으로 운명을 함께할 '동지'로 받아들였다. 그리고 그들을 단결 합심하여 공군을 반석 위에 올려놓는 데 꼭 필요한 공군의 지도자로 여겼다. 최용덕 장군이 보기에 김정렬 장군이 나이는 어리지만 유능한 인재였기에 미래 공군을 짊어지고 갈 지도자로 배려했던 것 같다.

그는 김정렬 장군에게 총참모장에 대한 예우를 깍듯이 했다. 공군 내에는 파벌이 있었다. 최용덕은 그것을 뛰어넘었다. 실세도 아니었다. 하지만 훗날 공군 장병들이 그를 '공군의 아버지'로 기억하고 있다. 1956년『하늘의 개척자, 최용덕』이라는 책자를 만든 것도 그의 후배들이다.

외형상으로 보면 김정렬 장군의 공이 돋보인다. 전쟁 초기, 전투기도 없는 가운데 공군을 이끌며 전쟁 수행을 했으며, 시기를 놓치면 안 될 상황에서 그는 단호한 결단을 내리면서 공군을 성장시켰다. 1951년 한국 공군을 지원하는 부대 미 공군 제6146부대의 부대장 헤스(Hess) 중령의 반대에도 불구하고 전쟁 초기부터 출격과 조종사 교육의 병행 방식의 한미 조종사 합동출격 방식을 끊었다.

1953년 말 미국 공군을 공식 방문했을 때 최용덕 제2대 참모총장을 영접하는 미국 공군

조종사들의 교육에 총력을 기울이면서, 한국 공군의 독자적인 작전 능력을 배양했으며 이를 미국 공군으로부터 인정받았다. 제1전투비행단을 만들면서 비로소 비행단을 갖춘 공군으로 거듭난다. 1951년 10월 1일에는 유엔 공군의 단위군으로서 대한한국 공군은 강릉전진기지부대에서 첫 독자적인 출격을 한다. 그리고 이듬해에는 공군발전 3개년 계획을 수립하여 제트기를 보유한 공군을 목표를 세운다. 이러한 일련의 과정을 보면 어느 단체나 집단에서 지도자의 리더십과 역할이 얼마나 중대한지 알 수 있다.

모든 것이 느리긴 하지만 한 걸음 한 걸음 앞으로 나갔다. 하지만 그에게 마음에 걸리는 것 하나가 있었다. 바로 대선배, 최용덕 장군에 대한 예우였다. 그는 이승만 대통령에게 제2대 총참모장으로 최용덕 장군을 추천한다. 사실 김정렬 장군이 초대 총참모장을 수행할 수 있었던 것은 최용덕 장군과 같은 선배의 보이지 않은 후원도 컸을 것이다. 그 보답을 한 것이다.

제2대 참모총장 최용덕

1952년 12월 1일 최용덕 장군은 제2대 참모총장이 된다. 제1대 참모총장 김정렬 장군이 전쟁 초기 공군을 이끌었다면, 제2대 참모총장 최용덕 장군은 전쟁 후반기 공군을 이끌었다. 그리고 공군 현대화 작업을 지속시켰다.

공군에서는 이 두 사람을 중히 여긴다. 김정렬 장군이 공군의 외형을 구축했다면, 최용덕 장군은 거기에 혼을 불어넣은 것이 아닐까. 상대적인 역할이 그렇다는 뜻이다. 1950년 공군사관학교 교장으로 부임하면서부터 전쟁이 한창 진행 중이던 1951년까지 최용덕 장군은 '공사십훈', '공군의 전통', '공군가', '공군사관학교 교가', '비행행진곡', '중국에서 활약한 우리 조인들' 등 공군의 정신적 가치들을 수립하였다.

전역 후 다른 행보를 보인 최용덕과 김정렬

최용덕 장군은 은퇴 후 주 중화민국(현, 대만) 대사, 체신부장관으로 공직에 있다가 은퇴를 한다. 김정렬 장군은 국방부장관과 국무총리까지 역임했다. 그는 최용덕 장군이 서거 전인 1968년, 월세방을 전전하며 살고 있는 최용덕 장군을 위해 대방동에 집을 지어준다. 이때 장지량 장군, 장성환 장군을 비롯한 공군 장병들, 김정렬 장군, 권기옥 여사 등의 십시일반 모금이 큰 힘이 되었던 것 같다.

비행사로서, 인간으로서 두 사람의 우정과 동지애

김정렬 장군은 최용덕 장군을 존경했던 것으로 보인다. 최용덕 장군은 김정렬 장군을 후배로서 애틋하게 생각한 듯하다.

"옛날에 이순신 장군도 조국을 위하여 백의종군하지 않았소! 대의를 위하여 우리가 참읍시다."

미 군정청이 미국식 병사 훈련을 받아야 항공대 입대를 허락한다는 모멸적인 태도에 분노하던 당시 간부들에게 최용덕 장군이 한 말이었다. 김정렬 장군은 자신의 회고록에서 "최용덕 장군의 설득에 우리 모두 고개를 숙이지 않을 수 없었다"고 고백하고 있다. 함께 공군을 만들고 전쟁을 치르면서 그 둘은 이미 출신과 나이를 떠나 동지가 되었다.

두 사람의 관계에 대하여 부정적으로 보는 사람들도 있을 것이고, 긍정적으로 보는 사람들도 있을 것이다. 어쩌면 두 사람의 관계의 속내는 두 사람 외에는 정확하게 알지 못할지도 모른다. 원로들의 증언들도 조금씩은 차이가 있다. 하지만 증언의 공통점은 다음과 같다.

하나는 엘리트 의식이 다소 강했으나, 김정렬 장군이 당시 공군에서의 역할을 부정하는 사람이 없다는 것. 두 번째는 최용덕 장군은 독립운동가로서도, 인격적으로도, 그가 남긴 언행으로서도 '공군의 아버지'로 불리는 데 이의가 없다는 사실이다.

인물에 대한 평가는 신중해야 될 거 같다. 김정렬 장군이 '일본군' 출신으로 비난받았다. 그러나 그는 어린 나이에 일본인들에게 지지 않기 위해 일본 육사를 선택했을지도 모른다. 이름 없이 죽어간 수많은 대륙의 독립군들을 생각하면 그러한 김정렬의 선택을 선뜻 받아들이기에는 거부감이 있다. 하지만 이미 분단 상태에서의 상황은 공산주의 사상으로 세례를 받은 세력과 자유민주주의 사상으로 세례를 받은 세력의 대치 국면으로 치닫고 있었다. 북한군에도 수많은 일본군 출신들이 있다. 북한 공군을 만들었던 핵심 세력들과 핵심인물, 이활(李活) 등도 일본군 출신들이다. 그들은 단지 그 사실을 '외국에서 비행술을 배운' 등으로 포장했을 뿐이다.

대한민국 군의 전통 및 업적 등에 입각한 객관적인 인물 평가가 이루어져야

김정렬 장군이 대한민국이라는 새로운 나라에서 공군을 만들고 오늘날 발전할 수 있도록 반석 위에 올려놓은 커다란 역할을 했다는 것은 사실이다. 그 공을 인정하는 것은 자유민주주의체제 수호라는 공(功)의 전제에서 가능하다. 하지만 대한민국 군의 전통은 구한말 의병활동-독립군-임시정부의 광복군을 계승한 데서 확보된다. 무장 독립운동가이자, 임시정부 공군설계위원회 주임으로, 광복군 비행대 편성 추진자로서, 해방 후 공군 창군의 선임으로서 '최용덕' 장군이 전쟁 수행기간에, 남겨놓은 공군정신과 철학은 대단히 중요한 의미를 가지고 있다. 김정렬 장군이 쌓아놓은 공군 초기의 업적은 위에서 언급한 두 전제 하에서 평가되어야 한다. 그리고 두 사람의 역사적 평가를 위한 연구는 단정적이거나 정치적 입장이 아니라, 국민정서에 반하지 않으면서도 공정하고 객관적으로 이루어져야 한다.

휴전 후 50년대 대한민국 공군의 풍경

'항공일'로 엮어진 공군과 국민의 하나같은 염원, 공군강화

1953년 10월 1일은 공군 창군일이자 항공일이기도 하면서 한미 간 상호방위조약이 체결된 날이기도 하다. 휴전이 되었지만 언제 또 북한이 남침할지 알 수 없다는 불안을 결정적으로 해소하는 커다란 방어망을 구축한 것이다. 전쟁이 끝났다고 미군은 철수하지 않고 한국에 계속 주둔하도록 하였다. 북한의 재침을 좌시하지 않겠다는 한미의 결단이었다. 공군은 이러한 외교적 안보장치에만 의지하지 않았다. 공군은 자력으로 적의 재침을 막을 힘을 갖추어야 한다는 결연한 의지를 갖고 있었다. 전쟁 당시 공군의 위력을 가감 없이 체득한 군민의 숙원, 공군의 현대화가 크게 부각된 것이다.

<공군 위클리> 1953년 10월 5일 '공군강화에 비등하는 국민의 여론'이라는 제하의 논설에서는 "공군 강화는 한미 양 정부 당국 간의 한 개의 중요한 합의사항이 되어 있고 점차 그 계획은 본궤도에 오르고 있는 것이다. 그러나 이 중대한 시기에 처하여 우리 국민들은 우리에게 보다 큰 획기적인 발전을 요구하고 있음이 분명하다. 이에 우리는 전후방이 합심하여 이러한 국민의 요청에 응할 수 있도록 총력을 다해야 할 시기에 달하였다. 우리의 책무는 점점 더 중대해져 가고 있다"라고 하면서 국민의 관심과 민군 합심을 강조하고 있다.

이러한 공군과 국민, 정부의 노력으로 제트기 보유의 결실을 보게 된다. 이미 1952년 12월 5일 전쟁이 한창인 때, 최용덕 참모총장은 아이젠하워 차기 대통령, 미 극동 공군 사령관 웨이랜드 대장, 미 제5공군 사령관 바커스 중장과 함께 회동을 하고 대한민국 공군이 발전할 수 있도록 미국의 지원에

F-86 제트기를 보유한 대한민국 공군

대하여 약속을 받아냈다.

그리고 다음 해인 1953년 3월부터 한미 공군 고위층에서 공군 증강에 대한 회담이 있었다. 그리고 동년 11월 29일 한미 군사회담의 한 분과인 공군분과위원회에서 1개 제트 전투비행단을 창설하고 동시에 C-46 수송기의 도입에 합의했다.

이러한 합의는 휴전 후 10월 1일부터 진행된 한국 공군 확장계획의 수립으로 이어진다. 최용덕 참모총장은 미 공군참모총장인 트와이닝 대장의 초청에 응하여 동년 10월 28일 제10전투비행단장 김영환 대령, 작전국 차장 박충훈 중령을 대동하여 미국 공군기지 시찰을 위해 미국으로 건너갔다.

최용덕 참모총장 일행은 미 국무장관 대리 베델 스미스 준장, 미 공군장관 텔보트, 미 공군참모총장 트와이닝 대장과 연속 회담을 갖고 한국 공군 확장계획 시행에 대한 구체적인 사안들에 대하여 숙의를 하였다. 그리고 미 당국의 요청 담화에서 다시 한번, 미국의 지원을 강력하게 호소한다.

한국의 공군은 수십 대의 무스탕기를 보유하고 있을 뿐이고 제트기 비행훈련을 받은 한국군 조종사는 단 한 명도 없음을 호소하고 다음날 11월

30일 귀국하였다.

국내에서는 이에 발맞추어 동년 11월 20일 제1훈련비행단 소속 제1훈련비행대대에 계기비행과를 설치하고 고등 비행훈련을 준비하였다. 또한 김포, 여의도, 수원, 춘천, 오산, 군산, 수영, 대구 동촌, 김해 등 미 제5공군의 각 기지에 공군 장병들을 파견하여 기지 지원업무에 동참시켜 미군의 철수에 대비토록 하였다.

제트기 시대를 열어라

한국전쟁에서 한국 공군은 단독작전을 시작한 1951년 10월 11일부터 1953년 7월 27일까지 유엔 공군의 전투단위부대로서 항공작전을 전개하여 총 1만 1,461명의 병력과 118대의 항공기를 보유하고 출격 조종사 115명 가운데 39명이 100회 이상의 출격 기록을 수립하였다. 또한 1953년 2월 15일에 F-51 전투기 40여 대를 포함하여 총 70여 대의 항공기를 보유한 제10전투비행단을 창설하고 휴전일까지 총 758회 출격하였다. 전후 한국 공군의 전력확보와 증강 노력은 전쟁이 한참 치열하였던 1952년부터 시작되었으며 기본 방향은 전후 전력복구의 수준이 아니라 프로펠러 전투기를 넘어 제트전투기를 확보하여 공산군의 미그기에 대응하고 효과적인 항공 전력 편제를 구성하여 영공방위의 임무를 수행함에 있었다.

1952년부터 4월부터 계획을 추진하여 1955년 3월까지 F-84 전투기 300대를 보유한 4개 전투비행단을 창설하고 매년 100대씩 증가시키고 9개 항공기지를 건설한다는 등을 골자로 한 목표를 두고 공군확장 3개년계획을 수립하여 추진하였다.

이러한 노력들이 가시화된 것은 1955년 6월이다. 이때 F-86을 도입하여 제10전투비행단에 배치함으로써 역사적인 제트전투기 시대를 열었다. 같은 해 10월 15일에는 C-46 수송기 6대를 도입하여 대구기지에 제5혼성비행단을 창설하였다.

<공군 위클리>에 실린 제트기 훈련 관련 기사를 보자.

1950년대 공군 풍경 및 대방동 공군본부 전경

비약하는 우리 공군/제트조종사 교육수료식/15일 오산기지에서 성거[320]

연일 맹훈련을 거듭해오던 우리 공군 제트기 조종사들의 국내 제1차 교육수료식은 예정대로 지난 2월 15일 상오 9시 15분 오산공군기지에서 손 국방장관 각하를 비롯하여 참모총장 김정열 중장 각하, 래미 미 제5공군 사령관, 유 국회국방분과 위원장, 한미 고급장교, 그밖에 내외귀빈이 다수 참석한 가운데 성대히 거행되었으며 겸하여 우리의 손으로 우리의 하늘을 지키는 우리 공군의 위력을 과시하는 제트기 시위비행 등 다채로운 행사가 거행되었다.

수료식에 앞서 우렁찬 군악이 연주되는 가운데 먼저 F-86 세이버 제트기의 음속돌파 비행과 최신예기에 의한 코메트형 특수편대 비행이 전개되어 완전한 균형을 유지하는 편대로서 급상승, 급강하 그리고 공중선회 등 묘기백출하는 각종 특수비행으로 이십 세기의 과학의 경이를 시범하여 관중들을 황홀케 하였다.[321]

320) 〈공군 위클리〉, 공군본부, 1955. 2. 11.

321) 같은 신문.

한편 미국에서 7개월간의 제트비행훈련 전 과정을 마친 조종사 김성룡 대령, 김두만, 윤응렬, 옥만호 등 10명이 귀국하였다. 동년 6월 20일 제트전투기 F-86 도입 인수식을 갖고 그렇게 염원하던 제트전투기 F-86F 기종과 제트 훈련기 T-33이 1955년 8월 27일 제10전투비행단에 도입되었다.

> 날로 강화되는 우리 공군!/T33 제트기 인수/수원기지서 인수식 성거[322]
> 제트 공군으로 육성강화되고 있는 우리 공군에서는 이의 촉진에 큰 역할을 담당할 T-33 제트기 열 대를 처음으로 정식 인수하는 식전이 지난 8월 17일 상오 열 시 이 대통령 각하, 이민의원의장 렘니처 유엔군총사령관 그리고 정부각료, 국회의원, 외국사신 등 내외귀빈이 다수 참석한 가운데 제10비행단 기지에서 성대히 거행되어 비약하는 우리 공군의 면목을 새롭게 하였다.[323]

동년 제7회 항공기념일에는 제트 비행기가 축하 비행을 하였다. <공군 위클리>에는 초음속 돌파한 권성근 조종사의 소감이 간략하게 적혀 있다.

> 내가 음의 장벽을 돌파하던 순간
> 사만 피트! 나는 생후 이같이 멀리 땅에서 떨어져 본 적이 없어서 판단하기도 어려웁고 또한 시인하기도 어려웁다. 캐노피 너머로는 지상에서와 조금도 다름없는 태양이 반짝이고 하늘은 언제나 다름없이 푸르게 보인다. 나의 주위에는 지상에서와 아무런 변화도 찾아보지 못하겠다. (…) 조종간에 힘을 더 준다. 속도계의 바늘이 음속 0.8에서 0.85, 0.9, 0.95…… 갑작이 비행기가 진동을 일으키고 수직으로 내려가면서……[324]

매년 10월 1일 공군 창설 기념일과 동시에 항공일을 맞아 공군강화 촉진 시민궐기 대회 및 조종사 환영대회, 시위비행, 대지공격 등의 화력시범, 낙하산 강하시범, 광복절에는 축하시범비행, 가두행진 등의 행사를 벌

---

322) 〈공군 위클리〉, 공군본부, 1953. 8. 19.

323) 같은 신문.

324) 〈공군 위클리〉, 공군본부, 1955. 10. 1.

하늘은 우리의 영원한 희망!

空軍力의 現況

의 武裝 增强되었나

항공일 10.1

1950년대 공군 창군이 날을 기념하는 언론 보도기사

였고 그 외에도 웅변대회, 코메트에 게재할 원고 현상공모, 공군의 정기연주회 및 순회연주회, 한미합동 군악연주회, 공군사진 전시회, 세계 최신항공기 사진 전시회, 항공사상 보급을 위한 순회 강연회, 미술대회, 항공과학 선양을 위한 항공교육영화 상영, 이은상 등 저명인사 초청 민족사상 구국정신 강조의 강연회, 어린이날 행사의 항공기 전단 살포, 공군기록영화 <대한공군> 제작 상영 등이 있었다. 그 밖에 한미장병 친선 도모를 위한 스윙밴드 공연, 기자들의 제트기 탑승 행사, 문인 및 언론인 기지 종군 등 다채로운 행사와 사업을 펼쳐나갔다. 1956년 10월1일 제8회 항공의 날을 맞은 기념행사에 대한 기사를 보자.

화려한 항공 제전/한강 주변은 인산인해/묘기백출로 공군력 과시

세계 제4위의 강대한 군력을 가진 대한민국 국군의 제1회 국군의 날 기념행사가 지난 10월 1일 각처에서 거행되었는데 이날 상오 열 시부터 서울운동장에서는 제1회 국군의 날 성전이 리 대통령 각하를 비롯하여 전 각료 육해군 참모총장 및 내외귀빈이 다수 참석한 가운데 성대히 거행되었다. 한편 이날 하오 2시부터 공군에서는 리 대통령 각하 부처를 비롯하여 다수의 내외귀빈을 모시고 한강 상공에서 국군의 날 축하 비행행사를 거행하였는데 이날 하늘의 성전을 보려고 수십만 서울 시민들이 한강 양편 뚝과 산에 운집하여 그야말로 인산인해의 대성황을 이루었다. 그런데 동 행사에는 F-86 세이버 제트기 오십여 대를 비롯한 각종비행기를 합하여 100여 대의 항공기가 참가하였는데 일찍이 보지 못한 많은 제트기와 노련한 비행 기술에 리 대통령 각하 부처를 비롯하여 수많은 관중들은 시종 환호와 갈채를

아끼지 않았다. 동 행사는 F-86 제트기의 선도비행으로 시작되어 T-6 연습기편대, F-51 무스탕편대, F-86 세이버 제트편대군의 편대비행이 있었고 C-46 수송기 편대군에서는 수십 명의 낙하산 병이 낙하하여 관중의 갈채를 받았으며 각종 비행기의 혼성 편대비행 음속 돌파비행 특수 고등비행 및 F-51과 F-86편대의 대지공격이 있은 후 동 행사를 성대히 끝마쳤다……[325)]

이러한 행사들의 성격을 몇 가지로 분류해서 보면 첫째는 공군과 국민의 단결을 위한 행사, 공군에 대한 국민의 신뢰도를 높이기 위한 행사, 그리고 항공과학분야의 관심 고조를 위한 행사, 공군에 우수한 인력이 흡수되기 위한 행사, 공군 현대화를 위한 여론 형성을 위한 행사, 공군 장병들의 사기와 위상을 높이기 위한 행사 등이 복합적으로 이루어졌음을 알 수 있다.

1953년 10월 1일 항공일을 맞이하여 각 언론은 항공 관련 기사를 내놓았다. <조선일보>는 '긴급한 항공력 확충'이라는 제하에 기사를, <영남일보>는 'Z기로 공군강화를'이라는 제하의 기사를, <자유민보>는 '한국 공군 증강 미국은 주저 말어라!'라는 제하의 기사를, <국제신보>는 '방어체제는 공군강화로'라는 제하의 기사를, <동아일보>는 '육해군 수호할 공군력 구비 필요'라는 제하의 기사를, <경향신문>은 '공군의 우위성 강조되어야 한다'는 제하의 기사를, <서울신문>은 '하늘을 지켜야 살 수 있다'라는 제하의 기사를 <대구일보>는 '공군 당국자에 전 국민적 감사'라는 제하의 기사 등을 내놓았다.

항공일 혹은 항공기념일이라는 용어는 1956년 제8회까지 사용되어 오다가 1957년부터는 공식적으로 사라진 것으로 보인다. 1956년 10월 1일을 제1회 국군의 날로 정해졌고 1957년 제2회 국군의 날 행사부터 항공기념일, 혹은 항공일 용어는 <공군 위클리> 기사에서도 사라졌다. 최용덕 장군이 공군 창군일인 10월 1일을 공군의 날이면서도 굳이 '항공일'이라 했던 것은 그만큼 온 국민의 관심과 성원으로 우리 항공을 발전시켜야 한다는 염원이

---

325) 〈공군 위클리〉, 공군본부, 1953. 10. 10.

담겨 있었다.

날로 발전하는 공군을 보면서 조지훈 시인은 <공군 위클리> 100호를 기념하는 자리에서 공군인들을 위한 시 한 수를 남긴다.

하늘을 지키는 젊은이들

하늘은 우리의 고향
그리고 또 하늘은 우리의 서울
떠나서 그리움에 우리 항시 고개 들어 하늘을
바라본다.
검은 흙 위에 발을 딛었기에
우리 가고 싶은 마음의 전당을 하늘에 둔다
푸르고 밝은 하늘에 검은 구름이 끼어도
구름을 걷는 것만이 우리의 뜻이 아니라
예대로 푸른 하늘을 보는 것이 우리의 소망
육신만으로는 욕된 세상을 어쩔 수가 없어서
새삼스리 마련한 은빛영혼의 날개
그대 떠나서 다시 돌아오지 않아도 서러울 리
없는 고향의 하늘에
인정과 의리를 저버리면
삶과 주검은 한갓 욕될 뿐
제 마음대로 어쩔 수 없는 삶과 주검을
제 마음대로 바쳐서 가는 길에 하늘이 열린다
열리는 하늘은 그대로 우리 영혼의 서울
아아 푸른 하늘빛 옷을 입은 병정들아 맑은
하늘의 뜻을 받음이 정의라고 믿어라
하늘을 지키는 것이 사람 길을 밝힌다고 믿어라[326)]

전쟁은 끝났지만 팽팽한 긴장은 155마일 전선에 따라 칠흑 같은 어둠처

---

326) 〈공군 위클리〉, 공군본부, 1955, 2, 14.

"Kim Family after the Korean War" (1990),
mineral color on paper relief, by Im Ok-sang.

임옥상 화백의 그림. 전쟁직후 한 가족의 그림에 빈 그림자는 전쟁통에 잃어버린 가족의 모습이다(Presentation at an international academic conference on "War Art in Asia and Representation of War," held at the University of Sidney, in Sydney, Australia, on August 28, 2009. 김영나 서울대 역사학 교수, Korean War Art)

럼 놓여 있었다. 하지만 평화와 안정도 조금씩, 조금씩 찾아오고 있었다. 여전히 가난했으며 이산가족들은 가슴속 슬픔은 안고 살았다. 전쟁으로 부모 형제를 잃은 채 응어리를 안고 살아가야 했다. 남은 자는 또 살아야 하니까. '가난'이라는 새로운 '적'과 싸우면서…….

마음의 원광은 떠오르노라

전선에서 고지전이 한창인 1953년 3월 20일, 공군 종군작가단 창공구락부에서 활약하고 있던 조지훈 시인이 '마음의 태양'이라는 시를 발표한다.

> 꽃다이 타오르는 햇살을 향하여/고요히 돌아가는 해바라기처럼//높고 아름다운 하늘을 받들어/그 속에 맑은 넋을 살게 하라//가시밭길을 넘어 그윽히 웃는/한 송이 꽃은/눈물의 이슬을 받아 핀다 하노니/깊고 거룩한 세상을 우러르기에/삼가 육신의 괴로움도 달게 받으라//괴로움에 잠시 웃을 양이면/슬픔도 오히려 아름다운 것이//고난을 사랑하는 이게만이/마음 나라의 원광은 떠오르노라//푸른 하늘로 푸른 하늘로/항시 날아오르는 노고지리같이//맑고 아름다운 하늘을 받들어/그 속에 높은 넋을 살게 하라[327]

---

327) 〈주간 공군〉, 공군본부, 1971. 7. 29.

비록 전쟁은 끝나지 않았지만 시인은 "맑고 아름다운 하늘"을 받들자고 한다. 어쩌면 전쟁 중이니 그 하늘을 받들고자 하는 마음이 더욱 더 간절할지도 모르겠다. 그리고 우리의 삶이 아름다운 하늘을 본받은 또한 아름다운, "그 속에 높은 넋"이 되기를 간절히 소망하고 있다. 1950년 한반도에 몰아쳤던 광풍(狂風)은 지나갔다. 전쟁이 끝나도 '마음의 태양'은 쉽사리 떠오르지 않았다. 하지만 전쟁의 피해를 고스란히 떠안았던 민중들은 단칸방에서도 전쟁의 상처를 치유하며 또한 서로의 상처를 보듬으며 치열하게 살았다. 1950년대 말은 그렇게 지나가고 있었다.

끝맺는 말

편대(編隊)를 짜고 혹은 단기(單機)로

목월의 시 중, '편대를 짜고 혹은 단기로'라는 시의 대목에 이런 구절이 있다.

"주단을 펴듯 화목하고 단란하고 행복된 조국의 산하를"

'주단을 펴던' 그 조국 '산하', 눈을 들어 보면 그 하늘도 왜놈들에게 빼앗겼던 '하늘'이었다.

빼앗겼던 하늘은 석양의 피빛으로 소리 없이 울며 기울고, 칠흑 어둠을 깨고 붉은 새벽빛으로 일어서기를 수십 년 반복했다. 1919년부터 여러 망명지에서 조국 하늘을 되찾기 위해 동시다발적으로 일어난 항공 독립운동가들의 '날개'들은 단 한 번도 멈춤이 없이 이어져 해방된 조국 하늘로 이어졌다.

6·25전쟁 기간 38명의 조종사가 전사(순직)했다. 전쟁이 멈춘 뒤에도 지금까지 영공수호 중, 혹은 훈련 중 순직한 조종사가 그 열 배 가까이 된다. 60여 년의 평화시기에도 우리 영공을 공군은 피로써 지켜온 셈이다. 대한민국 공군은 "주단을 펴듯 화목하고 단란하고 행복된 조국의 산하를"328) 지킨 것이다.

1945년 해방 이후 국민이 주체가 되어 민심이 반영된 새로운 공동체를 만드는 노력과 시도들은 좌절되고 극한의 이념과 체제 이념 대립하에 분단

---

328) 박목월, 「편대를 짜고 혹은 단기로」, <주간 공군>, 공군본부, 1969. 10. 1.

이 이루어졌다. 미소(美蘇) 양 진영의 냉전 대립구도와 국내 좌우 이념대립에 해방의 기쁨도 이상 국가 건설의 꿈도 물거품이 되고, 민족주의자들의 통일을 위한 모든 노력들이 함몰되어 버린 채 북한군의 남침에 6·25 전란을 겪었다.

중일전쟁 기간 전설적인 폭격이 있었다. 중화민국 항공대 소속 폭격기들은 일본 본토에 대한 원정폭격을 감행하였다. 한구(漢口)비행장에서 폭격기 두 대가 출격한다. 출격 다음날 새벽 2시 일본 나가사키 상공에 도달하여 고도 3,500미터에서 수백만 장의 전단을 뿌렸다. "일본 국민들은 일본 군국주의자들에 속지 말고 봉기하여 전쟁을 종식시키라"라는 내용의 전단폭격은 일본에게 커다란 충격을 주었다.

참으로 아름다운 폭격이 아닐 수 없다. 이 사건으로 일본 내각이 모두 물러났지만 일본 군국주의자들은 독기가 더욱 오른 채 전쟁을 지속하였다. 일종의 심리전의 하나로 볼 수도 있지만 이러한 발상은 전쟁의 비인간성을 고발하는 인류 최소한의 양심이라고 본다. 타민족 간, 국가 간의 전쟁에서도 이러한 '양심'을 호소하는데 하물며 같은 민족이라면 더 이상 무슨 말이 필요한가. 민족상잔의 비극이 반복되지 않은 길로, 원론적이지만 궁극적으로는 남북한이 증오심을 극복하고 평화와 화해의 길을 모색해야 한다.

이 책을 통하여 처음으로 해방 전 독립운동 차원의 항공역사와 해방 후 공군이 창군되기까지의 과정과 창군된 후 대한민국 공군의 초창기 역사를 함께 조명할 수 있게 되었다. 오늘날 대한민국의 발전을 놓고 보면 그 초라했던 항공 독립운동의 역사가 보석처럼 빛나고 있음을 우리는 느낄 수 있다. 하지만 여기서 멈추어서는 안 된다. 공군을 위해 62년 전 국민들이 합심하여 항공기를 헌납하였다. 이제는 지도자들의 의식이 부족하다면, 국민들이 힘을 합쳐 공군력 강화를 위한 국가적 프로젝트를 추진해야 되지 않을까 생각한다.

<월간 공군> 2010년 11월호에서 "한국 우주개발의 정책 방향"에서, 김경민 한양대 교수이자 공군 정책발전 자문위원인 김경민 씨는 다음과 같이 말했다.

"우주개발에는 비용이 든다. 이 철칙을 무시해서는 안 된다. 돈을 주고

라도 잘 안 되는 기술을 제공받는 일은 당연한 일이다. 한국은 2020년경 한국형 우주 발사체를 자주적으로 개발하기로 했다. 엔진 시험을 위한 시설을 건설해야 하고 75톤의 추력을 갖는 액체연료 로켓엔진을 개발해서 이 엔진을 4개로 묶어 300톤의 추력을 내게 되면 약 1.5톤의 인공위성을 우주 궤도에 올려놓게 될 것이다. 그렇게만 되면 진정한 우주개발 자립국이 될 수 있다. 우주개발의 자주국가가 되는 길은 멀다. 성공과 좌절이 반복될 것이고 그때마다 인내심을 갖고 국민과 함께 호흡하는 한국형 우주개발이 되어야 할 것이다."

미래 공군력 향상도 이러한 우주개발의 눈높이에서 재고되어야 한다. 향후 100년의 항공 활동의 청사진과 통일에 기여하는 공군의 지향가치들을 더욱 돈독하게 해야 할 것이다.

한국항공대학교 장연근 교수는 <월간 공군> 2009년 10월호 "공군의 미래, 우주전략 및 비전"의 제하에 "미래에는 국가안보 전략을 지원하는 데 우주전력(space power)이 항공전력(air power)보다 더욱 중요한 요소가 될 것이다. 우리 공군도 우주전력 강화의 중요성을 인식해 최근에 우주 관련 조직도 만들고 인력 양성 계획도 입안했다. 하지만, 아직 우리 공군이 교육, 전략, 리더십, 예산 및 이해도 측면에서 우주에 우선순위를 두고 있다고 할 수 없다. 공중, 지상, 해상 및 우주작전에서의 성공은 공중 및 우주 우위에 달려 있다. 따라서 우주전력의 강화와 함께 항공전력과의 실질적 통합도 필요하다"고 피력하였다.

미래 항공을 짊어질 일꾼들을 개발하는 일도 매우 중요하다. 이한호 전 공군참모총장, 정해주 전 한국항공우주산업 사장, 함기선 한서대 총장, 김경오 전 대한민국항공회 총재가 창설을 제의하여 2005년에 창설된 한국항공소년단은 "대한민국의 청소년들에게 항공우주에 관한 이론 및 체험교육을 통하여 항공우주분야에 대한 도전정신과 개척의지를 함양시켜 국가의 항공과학 분야 발전에 기여하기 위함"이라는 목표를 갖고 있다. 이에 따라 청소년의 항공우주과학에 관한 교육 및 훈련, 항공우주사상 고취를 위한 각종 행사지원 및 홍보, 항공소년단 활성화를 위한 장학활동 등을 활발하게 전개하고 있다. 앞으로 여타의 과학기술 단체들과의 연계한 활동으로, 향후 항공문화와 미래 항공과학기술 분야의 중흥을 기대한다.

이 책을 위해, 협조를 해주신 공군 역사기록단, 공군본부 정훈공보실, 제20전투비행단 정훈공보실, 항공소년단 등의 관계자분들과 공군 역사기록단 발굴위원와 자문위원인 이강화 장군님께 감사의 마음을 전하며, 부족한 글로 누를 끼치지 않을까 염려스럽다. 책에 혹 있을 오류는 전적으로 저자의 잘못임을 밝혀둔다. 미력하나마 공군의 발전과 공군 창군 전후사에 대한 국민의 이해 및 아울러 이를 바탕으로 국민과 함께하는 공군문화와 항공문화의 발전에 작은 촉매제가 되었으면 하는 바람이다.

우리 아무리 바쁜 삶이라도, 쉼표를 찍듯이, 가끔 하늘을 올려다보자. 우리 '하늘의 전사'들이 하늘 어디선가 비행운을 뿜으며 날고 있는 모습을 볼 수 있을지도 모른다. 너무 높이 날고 있어 눈에 보이지 않을지도 모른다. 하지만 하늘의 전사들은 24시간, 일 년 365일, 비행을 멈추지 않는다. 역동적이면서도 치열한 이 땅의 우리들의 삶처럼, 때로는 아름다운 삶을 꿈꾸며. 나는 너를, 너는 나를 지켜보고 있다, 우리들 영혼의 비행운을.

편대를 짜고 혹은 단기로…….

부록 Ⅰ

항공 독립운동사 연표(年表)(1919~1945)

부록 Ⅱ

대한민국 임시정부 공보 제65호 선포문

부록 Ⅲ

대한민국 공군 창군사 연표(年表)(1945~1953)

부록 Ⅳ

6·25전쟁 참전 각국의 항공기

부록 I | 항공 독립운동사 연표

1919년 상해 대한민국 임시정부 시정 방침 군사편, 비행기대 편성 계획

1918년부터 상해에 있던 여운형, 장덕 등이 임시정부 수립에 대해 준비를 하고 이듬해 1919년 4월 11일 제1회 임시의정원 회의를 열고 이동녕을 의장으로 선출한다.

국호는 '대한민국', 정치체제는 '민주공화제'를 실시한다고 선포한다. 동년 9월 11일 '대한민국 임시정부'로 통합되고 민주공화국으로 상해에 본부를 두고 출범한다. 인적 구성은 대통령 이승만, 국무총리 이동휘, 내무총장 이동녕, 외무총장 박용만, 군무총장 노백린, 재무총장 이시영, 법무총장 신규식, 학무총장 김규식, 교통총장 문창범, 노동국총판 안창호 등이다.

상해 대한민국 임시정부는 시정 방침을 발표한다. 내정, 군사, 외교, 재정, 사법 등에 대한 시정 조항들이 망라되어 있다. 그중 군사편에서는 '비행기대'를 언급한다.

내정편,

제1항 통일집중

1) 연통제 실시

국내에는 각 도 각 군에 연통제를 실시함.

제2항 대적(對敵)

개전의 준비 완성까지는 우선 현재로서는 일본 통치를 절대 거절하고 완전 독립의 의사를 표시하기 위하여 다음과 같은 방법을 실시함.

12) 비행기 사용

비행기로서 국내 각지에 윤회하여 정부의 명령을 널리 보급하고 인민의 사상을 격발시킴.

제5항 개전 준비

독립운동 최후 수단인 전쟁을 대대적으로 개시하여 규율적으로 진행하고 최후 승리를 얻을 때까지 지구하기 위하여 다음과 같은 준비의 방법을 실행함. 주요 내용은 군사사단 조사, 국민의 용병, 사관학교 설립, 작탄대 편성, 외국 사관학교 유학, 전시 긴요 기술학습, 군물 수입교섭, 군사 선전원 파견 등의 항목과 함께 비행대 편성에 대한 항목을 포함시켰다.

7. 비행기대 편성

미국에 가감(可堪)할 청년을 선발하여 비행대를 조직하고 비행기 제조와 비행전술을 학습케 함.

1919년 11월 임시정부의 육군비행대 창설 구상

대한민국 임시정부 공보 호외(1919. 11. 5) 국무원

법률 제2호 대한민국 임시관제 제1장 임시대통령의 관할기관 제1절 대본영, 제2절 참모부, 제4절 군무부 제4조 육군국은 좌개(左開) 사무를 장리(掌理)함.

1. 육군건제 급 평시전시 편제와 계엄 연습 검열에 관한 사항
2. 단대배치에 관한 사항
3. 전시 법규와 군기 급 의식 복제에 관한 사항
4. 육군비행대에 관한 사항
5. 각과 병에 관한 사항
6. 육군 위생 의정과 기타 사항

1919년 항공 선각자들의 활약과 독립군 비행학교 계획

노백린, 곽임대, 김종림 등 독립군 비행학교 설립 핵심 인물들은 이초 한장호 등 6인을 독립군 비행학교 교관으로 임용하기 위해 미국 레드우드 비행학교에 위탁교육시킴.

곽임대 "우리가 만일 다소간 공군을 양성한다면 장래에 독립운동에서 공중전을 할 수 있다."

노백린 "앞으로의 전쟁 승리는 하늘을 지배하는 자에게 있다."

1919년~1920년 중국에서 서왈보가 남원비행학교를 나와 비행사로 활약하기 시작함.

1920년 초 상해 임시정부 비행기 구입 노력. 교통국장과 국무총리를 겸임하던 도산 선생은 국내 행정 비밀조직 연락망인 연통제의 붕괴로 독립단체 간의 신속하고 긴밀한 연락을 위해 비행기 구입을 추진한다. 독립군 비행사 양성에 노력하여 중국 내 비행학교에 한인들을 위탁교육시킴.

1920년 2월 노백린은 한인 비행학교의 교육의 질을 높이기 위한 일환으로 미국 비행학교의 실상을 파악하기 위하여 레드우드 비행학교를 방문, 견학한다. 그리고 미국인 비행 교관을 초빙하기로 한다(<신한민보> 1920. 2. 5.)

1920년 2월 미국 <윌로우스 데일리 저널 *Willows Daily Journal*> 지 1920년 2월 19일자 "Koreans to have Aviation Field(비행장을 갖게 된 한국인들)"이라는 제하에 소개되었다.

1920년 2월 24일 <신한민보>에서 전보를 받은 내용에 의하면 마침내 한인 비행학교가 설립되었다고 한다. 비행학교 이름은 '대한인비행가양성소'이다. 캘리포니아 주 윌로우스 지방에서 수천 에이커에 벼농사하는 한인 재산가들은 윌로우

스 근처 한인 비행학교를 설립하기로 결정하였으며 그들은 샌프란시스코 서양 비행가를 고용하여 비행술과 영어, 조련과 체육, 공민교육을 교수할 것이고 이미 근처에 있는 플란트 학교를 임시로 쓰기 위해 그 지방 학무 감독에 청원하였다. 노백린 장군은 그 교육을 할 것이고 중앙총회 전무 김종림 씨가 그 숙사와 설비에 진력하는 중 비행 실습은 그 설비가 다 맞추는 대로 시작하겠다더라(<신한민보> 1920. 2. 24.)

1920년 5월 윌로우스 비행학교 학생들 30여 명이 자비로 훈련을 받고 있다(<신한민보> 1920. 5.)

1920년 6월 최용덕 보정비행학교 나와 비행사로 활약.

1920년 6월 4일 <신한민보> 사설 '한국 독립과 비행술' 게재.

1920년 6월 22일 <윌로우스 데일리 저널> 6월 22일자 기사에서 "2nd Airplane for Korean School Arrives Today(두 번째 비행기가 한국인 비행학교에 도착)" 제하에 한인 비행학교 근황 소개함.

1920년 7월 한인 비행가학교의 확장, 한국 비행기 4척, 이미 비행술을 배운 몇 분과 다수의 학생들이 합동하여 오랫동안 경영하던 비행술 연습할 일을 실행하는데 미국인 교관 한 명을 초대하고 비행기 4대를 구비하며 일체의 학교 설비는 김종림이 재정과 성의로 준비 중에 있다.(<신한민보> 1920. 7. 2.)

1920년 7월 15일 비행학교가 조직과 비행기, 장비 등 구색을 갖추고 정식 개소하다.(<신한민보> 1920. 7. 15.)

1920년 7월 비행가구락부 창설, 비행기 추가로 한 대 더 구비하다.(<신한민보> 1920. 7. 28.)

비로소 비행가양성소의 성립을 보다.(<신한민보> 1920. 8. 5.)

1920년 8월 노백린 상해로 떠나고 곽임대가 그 자리를 맡음.(<신한민보> 1920. 8. 12.)

1920년 11월 대한인비행가양성소는 1920년 10월 말경부터 <신한민보>에 가직접 미주한국인 대상으로 비행학교 관련 내용을 광고 형식으로 싣기 시작한다. 대홍수가 나다.(<신한민보> 1920. 11월 초)

1920년 11월 독립군 비행학교의 위기. 비행사 양성소에 관한 일절 통신은 아래와 같은 번으로 하시오. 대한인비행가양성소(총재 김종림, 재무 이재수, 신광호)(신한민보 1920, 11. 4.) 이 안내 광고는 1920년 10월 28일, 11월 4일, 11월 11일, 11월 18일, 11월 25일, 12월 2일, 12월 9일, 12월 16일 등 두 달간 여러 차례에 걸쳐 실렸다. 이것은 학교 측이 위기를 맞은 내부사정을 외부에 알리지 않으려는 의도에서 비롯된 것임을 알 수 있다.

1921년 1월 윌로우스 비행학교에서 대홍수로 사실상 비행훈련이 불가능한 상태에서 박희성 등 비행학교 학생들이 미국 비행학교로 전학하여 비행 수업 계속하다(<신한민보> 1921. 1.)

1921년 4월 비행학교 폐교(<신한민보> 1921. 4.)

1921년 5월 비행학생 도웁시다(<신한민보> 1921. 5. 5.)

1921년 7월 20일 임시정부 국무원의 비행장교 임명

서임 급 사령

박희성으로 육군비행병 참위를 임함(7월 18일)

이용근으로 육군비해병 참위를 임함(7월 18일)

1922년 12월 안창남, 한국인 비행사로서 우리나라 상공 최초 비행(여의도비행장), 과학화운동 촉발.

1924년 4월 9일 대한민국 임시정부, 국무총리 노백린을 해임. 내무총장 김구가 직무대리.

1924년 5월 30일 노백린, 대한민국 임시정부 참모총장이 됨.

1925년 2월 권기옥, 중국 곤명에 있는 운남비행학교 졸업하여 우리나라 최초의 여성 비행사가 됨.

1926년 서왈보 비행기 추락으로 사망.(중국 장가구) 1926년 <동아일보> 7월 6일에, "오호 서왈보 공 혈루로 그의 고혼을 곡하노라"라는 제하의 추도문이 실렸다.

1926년 최용덕, 권기옥, 이영무 등 장개석 국민정부 항공대 창설 멤버가 됨.

1927년 김공집 비행사고로 사망. 김공집은 1920년 초 중국 광동비행학교에서 비행술을 배우고 다시 임시정부의 비행대 창설 기획에 따라 러시아로 가 비행학교를 졸업한다. 교관으로 활약하던 그는 1927년 8월 31일 모스크바 근교 셀프홀프(Cepryxob) 지역 상공에서 비행 중, 추락하여 사망했다.

1930년 4월 중국으로 망명, 중국 내에 독립군 비행학교를 설립 추진하던 안창남 비행사 비행기 추락사고로 사망.

1931년 12월 초 임도현 비행사 일본 다치가와비행학교에서 비행술을 배우던 중 동료 대만인 비행학교 학생 6인과 함께 4대의 편대를 이루고 제주도 상공을 거쳐 중국으로 망명함. 비행거리는 약 1,780킬로미터이다. 그는 이 비행탈출로 총 네 번의 탈출과 체포를 거듭하면서도 1937년 중국 광서비행학교 교관으로 활약하였다가 체포되어 1952년 고문 후유증으로 사망한다.

1932년 12월 김연기 비행사는 <삼천리> 잡지에 "남경서 전투기 탄 비행 중좌 김연기 씨"라는 제하로 김연기 비행사를 소개함. 김연기 비행사는 잡지에서 "중국

비행학교를 지원하는 고국 청년에게"라는 제하의 글을 실어 항일항공운동을 독려한다.

1937년 7월 17일 중일전쟁 일어남.

1937년 7월 최용덕 비행사 중국항공대 남창기지사령관으로 활약.

1938년 8월 21일 전상국 비행사 순직. 전상국 비행사는 일본 다치가와비행학교를 나와 중국으로 망명하여 중앙항공학교 교관으로 근무했다. 제2대대 상위대장이었던 전상국은 8월 21일, 형문으로 출격하기 위해 이륙했다가 비행기 기계 고장으로 장강(長江)에 추락하여 숨지고 만다.

1938년 6월~8월 중국항공대 소속 김은제 비행사 순직. 당시 중일전쟁 당시 중국항공대에서 활약하던 한국인 비행사와 항공인(비행사, 기관사)들은 다음과 같다. 김진일(金震一), 장성철(張聖哲), 김은제(金恩濟), 김영재(金英哉), 최양성(崔壤城), 손기종(孫基宗), 염온동(廉溫東), 이영무, 최철성, 이사영 등

1943년 4월 대한민국잠행(暫行)관제의 비행대 관련 사항

대한민국임시정부 공보 제77호 1943년 대한민국 25년 4월 15일 임시정부 비서처 발행

대한민국잠행(暫行)관제

제1장 국무위원회, 제2장 통수(統帥)부, 제3장 참모부, 제4장 회계검사원, 제5장 행정각부 중 제4절 군무부

제1조 군무부장은 육해공군 군정에 관한 사무를 장리하며 육해공군 군인 군속을 통할하고 소관 각 관서를 감독함.

제4조 군사과는 좌개 사무를 장리함.

1. 육해공군 건제 급 평시 전시 편제와 계엄 연습 검열에 관한 사항

3. 각군 비행대에 관한 사항

1943년 8월 19일 대한민국 임시정부 공군설계위원회 조례를 공포

한국 현단계 공군건설개시공작을 미군과 합작하는 계획

(1) 방침

1) 왜적의 무력 세력을 근본 박멸하고 조국의 완전 독립과 세계의 영구 평화를 쟁취하기 위하여 아국 작전 행동을 반드시 미국과 절실히 합작하는 중, 무력 일부인 공군 인원의 훈련 편대와 기계·유(油)·탄(彈) 등 제보급도 역시 공동 협상 진행하여 최단 기간 내에 공군 작전을 개시하고, 나아가 건군·건국 중 공군 기초를 확립할 것.

(2) 지도요령

2) 한국 공군 인원과 미국 공군 인원이 공동 조직된 한국 공군 훈련소를 상당한

지점(비율빈 등지)에 설립할 것.

3) 맹군 작전 계획에 의하여 한국 공군 인원이 단시간 내에 능히 훈련하여 공헌 있을 것을 주로 할 것.

4) 공군 공작의 초보인 연락 및 통신공작을 착수하여 미국 공군 인원과 혼합 편대를 개시할 것.

5) 한국 항공대를 편성하여 미국 공군과 연합 작전하며 한국광복군의 작전 행도을 협조할 것.

6) 공군 건설의 제반 인재를 미국 협조로 양성하여 공군 건설의 기초를 확립할 것.

(3) 조성 인원의 내원

7) 미국 및 기타 동맹국에서 복무하는 공군 인원을 집합할 것.

중국에서 복무하는 비행사 최용덕(崔用德), 李英茂, 鄭再燮, 崔鐵城, 權基玉.

기계사: 金震一, 張聖哲, 孫基宗, 李士英, 廉溫東, 王英在..

8) 미군 세력 범위 내의 한적 투성(投誠) 또는 부로(俘虜) 인원 중에서 공군 합격자를 선택할 것.

1944년 비행대 편성과 작전

4월에는 임시정부가 '군무부 공작계획 대강'의 육해공 건설에 따라 '한국광복군 비행대' 창설에 노력한다.

비행대 편성과 작전

1. 중국 경내와 태평양 지구에서 각각 한국광복군 비행대를 조직하여 각지에 연락, 운수 및 맹방 공군과 연합작전함.

2. 중국 경내의 한국광복군 비행대는 현재 중국 공군에서 복무하는 한국인 비행 인원을 기초로 조직하고, 먼저 연락용 비행기 수 대를 조차하여 한국광복군 소재 각지와의 연락과 군인 수송을 담임함.

3. 비행 인원의 양성은 중미 양국과 협상하여 양국 항공 학교에 청년을 입학시켜 훈련하도록 함.

4. 항공 인원의 양성에 따라 중미 양국 정부로부터 각종 비행기를 조차 광복군 비행대를 정식으로 조직하여 맹방의 공군과 합동으로 작전을 진행하되, 적 점령지구 및 한국 경내에 대한 선전과 지하군과의 연락 및 원조를 주로 담임하게 함. 단, 광복군 비행대의 실력이 독립작전을 수행하기 불능한 시기 중에는 맹군 비행대에 소속하여 그 지휘를 받아 행동하며, 한국광복군 총사령부에서 필요로 하는 공중 연락과 군인 수송에 관한 일은 맹방 공군이 이를 수응하게 함.

5. 태평양 지구 한국광복군 파견 사령부 소속 비행대의 조직은 재미주 한국인 비행

사를 기초로 하여 이상 각항에 비조 시행함.
1945년 3월, 미군과 6개 항 원칙에 합의하고 광복군을 대상으로 국내 진공작전을 위한 훈련을 실시했다.
미군과의 6개 항 원칙
1. 한미 양군은 상호협력하여 공동작전을 전개한다.
2. 한국광복군은 연합군의 상륙작전에 필요한 군사정보를 제공한다.
3. 미군은 공동작전에 필요한 모든 군수물자를 한국광복군에게 공급한다.
4. 미군은 한국광복군에게 공 · 육 · 해군의 교통통신 편의를 제공한다.
5. 기타 필요한 군사적 지원을 상호 제공한다.
6. 합의된 사항을 실천하기 위하여 적극 노력한다.

이 합의 내용에 따라 광복군의 훈련이 실시되었다. 미국 전략첩보국(OSS)은 광복군 제2지대와 제3지대 인원들과 미국 본토의 한국인들을 선발하여 하여금 3가지 작전을 수립하였다. 그 하나는 냅코작전, 둘째 독수리 작전, 셋째가 북중국 첩보작전이다. 첫째 냅코작전은 미국 본토 및 하와이에 거주하고 있는 한국인과 맥코이에 있는 수용소에 수용된 한국인 포로들 중에서 인원을 선발, 이들을 한반도와 일본에 투입하여 정보수집과 게릴라 활동을 전개한다는 것이고, 둘째 독수리작전은 중국 관내의 한국인들과 한국광복군을 활용하여 국내 진공작전을 펼치는 것이며, 셋째 북중국 첩보작전은 연안지역에 한국인 공산주의자들을 이용하여 만주, 한반도, 일본 등지에서 첩보활동을 하는 것 등이다.
1945년 3월 24일 중국항공대 제5대대 중미연합 항공대대 제29중대 소위 3급 전투기 조종사 김원영 조종사 순직.
1945년 임시정부 연락장교 김우전이 미 제14항공대에 파견되어 미 공군 장교인 교포 정운수와 함께 진공작전을 위한 무전 교재와 암호 제작, 선무공작을 펼쳤고 동년 3월에는 임시정부와 미군 간 진공작전을 위한 6개 항 원칙에 합의한다. 합동작전과 군사지원 등의 내용이 있었다.
1945년 8월 일본의 무조건 항복. 광복군 국내 진공작전 중단
독수리작전을 위하여 OSS 훈련을 받은 대원들은 한반도에 침투하기로 되어 있었다. 국내 정진군 편성표에는 이범석이 총지휘를 하고 부관, 본부요원을 두기로 한다. 광복군은 정진군을 편성하여 국내 진입작전을 펼치기로 하였다. 정진군은 이범석을 총지휘관으로 하여 국내 정진군을 편성, 국내 진입작전 준비하였다. 그 편성을 보면 제1지구 평안, 황해, 경기도 제2지구 충청, 전라도 제3지구 함경, 강원, 경상도 등이다. 광복군 총사령부는 정진군을 편성하기 위해 20여만 명의 한적 사병을 인수받아

국군의 이름으로 국내로 진격하려고 하였다. 한적 사병의 인수를 위해 7개 잠편지대로 나누고 상해 잠편지대장 박시창, 항주는 김관오, 한구는 권준, 남경은 안춘생, 북경은 최용덕, 광주는 최덕신, 국내 오광선 등으로 결정하였다.
그러나 출발 직전에 일본의 항복소식을 들으면서 국내침투 작전은 중단되었다. 그러나 미군정이 광복군을 공식적으로 인정하지 않아 귀국하지 못하였고 개인 자격으로 귀국해야 했다. 1948년 대한민국이 수립되면서 임시정부는 그 역할을 끝내고 역사 속으로 사라졌다.
그러나 헌법에 임시정부 법통을 이어받는다고 명시한 것처럼 임시정부에 예속되었던 광복군 역시 국군의 모체가 된다. 특히 항공을 통한 독립운동을 펼친 독립군 비행사들과 항공인들은 대한민국 공군 창군의 정신적 실질적 밑거름이 되었다.

부록 Ⅱ | 대한민국 임시정부 공보 제65호 선포문

대한민국 임시정부 공보 제65호 대한민국 22년(1940년) 2월 1일 임시정부 비서국 발행.

선포문

우리 민족의 독립군이 조직되어 적 일본과 전쟁을 개시한 지는 벌써 35년이 되었다. 을사(乙巳)년 11월 17일 우리 국가의 주권이 박탈되던 그날부터 정미(丁未)년 8월 1일 국방군이 해산되던 날까지 무릇 3년간을 우리 독립전쟁의 제1기라 하겠다. 그때에는 전쟁터가 우리 국경 이내에 한하였으며 목적이 국권을 회복하며 일인을 구축(驅逐)함에 있었고 독립군의 세력은 수십만의 의병을 주력으로 하여 국방군과 성기를 상통하며 국가의 비밀 접제를 받은 것이 그 특색이었다.

정미년 8월 1일 우리 국방군이 해선되던 날부터 경술(庚戌)년 8월 29일 우리 국가가 없어지던 날까지 무릇 4년간을 우리 독립전쟁의 제2기라 하겠다. 그때에는 해산된 국방군의 병졸 및 장교가 주력이 되어 전국적으로 전국 각지의 험준한 지대를 근거지로 하여 적 일본 인종을 국토에서 구축하며 국가 독립을 회복하는 것을 목적으로 삼았었다.

경술년 8월 29일부터 정미년 3월 1일 독립을 선포하던 날까지 무릇 10년간을 우리 독립전쟁의 제3기라 하겠다. 그때에는 벌써 국내 각지 진지를 할 수 없이 포기하고 독립의 근본 방침을 실현하기 위하여 각국 각지로 망명하여 혹은 중국 동삼성, 혹은 노령 연해주, 혹은 미주 각지 등지를 근거지로 삼고 열혈과 열루를 뿌리면서 독립군의 기본 부대를 양성하며 독립운동의 기본 인재를 교련함에 각당 각파가 매두몰신하여 분투노력하였다. 그네들의 공동 분투한 총 결과는 을미년 3월 1일에 와서 비로소 현저한 성격을 내외에 표창하였으니 즉 4천년 조국의 광영 있는 독립을 선포함과 2천만 민족의 숙원이었던 자유와 평등을 세계에 선포하여 대한민국의 건립과 임시정부의 조직으로써 한국 민족의 위대한 민족성을 국제적으로 선양하였다.

을미년 3월1일부터 중일전쟁이 개시되면서 정축년(1937년) 7월 7일 노구교사건까지 무릇 19년간을 우리 독립전쟁의 제4기라 하겠다. 그때에는 국내 근거지를 벌써 방기하고 동삼성을 군사 근거지로 하여 두만강 압록강 연안에서 광범한 유격전을 부단히 개시하였다. 그때의 독립전쟁은 국제적으로 고립 상태에 빠져 어느 국가도 우리에게 현저한 원조를 주지 않았다. (러시아의 경제적 원조와 유럽 미주 아시아 각 우방의 정신적 원조 이외에). 그 이유는 국제연맹이란 기구와 연합국 승리라는 명의하에 전승자의 식민지 분할이 공리적이고 원칙이란 강도적 공동 양해와 중국 및 러시아가 일본에 대하여 타협적 정책을 취하였기 때문에 적 일본은 국제적 엄호를 받아 동아의 총아가 되었기 때문이다.

우리는 국제적으로 일본과 상반된 입장을 가졌었으나 우리 민족의 정정당당한 독립 기치와 우리 민족 해방 운동의 굉굉(轟轟)열열한 의식적 혁명 투쟁이 가장 조직적이며 근대적인 국내외 각종 혁명 운동과 연대 추진되었다. 그리하여 매년 평균 출전 장사가 5, 6천 명에 달하였고 암살, 폭동, 군중운동, 국제적 반일선전 등이 부단히 지속되는 혈전을 하루같이 19년을 싸워 왔다.

이러한 19년 동안에 우리 독립운동의 진전을 어떠하게 되었는가. 매 8년에 3배 이상씩 증가하는 국내 운동 중의 독립운동자의 입옥 수는 최근 수년간에 2만 이상이며 노동운동 파업의 선두에 선 투사가 최근 2년간에 4만 2천여 인이며 매 8년에 5배 이상씩 증가하는 국내 운동의 농민혁명 세력은 최근 1년간에 7만인 좌우의 농민 투사가 소작쟁의의 선봉이 되어 있다. 국외 운동의 무장한 독립군은 19년 동안 풍찬노숙(風餐露宿) 중의 간난고초로 구사일생과 백전(白顚)십도를 거듭하면서 백절불굴의 영용한 정신을 분발하여 남북만주와 국경 방면에서 혈전을 계속하여 지금까지 적과 독립전쟁을 맹렬히 하고 있다.

이렇게 국내 외가 합력 분투하는 인원을 숫자로 말하자면 (1) 정치범으로 입옥한 인사와 (2) 노자 투쟁의 전위부대와 (3) 소작쟁의 선봉자와 (4) 무장투쟁의 독립군들을 합하여 매 1년 12만 좌우의 다수가 열렬히 적의 아성을 향하여 육박하는 중이며 이상과 같이 직접 투쟁에 가담한 이외의 외곽 투사와 각종단체의 구성원 75만인을 합하면 목하 국내에서 1백만 내외의 대중과 40여 종교단체의 혁명분자 100만 인을 합하여 2백만 내외의 대중이 각각 조직 체계를 따라 각층 각 계급을 통하여 맹렬적으로 활동하고 있다. 평균 이만한 수량과 이만한 다각적 투쟁력을 가진 우리의 혁명은 내재적 세력의 정도가 벌써 최후 승리를 전취할 만한 자신을 가지고 있음을 증명하고 있다. 이상은 을미 이후 정축년까지 19년간의 독립운동 중 특히 독립군의 전적이 국제적 고립 중에서 오히려 독립운동의 기초 세력을 창조하였다는 것을 말한 것이다.

정축년 중일전쟁이 개신된 후부터 우리의 독립전쟁은 제5기에 들어갔다. 을사년부터 정축년까지 33년간에 독립전쟁 제1기로부터 제4기를 마치고 정축년부터 제5기의 독립전쟁이 개시되었음은 일면으로 우리 민족의 전쟁이 장기적 지구적임을 명백하게 표시한 것이며 일면으로 우리의 독립전쟁이 성공할 시기에 도착하였음을 증명하는 것이다. 이것을 증명하는 제1조건은 우리의 국내외 각당 각파의 협동 노력이 30여 년의 경험과 훈련을 통하여 확실히 우월한 세력을 가지게 되었다는 것과 독립군의 개전이 이미 35년이 되어 가장 위험하고 불리한 모든 악렬한 시기를 이미 통과하였기 때문에 제5기의 우리는 오직 용감 활발하게 싸울 만한 굳은 신념과 정확한 전술을 파악한 때문이며 제2조건은 적 일본의 물력과 심력이 벌써 전성 시기를 경과하였을 뿐 아니라 중일전쟁이래 수년간에 이미 쇠망기로 빠졌다는 것이다.

적은 중국의 저항 능력을 과소평가하였고 러시아의 내부 모순을 과도히 억단하며 영미불의 불간섭을 망단한 때문에 독일과 더불어 반공전선을 제조하여 대륙침략을 개시하였다. 적의 심산에는 9 · 18 당시 동삼성을 점령하던 동일 정도로써 전 중국을 무난히 단기 내에 정복하리라고 몽상하였다. 적이 한국혁명과 일본 무산자 혁명의 봉망을 좌절하자면 만주 및 상해의 국부적 해결만으로는 불가능하다는 체험에 놀랐었다. 그러므로 적은 일본 전진하는 만용으로써 전 중국을 굴복시킨 다음에 아시아 전폭을 독점하여 한국의 혁명세력과 자국 내의 경제 정치상 모순을 일도양단하겠다고 환상하였던 것이 더욱 적의 무지를 여지없이 폭로한 것이다.

적은 중국과 개전한 지 2년 유여에 속전속결로 승리를 몽상하던 전술 전략은 벌써 궤(机)상 공론이 되어 버렸고 진포 경한 오한 서강 등 방면에서 정예부대의 전군이 패하였다. 적은 백만인 이상의 국군의 희생과 백억 원 이상의 국비의 허모로써 오직 국제적 반역의 판결서만을 얻었다. 그 이외에 달리 획득한 무엇이 있다면 오직 3종의 엄청난 결과를 얻었으니 (1)은 한국 독립전쟁으로 하여금 최후 승리의 단계를 촉진시키고 일본 내부의 모순을 더욱 복잡화 혁명화하였다는 것과 (2)는 중국 각파의 무조건 통일을 실현하여 저항력을 강화하게 하였다는 것과 (3) 국제적으로 영미불 등 강국이 배일원화하는 외교상 돌변 상태를 조성시켰을 뿐이다. 이와 동시에 측면으로는 적의 야수적 횡포를 실시하며 원화하는 영미불로의 국제적 공의가 날로 우리에게 유리하게 발전되며 정면으로는 전선에서 한국 및 중국의 독립군과는 동일한 보조와 원만한 양해와 동정으로써 국제적 반일 전선이 더욱 공고하게 결성되었다.

다시 말하면 제5기에 있는 우리 독립군은 아직도 국내에까지는 들어가지 못하였지만 독립군의 특점이 표현되고 있는 점이 이러하다. (1) 과거 어느 시기보다도 적의 물력과 심력을 거의 과반이나 소멸시킨 점과 (2) 과거 어느 시기보다도 한국 국내 대중의 독립정신 및 혁명역량이 맹렬하고 충실하게 존재한 점과 (3) 과거 어느 시기보다도 국제 대세가 적 일본을 대륙에서 구축하기에 충족한 조건이 구비한 점과 (4) 과거 어느 시기보다도 가장 위대하고 거창한 전비와 군력을 증가한 점과 (5) 독립군의 발동을 지휘하는 임시정부는 그 전력을 기울여 지금부터 3년 계획을 실시하기 위하여 신 방침을 국내외에 선시하고 통일적 독립전쟁과 조직적 군중 역량을 국내외에서 합력 협심으로써 서사(誓死) 노력하게 하는 점과 (6) 균등제도로 정치 경제 교육을 실시하자는 점이니 이것이 곧 제5기 한국 독립전쟁의 역사적 임무이며 특징이다.

제위 동포 동지들! 우리의 운동이 과거 35년 이래로 부단히 노력한 결과 국내 전체 민중으로 하여금 독립의 역사적 사명과 혁명 최고 조기의 긍지를 실현하기에 적당한 모든 요소를 구비하게 되었다. 이는 물론 역대 순국선열의 정령이 굽어살피심과 국내외 혁명 동지의 우렁찬 투쟁력이 원동력이 되었으며 더욱 잊어버릴 수 없는 두 가지 위대한 인소가 존재하여 있음을 명심하여야 할 것이다. 두 가지 인소 중 하나는 동삼성 재류 혁명 민중들의 20년 혈전이 그것이며, 또 하나는 미주 각지의 동포들의 20여 년간 끊임없는 경제적 피와 땀의 희생적 후원이 그것이다. 피 흘린 전쟁과 땀 묻은 돈의 합작이 있었기 때문에 과거의 성적을 만들어 내었다. 따라서 장래의 최후 승리도 모든 방면의 동포 동지들의 피와 땀을 집중하는 데서만 성공할 수 있다. 피와 땀을 집중하는 가장 첩격의 하나는 무엇보다도 국내외 운동 단체 상호 간의 통일적 협동전선의 조직적 행동이 있어야 할 것이며, 또 다른 하나는 임시정부의 3년 계획을 모조리 실시함에 필요한 행동을 각계 동포가 진심 갈력(竭力)하여 본 정부의 소신을 실제로 드러내게 함에 있을 뿐이다.

우리는 제31회 임시의정원 회의에서 절대적 신임위에 국무위원으로 피선되어 제5기의 독립전쟁을 강력히 추진하는 민족적 사명을 받았으므로 역사적 과정을 추억하면서 현 단계의 중요한 시정 방침을 독립운동방략이란 명의로써 3년 계획을 세워 여러 동지 동포들과 협력 실행하려고 한다. 민족의 자유와 국가의 독립을 위하여 생명 재산을 희생하는 동포 동지들! 본 정부의 계획을 협력 실행하기에 노력하자.

대한민국 21년 12월 21일

임시정부 국무위원 이동녕 이시영 조성환 김구

송병조 홍진 유동열 조완구 차리석 조소앙 이청천

부록 Ⅲ | 대한민국 공군 창군사 연표(1945~1953)

한국전쟁 기간 중 대한민국 공군의 활약상을 『6 · 25전쟁 증언록』(공군본부, 2003)과 『공군사』 제1집(개정판, 공군본부, 2010)을 토대로 약술하였다.

1945년 8월 15일 해방.

1945년 9월 13일 미군이 남한 진주, 군정 실시.

1945년 11월 13일 국방사령부 설치.

1946년 1월 15일 남조선 국방경비대 창설.

1946년 3월 20일 조선항공기술연맹 창설(명예위원장 신익희申翼熙, 위원장 신치호申治浩).

1946년 6월 15일 남조선 국방경비대를 조선경비대로 개칭.

1946년 6월 16일 국방사령부를 통위부로 개칭. 항공인들 통위부장 유동열과 항공부대 창설 협의. 김영환(金英煥)은 조선경비대 미 고문관 프라이스 대령과 항공부대 창설 교섭.

1946년 7월 26일 윤창현 외 수명이 재중국 항공인 귀국 환영대회 개최; 최용덕, 이영무, 김진일 등을 맞이함.

1946년 7월 27일 항공단체 통합준비위원회를 결성. 최용덕崔用德, 윤창현尹昌鉉, 김동업金東業, 이계환李繼煥, 서현규徐鉉圭, 신치호申致浩, 이정희李貞熙, 김석환金石桓 등 8명을 통합준비위원으로 선정.

1946년 8월 10일 국내 항공단체를 통합한 한국항공 건설협회 창립(회장 최용덕, 부회장 이영무 선임). 활동상황은 건국공업박람회장에 항공관 개설, 여성 비행사 이정희의 여학교 순방하며 항공사상 강연.

1946년 12월 최용덕 등 항공인들이 공군 창설에 대하여 본격적으로 논의함. 남한에는 500여 명의 항공인들이 있었고 이 중에 비행 경험이 있는 자는 100여 명, 2,000시간 이상 비행 경험을 가진 사람은 최용덕, 이영무, 장덕창, 김정렬, 장성환 등이다. 이 중에서 장덕창은 9,820시간 비행 경험을 가지고 있었다. 나머지 400여 명은 정비, 연료보급, 항공통신, 항공보안, 특수차량 경험자들이며 이들이 대한민국 공군 창설과 초기 발전에 헌신하였다.

1948년 4월 1일 최용덕, 이영무, 장덕창, 박범집, 김정렬, 이근석, 김영환 7명이 조선경비대 보병학교에 입교하여 1개월간 사병 군사훈련을 받음.

1948년 5월 1일 조선경비사관학교(육군사관학교 전신)에서 2주간 교육을 받고

5월 14일 육군 소위로 임관.

1948년 5월 5일 항공부대가 통위부 직할부대로 조선경비대 제1여단 사령부 내에 창설(항공부대장은 백인엽 소령).

1948년 6월 23일 항공부대는 통위부 직할부대에서 조선경비대로 예속 변경.

1948년 7월 9일 항공부대 사령관 후임으로 최용덕 중위가 임명됨으로써 항공인에 의한 항공부대 운영이 처음으로 시작됨.

1948년 7월 12일 항공병 1기생 78명 입대.

1948년 7월 27일 항공부대 명칭을 항공기지부대로 개칭하고 기지를 수색에서 김포 양서면 송정리로 이동(장교 9명, 사병 61명).

1948년 8월 15일 대한민국 정부 수립.

1948년 8월 16일 항공부대 사령관 최용덕 대위는 국방부차관으로 전임. 항공부대 사령관은 이영무가 임명됨.

1948년 9월 1일 항공부대가 김포비행장으로 이동. 실질적인 공군 활동의 중심지가 됨(콘세트 막사 8동, 가마솥 밥솥 2개, 의자 5~6개로 시작).

1948년 9월 13일 L-4 연락기 10대를 미군으로부터 인수받음으로써 공군이 처음으로 항공기를 보유하게 되었다. 항공기지부대는 육군항공사령부로 개칭. 전반적 기구개편 단행. 육군항공사령부의 예하부대로서 여의도 비행부대(부대장 김정렬), 김포항공기지부대(부대장 장덕창)를 창설. 비행부대는 다시 3개 소대로 나누어 1소대장 김영환, 2소대장 장성환, 3소대장 김신 소위를 임명, 비행훈련 시작.

1948년 9월 13일 육군항공사령부 예하 항공기지부대에 통신중대가 창설(공군 통신업무의 시작).

1948년 9월 15일 태극마크를 단 L-4 10대가 서울 상공에서 시위비행.

1948년 10월 여순반란 진압작전에 L-10기 10대 출동, 미군으로부터 L-5 두 대 인수.

1948년 12월 1일 육군항공사령부를 육군항공군사령부로 개칭.

1948년 12월 2일 미군으로부터 여의도기지를 인수받음.

1948년 12월 15일 동년 11월 30일부로 국회에서 국군조직법(항공관련 법안은 최용덕, 신은균이 관여 작성)이 인준, 공포되어 통위부가 국방부, 조선경비대가 대한민국 육군으로, 해상경비대가 해군으로 정식 편성됨.

1948년 L-5기 8대 미군으로부터 인수.

1949년 1월 14일 육군항공사관학교(공군사관학교 전신)를 설치.

1949년 1월 24일 제주도 공비 토벌작전에 L-5기 6대 출동, 동년 4월 14일까지 활동.

1949년 2월 12일 태백산지구 및 옹진지구 전투 지원작전.

1949년 2월 15일 여자 항공교육대를 창설 이정희 중위를 부대장으로 임명. 창설 전에 1948년 8월에 후보생 50명이 이삼 주간 교육(15일에서 20일간)을 받았고 이 과정에서 35명이 탈락하고 15명만이 입대하게 되었다. 1기생 15명은 기초 군사 훈련과 통신, 정비, 기상, 조종 등의 과목을 배웠다. 조종교육은 L-4, L-5, 두 대로 엔진 분해, 조립, 시운전 등을 배우고 비행기를 직접 타기도 하였다. 여자 항공대에서 이근석 장군은 이들에게 조종학을 가르쳤다.

1949년 3월 15일 육군항공사관학교에서 1차 44명 입소, 동년 4월 15일 육군소위로 임관.

1949년 4월 10일 이승만은 유엔대표 조병옥 특사로 하여금 미국에 육군 10만, 해군 1만, 공군 3,000, 민병대 5만, 경찰 5만 병력 운영 군사원조, 전투기 75대, 폭격기 12대, 연락 및 정찰기 30대, 수송기 5대 지원을 요청하였지만 거부당함.

1949년 6월 10일 제1기 사관후보생 96명 입교.

1949년 9월 15일 제1회 항공일 기념.

1949년 9월 25일 항공기 헌납운동을 벌이기 시작(후에 목표액 2억을 넘어 3억 5,000만 원 접수).

1949년 10월 1일 육군항공대를 '대한민국 공군'으로 개칭.

1949년 10월 1일 공군병원 창설.

1949년 10월 1일 대통령령 제254호 공군본부 직제에 의거 국방부 별관에 공군본부를 설치하고 총참모장으로 김정렬 대령 보임. 공군본부를 인사국, 정보국, 작전국, 군수국 등 4개 일반참모부와 고급부관실, 재무감실, 법무감실 등 3개 특별참모부로 편성함. 육군항공사관학교를 공군사관학교로, 비행부대를 공군비행단으로, 항공기지부대를 항공기지 사령부로, 여자 항공교육대를 여자 항공대로 개편. 이 밖에 공군병원과 공군보급창을 신설하였다. 또한 후일을 위해 공군기지를 확보하였는데, 기존의 김포와 여의도기지 외에 수원, 군산, 광주, 대구, 제주 5개 기지에 기지부대를 파견하고, 일본군이 건설했던 여의도, 김포, 수원, 평택, 대전, 대구, 군산, 수영, 김해, 포항, 울산, 광주, 진해, 제주, 모슬포 등을 관리하여 6·25전쟁 직후 미 공군과 유엔 공군의 신속한 배치에 큰 역할을 하였다.

1949년 12월 19일 L-4기 3대, L-5기 두 대 등 지리산공비 토벌작전에 출동 이듬해 1월 5일까지 작전 수행.

1950년 1월 중국에서 미국 민간지원 항공대 대장으로 용맹을 떨친 채널트 장군을 초빙 그로 하여금 P-51 전폭기 25대에 상응한 대한 원조계획을 미국 정부에 요청하였으나 맥아더 원수의 거절로 실패.

1950년 1월 5일 공군 헌병대 창설(한국전쟁 중에는 특공대 임무를 펼치며 맹활약).

1950년 2월 15일 항공기술원 양성소 개설.

1950년 3월 3일 제1기 정보장교 후보생 교육 실시(이후 전쟁 기간 중, 공군 정보부대는 항공정보수집 등 활약하였고 적 지역 첩보활동 등 위험한 임무수행 중 다수 전사).

1950년 4월 28일 북한 공군 소속 이건순 중위 IL-10기를 타고 귀순. 5월 6일 대한민국 공군 중위로 임관.

1950년 5월 14일 국민헌금으로 구입한 캐나다제 AT-6 10대에 대한 항공기 명명식이 여의도기지에서 이승만 대통령, 신성모 국방장관을 비롯, 시민들이 모여 성대하게 치르고, 이들 항공기를 국민의 애국심을 기리기 위해 '건국기'라 명명하였다. 이 항공기는 훈련기로 사용되었다.

1950년 6월 25일 새벽 4시 북한군이 10만여 병력, T-34 전차 242대를 투입 38선 넘어 기습 남침(북한군 군사력: 병력 18만여 명, 포 2,865문, 전차 472대, 함정 30척, 전투기 약 200여 대 동원).

1950년 6월 25일 오전 10시 공군은 여의도 비행단에 공군 작전지휘소를 설치함. 이미 그 시간에 서울 상공에 북한 전투기 야크-2기 두 대 출현.

1950년 6월 25일 12시 북한의 야크기 4대가 용산역, 서울 철도공작창, 무선통신소 기총사격.

1950년 6월 25일 오후 4시 야크기 두 대가 김포비행장 관제탑, 석유 저장탱크에 기총사격, 활주로에 있던 미 공군 C-54 수송기 한 대를 파괴시킴. 다른 야크기들은 여의도비행장 공격하여 AT-6 건국기 한 대가 파손됨. 미 공군 F-80 제트기가 야크기를 격추하여 북한군 조종사 두 명 사살.

1950년 6월 25일 오후 7시 이근석 대령의 지휘 하에 해주, 포천, 동두천 및 개성 방면으로 1개 편대 3대가 폭탄(전쟁 전 공군의 김창규 장군이 설계한 폭탄) 2~3개씩을 싣고 북한군 지상군에 대한 폭격 감행.

1950년 6월 26일 오전 5시 재차 출격하여 김포반도 북단에 상륙한 적 지상군 폭격하여 다수 살상시킴. L-4/5도 AT-6편대와 함께 동월 27일까지 동두천, 문산, 포천, 개성, 의정부, 미아리 방면에 폭탄 투척. 이삼 일간 AT-6기 28회 출격하여 폭탄 179발 투척, L-4기 35회 폭탄 70발 투척, L-5기 10회 출격하여 폭탄 25발을 투척하였다. 공군이 가지고 있던 폭탄 274개를 모두 소진함에 따라 동월 28일부터는 정찰임무를 전개함.

1950년 6월 27일 북한군 서울 미아리까지 진입. 동일 일본 이다츠케 미군기지로 김구 아들 김신 장군 등 10명의 조종사가 P-51 전투기 인수하러 감.

1950년 6월 27일 공군 철수작전 개시. 공군비행단은 조종사 정비사를 기간으로 최소화하여 수원기지로 이동. 항공기지 사령부, 공군사관학교, 헌병대 일부 병력으로 김포기지 경비사령부를 편성, 김포반도를 방어함. 나머지 사관학교 서울 이남으로 철수, 휘발유 1,000드럼 수원, 대전, 대구기지로 이동, 공군총참모장이 비행단을 직접 지휘한다는 계획하에 이를 시행.

1950년 6월 28일 한강인도교 폭파.

1950년 6월 29일 맥아더 장군이 한국전선 시찰하기 위해 한국에 옴. 공군본부 대전으로 철수.

1950년 7월 1일 평택기지에서 정찰기를 이륙시켜 삼 일간 육군 지원작전 펼침.

1950년 7월 2일 미군 선발대 스미스부대 50~60명이 대전에 도착. 열차로 평택과 안성으로 곧장 진격. 당일 일본에서 공군 조종사들이 F-51 10대를 직접 몰고 귀국. 대구기지에 도착.

1950년 7월 3일 한강철교 폭파. F-51 전폭기에 의한 첫 출격. 미 공군은 38선 보급로를 공격하고, 한국 공군은 지상군의 후퇴작전 및 지원작전 엄호. 제1차로 동해안 묵호, 삼척지구에 상륙한 적 지상군 공격, 연료 집적소 1개 파괴. 영등포 노량진 지구 집결한 북한군 공격 적 탱크 두 대, 차량 3대 파괴. 탄약 집적소 1개 파괴. 적병 35명 사살.

1950년 7월 4일 서울 서빙고, 시흥지구 지상군 공격. 전차 한 대 파괴. 적 다수 살상.

1950년 7월 4일 12시 30분경 이근석 대령이 안양 상공에서 적 전차군(群)을 공격하다 대공포에 피탄, 전차군에 돌입, 자폭하였다.

1950년 7월 6일 대전에서 정찰비행대 창설하고 김천비행장을 3일 만에 공군과 시민이 합세하여 만들어 이 기지를 중심으로 정찰임무를 수행하였다.

1950년 7월 16일 한국 공군은 미 공군과 함께 합동출격을 함. 이때부터 7월 26일까지 남하하는 적 지상군을 공격하며 적의 남하를 지연시켰다. 8월 1일 이후 유엔군과 국군은 이 시간 전열을 가다듬고 낙동강전선을 중심으로 견고한 방어전을 전개할 수 있었다.

1950년 7월 30일 공군은 대구기지에서 진해기지로 이동.

1950년 8월 공군 정보부대, 적 T-34 전차 탱크가 네이팜탄에 가장 취약하다는 점 간파함.

1950년 8월 공군 정보부대, 적 공군의 안동비행장 활용작전을 분쇄.

1950년 8월 15일 공군은 9월 22일까지 낙동강전선 방어를 위해 총 93회 출격. 적 262명, 차량 115대, 건물 52개, 교량 20개, 연료 및 보급품 집적소 10개소 파괴.

정찰기는 총 256회 출격. 9월 11일 장동출 중위가 진해기지에서 F-51기를 몰고 이륙 중 바다에 추락, 사망하였다.

1950년 8월 17일 공군은 동월 20일까지 한국해병대 통영상륙작전 항공지원작전 수행. 적 400명 사살. 야포 10문, 차량 5대 파괴. 미 공군은 8월 중순까지 부산 방어를 위해 융단폭격을 하여 북한군 제4사단을 와해시켜 낙동강 대안으로 후퇴하게 함.

1950년 9월 15일 인천상륙작전 성공.

1950년 9월 23일 공군은 진해기지에서 여의도기지(K-16)로 전진.

1950년 9월 24일 제1편대 중동부전선 출격 시작. 9월 26일까지 원주, 춘천, 양구, 철원, 평강, 회양 등지 퇴각하는 적 지상군 소탕작전. 제2편대는 9월 23일 첫 출격을 개시하여 9월 27일까지 평양, 진남포, 사리원, 해주, 이천, 겸이포, 남시, 강계, 신의주, 만포진 등 서부전선 전략 요충지와 공장지대, 보급품 집적소, 주요 간선도로에 대한 후방 차단작전 감행.

1950년 9월 28일 서울 수복.

1950년 10월 1일 한국군이 동부전선 38선 돌파.

1950년 10월 13일 이상수 중위가 평양 인민군총사령부를 공격하던 중 대공포에 피탄, 전사. 9월 23일부터 10월 13일까지 한국 공군 총 40회, 미 공군 34회 출격으로 적 병력 사살, 건물 100동, 차량 40대, 교량 18개 파괴.

10월 19일 미군 평양 점령.

1950년 10월 20일 원산 점령.

1950년 10월 중순경 중공군 한국전에 개입.

1950년 10월 24일 한국 공군 전투비행단 평양 미림기지로 전진.

1950년 12월 19일 백구부대를 제외한 전 공군병력을 제주기지로 이동 시작. F-51 비행부대를 제11비행중대와 제12비행중대(비행훈련중대) 및 정비대로 개편 12월 말부터 체계적 비행훈련 착수. 기종 전환훈련. 1951년 6월 30일까지 F-51 조종사 24명 양성함.

1950년 12월 24일 함흥 철수작전.

1951년 1월 4일 한국군 후퇴 작전. 공군 후방지원부대 제주도 도착.

1951년 1월 15일 유엔군 재반격 작전 개시.

1951년 1월 19일 특수정보공작을 위해 공군특무대(정보부대)에 낙하산반을 창설.

1951년 3월 9일 공군종군 문인단(별칭 창공구락부) 창설. 공군의 김기완 소령(당시 승리일보사 비서실장) 주도하에 대구에 있던 문인들을 중심으로 결성되었다. 창공구락부의 단장은 마해송, 부단장은 조지훈, 김동리, 사무국장은 최인욱, 회원으로는 이상로, 유주현, 곽하신, 방기환, 박두진, 최정희, 박목월, 이한직, 박훈산, 전숙희, 김윤성, 황순원 등이다(6·25전쟁과 창공구락부, 신영덕 공군사관학교 교수). 무력의 승리는 반드시 이념의 승리로 귀결된다는 정신과 문과 무, 군과 민의 통합을 위해 만들어졌다는 점, 그리고 항공문화를 군과 민이 공유함으로써 군과 민의 통합과 단결을 도모하였다는 점이 특징이다. 이는 최용덕 장군이 '공군 창설의 날'을 '항공일'로 언급함으로써 외연을 넓히려 했던 취지와 맞닿아 있다고 볼 수 있다.

1951년 3월 14일 서울 재탈환.

1951년 3월 25일 38선 돌파 재북진.

1951년 3월 27일 한국 공군 대전기지에서 여의도기지로 전진배치.

1951년 4월 3일–5월 31일까지 공군의 백구작전 개시 [백구부대란 대전기지를 전진기지로 하고 김신 중령을 지휘관으로 하고 양성된 조종사를 출격시켜 미 제6146부대(미 공군 헤스 대령의 전투비행부대)의 항공작전을 지원토록 한 정비 및 전투비행부대]. 이 기간 동안 백구부대를 기간으로 한 전대장 김신 중령의 지휘하에 제101기지전대는 서울지구의 후방지원과 여의도기지 비행부대 작전을 지원하며 평강, 이천 후방 보급로 차단작전, 보급로 차단, 중부, 서부전선 적 보급로, 보급물 집적소, 차량 군용건물 등 공격하여 적 사살 및, 차량 155대 군용건물 105동, 탄약 및 연료 집적소 39개소 파괴함.

1951년 4월 16일 최종봉 대위가 이천 북방에서 적 대공포에 피탄되어 전사함.

1951년 4월 17일 공군 정보부대 요원 9명이 북한 내 추락한 미그15기의 중요부품을 탈취하기 위하여 잠행. 이 작전을 위해 미 공군 전투기 80대가 엄호. 무사히 낙하산으로 작전지역에 안착, 미그기 부품 빼내옴. 이로써 세계 최초로 미그15기에 대한 효과적인 공격 방법 강구됨. 윤일균 대위, 이봉진 소위는 미국으로부터 동성훈장, 나머지 요원은 미국 항공훈장을 받음.

1951년 4월 21일 이세영 대위가 적 대공포에 피탄되어 전사.

1951년 6월 초 제1전투비행단은 제주기지에서 사천기지로 이동. 6월 말 공군 전 전투부대가 사천기지로 집결. 지리산 일대 공비 소탕작전.

1951년 7월 제1전투비행단, 미 공군으로부터 ORI 검열을 받고 통과(미 공군과 독립된 독자적 전투비행작전 준비를 갖추게 됨).

1951년 7월 10일 휴전회담 개시.

1951년 8월 제10전투비행전대가 강릉기지로 전진 개시.

1951년 9월 28일 부대이동 완료. 총병력 275명, F-51 전투기 12대, T-6기 한 대, 항공지원장비 14대. 전진부대 사령관에 김영환 대령, 기지 사령관에 김신 대령 임명. 이후 하루 12회에서 20회 출격.

1951년 10월 11일 한국 공군 강릉기지 제10전투비행전대가 첫 단독 출격작전 개시(이후 1953년 2월 15일까지 전투비행작전 수행). 북한 내 적 보급로 차단.
1951년 11월 1일 적 미그15 제트전투기 한국 상공에 처음 등장.
1951년 12월 말 합동군사전략과 전술 및 후방지원 등에 대한 전문분야 FOC(Field Officers Course) 교육과정에 3명, SOC(Squadron Officers Course) 교육과정에 7명의 장교 미국에 파견.
1952년 1월 11일 김두만 소령 공군 최초 100회 출격 기록 수립.
1952년 1월 15일 윤응렬 대위가 지휘하는 제1편대와 옥만호 대위가 지휘하는 제2편대가 미 공군과 유엔 공군이 500회 출격하고도 실패한 평양 승호리 철교를 단 14회 출격, 2일 만에 폭파 성공. 중공군과 북한군 보급에 다대한 피해를 줌.
1952년 2월 15일 제10전투비행전대가 제10전투비행단으로 증강 개편함.
1952년 3월 6일 이날부터 지상군들의 치열한 공방전이 펼쳐진 351고지에 대한 항공전투지원작전 개시. 3월 26일 351고지 공격 참여한 조종사가 총 82명.
1952년 4월 1일 공군확장 3개년 계획 수립(1953년 2월 말 기준으로 병력 9,814명, F-51 전투기 39대, 항공기 35대 총 75대 항공기 보유)
1952년 4월 5일 F-51 2개 편대가 진남포 공격 중 나창준 대위 피격 전사.
1952년 6월 하순 유엔 공군 북한의 수풍발전소 등 13개 발전소를 모두 파괴함.
1952년 7월 유엔 공군 평양 군사시설 폭격. 한국 공군은 7월 13일부터 10월 27일까지 원산과 신의주를 잇는 보급로와 그 일대 보급물 집적소 폭격. 이 기간에 박용만 중위 외 5명이 100회 출격 기록 수립.
1952년 7월 11일 미 공군 제1차 평양 대폭격.
1952년 8월 4일 미 공군 제2차 평양 대폭격.
1952년 8월 9일 박두원 중위가 적 보급품 집적소 공격 중 피탄, 기지로 귀환하다가 강릉기지 상공에서 기체가 폭발하여 전사.
1952년 8월 29일 1,080대의 유엔 항공기 제3차 평양 대폭격(한국전 중 유엔군 최대 규모의 항공작전). 한국 공군 평양 대폭격에 참여.
1952년 9월 12일 및 13일 양일간 한만 국경지대 대폭격. 평양, 함흥, 겸이포, 신막 등 북한 내 주요 보급로의 야간공습.
1952년 12월 1일 제2대 참모총장에 최용덕 장군이 임명됨.
1953년 2월 15일 이때부터 1953년 7월 27일 휴전 성립일까지 제10전투비행단은 동해안 고성으로부터 문등리, 금성, 김화, 철원, 판문점을 잇는 전선의 한국군 지상군에 대한 근접 항공 지원작전 전개.

1953년 3월 6일 공사 제1기생 임택순 중위가 고성 남방 구성지구에 대한 근접 항공지원작전 중 피탄, 전사.

1953년 4월 8일 공사 1기생 장창갑 중위는 공격임무로 출격 중 항공기 사고로 전사.

1953년 5월 제10전투비행단 F-51 전투기 80여 대로 증강.

1953년 5월 30일 유치곤 대위가 한국 공군 최초로 200회 출격 기록 수립.

1953년 6월 13일 공사 제1기생 김현일 중위가 지상군 근접 항공지원작전 중 고성 남방 구성면에서 피탄되어 전사.

1953년 7월 18일 공사 제1기생 고광수 중위가 동해 상공에서 추락, 전사(한국전쟁 중 마지막으로 전사한 조종사).

1953년 7월 27일 휴전.

부록 Ⅳ | 6.25전쟁 참전 각국의 항공기(공군역사기록단 제공)

한국 공군

L-4

L-5

L-16

L-17

L-19/O-1

T-6

F-51

C-47

미국 공군

F-80

F-82

F-84

F-86

F-94

B-26

B-29

SA-16/HU-16

H-5

H-19

C-46

C-54

C-119

C-124

SB-17

RB-45C

미국 해군 및 기타 참전국

A-1/AD

F2H

F3D/F-10

F4U

F7F

F9F

Meteor-8

Fairly Firefly

Sea-Fury

Sea-Fire

PB4Y-2(Privateer)

PBM(Mariner)

PBY(Catalina)

북한 및 공산 진영

Mig-15

Yak-7

Yak-9

Yak-11

Yak-15

Yak-18

IL-10

IL-12

Po-2

Tu-2

위대한 대한민국 시리즈 02
항공 독립운동과 대한민국 공군 창군사
신화의 시간
이윤식 글
초판 1쇄 2012년 12월 14일 / 펴낸곳 비씨스쿨 / 펴낸이 손상열 / 디자인 송인숙
등록번호 제303-2004-36호 / 등록일자 1992년 2월 18일
주소 서울시 구로구 구로5동 107-8 미주오피스텔 2동 808호
전화 02) 869-7241 팩스 02) 869-7244
메일 foxshe@hanmail.net ISBN 979-89-91714-26-7 90910